정영규의 국제경제학

국제경제학

정영규 지음

연경문화사

정 영 규(丁榮奎)

약력

- 한국외국어대학교 및 동 대학원 졸업(문학사, 경제학석사)
- 박사과정 중 국비장학생 선발
- University of Indonesia 경제학부 연구교수(교육부파견)
- 세종대학교 대학원 졸업(경제학박사)
- 한국외국어대학교 동남아연구소 초빙연구원
- 호서대학교 경상학부 교수
- University of Indonesia 경제학부 초청교수
- University of Philippines 경제학부 초청연구원
- 행정자치부 국가고시 출제위원(고시 및 7급)

현) 한국외국어대학교 대학원 교수
행정자치부 국가고시 출제위원
한-인니경제협력위원회 위원

저서

「인도네시아 경제론」, 한울아카데미출판사. 1998.
「아시아 • 태평양 : 1998-99」(공저), 서울대학교출판부. 1999.
「국제지역경제론」, 도서출판 서울경제경영. 2002.
「말레이시아 문화경제론」,(안영호 • 정영규 저),
정론여행비즈니스. 2002.
「동남아시아 경제의 이해」, 도서출판 다해. 2003
「인도네시아 지역경제론」, 도서출판 연경문화사. 2003
「동남아시아 사회와 문화」, 율곡출판사. 2003
「경제학원론 & 연습」, 도서출판 연경문화사. 2005

국제경제학
International Economics

초판 2쇄 인쇄 / 2010년 8월 11일
초판 2쇄 발행 / 2010년 8월 17일

저　　자 / 정영규
펴 낸 이 / 이정수
펴 낸 곳 / 연경문화사
등　　록 / 1-995호
주　　소 / (BR) 서울시 강서구 가양3동 1488-4 진농빌딩
(HQ) 서울시 종로구 종로5가 481 동일서림
대표전화 / (02)332-3923
팩시밀리 / (02)332-3928

값 22,000원
ISBN 89-8298-086-5 (93320)

머리말

오늘날 세계경제질서는 이념과 냉전체제가 종식되면서 경제적 이해관계에 따라 급속히 재편되고 있으며 이러한 가운데 세계 각국의 자유화 및 개방화정책, 운송수단의 발달, 정보·통신기술의 획기적인 발전 등에 힘입어 국가 간 무역 및 투자가 활발해지면서 기업의 경제활동이 범세계화 경향을 나타냄에 따라 이를 지원하기 위한 국가 간 경제협력도 크게 강화되고 있다.

이처럼 사회가 급격하게 변하는 21세기에는 시대 환경의 변화의 따라 기회와 위기가 동시에 전개될 것이다. 경제활동을 하는 모든 대상을 하나의 시스템으로 가정한다면 이 시스템은 새로운 기술 혁신으로 세계적인 부와 명성을 얻을 수도 있는 반면에 비합리적인 경제활동으로 사회에서 지탄받거나 파산하기도 할 것이다. 따라서 모든 시스템, 즉 개인이나 가계 및 기업과 정부는 합리적인 경제활동을 하는 것이 중요하며 합리적인 경제활동을 할 수 있도록 지혜를 제공하는 것이 경제학이다.

국제경제학은 국제무역이론분야와 국제수지분야로 구성된다. 국제경제학을 올바르게 쉽게 공부하려면 우선 국제경제이론를 잘 이해하고 국제경제현상들을, 특히 실증적인 차원에서 한국과의 관련성을 연결시켜서 공부해보면 이해하기가 쉬울 뿐 아니라 국제경제정책을 결정하는 데에 있어서도 전문가 수준까지 도달할 수 있으리라 생각한다. 따라서 앞으로 국제경제학을 배우는 학생들은 수업에서 배우는 국제경제이론을 현실과의 연결을 통해 이해해 주기를 바란다.

본서는 학생들의 이해를 돕기 위하여 거의 수리적 모형과 중요하게 생각되지 않은 분야는 삭제하였음에도 국제경제학을 처음으로 접하는 학생들의 입장에서는 매우 어려울 수도 있을 것이다. 그러나 인내를 가지고 책을 읽고 이해하다 보면 어느새 자신도 모르게 국제경제학에 대해서 지식이 축적될 것이고 현실 경제를 이해하는 안목이 향상될 것이라 생각한다.

요즘 시중에는 유능한 저자들의 명석한 이론전개와 분석력에 의한 경제학 서적들이 많이 출간되어 있다. 본인은 이러한 저자들의 저서들을 참고로 하여 원고를 작성하였으며, 여러분들이 책을 읽는 도중에 여러 곳에서 잘못된 부분을 발견할 것이다. 이러한 점은 추후에 보완할 것을 약속드리며 이 책이 여러분들의 국제경제학 학습에 도움이 됐으면 하는 바람이다.

이 책이 나오기까지에는 많은 분들의 도움이 있었으며, 특히 연경문화사의 이정수 사장님과 편집부 직원 여러분에게 심심한 감사의 말을 전한다.

정영규

차례
Contents

제1부 국제무역의 의의

제2부 국제무역이론

제3부 무역정책론

제5부 국제금융론

제1부
국제무역의 의의

제1장

국제무역의 의의

1. 무역

2. 직접투자

3. 국제무역과 국내교역 및 국내유통

1. 무역

1980년대 중반 이후 세계경제질서의 지역주의 경향이 가속화되면서 동아시아 경제권에 속해 있는 우리나라와 풍부한 자원과 저렴한 노동력을 바탕으로 급속한 경제성장을 보이는 중국 및 AFTA(아세안 자유무역지대)국가 간 교역도 급증하는 추세를 보이고 있다. 따라서 여기서는 우리나라의 대AFTA와의 교역 추이와 특징에 관하여 살펴보고자 한다.

1980년대 말부터 우리나라와 미국, 일본 및 EU(이하 주요 3대 교역국이라고 함)와의 교역이 둔화 내지 정체상태를 보이고 있는 반면 AFTA에 대한 교역은 매우 활기를 띠고 있다. **[표 1-1]**에서 보는 바와 같이 우리나라 총수출(총수입)에서 AFTA가 차지하는 비중이 1985년 4.6%(8.6%)에서 2004년 9.4%(10.3%)로 크게 높아진 반면 주요 3대 교역국이 차지하는 비중은 같은 기간 중 61.2%(54.9%)에서 38.1%(44.9%)로 크게 낮아졌다.

이와 같이 우리나라의 지역별 무역구조가 크게 바뀐 것은 NAFTA(북미자유무역협정)의 결성과 EU통합의 가속화로 이들 지역에 대한 통상압력이 강화되어 교역이 크게 위축된 반면, AFTA는 풍부한 자원과 저렴한 노동력을 바탕으로 고도성장을 추구하는 과정에서 투자 및 소비수요가 크게 증가하면서 교역이 늘어났기 때문이다.

앞서 살펴본 바와 같이 1980년대 후반부터 우리나라와 AFTA 및 중국간 교역이 활기를 띠면서도 국가에 따라 수출과 수입면에서 다소 차이를 보이고 있다. 우선 **[표 1-1, 2]**에서 보듯 수출면에서는 인도네시아, 말레이시아, 태국, 베트남, 필리핀 등 주요 동남아시아 국가들과의 증가추세를 보이고 있다. 수입면에서는 교역량은 급속히 증가하고 있으나 거래 비중은 베트남을 제외한 동남아시아 대부분의 국가와 정체 내지 감소추세에 있다. 한편 우리나라의 AFTA에 대한 국별 비중은 1990년대 중반 이후 수출과 수입면에서 인도네시아, 싱가포르, 말레이시아, 태국 등 4개국이 전체 수출과 수입면에서 70~80% 전후를 차지하고 있다. 이와 더불어 베트남과의 1990년대 중반 이후 교역이 계속적으로 증가하고 있다.

우선 수출면에서 보면 싱가포르에 대한 수출비중이 23.4%로 높게

표 1-1　우리나라의 주요 지역별 수출입 추이 및 구조

(단위 : 백만 달러, %)

			1985	1988	1992	1995	1996	2000	2001	2002	2003	2004
수출	3대교역국		18,553.7 (61.2)	41,578.6 (68.5)	38,922.8 (50.7)	57,481.9 (46.0)	52,762.2 (40.6)	81,500.6 (47.3)	67,343.4 (44.7)	69,617.2 (42.8)	76,382.1 (38.6)	98,203.1 (38.1)
		미 국	10,754.1 (35.5)	21,414.0 (35.2)	18,090.0 (23.6)	24,131.4 (19.2)	21,670.4 (16.7)	37,610.6 (21.8)	31,210.7 (20.8)	32,780.1 (20.1)	34,219.0 (17.3)	42,849.0 (16.6)
		일 본	4,543.4 (15.0)	12,004.0 (19.7)	11,599.4 (15.1)	17,048.8 (13.6)	15,766.8 (12.1)	20,466.0 (11.9)	16,505.7 (10.9)	15,143.1 (9.3)	17,276.0 (8.7)	21,701.0 (8.4)
		EU	3,256.2 (10.7)	8,160.6 (13.4)	9,233.4 (12.0)	16,301.7 (13.0)	15,325.0 (11.8)	23,424.0 (13.6)	19,627.0 (13.1)	21,694.0 (13.3)	24,886.2 (12.6)	33,653.1 (13.1)
	AFTA		1,395.0 (4.6)	3,090.4 (5.0)	9,012.7 (12.0)	17,892.0 (13.0)	20,175.1 (11.8)	20,466.0 (11.9)	14,270.6 (9.5)	18,136.7 (11.2)	20,253.7 (10.2)	24,204.1 (9.4)
	중 국		40.0 (0.1)	372.0 (0.6)	2,654.0 (3.5)	9,144.0 (7.3)	11,377.0 (8.8)	18,455.0 (10.7)	18,190.0 (12.1)	23,753.5 (14.6)	35,110.0 (17.7)	49,763.0 (19.3)
	기 타		10,332.4 (34.1)	16,024.3 (26.4)	28,696.0 (37.5)	49,684.0 (39.7)	56,777.8 (43.7)	70,309.9 (40.8)	68,825.0 (45.7)	74,716.6 (45.9)	65,891.2 (33.3)	85,574.8 (33.2)
	합 계		30,281.1 (100.0)	60,696.3 (100.0)	76,631.5 (100.0)	125,057.9 (100.0)	129,715.1 (100.0)	172,267.5 (100.0)	150,439.0 (100.0)	162,470.5 (100.0)	197,637.0 (100.0)	257,745.0 (100.0)
수입	3대교역국		17,110.1 (54.9)	34,734.8 (67.0)	47,329.5 (57.8)	81,200.8 (60.0)	85,958.3 (57.1)	76,857.5 (47.9)	63,931.5 (45.3)	69,971.8 (45.9)	80,508.9 (45.8)	98,576.5 (44.9)
		미 국	6,489.3 (20.8)	12,756.6 (24.6)	18,287.2 (22.3)	30,403.5 (22.5)	33,305.3 (22.1)	29,241.6 (18.2)	22,376.2 (15.8)	23,008.6 (15.1)	24,814.0 (14.1)	28,783.0 (13.1)
		일 본	7,560.3 (24.2)	15,928.7 (30.7)	19,457.6 (23.7)	32,606.3 (24.1)	31,448.6 (20.9)	31,827.9 (19.8)	26,633.3 (18.8)	29,856.2 (19.6)	36,313.0 (20.7)	46,144.0 (21.0)
		EU	3,060.5 (9.8)	6,049.5 (11.6)	9,584.7 (11.7)	18,191.0 (13.4)	21,204.4 (14.1)	15,788.0 (9.8)	14,922.0 (10.5)	17,107.0 (11.2)	19,381.9 (11.1)	23,649.5 (10.3)
	AFTA		2,708.5 (8.6)	3,439.6 (6.6)	7,111.9 (8.6)	10,127.0 (7.4)	12,053.6 (14.0)	18,173.1 (11.3)	13,149.7 (9.3)	16,697.0 (11.0)	18,458.4 (10.5)	22,684.1 (10.3)
	중 국		478.0 (1.5)	1,387.0 (2.7)	3,724.0 (4.6)	7,401.0 (5.5)	8,539.0 (5.7)	12,799.0 (8.0)	13,303.0 (9.4)	17,399.7 (11.4)	21,909.0 (12.5)	29,585.0 (13.5)
	기 타		1,131.7 (3.6)	13,636.2 (26.3)	27,333.8 (33.8)	43,794.1 (32.4)	64,368.3 (42.8)	65,450.4 (40.8)	64,016.8 (45.3)	65,457.3 (43.0)	54,599.7 (31.1)	68,738.4 (31.2)
	합 계		31,135.6 (100.0)	51,810.6 (100.0)	81,775.2 (100.0)	135,118.9 (100.0)	150,339.1 (100.0)	160,481.0 (100.0)	141,098.0 (100.0)	152,126.1 (100.0)	175,476.0 (100.0)	219,584.0 (100.0)

주 : ( ) 내는 총수출 또는 총수입에서 차지하는 비중. EU는 95년 이후 15개국.
자료 : 정영규 『국제지역경제론』, 2002 서울경제경영. 한국무역협회, 한국수출입은행

나타나고 있는데 이는 우리나라가 싱가포르를 통해 AFTA를 비롯한 동남아시아 국가들에 우회수출을 하고 있기 때문인 것으로 풀이된다. 또 말레이시아, 베트남에 대한 수출비중이 증가하고 있는 반면 인도네시아, 필리핀, 태국에 대한 수출 비중은 정체 내지 하락하는 추세를 보이고 있다. 반면 수입면에서 보면 인도네시아와 말레이시아로부터 수입비중이 각각 28.1%와 25%로서 높게 나타났는데 이는 우리나라가 원

표 1-2 우리나라의 대AFTA 국가별 교역 추이

(단위 : 백만 달러, %)

		1988	1989	1992	1995	1996	2000	2001	2002	2003	2004
수출	인도네시아	402.1 (13.0)	666.8 (16.5)	1,934.6 (21.4)	2,967.8 (16.5)	3,198.0 (16.5)	3,504.0 (17.1)	3,279.7 (22.9)	3,144.7 (17.3)	3,378.0 (16.7)	3,678.0 (15.2)
	싱가포르	1,355.2 (43.8)	1,532.3 (38.1)	3,221.7 (35.7)	6,689.3 (37.3)	6,438.7 (37.3)	5,648.1 (27.5)	4,079.6 (28.6)	4,221.5 (23.3)	4,636.0 (22.9)	5,654.0 (23.4)
	말레이시아	410.6 (13.2)	542.7 (38.1)	1,135.8 (12.6)	2,950.8 (16.4)	4,333.0 (16.4)	3,514.6 (17.1)	2,628.0 (18.4)	3,218.3 (17,7)	3,852.0 (19.0)	4,480.0 (18.5)
	태 국	537.2 (17.3)	752.0 (18.1)	1,532.3 (17.0)	2,427.5 (13.5)	2,664.0 (13.5)	2,015.1 (10.2)	2,535.3 (17,7)	2,335.4 (12.8)	2,524.0 (12.5)	3,249.0 (13.4)
	필 리 핀	338.0 (10.9)	476.0 (11.8)	745.8 (8.2)	1,490.0 (8.3)	1,906.0 (9.4)	3,359.7 (16.4)	2,535.3 (17.7)	2,950.0 (16.2)	2,975.0 (14.7)	3,379.0 (14.0)
	브루나이	5.5 (0.2)	4.3 (0.1)	6.4 (0.07)	22.6 (0.1)	33.3 (0.1)	16.2 (0.8)	16.4 (0.1)	26.7 (0.2)	30.4 (0.2)	31.5 (13.5)
	베 트 남	61.8 (1.9)	44.8 (1.1)	436.1 (4.8)	1,351.0 (7.5)	1,599.1 (7.5)	1,686.0 (8.2)	1,731.6 (12.1)	2,240.1 (12.4)	2,561.0 (12.7)	3,255.5 (13.5)
	미 얀 마	-	-	-	-	-	-	-	-	184.0 (0.9)	161.9 (0.7)
	라오스	-	-	-	-	-	-	-	-	7.8 (0.1)	8.9 (0.0)
	캄보디아	-	-	-	-	-	-	-	-	105.5 (0.5)	126.3 (0.5)
	합 계	3,090.4 (100.0)	4,018.9 (100.0)	9,012.7 (100.0)	17,892.0 (100.0)	20,175.1 (100.0)	20,466.0 (100.0)	14,276.6 (100.0)	18,136.7 (100.0)	20,253.7 (100.0)	24,204.1 (100.0)
수출	인도네시아	905.2 (26.3)	1,135.1 (27.1)	2,291.9 (32.2)	3,325 (32.5)	4,013.0 (33.3)	5,286.9 (29.1)	4,473.5 (34.0)	4,723.4 (28.3)	5,212.0 (28.2)	6,368.0 (28.1)
	싱가포르	566.1 (16.4)	640.8 (15.3)	1,788.3 (25.1)	2,168.0 (21.2)	2,527.3 (21.0)	3,722.8 (20.4)	3,014.1 (22.9)	3,430.4 (20.5)	4,090.0 (22.2)	4,461.0 (19.7)
	말레이시아	1,331.3 (38.7)	1,503.2 (35.8)	1,758.2 (24.7)	2,515.1 (24.4)	3,006.5 (24.9)	4,877.9 (26.8)	4,125.9 (22.9)	4,041.4 (24.2)	4,249.0 (23.0)	5,679.0 (25.0)
	태 국	264.4 (7.6)	416.4 (9.9)	637.8 (9.0)	935.5 (9.3)	1,218.7 (10.1)	1,630.9 (8.9)	1,589.1 (12.0)	1,702.5 (10.2)	1,898.0 (10.2)	2,351.0 (10.4)
	필 리 핀	180.7 (5.2)	204.8 (4.8)	264.9 (3.7)	610.7 (6.6)	581.3 (4.8)	1,814.7 (9.9)	1,819.0 (13.8)	1,867.3 (11.2)	1,964.0 (10.6)	2,120.0 (9.3)
	브루나이	178.1 (5.1)	246.1 (5.8)	313.5 (4.4)	375.9 (4.0)	474.8 (3.9)	492.0 (2.7)	452.4 (3.4)	462.1 (2.8)	501.1 (2.7)	693.2 (3.1)
	베 트 남	13.8 (0.4)	41.8 (0.9)	57.3 (0.8)	193.5 (2.1)	232.0 (1.9)	322.4 (1.7)	385.7 (2.9)	470.3 (2.8)	510.7 (2.7)	673.3 (2.9)
	미 얀 마	-	-	-	-	-	-	-	-	29.2 (0.2)	30.3 (0.1)
	라오스	-	-	-	-	-	-	-	-	0.2 (0.0)	1.4 (0.0)
	캄보디아	-	-	-	-	-	-	-	-	4.2 (0.0)	6.9 (0.0)
	합 계	3,439.0 (100.0)	4,188.2 (100.0)	7,112.3 (100.0)	9,311.3 (100.0)	12,053.0 (100.0)	18,173.1 (100.0)	13,149.7 (100.0)	16,697.0 (100.0)	18,458.4 (100.0)	22,684.1 (100.0)

주 : ( ) 내는 AFTA 총수출 또는 총수입에서 차지하는 비중.
자료 : 정영규 『국제지역경제론』, 2002 서울경제경영. 한국무역협회, 한국수출입은행

유, 가스, 목재 등 원자재의 수입이 많기 때문인 것으로 보인다. 또한 베트남으로부터의 수입비중도 점차 늘어나고 있는 것으로 나타났다.

우리나라의 AFTA에 대한 무역수지는 1990년대 중반 이후 감소하고 있으나 지속적으로 흑자를 나타내고 있으며 2004년 중 약 16억 달러의 흑자를 보이고 있지만 국가에 따라 커다란 차이를 보이고 있다. 우리나라는 싱가포르에 대하여 약 12억 달러의 흑자를 나타내었으며 베트남, 필리핀, 태국에 대하여 26억, 12억, 8억 달러의 흑자를 보인 반면 인도네시아와 말레이시아에 대하여 26억과 12억대의 적자를 나타내었다.

한편 우리나라와 AFTA간 교역이 활기를 띠기 시작한 것은 최근 10여 년이라는 짧은 기간에 불과하였지만 수출입상품 구조면에서도 커다란 변화를 나타내고 있다. 우선 수출측면에서 성질별로 보면 섬유, 의류, 완구, 신발 등 경공업제품의 비중은 크게 줄어들고 있는 반면 철강, 기계류, 전자제품 등 중화학제품의 비중이 높아지고 있으며, 용도별로 보면 시멘트, 화학공업원료, 철강 등 공업원료의 수출비중이 상대적으로 줄어들고 기계류 등 자본재의 비중이 높아지고 있는 것으로 나타나고 있다. 이는 단적으로 우리나라의 대AFTA 수출상품구조가 섬유, 신발, 의류, 시멘트 등의 경공업, 비내구성 소비재에서 점차 기계류, 철강제품 등 중화학 제품 및 자본재로 바뀌어 고급화, 고부가가치화 및 선진국형화하고 있음을 보여주고 있다.

반면 수입측면에서는 성질별로 보면 원유, 천연가스 등 원연료와 중화학 공업제품의 비중이 낮아지고 있는 반면 섬유, 의류, 신발 등 경공업 제품의 비중이 높아지고 있으며, 용도별로 보면 공업원료, 비내구소비재 및 내구소비재의 비중은 다소 높아지고 있는 반면 식료 및 직접소비재와 자본재의 비중은 다소 낮아지고 있는 것으로 나타나고 있다. 이는 우리나라의 대AFTA 수입상품구조가 경공업제품의 수입비중이 늘어나고 자본재 및 중화학공업 제품의 수입이 줄어들고 있음을 보여주고 있다.

2. 직접투자

1980년대 후반, 급변하는 국내외 경제환경에 대응하여 우리나라 기업들이 해외생산에 눈을 돌리기 시작하면서 AFTA 및 중국에 대한 직접투자가 급격히 증가하기 시작하였다. 여기서는 우리나라의 대AFTA 직접투자의 추이와 특징에 관하여 살펴보고자 한다.

1980년대 후반, 대외적으로는 세계경제의 블록화가 가속화되고 대내적으로는 국제수지흑자에 따른 기업자금사정의 호전, 노사분규로 인한 임금상승, 가용토지 부족에 따른 부동산 가격 및 임대료의 급등, 원화절상에 따른 수출채산성이 악화됨에 따라 우리나라 기업들은 풍부한 노동력을 갖추고 각종 혜택을 부여하는 AFTA 및 중국에 대한 직접투자를 확대하였다. **[표 1-3]**에서 보는 바와 같이 우리나라의 대AFTA 직접투자잔액은 1988년 말까지 불과 2억 4천만 달러에 불과하였으나 1989년 9천만 달러, 1994년 2억 5천만 달러, 1995년 약 6억 달러를 정점으로 하여 증가하다가 중국에 대한 직접투자가 크게 늘어나면서 1996년 4억 달러, 2001년 3억 6천만 달러, 2002년 2억 4천5백만 달러로 감소하고 있으나 2003~4년에는 우리나라의 총투자에서 AFTA가 차지하는 비중이 12~13%로 다시 증가하고 있다.

1995년까지 급증하던 우리나라 대AFTA 직접투자는 1990년 중국과의 국교정상화로 인해 잠시 감소하다가 2000년대 들어서 다시 증가하고 있다. 우리나라의 대AFTA 직접투자 중 기타 국가와는 정체 내지 감소추세에 있으나 베트남과는 수교 이후 주변 동남아 국가에 대한 직접투자가 베트남으로 집중되기 시작하였다. 이것은 베트남 정부의 외국인 투자기업에 대한 세제혜택과 주변 동남아 국가보다 저렴한 인건비 및 노동생산성에 기인한 것으로 보인다. 이에 따라 우리나라 총투자 중에서 대AFTA 직접투자가 차지하는 비중이 2004년 12.1%를 차지하고 있어 중국에 이어 우리나라의 해외직접투자의 2위를 차지하고 있다. 그 중에서도 베트남이 동남아시아 투자의 거의 35%의 높은 비중을 차지하고 있다.

이와 같이 1980년대 말부터 우리나라의 대AFTA 직접투자가 급증하는 가운데 업종별 투자구조도 커다란 변화를 나타내었다. 대AFTA 투

표 1-3 우리나라의 지역별 해외직접투자 추이(투자 기준)

(단위 : 백만 달러, %)

				88년 말(잔존)	1989	1995	1996	2001	2002	2003	2004년 말
아시아			건수	123 (31.6)	129 (48.0)	1,013 (78.5)	1,035 (74.4)	1,397 (66.7)	1,676 (72.7)	2,085 (74.3)	2,707 (71.7)
			금액	290.6 (25.7)	129.6 (22.8)	1,645.7 (53.7)	1,599.2 (38.3)	1,268.7 (25.8)	1,309.3 (55.3)	2,388.1 (59.3)	3,369.4 (56.7)
	AFTA		건수	88 (12.9)	69 (25.7)	172 (13.3)	195 (14.0)	177 (8.5)	233 (10.1)	221 (7.9)	273 (7.2)
			금액	241.0 (21.3)	90.4 (15.9)	596.3 (19.4)	404.7 (9.7)	360.9 (7.3)	245.0 (10.4)	526.3 (13.1)	487.4 (12.1)
		인도네시아	건수	30 <34.1>	41 <59.4>	29 <16.9>	37 <19.0>	56 <31.6>	56 <24.0>	32 <14.5>	53 <19.4>
			금액	190.0 <78.8>	75.3 <83.4>	200.4 <33.7>	148.4 <36.7>	169.2 <46.9>	64.4 <26.3>	81.7 <15.5>	56.3 <11.6>
		싱가포르	건수	10 <11.4>	3 <4.3>	7 <4.1>	14 <7.2>	14 <7.9>	14 <6.0>	12 <5.4>	15 <5.5>
			금액	4.7 <2.0>	0.1 <0.2>	22.3 <3.8>	54.5 <13.5>	39.1 <10.3>	39.1 <15.6>	234.5 <44.5>	164.0 <33.6>
		말레이시아	건수	18 <20.5>	7 <10.1>	19 <11.0>	19 <9.7>	17 <9.6>	17 <7.3>	17 <7.7>	18 <6.6>
			금액	29.0 <12.0>	3.0 <3.4>	114.0 <19.2>	44..2 <10.9>	19.8 <5.5>	5.3 <2.2>	6.5 <1.2>	36.3 <7.4>
		태 국	건수	19 <21.6>	9 <13.0>	11 <40.7>	14 <37.9>	19 <10.7>	28 <12.0>	43 <19.5>	43 <15.7>
			금액	11.6 <4.8>	9.1 <10.1>	21.7 <3.6>	23.0 <5.7>	30.7 <8.5>	28.9 <11.8>	31.6 <6.0>	44.8 <9.2>
		필리핀	건수	10 <11.4>	9 <13.0>	70 <40.7>	74 <37.9>	23 <12.9>	37 <15.9>	21 <9.5>	32 <11.7>
			금액	5.6 <2.3>	2.6 <2.9>	27.0 <9.6>	44.0 <10.9>	56.4 <15.6>	24.9 <10.2>	16.6 <3.5>	13.7 <2.8>
		브루나이	건수	1<1.1>	-	2<1.2>	1<0.5>	-	-	-	-
			금액	0.0<0.0>	-	1.8<0.3>	0.0<0.0>	-	-	-	-
		베트남	건수	-	-	33 <19.8>	36 <18.5>	48 <27.1>	81 <34.8>	96 <43.4>	112 <41.0>
			금액	-	-	177.9 <29.9>	90.4 <22.3>	45.7 <21.7>	82.4 <33.6>	155.4 <29.5>	172.3 <35.3>
	중 국		건수	-	23 (6.8)	729 (56.5)	70.3 (50.5)	1,022 (48.8)	1,266 (54.9)	1,679 (59.8)	2,150 (56.9)
			금액	-	15.9 (1.7)	818.0 (26.7)	811.6 (19.4)	544.9 (11.1)	800.9 (33.8)	1,640.5 (40.7)	2,287.0 (38.5)
	기 타		건수	127 (18.3)	51 (21.9)	112 (65.2)	137 (60.4)	198 (9.5)	177 (7.7)	185 (6.6)	284 (7.5)
			금액	49.6 (4.4)	63.8 (7.4)	232.4 (34.3)	382.9 (28.6)	362.9 (7.4)	263.4 (11.1)	221.3 (5.5)	595.0 (10.1)
북 미			건수	252 (37.1)	86 (25.4)	133 (10.3)	189 (13.6)	517 (24.7)	447 (19.4)	552 (19.6)	439 (11.7)
			금액	490.0 (43.4)	434.9 (45.3)	545.8 (17.8)	1,576.6 (37.8)	1,436.5 (29.2)	496.5 (20.9)	1,066.9 (26.5)	12,739 (21.4)
유 럽			건수	67 (3.8)	22 (6.5)	79 (6.1)	77 (5.5)	69 (3.3)	64 (2.8)	69 (2.5)	99 (2.6)
			금액	42.4 (3.8)	95.2 (9.9)	613.8 (20.0)	654.2 (15.7)	2,086.8 (42.4)	313.9 (13.3)	220.8 (5.5)	688.7 (11.5)
기 타			건수	91 (13.4)	17 (5.0)	36 (2.8)	54 (3.9)	110 (5.3)	118 (5.1)	100 (3.5)	527 (13.9)
			금액	276.6 (24.5)	92.9 (9.7)	107.5 (3.5)	103.0 (2.5)	130.8 (2.6)	247.4 (10.5)	351.3 (8.7)	610.3 (10.2)
합계			건수	680 (100.0)	339 (100.0)	1,291 (100.0)	1,392 (100.0)	2,093 (100.0)	2,305 (100.0)	2,806 (100.0)	3,772 (100.0)
			금액	1,130.1 (100.0)	959.3 (100.0)	3,066.7 (100.0)	4,176.3 (100.0)	4,922.8 (100.0)	2,367.1 (100.0)	4,027.1 (100.0)	5,942.3 (100.0)

표 1-4 업종별 대AFTA 직접투자의 변화(투자잔액 기준)

(단위 : 백만 달러, 건, %)

		인도네시아		싱가포르		말레이시아		태 국		필리핀		브루나이		베트남		합 계	
		89	04	89	04	89	04	89	04	89	04	89	04	89	04	89	02(잔존)
광업	건수	2	3						1		1				0	2(1.4)	19(1.0)
	금액	171.9	4.0						0.2		0.1				84.9	171.9(53.7)	423.4(11.4)
임업	건수	6	1	3											3	6(4.2)	38(1.9)
	금액	31.5	0.1	1.1											0.7	31.5(9.8)	44.4(1.2)
수산업	건수	1														1(0.7)	1(0.1)
	금액	0.0														10(0.0)	-
제조업	건수	54	35	2	4	12		24	31	12	12				91	104(72.0)	1,491(75.1)
	금액	51.5	35.1	3.9	43.7	30.3		19.0	30.8	5.4	7.6				77.9	110.1(34.4)	2,143.3(57.5)
건설업	건수	1				7		1	1		2				3	10(6.9)	145.3(3.9)
	금액	140				0.3		0.1	10.0		0.1				1.7	521(0.1)	43(2.2)
운수 보관	건수		2	1	1				1		3				1	1(0.7)	43(2.2)
	금액		5.5	0.1	0.3				0.1		0.5				0.6	78(0.02)	16.3(0.4)
무역업	건수		2	9	6	4		2	8	1	9				10	16(11.1)	143(7.2)
	금액		5.6	0.6	15.4	0.6		0.2	3.7	0.1	3.8				6.7	1.5(0.5)	367.9(9.9)
기타	건수	1		1		1				1						4(2.8)	165(8.3)
	금액	3.5		0.2		0.7				0.1						4.6(1.4)	587.1(15.7)
계	건수	65 (45.1)	53	13 (9.0)	15	24 (16.7)		27 (18.7)	43		32				112	144 (100.0)	1,983 (100.0)
	금액	258.6 (80.7)	56.3	4.9 (1.5)	164.0	32.0 (10.0)		19.3 (6.0)	44.8		13.7				172.4	320.3 (100.0)	3,727.7 (100.0)

주 : ( ) 내는 총건수와 총금액에서 차지하는 비중.
자료 : 정영규, 『국제지역경제론』, 2002. 서울경제경영. 한국수출입은행

자는 **[표 1-4]**에서 보는 바와 같이 2002년 말 현재 제조업에 건수(금액) 75.1%(57.5%)의 집중적인 투자가 이루어지고 있으며 국가에 따라 직접 투자에서도 차이가 나고 있다. 인도네시아와 필리핀, 베트남, 태국은 광업 등 자원관련산업에도 투자가 이루어지고 있으며 그 중에서도 인도네시아와 베트남에 집중적으로 투자되고 있다. 무역업은 중개항인 싱가포르가 주요투자대상국이며 제조업은 인도네시아와 베트남에 가장 많이 투자되어 있으나 나머지 말레이시아, 필리핀, 태국 등에도 고르게 투자되어 있다. 이와 같이 우리나라의 대AFTA 직접투자에서 제조업 비중이 크게 높아진 것은 AFTA가 우리나라의 단순한 자원공급지에서 저렴한 노동력을 이용, 고비용으로 경쟁력을 상실한 품목의 해

외생산기지화 되었음을 나타내주고 있다. 앞으로 우리나라 경제구조의 고도화가 진행되는 과정에서 경쟁력을 상실한 품목의 대AFTA 이전은 계속될 것으로 보인다.

한편, 1980년대 말 이후 우리나라의 대AFTA 직접투자가 제조업을 중심으로 크게 증가하는 가운데, 시간이 지남에 따라 품목별 구조도 크게 변화하고 있다. 즉 한국의 대AFTA 제조업투자는 봉제완구, 신발, 가죽 등 단순 노동집약적 제조업종에서 출발하여 현재는 석유화학, 조립금속, 전자통신, 기계장비 등 자본 및 기술집약적 산업으로 패턴이 변하고 있다. 이러한 제조업투자업종의 고도화는 현재 우리나라가 반도체 및 전자제품기지로 AFTA를 활용할 계획으로 있어 더욱 가속화될 전망이다.

3. 국제무역과 국내교역 및 국내유통

경제활동은 생산, 분배, 소비 등으로 이루어지는데, 분업 및 전문화(특화) 또는 교환을 통해서 경제활동의 효율성이 높아진다. 이러한 전문화와 교환을 통한 효율성 증대는 비단 국내경제활동에만 국한된 것이 아니라 국제경제활동에도 동일하게 적용된다. 그러나 국내교역과 국제무역은 다음과 같은 차이점이 있다.

첫째, 국제경제활동에서는 국내경제활동에 비해 생산요소의 이동성이 제한된다. 생산요소들이 한 나라 안에서는 자유로운 이동이 허용되지만 국가간에는 이동이 불가능하거나 규제되는 경우가 많다. 예를 들면 노동력은 국내 거주 이전의 자유에 의해 자유롭게 이동할 수 있으나 국가간에는 이민이나 취업이 허용되어야만 이동할 수 있다. 자본의 경우 노동보다는 국가간 이동성이 높지만 해외투자, 외국인 투자, 외자도입, 외국환관리 등에 대한 규제에 의해서 자유로운 이동이 제한된다.

둘째, 국제무역에서는 국내교역에 비해 생산물의 이동에 필요한 수송비가 더 많이 든다. 국가간 지리적 거리 때문에 생산물의 국가간 이동에는 국내 이동에 비해 더 많은 수송비가 들게 된다.

셋째, 국가간의 상이한 경제, 사회, 법률제도를 갖기 때문에 국제경제활동은 국내경제활동에 비해 더 복잡한 절차와 규제 아래 놓인다. 예를 들어 화폐, 언어, 상거래관습, 가치관, 법규가 국가간에 차이가 있기 때문에 국내교역에 비해 국제무역은 더 큰 비용과 위험을 가져온다. 이러한 차이 때문에 국제무역을 따로 살펴볼 필요가 있는 것이다.

✢ 연습문제

1. 우리나라의 무역구조 변화추이 및 특징에 대하여 논하시오.

제2장

기초개념과 분석도구

1. 생산가능곡선
2. 사회무차별곡선
3. 폐쇄경제에서의 균형
4. 개방경제에서의 균형과 무역의 의의
5. 오퍼곡선과 무역의 균형

1. 생산가능곡선

1. 개념

생산가능곡선(production possibility curve)이란 한 국민경제의 자원부존량과 기술수준이 주어져 있을 때, 모든 자원을 완전고용하고 가장 효율적으로 사용하여 최대로 생산할 수 있는, 두 생산물의 여러 가지 조합을 나타내는 곡선이다.

[그림 2-1]은 생산가능곡선을 나타낸다. 여기서 가로축은 X재의 생산량, 세로축은 Y재의 생산량을 가리킨다. 이 경제가 모든 자원을 Y재 생산에 투입하여 가장 효율적으로 사용하면 T_Y만큼 생산할 수 있다. 이제 X재를 X_Q만큼 생산하려면 Y재 생산에 사용되던 자원 중 일부를 X재 생산으로 전용해야 한다. X_Q만큼의 X재를 최소의 자원으로 가장 효율적으로 생산하고, 나머지 자원으로 Y재를 가장 효율적으로 생산하면 최대로 Y_Q만큼 생산할 수 있다.

그리고 X재를 X_Q보다 더 많이 X_R만큼 생산하려면 Y재 생산에 사용되던 자원 중 일부를 X재 생산으로 더 전용해야 한다. X_R만큼의 X재를 최소의 자원으로 가장 효율적으로 생산하고, 나머지 자원으로 Y재를 가장 효율적으로 생산하면 Y_Q보다 적게 Y_R만큼 생산할 수 있다. 이러한 방법을 되풀이하여 생산가능곡선 $T_Y T_X$를 얻는다. 그리고 점 U와 같이 생산가능곡선의 아래 왼쪽이 있는 점은 일부 자원이 고용되지 않은 실업상태를 뜻한다.

2. 생산가능곡선의 형태

생산가능곡선은 우하향한다. 그리고 **[그림 2-1]**과 같이 원점에 대하여 오목한(바깥을 향하여 볼록한) 형태가 가장 일반적이다. 그 이유는 현실세계에서 자원의 희소성과 기회비용체증의 법칙이 작용하기 때문이다.

3. 한계기회비용, 한계전환율

[그림 2-1] 위의 점 T_Y로부터 점 Q로의 이동은 X재를 X_Q만큼 (더) 생산하기 위해 Y재를 $T_Y T_Q$만큼 생산할 기회를 포기하고, 또한 점 Q로부터 점 R로의 이동은 X재를 $X_Q X_R$만큼 더 생산하기 위해 Y재를

그림 2-1 **생산가능곡선**

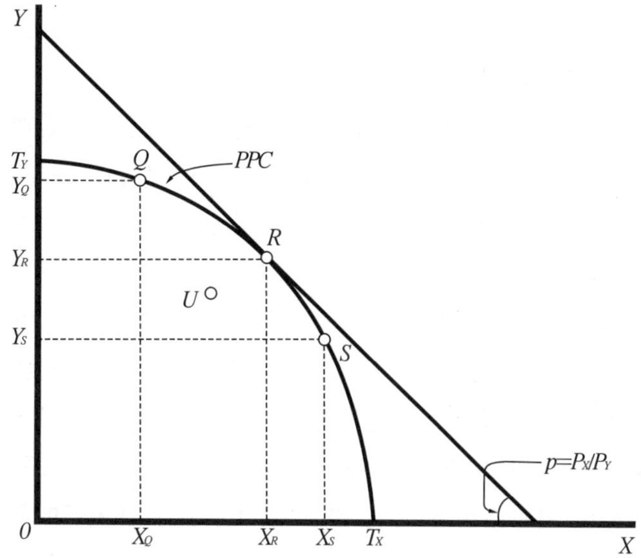

$Y_Q Y_R$만큼 생산할 기회를 포기함을 뜻한다. 여기서 X재 생산을 늘림에 따라 X재(일정단위)의 Y재로 나타낸 한계적 기회비용(opportunity cost)이 점점 증가함을 알 수 있다. 이처럼 생산가능곡선이 바깥을 향하여 볼록한(원점에 대하여 오목한) 형태의 경우에 기회비용이 체증한다.

한계적 기회비용을 한계전환율(한계변환율, marginal rate of transformation : MRT)이라고 하고, X재와 Y재 사이의(X재를 기준으로 한) 한계전환율은 다음과 같다.

$$MRT_{XY} \equiv -\frac{dY}{dX}\bigg|_{\text{동일한 생산가능곡선 위}}$$

생산가능곡선 위의 한 점에서 X재 생산량을 매우 작게 증가시키면(즉 dX를 매우 작은 값으로 하면) 그 점을 지나는 접선의 기울기는 바로 한계전환율이다. **[그림 2-1]**처럼 생산가능곡선이 원점에 대하여 오목한 형태인 경우에 한계전환율은 체증한다.

2. 사회무차별곡선

1. 무차별곡선의 개념

① 무차별곡선

무차별곡선 이론은 기수적 효용을 전제로 하는 한계효용이론과는 달리 서수적 효용, 즉 크기의 순서로만 측정된 효용을 전제로 소비자의 최적소비행태를 분석하였다. 각 상품을 따로따로 떼어내어 총효용을 독자적으로 계산하는 한계효용이론과는 달리 무차별곡선이론은 '두 가지 재화의 상품묶음'을 중심으로 효용의 크기를 비교하였다.

예를 들어 스키이용권과 생맥주라는 두 재화가 있다고 하자. 철수는 스키를 좋아하여 겨울방학만 되면 스키장에 가서 살다시피 하고 있다. 철수는 스키이용권 4매와 13장의 생맥주이용권을 포함한 상품 묶음으로부터 얼마간의 만족을 얻고 있다. 스키이용권 5매와 8장의 생맥주이용권을 포함한 상품 묶음 역시 철수에게 동일한 만족을 주고 있다. 이때 스키이용권권 4장과 13장의 생매주이용권의 상품 묶음은 스키이용권 5장과 8장의 생맥주이용권 상품 묶음과 무차별하다고 말한다. 철수가 동일한 만족을 얻을 수 있는 또 다른 조합으로는 (스키이용권 6장, 생맥주이용권 5장), (스키이용권 7장, 생맥주이용권 3장), (스키이용권 8장, 생맥주이용권 2장) 등이 있다고 할 때 이러한 두 재화의 상품 묶음을 연결한 선이 철수의 무차별곡선이다.

[표 2-1]은 철수의 스키권과 생맥주권에 대한 무차별곡선으로 똑같은 효용을 주는 다섯 종류의 상품 묶음을 나타낸다. 가령 스키이용권 4장과 생맥주이용권 13장으로 이루어진 상품 묶음을 *A*라 하고 스키이용권 5장과 생맥주이용권 8장으로 이루어진 상품 묶음을 *B*라 할 때 *A*

표 2-1 철수에게 똑같은 효용을 주는 상품 묶음들

상품 묶음	A	B	C	D	E
스키이용권	4	5	6	7	8
생맥주이용권	13	8	5	3	2

그림 2-2 **철수의 무차별곡선**

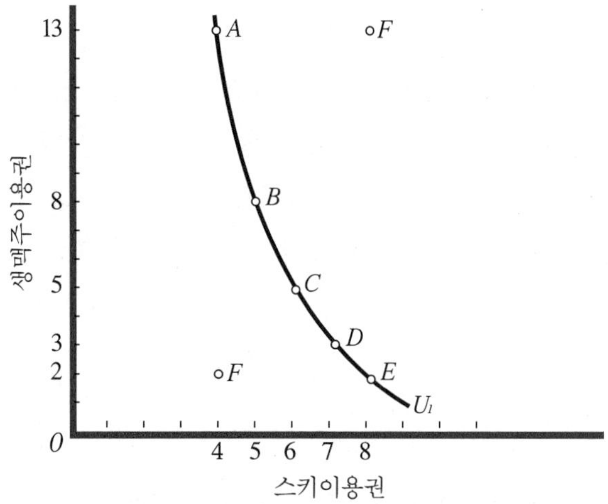

그림 2-3 **철수의 무차별지도**

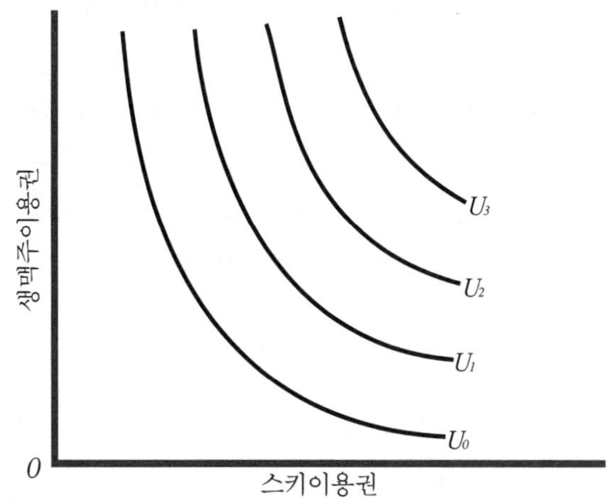

와 B에 대하여 무차별하다는 것이다. 스키이용권을 가로축에, 생맥주이용권을 세로축에 나타내는 평면에 **[표 2-1]**을 옮겨 **[그림 2-2]**과 같은 하나의 무차별곡선 U_1을 얻을 수 있다.

무차별곡선 U_1 위에 있지 않은 점들도 어떤 상품 묶음들을 나타낼 텐데, 점 F처럼 이 무차별곡선보다 왼쪽 아래에 있는 점들은 더 낮은 효용을, 점 G처럼 오른쪽 위에 있는 점들은 더 높은 효용을 나타낸다. 가령 점 F는 점 A에 비해 X재 소비량이 같고 Y재 소비량이 적기 때문에 효용이 더 낮다.

② 무차별지도

무차별곡선이 단 하나만 있는 것은 아니다. 이를테면 앞에서 말한 점 F를 지나는 또 다른 철수의 무차별곡선을 그릴 수 있다. 이렇게 효용이 다른 무차별곡선들을 얼마든지 그릴 수 있다. 효용이 다른 무차별곡선들을 한데 모은 그림을 무차별지도(indifference map)라고 한다. **[그림 2-3]**에서 철수의 두 재화에 대한 무차별지도가 지도의 등고선을 연상시키기 때문에 이렇게 부른다.

2. 무차별곡선의 성질

무차별곡선은 다음과 같은 네 가지 성질을 가진다.

◈ 성질 1 : 원점에서 멀리 떨어진 무차별곡선일수록 높은 효용을 나타낸다.

두 재화가 효용재이기 때문에 상위에 위치한 무차별곡선일수록 더 많은 양의 상품 묶음으로 구성되어 있으므로 많을수록 효용을 높여 주기 때문이다. 그런데 서수적 효용이므로 가령 **[그림 2-3]**에서 U_2가 U_1보다 효용이 얼마나 더 큰지는 알 수 없다.

◈ 성질 2 : 무차별곡선은 우하향한다.

두 재화가 효용을 주는 상품이므로 어느 하나의 소비량이 많아지면 효용이 높아진다. 그러므로 원래와 똑같은 효용을 위해서는 다른 하나의 소비량이 적어져야 한다. 이 때문에 무차별곡선이 우하향하게 된다.

◈ 주의 : 단, 포화점을 지나면 우상향할 수 있다.

◈ 성질 3 : 서로 다른 무차별곡선끼리 서로 겹치거나 교차하지 않는다.

두 무차별곡선이 **[그림 2-4]**처럼 점 A에서 교차한다고 하자. 무차별곡선의 정의에 따라 U_1 위의 두 점 A와 B의 효용이 서로 같고, U_2 위의 두 점 A와 C의 효용이 서로 같다. 그러므로 점 B와 점 C의 효용이 같

그림 2-4 **무차별곡선은 교차할까?**

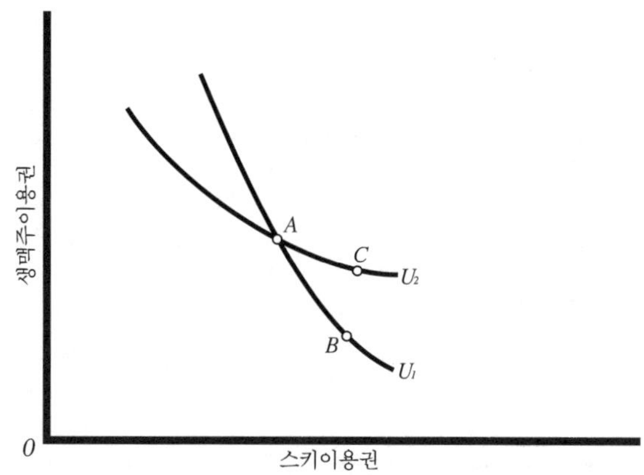

다는 셈인데, 이는 '많을수록 효용이 높아진다'는 것과 모순이다. 결론이 모순된 이유는 처음에 두 무차별곡선이 교차한다고 가정했기 때문이다. 그러므로 두 무차별곡선이 교차하지 않는다.

◈ 성질 4 : 무차별곡선은 원점을 향하여 볼록하다.

일반적으로 재화의 양이 많을수록 그 재화의 중요성은 감소하는 반면 재화의 양이 적을수록 그 중요성이 커진다. 소비자는 다른 상품의 소비량이 일정한 채 어떤 상품의 소비량이 늘어날수록 또는 줄어들수록 소비의 다양성이 차차 떨어진다고 여긴다. 소비자가 소비의 다양성을 좋아하기 때문에 무차별곡선이 원점을 향하여 볼록하게 된다고 할 수 있다.

3. 특수한 무차별곡선

일반적으로 무차별곡선은 원점에 대해 볼록한 우하향 곡선이다. 그러나 특수한 형태의 무차별곡선도 있다. **[그림 2-5]**는 특수한 형태의 무차별곡선들을 보여준다.

① 완전보완재인 무차별곡선

완전보완재의 경우의 예는 신발을 들 수 있다. 소비자에게 이 경우

그림 2-5 특수한 형태의 무차별곡선

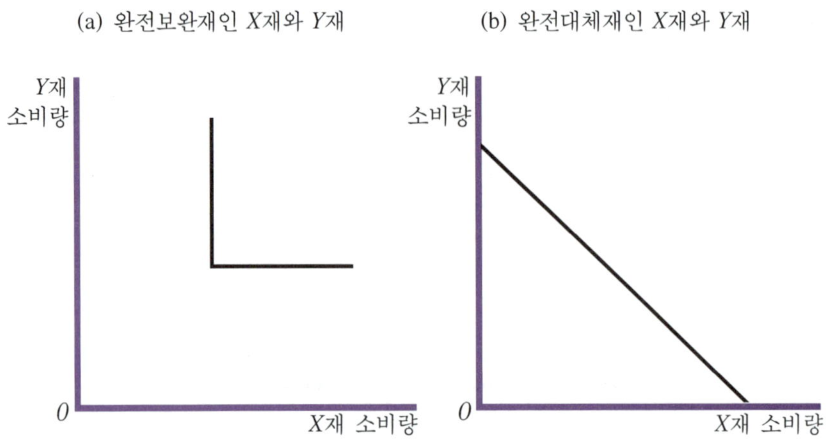

의 무차별곡선은 (a)와 같이 L자 형태이다. 왼쪽 신발은 한 짝인데 오른쪽 신발이 두짝, 세 짝이더라도 효용은 왼쪽 신발과 오른쪽 신발 한 짝씩 있는 경우와 똑같다.

② 완전대체재인 무차별곡선

소비자에 따라서는 김치가 부산김치이든 서울김치이든 상관하지 않을 수 있다. 이 경우 소비자에게 있어서는 완전대체재인 셈이다. 이 경우의 무차별곡선은 그림 (b)의 직선형태이다. 왜냐하면 서울김치나 부산김치나 얼마나 먹느냐에 따라서 효용의 크기가 결정되기 때문이다.

4. 한계대체율

① 한계대체율 개념

더 엄밀하게 이해하기 위해 우선 한계대체율이라는 개념에 대해 알아보자.

앞의 **[그림 2-2]**에 의하면 처음에 점 E에서 출발하여 D, C, B, A 등으로 이동하면서 스키이용을 줄이는 것을 알 수 있다. 대신 생맥주를 더 소비함으로써 똑같은 효용을 유지할 수 있다. 이때 스키이용 감소분을 생맥주이용의 증가분으로 나눈 값을, 스키이용에 대한 생맥주이용의 한계대체율(marginal rate of substitution of X in terms of Y : MRS_{XY} 또

는 간단히 *MRS*) 또는 줄여서 한계대체율이라고 한다. 즉,

$$MRS_{XY} \equiv -\frac{\Delta Y}{\Delta X}\Bigg|_{\text{동일한 무차별곡선}} \qquad \text{(한계대체율)}$$

이 식에서는 한계대체율이 동일한 효용을 나타내는 하나의 무차별곡선 위에서 정의된다는 점을 맨 끝에 명시하고 있으나 편의상 생략하기도 한다. 음(-)의 부호를 붙인 것은 ΔX와 ΔY의 부호가 서로 다르기 때문에 절대값으로 나타내기 위함이다.

한계대체율을 구체적으로 살펴보자. **[표 2-1]**의 상품 묶음 *A* , 즉 **[그림 2-2]**의 점 *A*에서 스키이용 4단위와 생맥주 13단위를 소비하고 있다. 스키이용을 한 단위를 더 소비하면 생맥주 5단위를 덜 소비해야 점 *B*에 이르고 똑같은 효용을 유지할 수 있다. 이 경우 $MRS=5$이다. 쉽게 말하자면 스키이용 한 단위와 생맥주 5단위를 바꾸어도 좋다는 것이다. 또 점 *B*에서 다시 스키이용 한 단위를 더 소비하면 생맥주 5단위를 바꾸어도 좋다는 것이다.

또 점 *B*에서 다시 스키이용 한 단위를 더 소비하면 생맥주 이용 3단위를 덜 소비해야 점 *C*에 이르고 똑같은 효용이 유지된다. 이 경우 $MRS=3$이다. 쉽게 말해 스키이용 1 단위와 생맥주이용 3단위를 바꾸어도 좋다는 것이다. 이처럼 소비자의 주관적인 효용을 바탕으로 스키이용 한 단위와 교환되어야 하는 생맥주이용의 수량을 뜻하므로, 한계대체율은 스키이용 한 단위에 대한 생맥주이용의 주관적인 교환 비율이라고 할 수 있다.[1)]

[표 2-1]과 **[그림 2-2]**로부터 각 상품 묶음에서의 한계대체율을 계산해 보면 **[표 2-2]** 및 **[그림 2-6]**과 같다.

② 한계대체율체감의 법칙

한계대체율체감의 법칙(law of diminishing marginal rate of substitution)이란 똑같은 효용을 유지하면서 생맥주이용을 스키이용으로 계속 대체

1) 시장에서의 교환 비율은 객관적인 교환 비율이다.

표 2-2 한계대체율

상품 묶음	A		B		C		D		E
생맥주이용권 소비량	13		8		5		3		2
스키이용권 소비량	4		5		6		7		8
생맥주이용권 감소분		5		3		2		1	
스키이용권 감소분		1		1		1		1	
한계대체율		5		3		2		1	

그림 2-6 무차별곡선과 한계대체율

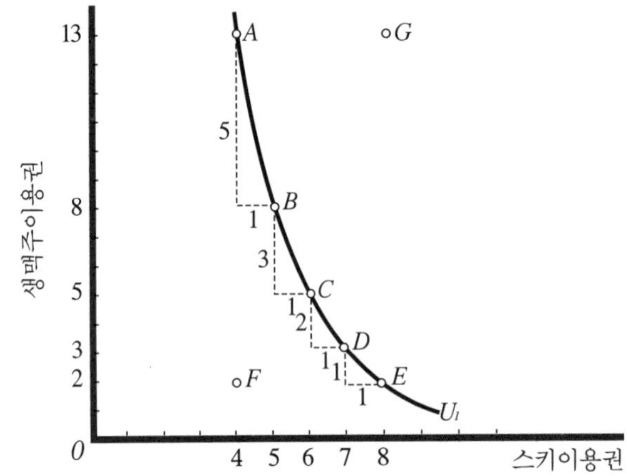

할수록 한계대체율이 차차 감소함을 가리킨다. 이러한 한계대체율체감의 법칙 때문에 무차별곡선이 원점을 향하여 볼록하게 되는 것이다.

이 표로부터 알 수 있는 것은 한계대체율이 차차 작아지고 있다는 사실이다. 가령 점 *A*에서 점 *B*로 이동하면서 *MRS*=5인데 점 *B*에서 점 *C*로 이동하면서 *MRS*=3이다. 이것은 스키이용이 차차 늘어날수록 늘어난 스키이용의 중요성이 작아지고, 생맥주소비량이 줄어들수록 줄어든 생맥주소비의 중요성이 커지기 때문이라고 할 수 있다. 따지고 보면 이것은 소비량이 늘어남에 따라 한계효용이 차차 줄어들고 소비량이 감소함에 따라 한계효용이 차차 늘어나는 한계효용체감의 법칙과 일맥상통하는 원리이다.

그림 2-7 한계대체율

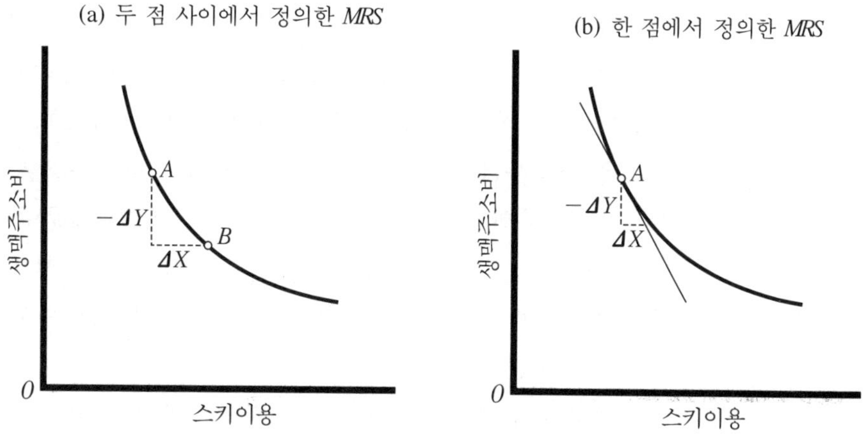

이처럼 똑같은 효용을 유지하면서 생맥주소비를 스키이용으로 계속 대체할수록 생맥주소비의 수량으로 나타낸 스키이용 한 단위의 중요성이 일반적으로 차차 작아진다. 이것을 **한계대체율체감의 법칙**이라고 한다.

③ 한 점에서의 한계대체율

무차별곡선 위의 한 점 A에서의 한계대체율은 그 점을 지나는 접선의 기울기의 절대값과 같다. **[그림 2-7]**의 왼쪽 그림 (a)에서 무차별곡선 위의 두 점 A와 B 사이의 한계대체율은 A와 B를 이은 선분 AB의 기울기의 절대값과 같다.

그런데 X재의 증가분을 매우 작게 잡으면 오른쪽 그림 (b)와 같이 두 점 A와 B는 똑같은 한 점 A가 된다. 이 경우 무차별곡선 위의 한 점 A에서의 한계대체율을 정의할 수 있다.

3. 폐쇄경제에서의 균형

지금까지 한 경제의 생산측면과 소비측면을 각각 살펴보았다. 이제 우선 이 경제가 개방되어 있지 않아 무역이 이루어지지 않는 경우의 공급과 수요를 동시에 고려하자. 자급자족경제(autarky economy), 곧 폐쇄경제(closed economy)에서의 공급과 수요의 동시 균형을 고려하기 위해서는 앞에서 각각 살펴본 생산가능곡선과 사회무차별곡선을 동일한 평면에 그려야 한다. 이것이 **[그림 2-8]**인데, 생산가능곡선과 사회무차별곡선이 서로 접하는 점 E_0가 이 폐쇄경제에서 도달할 수 있는 최대의 효용을 반영한다. 왜냐하면 점 E_0를 지나는 사회무차별곡선보다 더 높은 수준의 사회무차별곡선에 도달할 수는 없기 때문이다. 이 점 E_0가 바로 균형공급점과 균형수요점이 되는 것이다. 즉 폐쇄된 국내경제의 균형점인 것이다. 이때 이 경제의 후생수준은 사회무차별곡선 SIC_0가 가리키는 수준이다.

X재와 Y재 사이의(엄밀하게 말하면 X재의 Y재에 대한) 상대가격이란 X재 한 단위와 교환되는 Y재의 양을 말한다. 두 재화의 절대가격, 즉 P_X와 P_Y를 이용하면 상대가격은 다음과 같이 나타낼 수 있다.[2)]

상대가격 $p = P_X / P_Y$

이러한 X재의 (Y재에 대한) 상대가격 p를 **[그림 2-1]**과 동일한 평면 위에 나타내면, 우하향하는 직선의 기울기가 된다. 즉 상대가격이 높을수록(낮을수록) 그 직선은 더(덜) 가파르게 된다.[3)]

그리고 (경쟁시장 아래서의) 균형상대가격은 균형점 E_0에서의 접선의 기울기가 된다. 예를 들어 이 균형상대가격이 p_0이라 하자.[4)]

이 경우 **[그림 2-8]**의 균형점 E_0에서 공급하게 된다. 즉 상대가격을 나타내는 직선이 생산가능곡선과 접하는 점이 균형공급점이다. 이는 왜냐하면 이 점에서, 다음 식과 같이, 상대가격과 한계적 기회비용 곧 한계전환율이 서로 일치하기 때문이다.

최적공급조건 $p = MRT_{XY}$

2) 여기서는 생산물 사이의 상대가격을 고려한다. 나중에 생산요소들 사이의 상대가격도 고려한다.

3) 물론 Y재의 (X재에 대한) 상대가격은 이 식과 반대로 P_Y / P_X이다.

4) 그러나 상대가격이 어떻게 결정되는지 아직 설명하지 않았음을 유의해야 한다. 다음에 차차 설명하게 된다.

그림 2-8 **공급과 수요의 동시 균형**

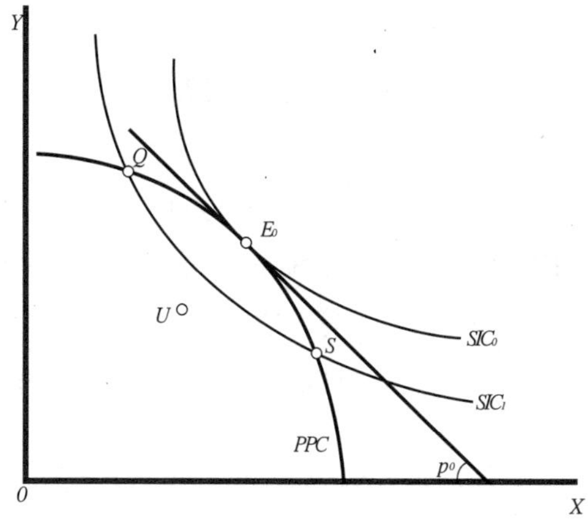

그리고 이 상대가격이 높아지면 균형공급점이 생산가능곡선 위에서 오른쪽 아래로 이동함에 따라 X재 공급이 증가하며 Y재 공급은 감소한다.5)

한편 상대가격 p_0 아래서 점 E_0에서 공급할 때, 이 점을 지나는 예산선을 고려할 수 있다(생산물 공급에 참여한 생산요소에 대한 대가로 소득이 생기고, 이 소득이 생산물에 대한 수요를 위한 예산이 되는 것이다). 이 예산선의 기울기는 다름 아니라 상대가격이다. 이때 이 경제는 **[그림 2-8]**의 점 E_0에서 수요하게 된다. 즉 예산선이 사회무차별곡선 SIC_0와 접하는 점이 균형수요점이다. 왜냐하면 이 점에서, 다음 식과 같이, 상대가격과 한계대체율이 서로 일치하기 때문이다.

$$\text{최적수요조건} \quad p = MRS_{XY}$$

그리고 상대가격이 높아짐에 따라 균형수요점이 왼쪽 위로 이동하

5) 그러나 직선 형태 또는 원점에 대하여 볼록한 형태의 생산가능곡선인 경우에는 반드시 그렇지는 않음을 유의해야 한다. 또한 위 식은 생산물시장과 생산요소시장이 규제나 왜곡이 없는 완전경쟁시장일 경우에만 성립함을 유의해야 한다. 예를 들어 어느 한 생산물 생산에 정부가 세금을 부과하거나 보조금을 지급한다면, 이 식은 성립하지 않게 된다.

고, X재 수요가 감소하며 Y재 수요가 증가한다.[6)]

앞의 최적공급조건과 최적수요조건을 함께 고려하면

폐쇄경제의 균형조건 $MRT_{XY} = p = MRS_{XY}$

즉 공급측면과 수요측면에 모두 어떤 일정한 균형상대가격이 적용되고, 이에 한계전환율과 한계대체율이 서로 일치하게 된다는 것이다. **[그림 2-8]**에서 생산가능곡선과 사회무차별곡선이 접하는 점이 균형점이고, 이 점에서의 접선의 기울기는 한계전환율, 상대가격, 한계대체율을 뜻한다.

4. 개방경제에서의 균형과 무역의 이익

1. 개방경제에서의 공급과 수요의 균형

이제 이 경제가 해외에 대하여 국제무역을 하게 된 경우를 고려하자. 여기서 관세 부과, 수출입 규제, 수송비 부담 등이 없이, 또 완전경쟁 아래서 자유롭게 국제무역이 행해지고 있다고 하자.

국제무역이 이루어질 때 두 생산물 사이의 상대가격을 교역조건(terms of trade)이라고도 한다. 그런데 해당 국민경제가 세계경제에서 차지하는 비중이 매우 작으면 교역조건은 해외에서 일방적으로 주어지게 된다. 이 경우를 소국경제 또는 소규모경제라고 일컫는다. 반면에 대국 또는 대규모경제는 해외경제와 상호작용하여 교역조건을 결정한다. 대국경제에서의 교역조건의 결정에 대해서는 다음에 오퍼곡선(offer curve) 또는 세계생산가능곡선 및 세계사회무차별곡선 등을 이용하여 분석하게 된다.

해외로부터 일방적으로 주어지든(소국의 경우) 또는 해외와 상호 작용하여 결정되든(대국의 경우) 개방경제에서의 교역조건은 일반적으로

6) 위 식도 생산물시장이 규제 없는 완전경쟁시장일 경우에만 성립한다. 예를 들어 어느 한 생산물에 소비세를 부과한다면 이 식은 성립하지 않게 된다.

그림 2-9 **자유무역 아래서 공급 및 수요의 균형**

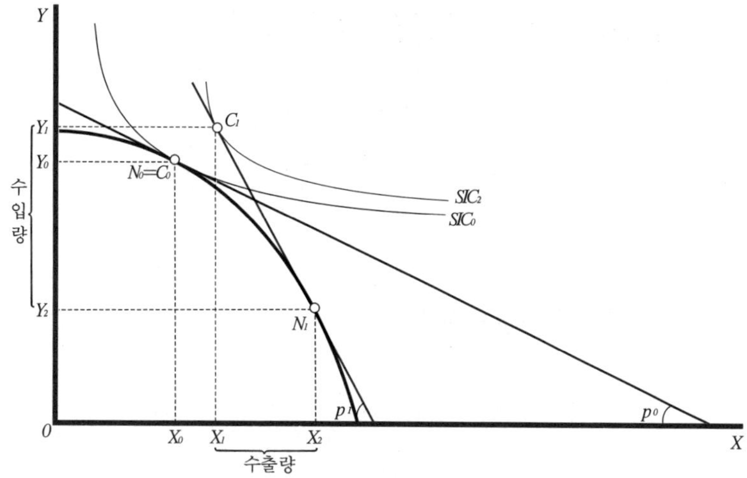

폐쇄경제에서의 균형상대가격과는 다른 수준으로 이 국민경제에 적용되게 된다. 여기서는 개방 이전의 해외의 상대가격이 개방 이전의 국내의 상대가격 p_0보다 높아서 개방경제에서의 상대가격, 곧 교역조건이 폐쇄경제에서의 상대가격보다 높은 경우를 상정한다.[7] 이와 같이 개방 이전에 해외에 비해 낮은 상대가격의 재화(여기서는 X재)에 이 나라가 비교우위를 가진다고 말한다.

[그림 2-9]에서 p_1으로 표시한 직선은 개방경제에서의 새로운 상대가격을 나타낸다. 개방 전에 비해 X재가 비싸지고 Y재가 싸진 것이다. 먼저, 공급측면에서 X재 생산이 증가하고 Y재 생산이 감소하여 균형공급점이 점 N_0로부터 점 N_1으로 이동하게 된다. 다음에 수요측면에서, 점 N_1을 지나는 직선 p_1은 이 경제의 예산선이 되고, 이 직선이 접하는 사회무차별곡선 SIC_2 위의 점 C_1이 새로운 균형수요점이 된다. 즉 이 경제는 X재를 X_1X_2만큼 수출하고 Y재를 Y_2Y_1만큼 수입한다.[8] 이와 같이 자유무역의 결과 균형수요점이 점 $C_0(=N_0)$로부터 점 C_1으로 이동하게 된다.

7) 거꾸로 상정하여도 좋다.

8) 물론 이에 대응하여 해외경제가 수입 또는 수출한다고 하자. 이러한 세계경제 전체의 균형에 대해서는 다음에 오퍼곡선을 이용하여 또는 세계생산가능곡선과 세계사회무차별곡선등을 통해서 엄밀하게 살펴본다.

2. 무역의 이득

[그림 2-9]에서 보듯이 무역이 이루어지면 이 국가는 원래의 사회무차별곡선 SIC_0의 후생수준보다 더 높은 사회무차별곡선 SIC_2의 후생수준을 누리게 됨을 알 수 있다. 즉 사회 전체적으로 무역으로부터의 이득(gains from trade)을 얻게 된다.[9)]

자유무역의 개방경제 아래서 앞의 폐쇄경제의 균형조건 식이 역시 성립한다. 다시 정리하면

$$MRT_{XY} = p = MRS_{XY}$$

그런데 개방되었더라도 교역조건이 개방 이전의 상대가격과 동일하다면 무역의 이득이 없게 된다.[10)] 왜냐하면 그림에서 쉽게 알 수 있듯이 균형공급점과 균형수요점이 이전과 똑같기 때문이다. 한편, 사회구성원 전체의 후생 증가가 반드시 사회구성원 각각의 후생이 모두 증가함을 뜻하지는 않으며 무역으로부터 오히려 손해를 입게 되는 경제계층이 있음을 유의해야 한다. 무역으로부터 이득을 얻는 계층이 무역으로부터 손해를 입는 계층에게 보상을 한다는 전제 아래서만 사회구성원 각각의 후생이 모두 증가한다.

3. 무역이득의 구성

어느 한 경제의 무역이득은 (1) 공급측면에서의 생산특화(생산전문화)로부터의 이득과 (2) 국제무역을 통한 교환으로부터의 이득으로 구분할 수 있다. 즉

무역이득의 원천 = 생산특화 + 교환

[그림 2-10]에서 폐쇄경제에서의 균형공급점 N_0를 지나면서 개방경제 아래서의 새로운 교역조건을 가리키는 직선 p_1을 그어 보자. 그리고

9) 엄밀하게 말하면 자유무역의 이득이다. 그런데 자유무역이 아니더라도 무역이 이루어지면 폐쇄경제인 경우에 비해서 대체로 이득을 얻게 된다.

10) 단 예외적으로 규모의 경제가 있는 경우에는 상대가격이 동일하더라도 무역이득이 있을 수 있다.

그림 2-10 **무역이득의 구성**

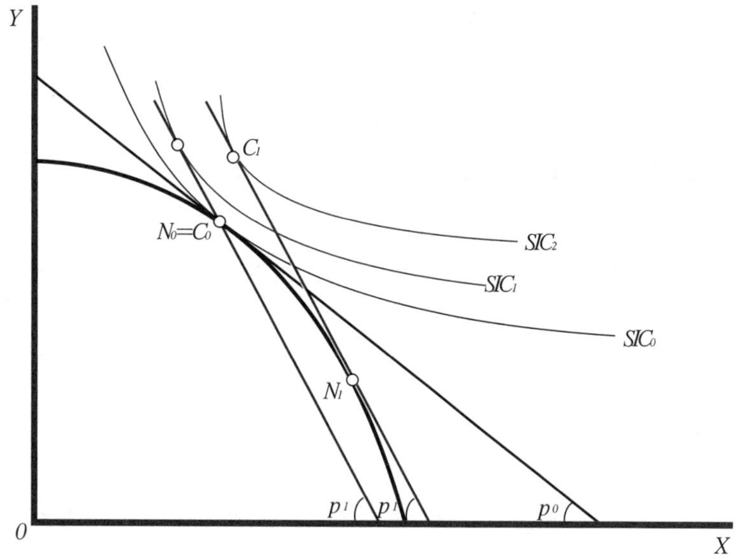

이 직선과 접하는 또 하나의 사회무차별곡선 SIC_1을 찾아보자.

(2) 외국과 상품을 교환함으로써 발생하는 무역이득은 사회무차별곡선 SIC_0로부터 사회무차별곡선 SIC_1으로의 이동으로, 또한 (1) 생산특화로부터의 이득은 사회무차별곡선 SIC_1으로부터 사회무차별곡선 SIC_2로의 이동으로 표시할 수 있음을 알 수 있다.[11] 예를 들어 우리나라가 어떤 상품을 수출하게 됨으로써 수출품의 해외 상대가격이 비싸다는 이점을 누리고, 또 수출 부문에서의 생산이 더 늘어난다는 이점을 누릴 수 있다.

이러한 무역이득의 원천은 개방 이전과 개방 이후의 상대가격의 차이에서 오는 것이다. 다른 여건이 동일하다면 개방 이전과 개방 이후에 상대가격의 변화가 클수록 무역이득이 크다고 할 수 있다.

이처럼 주어진 여건 아래서 누리는 무역의 정태적(statics) 이득 이외에 무역의 동태적(dynamics) 이득이 있다. 즉 무역을 통해 경제 여건 자체가 변함으로써 얻게 되는 동태적 이득으로서 시장의 확대에 따른 설

11) 주의할 점은 이러한 구분이 실제 발생순서를 반영하는 것이 아니고, 분석상의 구분이라는 점이다.

비가동률의 제고, 해외경쟁에 노출되는 데서 오는 경쟁촉진 및 X-효율성의 증대, 규모의 경제, 해외시장이 제공하는 외부경제효과, 시장구조의 변화 등과 관련하여 나타나는 이득이다.

5. 오퍼곡선과 무역의 균형

경제분석을 할 때 대부분 개별시장에서의 공급곡선과 수요곡선이 매우 유용하다.[12)]

그러나 일반적인 공급곡선 및 수요곡선과 달리, 국가간 무역을 분석할 때에는 두 개의 상품에 대하여 공급과 수요를 동시에 고려하는 분석방법, 즉 오퍼곡선이 매우 유용하다. 밀(J. S. Mill)에 의해서 창안되고, 마샬(A. Marshall)과 에지워스(F. Edgeworth)에 의하여 발전된 오퍼곡선(offer curve)의 개념과 도출방법을 살펴보고, 이것을 이용하여 앞에서 살펴본 무역의 균형에 대하여 다시 살펴보기로 한다.

1. 오퍼곡선의 개념과 도출

① 오퍼곡선

한 경제의 오퍼곡선[13)]이란 그 경제에 주어진 공급 및 수요여건 아래서 해외와 무역을 할 때, 수출재 및 수입재 사이의 상대가격의 변화에 따라서 수입하고자 하는 수입재의 수량과 그 대가로 수출하려는 수출재의 수량을 가리키는 조합이다.

이 정의로부터 알 수 있듯이 오퍼곡선은 한 재화가 아니라 두 재화를 고려하고, 이에 상대가격을 중심으로 분석하고, 또 공급과 수요를 함께 고려하여 초과수요는 수입이 되고, 초과공급은 수출이 되는 것이다.[14)]

12) 이것을 두 개의 상품에 응용한 상대적 공급곡선과 상대적 수요곡선에 대하여는 앞에서 언급하였는데, 이러한 상대적 곡선들은 이해하기 쉽다는 점이 장점이다. 우리는 이러한 곡선들에 대하여 더 상술하지 않고, 더 일반적으로 쓰이는 오퍼곡선을 알아보기로 한다.

13) 오퍼곡선을 상호수요공급곡선 또는 상호수요곡선이라고도 한다.

14) 이러한 오퍼곡선의 개념은 한 경제에만 적용되는 것이 아니라 개별 경제주체에도 적용할 수 있다. 예를 들어 경제원론의 일반균형분석이론에서 응용된다. 또 경제원론에서 배운 가격소비곡선도 일종의 오퍼곡선이라 할 수 있다.

그림 2-11 오퍼곡선의 도출 : A국

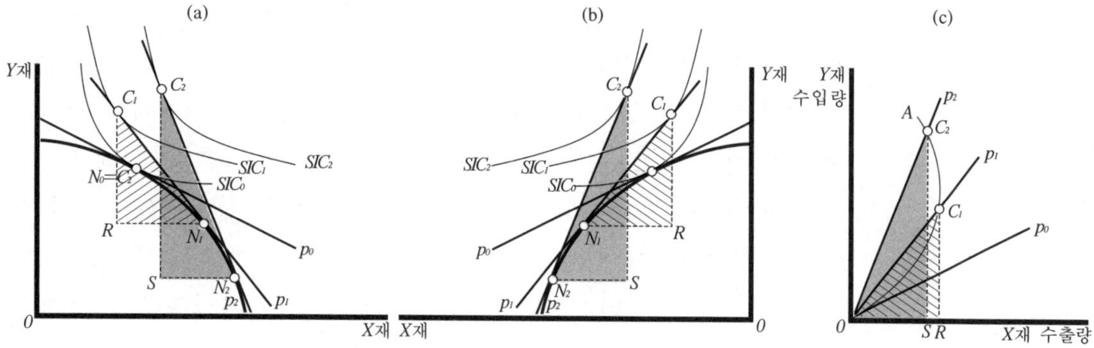

② A국 오퍼곡선의 도출

*A*국의 오퍼곡선은 다음과 같이 도출된다. *A*국의 공급 및 수요여건이 주어져 있으므로 이를 생산가능곡선과 사회무차별곡선으로 나타낼 수 있는데, 이 곡선들은 **[그림 2-11]**의 (a)와 같이 나타나 있다. 그림 (a), (b)와 (c)에서 가로축은 *X*재, 세로축은 *Y*재를 각각 나타낸다. (a)와 (b)는 좌우대칭인 똑같은 그림이다(*A*국을 나타내는 상첨자 *A*는 편의상 잠깐 생략한다).

이 그림에서 점 $N_0 = C_0$는 무역을 하기 전, 즉 자급자족경제(폐쇄경제)에서의 공급 및 수요의 균형점이다. 이때 이 점을 지나는 접선 p_0는 폐쇄경제에서의 균형상대가격을 나타낸다. 이제 이 나라가 외국과 무역을 하게 되었을 때(즉 개방경제가 되었을 때) 균형점을 살펴보기로 한다.

먼저 무역 이후에도 두 재화의 상대가격 즉 교역조건이 여전히 p_0라면 이 나라의 공급 및 수요 균형점은 무역 이전과 다름이 없고, 수출량과 수입량이 각각 0이 될 것이다. 이 경우는 **[그림 2-11]**의 (c)에 원점으로 표시된다. 이 원점은, 상대가격선 p_0 위의 한 점으로서 상대가격 p_0 아래서 *X*재의 수출량이 0이고, *Y*재의 수입량이 0이 되는 점이다.

일반적으로 무역 이후의 상대가격은 자급자족경제의 경우보다 높은 p_1이 된다. 즉 이 나라가 비교우위를 갖고 있는 *X*재가 상대적으로 더 비싸진다. 이 경우에는 그림 (a)와 (b)에서 알 수 있듯이 새로운 공급 및 수요 균형점은 각각 점 N_1 및 C_1이 되고, 이때 이 나라에서 *X*재에 대한 초과공급은 N_1RC_1만큼, Y재에 대한 초과수요는 C_1R만큼 생기게 된다. 삼각형 N_1RC_1은, 상대가격 p_1을 나타내는 상대가격선 N_1C_1 아래서 수출하려는 X재의 수량 N_1R과 수입하려는 Y재의 수량 C_1R을 나타내는 무역삼각형이다. 그리고 그림 (b)의 무역삼각형 N_1RC_1을 그림 (c)로 이동시키면 삼각형 $0RC_1$이 된다. 그림 (c)에서 상대가격선 p_1 위의 점 C_1은, 상대가격 p_1 아래서 X재의 수출량이 $0R$이고, Y재의 수입량이 C_1R이 되는 점이다. 여기서 주의할 점은, 그림 (c)의 가로축은 X재의 수출량을, 세로축은 Y재의 수입량을 나타낸다는 것이다. 무역 이후의 상대가격이 p_1보다 더 높은 p_2가 되었다면, 즉 X재의 Y재에 대한 상대가격이 더욱 상승하면, 그림 (a)와 (b)에서 알 수 있듯이 새로운 공급 및 수요 균형점은 각각 점 N_2 및 C_2가 된다. 이는 이 나라에서 X재에 대한 초과공급이 N_2S만큼, Y재에 대한 초과수요가 C_2S만큼 생기게 되었음을 뜻한다. 이때 삼각형 N_2SC_2는, 상대가격 p_2를 나타내는 상대가격선 N_2C_2 아래서 수출하려는 X재의 수량 N_2S와 수입하려는 Y재의 수량 C_2S를 나타내는 무역삼각형이다. 그리고 그림 (b)의 무역삼각형 N_2SC_2를 그림 (c)로 이동시키면 삼각형 $0SC_2$가 된다. 그림 (c)에서 상대가격선 p_2 위의 점 C_2는 상대가격 p_2 아래서 X재의 수출량이 $0S$이고, Y재의 수입량이 C_2S가 되는 점이다.

이러한 과정을 거쳐 A국 오퍼곡선은 상대가격, 즉 교역조건의 변화에 따라 변동하는 무역량을 그림 (c)의 점 0, 점 C_1, 점 C_2 등으로써 나타낼 수 있다. 다시 말하면, (1) 교역조건 p_0를 가리키는 상대가격선 p_0 위의 점 0는, 해당 상대가격 아래서의 수출량 0 및 수입량 0을 가리키고, (2) 교역조건 p_1을 가리키는 상대가격선 p_1 위의 점 C_1은, 해당 상대가격 아래서의 수출량 $0R$ 및 수입량 C_1R을 가리키고, (3) 교역조건 p_2를 가리키는 상대가격선 p_2 위의 점 C_2는, 해당 상대가격 아래서의 수출량 $0S$ 및 수입량 C_2S를 가리킨다.

이와 같이 오퍼곡선 위의 각 점은 해당 교역조건(상대가격), 수출량 수입량 등 세 변수 사이의 관계를 반영한다.

그리고 만약 무역 이후의 상대가격이 무역 이전의 상대가격 p_0보다 낮아지면, A국은 거꾸로 X재를 수입하고, Y재를 수출하게 될 것이다. 이 경우는 **[그림 2-11]**의 (a)와 (b)에서 새로운 공급 및 수요의 균형점이 각각 N_3 및 C_3가 되어, 이를 그림 (c)에 표시하면, 원점 0의 왼쪽 아래쪽에, 즉 제3사분면에 있는 점 C_3와 같이 될 것이다(그림에는 생략하였는데, 독자들이 적어 넣기 바란다). 왜냐하면 A국의 오퍼곡선을 나타낸 그림 (c)에서, 가로축에서 원점의 왼쪽은 X재의 수입량을, 세로축에서 원점의 아래쪽은 Y재의 수출량을 나타내기 때문이다.

결국 A국의 오퍼곡선은, 자급자족경제 아래서의 균형상대가격 p_0를 나타내는 상대가격선 p_0를 원점에서 접하고, 오른쪽 아래에 대하여 대체로 볼록한 모양이 된다.

여기서 유의할 점은, 이러한 오퍼곡선 위에 놓여 있으면 A국은 무역수지의 균형을 이루고 있다는 것이다. 즉 수입의 대가를 수출로써 모두 지불하고 있는 것이다.

③ B국 오퍼곡선의 도출

편의상 자급자족 아래서 B국의 균형상대가격이 A국의 균형상대가격보다 높다고 하자.[15] 이 경우 B국의 생산가능곡선과 사회무차별곡선이 **[그림 2-12]**의 (a) 및 (b)와 같이 주어져 있다고 하자. 두 그림은 좌우대칭 · 상하대칭인 동일한 그림이다.

이 그림에서 점 $N_0^B = C_0^B$는 무역을 하기 전, 즉 자급자족경제(폐쇄경제)에서의 B국의 공급 및 수요의 균형점이다. 이때 이 점을 지나는 접선 p_0^B는 폐쇄경제에서의 균형상대가격을 나타낸다. 이 균형가격 p_0^B는 앞의 가정에 따라서 p_0보다 높다. 즉 상대가격선의 기울기가 더 가파르다.

이제 B국이 A국과 무역을 하게 되었을 때(즉 개방경제가 되었을 때) 균형점을 살펴보기로 한다. 먼저 무역 이후에도 두 재화의 상대가격, 즉 교역조건이 여전히 p_0^B라면 이 나라의 공급 및 수요 균형점은 무역 이전과 다름이 없고, 수출량과 수입량이 각각 0이 될 것이다. 이 경우는 **[그림 2-12]**의 (c)에 원점으로 표시된다. 이 원점은, 상대가격선 p_0^B 위의 한 점으로서 상대가격 p_0^B 아래서 X재의 수입량이 0이고, Y재의 수출량이 0이 되는 점이다.

15) 이 경우 B국은 X재에 비교열위를 갖고, Y재에 비교우위를 가진다고 한다.

그림 2-12 오퍼곡선의 도출 : B국

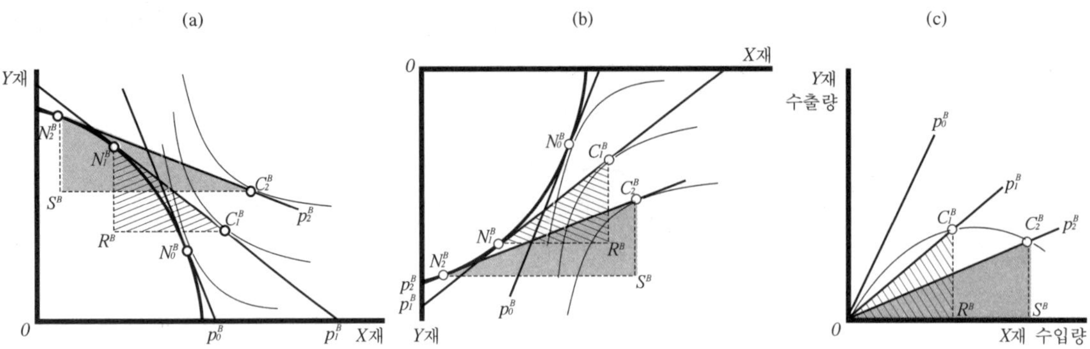

일반적으로 무역 이후의 상대가격은 자급자족경제의 경우보다 낮은 p_1^B가 된다. 즉 이 나라가 비교우위를 갖고 있는 Y재가 상대적으로 더 비싸진다. 이 경우에는 그림 (a)와 (b)에서 알 수 있듯이 새로운 공급 및 수요 균형점은 각각 점 N_1^B 및 C_1^B가 되고, 이때 이 나라에서 Y재에 대한 초과공급은 $N_1^B R^B$만큼, X재에 대한 초과수요는 $C_1^B R^B$만큼 생기게 된다. 삼각형 $N_1^B R^B C_1^B$는, 상대가격 p_1^B를 나타내는 상대가격선 $N_1^B C_1^B$ 아래서 수출하려는 Y재의 수량 $N_1^B R^B$와 수입하려는 X재의 수량 $C_1^B R^B$를 나타내는 무역삼각형이다. 그리고 그림 (b)의 무역삼각형 $N_1^B R^B C_1^B$를 그림 (c)로 이동시키면 삼각형 $0R^B C_1^B$가 된다. 그림 (c)에서 상대가격선 p_1^B 위의 점 C_1^B는 상대가격 p_1^B 아래서 X재의 수입량이 $0R^B$이고, Y재의 수출량이 $C_1^B R^B$가 되는 점이다.

여기서 주의할 점은 A국의 오퍼곡선에서와는 달리 B국의 오퍼곡선에서는 그림 (c)의 가로축은 X재의 수입량을, 세로축은 Y재의 수출량을 나타낸다는 것이다. 이렇게 함으로써 다음에 보듯이 두 나라 사이의 균형을 쉽게 파악할 수 있다.

무역 이후의 상대가격이 p_1^B보다 더 낮은 p_2^B가 되었다면, 즉 X재의 Y재에 대한 상대가격 p_0^B이 더욱 하락하면, 그림 (a)와 (b)에서 알 수 있듯이 새로운 공급 및 수요 균형점은 각각 점 N_2^B 및 C_2^B가 된다. 이때 무역삼각형은 $N_2^B S^B C_2^B$가 된다. 그리고 그림 (b)의 무역삼각형 $N_2^B S^B C_2^B$를 그림 (c)로 이동시키면 삼각형 $0S^B C_2^B$가 된다. 그림 (c)에서 상대가격선 p_2^B 위의 점 C_2^B는 상대가격 p_2^B 아래서 X재의 수입량이 $0S^B$이고, Y재의 수출량이 $C_2^B S^B$가 되는 점이다.

이와 같이 B국 오퍼곡선은 상대가격, 즉 교역조건의 변화에 따라 변동하는 무역량을 그림 (c)의 점 0, 점 C_1^B, 점 C_2^B 등을 연결한 것이다.

그리고 만약 무역 이후의 상대가격이 무역 이전의 상대가격 p_0^B보다 높아지면, B국은 거꾸로 X재를 수출하고, Y재를 수입하게 될 것이다. 이 경우는 **[그림 2-12]**의 (a)와 (b)에서 새로운 공급 및 수요의 균형점이 각각 N_3^B 및 C_3^B가 되어, 이를 그림 (c)에 표시하면, 원점 0의 왼쪽 아래쪽에, 즉 제3사분면에 있는 점 C_3^B와 같이 될 것이다(그림에는 생략하였는데, 독자들이 적어 넣기 바란다). 왜냐하면 B국의 오퍼곡선은 나타낸 그림 (c)에서, 가로축에서 원점의 왼쪽은 X재의 수출량을, 세로축에서 원점의 아래쪽은 Y재의 수입량을 나타내기 때문이다.

결국 B국의 오퍼곡선은, 자급자족 경제 아래서의 균형상대가격 p_0^B를 나타내는 상대가격선 p_0^B를 원점에서 접하고, 왼쪽 위에 대하여 대체로 볼록한 모양이 된다. 여기서 유의할 점은, 이러한 오퍼곡선 위에 놓여 있으면 B국도 무역수지의 균형을 이루고 있다는 것이다.

2. 균형교역조건 및 균형무역량

세계경제가 A국과 B국만으로 이루어져 있다고 하고, 교역조건(세계경제의 상대가격)과 무역량이 어떻게 결정되는가 살펴보기로 한다.

앞에서 도출한 두 나라의 오퍼곡선이 **[그림 2-13]**에서는 동일한 평면 위에 함께 나타나 있다. 이때 주의할 점은 (1) 원점을 지나는 상대가격선은 두 나라에 동일하게 적용되는 교역조건을 가리키지만, (2) 가로축은 A국의 경우 X재 수출량을, B국의 경우 X재 수입량을 가리키고, (3) 세로축은 A국의 경우 Y재 수입량을, B국의 경우 Y재 수출량을 가리킨다는 것이다.

두 나라의 오퍼곡선이 서로 만나는 점에서 두 나라 사이의 무역이 균형을 이루고, 균형교역조건과 균형무역량이 결정된다. 물론 각국의 무역수지도 균형을 이룬다.

[그림 2-13]에서 두 오퍼곡선의 교차점 E와 원점을 잇는 직선은 A국과 B국에 모두 적용되는 동일한 교역조건인데, 이 교역조건 아래서 A

그림 2-13 **무역균형 및 균형의 안정성**

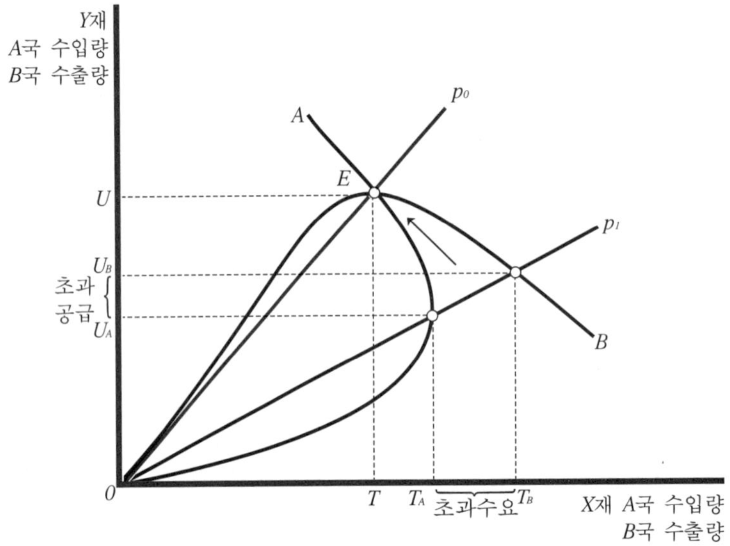

국은 $0T$만큼 X재를 수출하려 하고 B국도 똑같은 양의 X재를 수입하려 한다. 동시에 A국은 $0U$만큼 Y재를 수입하려 하고 B국도 똑같은 양의 Y재를 수출하려 한다. 그러므로 두 나라 사이에 무역이 균형을 이루게 되어 점 E가 균형점이 되고, 교역조건 p_0가 균형교역조건이 되며, $0T$만큼의 X재와 $0U$만큼의 Y재가 균형무역량이 된다.

3. 무역균형의 안정성

① 균형의 안정성

균형이 안정적이라는 것은 외생적 교란에 의해서 균형을 벗어나 있더라도 시장의 잠재적 복원력이 있어서 균형으로 도달할 수 있음을 의미한다.

개별시장에서 균형이 안정적이어야만 그 균형이 의미가 있다. 왜냐하면 시장의 현 상태가 균형에 놓여 있지 않을 때, 그 균형은 안정적인 경우에만 도달하게 되고 불안정적인 경우에는 도달할 수 없기 때문이다.

예를 들어 **[그림 2-14]**의 (a)는 한 시장의 공급곡선과 수요곡선을 나타내는데, 균형점 E는 안정성을 가진다. 이것은 현재 가격이 균형가격

그림 2-14 균형의 안정성 및 불안정성

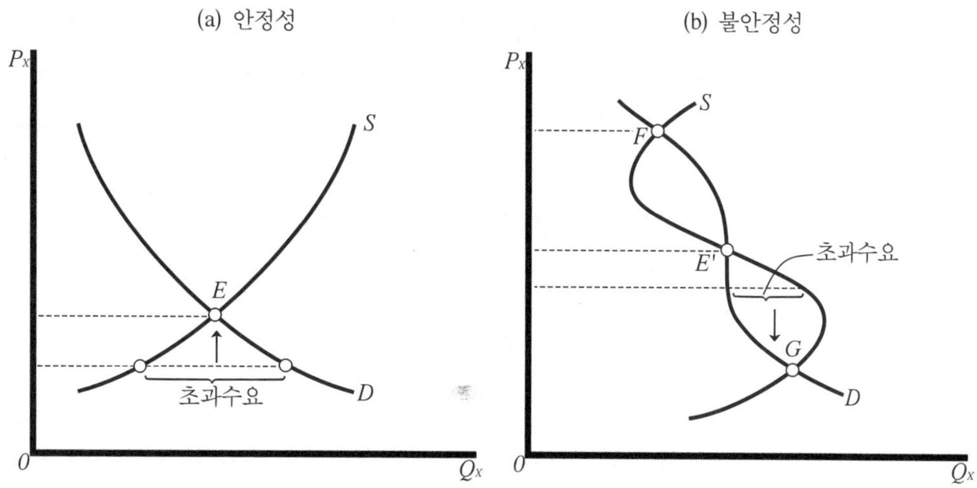

보다 낮더라도, 초과수요에 의해서 가격이 높아지면 이에 초과수요가 줄어들어 결국 초과수요가 모두 소멸될 수 있기 때문이다. 즉 이 경우 다음과 같은 안정성을 위한 조건이 만족되고 있기 때문이다.

$$d(\text{초과수요})/d(\text{가격}) < 0$$

그러나 그림 (b)의 E'은 불안정적 균형점이다. 물론 F와 G는 안정적 균형점이다.

② 안정적인 무역균형

여기서는 세계경제에서 무역균형의 안정성을 오퍼곡선을 이용하여 살펴보기로 한다.

앞의 **[그림 2-13]**에서 무역균형이 균형점 E에서 이루어짐을 알 수 있었다. 그런데 현재의 교역조건이 균형을 벗어나 균형교역조건 p_0보다 낮은 수준, 즉 p_1이라고 하자. 이때 A국은 $0T_A$만큼의 X재를 수출하고 $0U_A$만큼의 Y재를 수입하려 하는 반면에, B국은 $0T_B$만큼의 X재를 수입하고 $0U_B$만큼의 Y재를 수출하려 한다. 따라서 세계경제에는 X재에 대하여는 T_AT_B만큼의 초과수요가, Y재에 대하여는 U_AU_B만큼의 초과공급이 생긴다. 결국 X재의 상대가격, 즉 교역조건이 오르게 된다. 교역조건이 오르면, 이 그림과 같은 상황에서는, 세계경제의 X재에 대한 초과수요와 Y재에 대한 초과공급이 각각 감소하게 된다. 여기서 다음과 같은 무역균형의 안전성 조건식이 성립하고 있는 것이다.

d(X재의 초과수요)/d(X재의 상대가격) 〈 0
d(Y재의 초과수요)/d(Y재의 상대가격) 〈 0
즉 d(Y재의 초과공급)/d(X재의 상대가격) 〈0

그렇지만 아직 세계경제에는 X재에 대한 초과수요가, 그리고 Y재에 대한 초과공급이 존재한다. 이에 교역조건이 다시 더 오르게 된다. 이러한 현상은 균형에 이를 때까지 지속하여 결국 균형에 수렴하게 될 것이다. 따라서 균형점 E는 안정적인 무역균형점이다.

③ 불안정적인 무역균형

[그림 2-15]는 두 나라의 오퍼곡선이 각각 일반적인 모양을 가졌으나, 둘 이상의 점들에서 서로 만나고 있는 경우를 나타낸다. 이 경우 점 E'는 교역조건 p_0에서 양국의 수출량과 수입량이 동일한 균형점이지만, 불안정적인 균형점이다.

현재의 교역조건이 균형교역조건 p_0보다 낮은 수준, 즉 p_1이라고 하자. 이때 A국은 $0T_A$만큼의 X재를 수출하고 $0U_A$만큼의 Y재를 수입하려하는 반면에, B국은 $0T_B$만큼의 X재를 수입하고 $0U_B$만큼의 Y재를 수출하려 한다. 따라서 세계경제에는 X재에 대한 T_AT_B만큼의 초과공급이, Y재에 대한 U_AU_B만큼의 초과수요가 생긴다. 이에 X재의 상대가격, 즉 교역조건이 떨어지게 된다.

교역조건이 떨어지면, 이 그림과 같은 상황에서는 오히려 세계경제의 X재에 대한 초과공급이 증가하고, Y재에 대한 초과수요가 증가한다. 이에 교역조건이 다시 더 떨어지게 된다. 결국 균형점 E'으로부터 자꾸 멀어지게 될 것이다. 따라서 점 E'은 불안정적 균형점이다. 그러나 이 그림의 다른 균형점들, 즉 점 F와 점 G는 안정적임을 알 수 있다.

그림 2-15 오퍼곡선과 무역균형의 불안정성

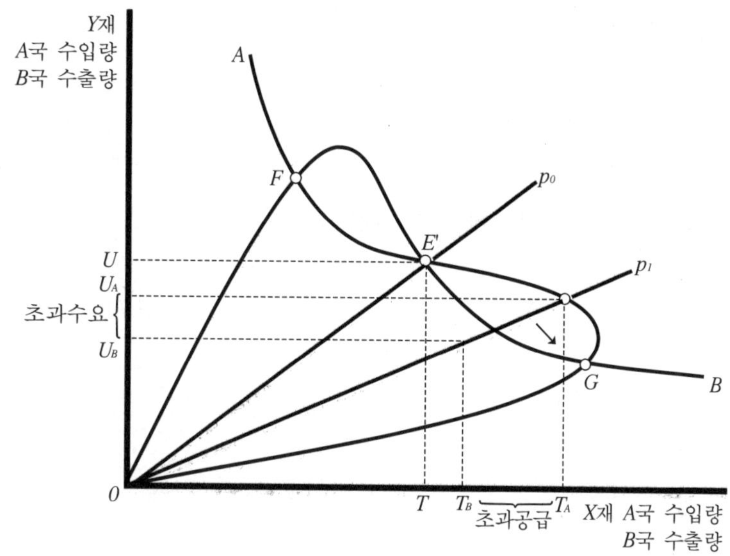

4. 마샬-러너 조건

위의 무역균형의 안정성 조건식에 나타낸 무역균형의 안정성 조건을 변형하여, *A*국의 수입수요탄력성과 *B*국의 수입수요탄력성으로 나타낼 수 있는데, 그것이 바로 다음과 같은 마샬-러너 조건(Marshall-Lerner condition)이다(η는 '에타' 라고 읽는다).

$\eta + \eta^* > 1$

η : *A*국의 수입수요탄력성

η^* : *B*국의 수입수요탄력성

✤ 연습문제

1. 오퍼곡선에 대하여 설명하시오.

2. 마샬-러너 조건이 의미하는 것은 무엇인가?

제2부

국제무역이론

제3장

고전학파의 무역이론

1. 무역의 이익
2. 스미스의 절대우위론
3. 리카도의 비교우위론
4. 리카도 이론의 응용과 검증

1. 무역의 이득

어떤 상품의 해외 가격이 국내 가격보다 더 싸면 수입하고 해외 가격이 국내 가격보다 더 비싸면 수출하는 경우를 예를 들어 살펴보도록 하자.

먼저 포도주를 수입하는 경우를 **[그림 3-1]**을 통해 살펴보자. 국내 경제로만 이루어진 경우의 수요 · 공급에 따라서 결정된 균형국내가격이 P_0라고 하자. 한편 해외 가격은 이보다 낮은 P_1이라고 하자. 수입 자유화 때문에 국내 가격이 더 이상 P_0로 높게 유지될 수 없고 해외 가격과 똑같아질 것이다.

설명의 편의상 정보 취득 비용, 관세, 수송비 · 보험료 등 거래 비용을 무시하기로 하자. 가격이 낮아졌기 때문에 생산자들은 공급량을 수입 자유화 이전보다 적게 Q_1^S으로 줄이고, 소비자들은 수입 자유화 이전보다 많게 Q_1^D으로 늘릴 것이다. 그리고 $(Q_1^D-Q_1^S)$만큼을 해외로부터 수입하게 된다. 여기서 생산자 잉여는 a만큼 감소하고, 소비자 잉여는 (a+b)만큼 증가하며, 사회 전체로는 후생이 b만큼 증가함을 알 수 있다.

다음에는 핸드폰을 수출하는 경우를 **[그림 3-2]**를 이용하여 살펴보자. 국내 경제로만 이루어진 경우의 수요 · 공급에 따라서 결정된 균형 국내 가격이 P_0라고 하자. 한편 해외 가격은 이보다 높은 P_1이라고 하자. 무역 자유화 때문에 생산자들은 해외의 높은 가격으로 공급하고자 함에 따라 국내에서도 가격이 P_1으로 올라가게 될 것이다. 가격이 높아졌기 때문에 국내 수요량 및 국내 공급량은 Q_1^D에 머물고 $(Q_1^S-Q_1^D)$만큼을 해외로 수출하게 된다. 여기서 생산자 잉여는 (a+b)만큼 증가하고, 소비자 잉여는 a만큼 감소하며, 사회 전체의 후생은 b만큼 증가한다.

이와 같이 자급자족 대신에 자유 무역을 함으로써 사회 후생이 증가하는 것을 '무역의 이득(gains from trade)'이라고 한다.

무역의 이득은 **[그림 3-1]**과 **[그림 3-2]**와 같은 수요 · 공급곡선 대신에 **[그림 3-3]**과 같은 생산가능곡선과 사회 무차별곡선으로도 살펴볼 수 있다. **[그림 3-3]**에서 가로축은 핸드폰, 세로축은 포도주를 나타낸다고 하자. 또는 더 일반적으로 가로축은 핸드폰처럼 우리나라가 상대적으로 더 싸게 생산할 수 있는 모든 생산물을, 세로축은 포도주처럼 우리나

그림 3-1 **포도주의 자급자족과 수입 : 무역 자유화와 무역의 이득**

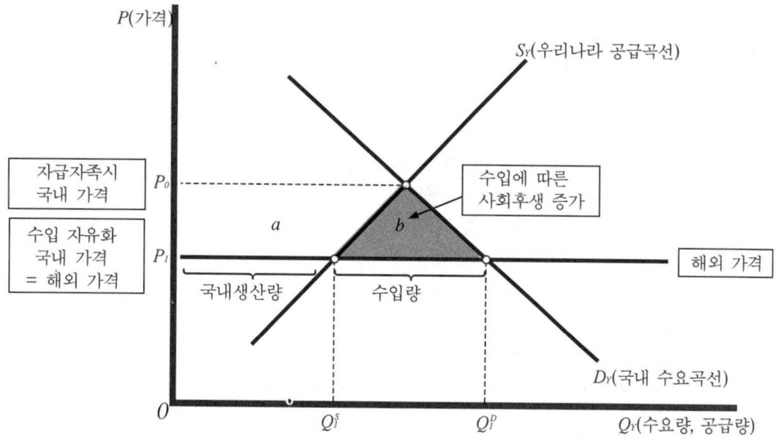

그림 3-2 **가격효과 = 대체효과 + 소득효과**

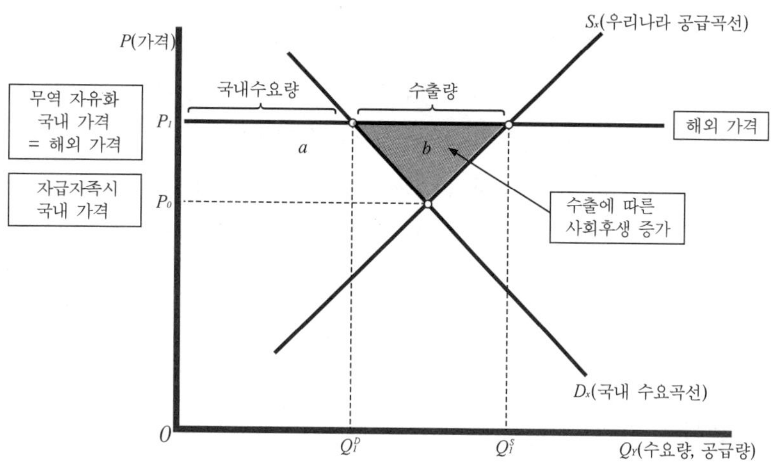

라가 상대적으로 더 비싸게 생산하는 모든 생산물을 나타낸다고 하자. 자급자족시 균형은 사회 무차별곡선 SIC_0가 생산가능곡선과 접하는 점 E_0에서 이루어진다. 이때 두 생산물 사이의 상대가격은 상대적으로 낮은 $(P_X/P_Y)_0$이다.

이제 무역 자유화를 하면 국내에도 해외 가격이 적용되는데 이에

그림 3-3 **무역 자유화와 무역의 이득**

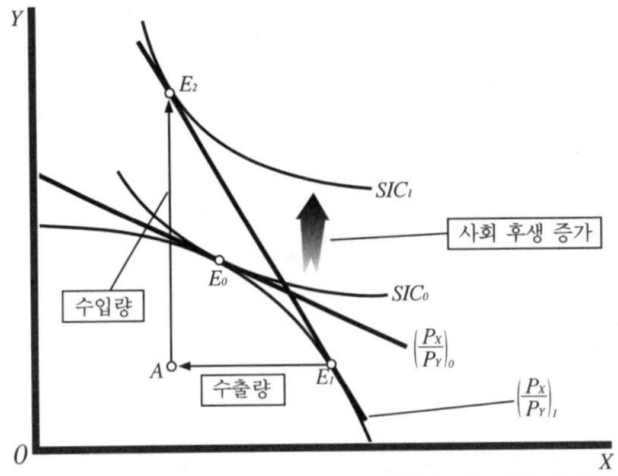

두 생산물 사이의 상대가격은 상대적으로 높은 $(P_X/P_Y)_1$이다. 더 높은 상대가격 때문에 생산에서 X재 생산이 늘고 Y재 생산은 줄어들어 생산점이 E_1으로 이동한다. 그리고 X재를 AE_1만큼 수출하고 그 대가로 Y재를 AE_2만큼 수입하여 더 높은 사회 후생을 나타내는 사회 무차별곡선 SIC_1 위의 점 E_2에서 소비하게 된다. 물론 소비에서도 X재의 가격은 더 비싸지고 Y재의 가격은 더 싸진다.

해외 경제와의 국제 거래는 대체로 이처럼 사회 후생을 높인다. 그렇기 때문에 경제를 개방하는 것은 자연스럽게 일어나는 현상이다.

2. 스미스의 절대우위론

무역 이론 발전의 초기에는 한 나라가 무역으로부터 이득을 얻으면 그 무역 상대국인 다른 나라가 손실을 보게 된다고 생각하였다. 당시 무역이란 각 나라가 일정한 생산량을 가지고 나라들 사이에 서로 교환하는 것이라고 생각하였다. 무역 이전과 이후에 생산량의 차이가 없으므로 한 나라의 무역 이득은 필연적으로 다른 나라의 무역 손실이라는 것이다.

따라서 한 나라가 무역 이득을 얻을 수 있는 길은 자국에 유리하고 상대국에 불리한 교역조건뿐이라고 보았다. 이에 따라 각 무역 당사국은 교역조건을 자국에 유리하게 함으로써 무역 이득을 얻으려 하였다. 즉, 자국에게 교역조건이 유리하도록 수출은 적극 장려하되 수입은 억제하는 보호 무역 정책을 폈다.

이러한 국가 정책은 서구에서 17~18세기에 형성된 중상주의(mercantilism)로부터 비롯하였다. 중상주의의 국가 정책은 일관된 체계를 갖는 이론을 기초로 한 것이 아니었으나 그 내용을 정리하면 다음과 같다. 첫째, 국가의 이익을 개인의 이익보다 우선시하였다. 둘째, 국부의 축적을 국가의 주요 과제로 삼았고, 금, 은, 동 귀금속의 축적을 국부의 축적이라고 보았다. 셋째, 이러한 국부의 축적은 국내에서의 부존량은 제한되어 있기 때문에 해외로부터의 획득·유입에 의해서 가능하다고 보았다. 이를 위해서는 보호무역 정책이 필요하다고 보았다.[1]

이러한 중상주의의 보호 무역에 대하여 영국에서 18세기 후반 이후 데이비드 흄(David Hume), 애덤 스미스(Adam Smith), 데이비드 리카도(David Ricardo) 등 고전학파에 의해서 반론이 제기되었다.

스미스는 분업이 생산 능률을 높이므로 국제적 분업이 무역 당사국 모두에게 더 많은 생산물 공급을 가능하게 할 것이라고 주장하였다. 더 나아가 스미스는, 오늘날 우리가 절대우위론이라고 일컫는 이론으로써, 그리고 리카도는 이른바 비교우위론으로써 자유 무역의 효율성을 주장하였다. 이들은 무역 정책의 목표를 귀금속의 축적에 의한 국부 증대로 보지 않고 국제적 분업에 의한 공급 및 수요 증대로 보았다.

1. 절대우위와 무역의 이득

스미스는 자유 무역을 주장하면서, 각 나라가 다른 나라보다 생산비가 저렴한 상품만을 생산하여 서로 교환하면 각 나라가 모두 이익을 얻기 때문에 무역을 한다고 보았다. 이것을 무역에 대한 스미스의 절대우위론(theory of absolute advantage) 또는 절대생산비설(theory of absolute cost)이라고 한다.

---

1) 오늘날에도 자국의 국제수지 흑자를 지속하면서, 보호무역 정책을 펴는 나라를 중상주의 국가라고 부르기도 한다.

중상주의와 보호무역

1. 중상주의의 내용

국제무역이 생기는 원인이 무엇이며, 국제무역을 통해 당사국들이 얻는 이득이 무엇인가라는 과제의 해답을 찾는 과정에서 국제무역이론이 발전하였다.

무역이론 발전의 초기에는 한 나라가 무역으로부터 이득을 얻으면 그 무역상대국인 다른 나라가 손실을 보게 된다고 생각하였다. 당시 무역이란 각 나라가 일정한 생산량을 가지고 나라들 사이에 서로 교환하는 것이라고 생각하였다. 무역 이전과 이후에 생산량의 차이가 없으므로 한 나라의 무역이득은 필연적으로 다른 나라의 무역손실이라는 것이다.

따라서 한 나라가 무역이득을 얻을 수 있는 길은 자국에 유리하고 상대국에게 불리한 교역조건뿐이라는 것이다. 이에 따라 각 무역당사국은 교역조건을 자국에 유리하게 함으로써 무역이득을 통해 자국의 부를 늘리는 정책을 취하였다. 즉 자국에게 교역조건이 유리하도록 각 무역당사국들은 수출은 적극 장려하되 수입은 억제하는 보호무역적인 정책을 폈다.

이러한 국가정책은 서구에서 17~18세기에 형성된 중상주의(mercantilism)로부터 비롯하였다. 중상주의의 국가정책은 일관된 체계를 갖는 이론이 아니었으나 중상주의의 내용을 정리하면 다음과 같다. 첫째, 국가의 이득을 개인의 이득보다 우선시하였다. 둘째, 국부의 축적을 국가의 주요 과제로 삼았고, 금, 은 등 귀금속의 축적을 국부의 축적이라고 보았다. 셋째, 이러한 국부의 축적은 국내에서의 부존량은 제한되어 있기 때문에 해외로부터의 유입 · 획득에 의해서 가능하다고 보았다. 이를 위해서는 보호주의적 무역정책이 필요하다고 보았다.

2. 중상주의에 대한 반론

이러한 중상주의의 보호무역에 대하여 영국에서 18세기 후반에 흄(David Hume)과 스미스(Adam Smith)등 고전학파에 의해서 반론이 제기되었다. 흄은 중상주의의 보호무역정책에 의해서 귀금속 등 국부가 증가하면 국내 물가가 상승하여 결국에는 자국 수출의 가격경쟁력을 잃게 되므로 무역정책의 목표가 귀금속의 축적에 있어서는 안 된다고 주장하였다. 이를 흄의 물가 정화 플로 메커니즘(price specie flow mechanism)이라고 한다.

스미스는 분업이 생산능률을 증대시키므로 국제적 분업이 무역상대국 모두에게 더 많은 생산물 공급을 가능하게 할 것이라고 보고, 더 나아가 이러한 국제적 분업을 위해서 보호무역보다 자유무역이 더 효율적이라고 주장하였다. 스미스는 무역정책의 목표를 귀금속의 축적에 의한 국부 증대로 보지 않고, 국제적 분업에 의한 공급 및 수요 증대로 보았다.

한 나라가 다른 나라에 비하여 어떤 상품의 생산비가 절대적으로 싸면 그 상품 생산에서 절대우위(absolute advantage)를 가진다고 한다. 그리고 절대적으로 높으면 절대열위(absolute disadvantage)를 가진다고 한다.[2)]

표 3-1 두 나라의 생산비 비교

	섬 유	기 계
인도네시아	노동 2단위	노동 4단위
한 국	노동 3단위	노동 1단위

주) 숫자는 각 재화 한 단위 생산에 필요한 노동량을 가리킨다.

인도네시아와 한국이 섬유와 기계를 생산하고 생산에 쓰이는 생산요소가 노동뿐이라고 하자. **[표 3-1]**과 같이 인도네시아에서 섬유 1단위를 생산하는 데 노동 2단위가 들고, 기계 1단위를 생산하는 데 노동 4단위가 들며, 한국에서는 섬유 1단위 생산에 노동 3단위가 들고 기계 1단위 생산에 노동 1단위가 든다고 하자.[3)]

이 경우 인도네시아가 한국에 비하여 섬유 생산에서 노동량이 덜 소요되므로 그 가격이 저렴하여 절대우위를 가진다. 반대로 한국은 인도네시아에 비하여 기계 생산에서 절대 우위를 가진다.

쉽게 말하면 노동 1단위의 임금이 1만원이라 하면 섬유와 기계가 인도네시아에서는 각각 2만원과 4만원이고 한국에서는 각각 3만원과 1만원이다. 이제 두 나라 사이에 자유무역이 이루어지고 수입 관세와 국가간 수송비 등 거래비용이 전혀 없다고 하면 어떻게 될까? 두 나라의 수요자들은 더 싼 값으로 사려 할 텐데 인도네시아에서는 섬유가 싸고, 한국에서는 기계가 싸므로 인도네시아에서 섬유가 수출되고 한국에서 기계가 수출된다.

왜 그런가? 예를 들어 인도네시아에 거주하고 있는 독자가 섬유 1단위를 갖고 있다고 하자. 이것을 한국에 수출해서 한국에서는 값싼 기계 3단위와 교환하여 인도네시아로 수입해서 인도네시아에서는 값싼 섬유 6단위와 교환할 수 있다. 처음보다 섬유 보유량이 늘어났으므

2) 절대우위 또는 절대열위를 가진다고 표현하고, 절대우위 또는 절대열위가 있다고도 표현한다.

3) 두 나라의 노동에 드는 비용, 즉 임금은 똑같다고 하자. 비현실적이라고 느낄 수 있겠지만, 노동의 단위를 조정하였다고 생각하라. 예를 들어 인도네시아의 임금이 한국의 1/3이라면 인도네시아의 노동 3단위를 여기서는 인도네시아의 노동 1단위로 조정하면 된다.

로 '무역의 이득'을 얻게 된다. 그리고 현명한 독자는 이러한 무역을 계속할 것이다. 이렇게 인도네시아에서 수출 때문에 섬유 수요가 늘고, 한국에서 수출 때문에 기계 수요가 늘어나면 자유 무역 아래 놓인 두 나라에서 섬유와 기계 사이의 상대가격이 변하게 될 것이다. 자유 무역 이전에 섬유의 기계에 대한 상대가격이, 인도네시아에서는 1/2, 한국에서는 3이었는데 자유 무역에 따라 두 나라에서 똑같이 이를테면 1이 되었다고 하자.[4] 즉, 섬유 1단위와 기계 1단위가 교환된다고 하자.

인도네시아의 경우 무역 이전에는 기계 1단위를 얻기 위하여 노동 4단위가 들었는데 무역 이후에는 노동 2단위만 든다. 왜냐하면 인도네시아는 노동 2단위를 들여서 섬유 1단위를 생산하여 한국에 수출하고 그 대가로 한국으로부터 기계 1단위를 수입하면 되기 때문이다. 즉, 무역의 결과로 인도네시아는 기계 1단위를 얻는 데 2단위의 노동을 절약하게 된 것이다.

한국의 경우 무역 이전에는 섬유 1단위를 얻기 위하여 노동 3단위가 들었는데 무역 이후에는 노동 1단위만 든다. 왜냐하면 노동 1단위를 들여서 기계 1단위를 생산하여 인도네시아에 수출하고 그 대가로 인도네시아로부터 섬유 1단위를 수입하면 되기 때문이다. 즉, 무역의 결과로 한국은 섬유 1단위를 얻는 데 2단위의 노동을 절약하게 된 것이다. 인도네시아와 한국이 각각 노동을 이렇게 절약하게 되었다는 것은 생산요소 측면에서 '무역의 이득'을 얻은 것이다.

2. 절대우위론의 한계

스미스의 절대우위론은 다음에 살펴볼 리카도의 비교우위론에 비해서 이론적으로는 덜 일반화된 이론이다. 절대우위의 개념만으로는 무역 발생을 설명할 수 없는 경우가 생긴다. 즉, 다음의 **[표 3-2]**와 같이 어느 한 나라가 두 상품 생산에서 모두 절대우위를 가지는 경우에 스미스의 절대우위론에 의하면 그 나라는 두 상품을 모두 수출하고, 무역수지의 흑자가 생기는데 이런 상황은 영원히 지속될 수는 없는 것이다. 그래서 스미스의 절대우위론 자체는 소홀히 다루어지고 있다.

4) 자유 무역으로 국제 가격이 얼마가 될는지는 아직 확실히는 모른다.

표 3-2 두 나라의 생산비 비교

	반 도 체	기 계
말레이시아	노동 3단위	노동 4단위
한 국	노동 2단위	노동 1단위

주) 숫자는 각 재화 한 단위 생산에 필요한 노동량을 가리킨다.

그러나 현실 경제에서 단기에 또 개별 사업에 주목할 때에는 절대우위론을 적용하는 것이 적절한 경우가 많다. 실제로 어느 나라가 수출하는 상품들은 대개 그 나라가 무역 상대국보다 그 상품 생산에서 절대우위를 가지고 있다.

3. 리카도의 비교우위론

1. 비교우위

비교우위의 개념은 절대우위의 개념보다 더 일반적인 개념으로서 다음과 같이 정의할 수 있다. 한 나라가 다른 나라에 비하여 어떤 상품의 생산비가 다른 상품에 비하여 상대적으로 싸면 그 상품 생산에서 비교우위(comparative advantage)를 가진다고 한다. 그리고 생산비가 상대적으로 높으면 비교열위(comparative disadvantage)를 가진다고 한다.[5)]

여기서 말레이시아와 한국이 반도체와 기계를 생산하고 생산에 쓰이는 생산요소가 노동뿐이라고 하자. **[표 3-2]**와 같이 말레이시아에서 반도체 1단위 생산에 노동3단위가 들고 기계 1단위 생산에 노동 4단위가 들며, 한국에서는 반도체 1단위 생산에 노동 2단위가 들고 기계 1단위 생산에 노동 1단위가 든다고 하자.

이 경우 말레이시아는 한국에 비하여 반도체와 기계 생산에서 모두 절대열위를 가진다. 스미스의 절대우위론에 따르면 말레이시아는 두

5) 비교우위 또는 비교열위를 가진다고 표현하기도 하고 비교우위 또는 비교열위가 있다고 표현하기도 한다.

재화를 모두 수입하고 한국은 두 재화를 모두 수출하여야 하므로 두 나라 사이에 무역이 이루어질 수 없다.

그러나 리카도의 비교우위론에 따르면 말레이시아는 비교우위를 갖는 상품이 있다. 위의 **[표 3-2]**에 따르면 말레이시아는 한국에 비하여 반도체 생산에서는 3/2배의 노동을 필요로 하는 반면에 기계 생산에서는 4배의 노동을 필요로 한다. 즉, 말레이시아는 한국에 비하여 반도체 생산에서 노동 생산성은 2/3인 반면에 기계 생산에서는 1/4밖에 안 된다. 따라서 말레이시아는 두 재화 생산에서 모두 절대열위가 있으나 절대열위의 정도가 상대적으로 낮은 반도체 생산에 비교우위를 가진다. 한편 한국은 두 재화 생산에서 모두 절대 우위가 있으나 절대우위의 정도가 상대적으로 높은 기계 생산에 비교우위를 가진다.

한편 앞의 **[표 3-1]**에서는 인도네시아는 섬유 생산에서 절대우위와 비교우위를 가지며, 한국은 기계 생산에서 절대우위와 비교우위를 가진다. 리카도의 비교우위론에 따르면 각국이 비교우위를 가지는 상품을 생산하여 수출함으로써 모두 다 무역의 이득을 본다는 것이다.

2. 생산가능곡선과 비교우위론

생산가능곡선을 이용하여 좀더 엄밀하게 살펴보자. 생산가능곡선은 한 나라가 생산요소를 모두 투입하여 생산할 수 있는 두 상품의 조합을 나타낸다. 여기서는 생산요소가 노동 하나뿐인데 노동의 한계생산물이 상품의 생산량과 관계없이 일정하다. 따라서 한 상품 생산의 기회비용이 일정하며, **[그림 3-4]**와 같이 생산가능곡선이 직선이 된다.

[그림 3-4] (a)에 나타낸 우리나라의 생산가능곡선은, 반도체 1단위를 더 생산하려면 기계 3/4단위를 포기해야 함을 나타낸다. 생산비에 따라서 생산물 가격이 결정된다고 가정하면 반도체의 기계에 대한 상대가격이 3/4이 된다. 쉽게 말하면 반도체:기계의 가격비가 3:4 또는 3/4:1이라는 것이다.

[그림 3-4] (b)에 나타낸 말레이시아의 생산 가능 곡선은, 반도체 1단위를 더 생산하려면 기계 2단위를 포기해야 함을 나타낸다.

따라서 한국에서 반도체의 기계에 대한 상대가격이 2가 된다. 쉽게 말하면 반도체:기계의 가격비가 2:1이라는 것이다. 이제 말레이시아

그림 3-4 **리카도의 비교우위론**

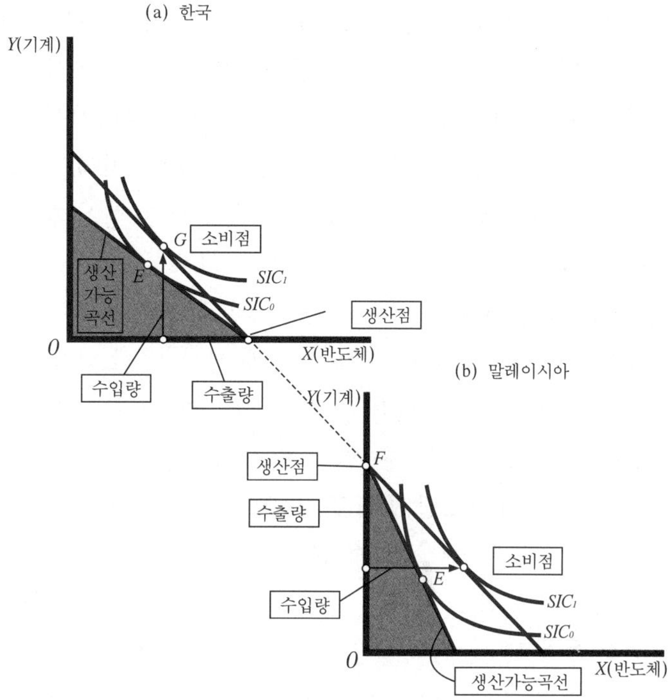

와 한국 두 나라가 서로 자유무역을 하면 반도체 1단위의 상대가격은 기계 3/4단위와 기계 2단위 사이에서 결정될 것이다.

왜 그런가? 예를 들어 말레이시아에 거주하는 독자가 반도체 1단위를 갖고 있다고 하자. 독자는 물론 반도체 1단위가 말레이시아에서는 기계 3/4단위와 교환되고 한국에서는 기계 2단위와 교환된다는 것, 즉 반도체의 상대가격이 한국에서 더 비싸다는 것을 알고 있다. 그러므로 반도체 1단위를 한국으로 수출하고, 기계 2단위와 교환하여 말레이시아로 수입하면 반도체와 교환하면 반도체 단위가 8/3되어 독자는 무역의 이득을 얻게 된다. 그리고 현명한 독자라면 이러한 무역을 계속 반복할 것이다. 그 결과 말레이시아에서는 반도체 수요가 늘고 한국에서는 기계 수요가 늘어나서 말레이시아에서 반도체의 상대가격은 처음의 3/4에서 더 높아지고, 한국에서 반도체의 상대가격은 처음의 2에서 더 낮아져서 어느 수준에선가 서로 일치할 것이다. 그 수준이 바로 두 나라 사이의 국제 상대가격이 된다. 이를테면 국제 상대가격이 1이 되었다고 하자. 즉, 반도체 : 기계의 국제 가격비가 1 : 1이라는 것이다.

말레이시아의 경우 자유 무역을 통해서는 반도체 1단위로 기계1단위를 얻을 수 있고, 생산을 통해서는 반도체 1단위를 더 생산하는 데 기계 3/4단위를 포기해야 한다. 그러므로 말레이시아는 반도체 생산을 늘리고 기계 생산을 줄이는 것이 더 낫다. 따라서 말레이시아는 모든 노동을 반도체 생산에 투입하여 반도체만 생산하고 반도체를 수출하여 그 대가로 기계를 수입한다.

[그림 3-4] (a)에 의하면 무역 이후에 생산은 점 F에서, 소비는 점 G에서 이루어짐으로써 무역 이전에 생산 및 소비가 점 E에서 이루어질 때 보다 더 높은 후생을 누린다. 한편 한국의 경우 무역을 통해 기계 1단위로 반도체 1단위를 얻을 수 있고, 생산을 통해 기계 1단위를 생산하는 데 기계 1/2단위를 포기해야 한다. 그러므로 한국은 기계 생산을 늘리고 반도체 생산을 줄이는 것이 더 낫다. 따라서 한국은 기계 생산에 완전특화하고 기계를 수출하고 반도체를 수입한다. **[그림 3-4]** (b)에 의하면 무역 이후에 생산은 점 F에서, 소비는 점 G에서 이루어짐으로써 무역 이전에 생산 및 소비가 점 E에서 이루어질 때보다 더 높은 사회 후생을 누린다.

정리하면, 리카도의 비교우위론에 의하면 각국은 비교우위를 가지는 생산물 생산에 완전 특화하여 수출하고, 비교열위를 가지는 생산물을 수입함으로써 무역의 이득을 누릴 수 있다.

4. 리카도 이론의 응용과 검증

1. 양국경제의 상대적 크기와 무역의 이득 : 불완전특화 및 밀(J. S. Mill)의 역설

앞에서는 자유로운 무역에 따라 균형교역조건이 무역 이전의 양국의 국내 상대가격들 사이에서 결정되고, 각국은 비교우위가 있는 어느 한 재화 생산에 완전특화하였다. 그러면 리카도 이론에서는 항상 그렇게 되는가?

앞에서 살펴본 상황 중 두 나라의 생산규모의 상대적 크기가 크게

그림 3-5 **한 나라의 불완전특화 및 밀의 역설**

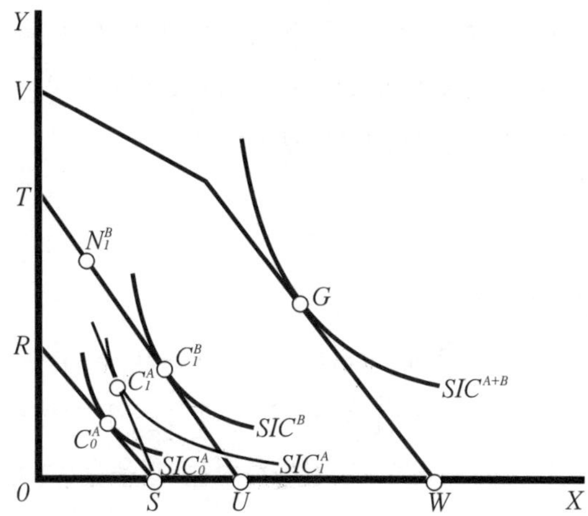

차이나는 경우를 **[그림 3-5]**를 통해 살펴보자. 예를 들어 A국이 B국에 비해 경제규모가 매우 작다고 하자. 따라서 그림과 같이 세계 생산가능곡선의 대부분이 B국의 생산가능곡선에 의해 그려진다. 세계 경제의 무역균형점 G에서 균형교역조건은 무역 이전 B국의 국내 상대가격과 같다. 즉 B국은 무역 이전과 무역 이후에 동일한 상대가격이 적용된다. A국만 상대가격에 변동이 생긴다. 그리고 A국은 점 S에서 X재 생산에 완전특화하고, B국은 점 N_1^B에서 X재와 Y재를 모두 생산한다. 즉 국은 불완전특화(다변화)하게 된다.

이때 소국경제인 A국은 점 C_1^A에서 소비함으로써 무역이득을 누리지만 대국경제인 B국은 아무런 무역이득을 누리지 못하게 됨을 알 수 있다. 즉 무역이득이 모두 소국경제에게 돌아간다. 우리는 흔히 소국경제와 대국경제가 무역거래를 할 때 경제력의 열세 때문에 소국경제가 불이익을 당하게 되리라고 생각하기 쉽다

그러나 여기서는 역설적으로 정반대의 상황에 놓인다. 왜냐하면 무역이득이 무역 전후의 상대가격의 차이에 의하여 결정되는데, 소국일수록 그 차이가 크고 대국일수록 그 차이가 작기 때문이다. 극단적으로 대국경제의 경우 무역전후에 상대가격에 차이가 없게 되어 아무런 무역이득을 누리지 못하는 것이다. 그리고 이때 결과적으로 대국경제

는 소국경제가 의도하는 X재 수출량 및 Y재 수입량에 순응하여 X재를 수입하고 Y재를 수출하는 셈이다.

이처럼 경제규모가 클수록 무역이득이 작아지는 현상을 에지워스(F. Y. Edgeworth)는 밀(J. S. Mill)의 역설이라 하였다. 이는 밀이 이런 현상이 생길 수 있음을 지적하였기 때문이다.

2. 소득분배와 생산요소의 이동성

① 완전한 이동성

지금까지 무역의 결과 일반적으로 양국이 무역이득을 누리게 됨을 보았다. 그러면 실질임금이 어떻게 변동하는지 살펴보자. 편의상 X재에 비교우위가 있는 A국이 완전특화하는 경우를 **[그림 3-6]**을 이용하여 살펴보기로 한다.

이 경우 무역 이전보다 X재 상대가격이 비싸지고, 점 S가 균형생산점이고 점 C_2가 균형소비점이다. 모든 노동자들이 X재 산업에 고용되어 $0S$만큼의 X재를 생산하므로 총실질임금은 X재로 나타내면 $0S$이고 Y재로 나타내면 $0T$이다.[6] 그런데 무역 이전에는 점 N_0가 균형생산점이고, 실질임금은 X재로 나타내면 $0S$이고 X재로 나타내면 $0R$이다.[7] X재와 Y재로 구성된 소비바구니를 기준으로 한 실질임금은 무역에 의해서 상승하는 것이다.[8]

② 불완전한 요소이동성

그런데 현실 경제에서는 종종 어떤 산업(비교열위가 있는 산업)의 종사자들이 무역자유화를 반대한다. 리카도 이론에 따르면 이 산업의 종사자들은 비교우위산업으로 전직을 하면 실질소득이 커져서 이득을 보게될 텐데, 왜 무역자유화를 반대할까? 여기에는 여러 이유가 있겠으나 현실 경제에서는 단기에 생산요소가 산업간 이동이 쉽지 않다는 것이 중요한 이유이다.

6) 교역조건이 직선 TS로 주어지고 있기 때문이다.
7) 국내상대가격이 직선 RS로 표시되기 때문이다.
8) 이것이 바로 무역의 이득이다.

그림 3-6 **소득분배와 생산요소의 이동성**

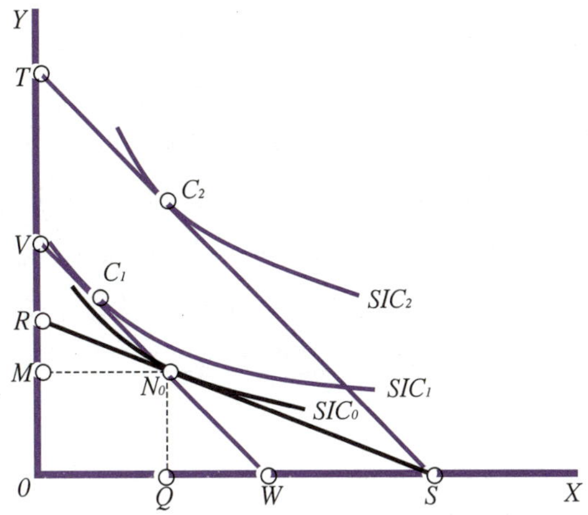

앞에서의 일반적인 리카도 이론에서는 자유로운 노동의 이동을 전제로 하였는데 여기서는 그렇지 않은 경우를 고려한다. 분석의 편의상 무역자유화에 따라 해외의 교역조건이 적용되어 상대가격이 변동하였으나 노동의 산업간 이동은 전혀 불가능한 경우를 고려하여 보자.[9] 이 경우 생산가능곡선은 직사각형 $0MN_0Q$와 같고 생산점은 무역자유화 이후에도 이전처럼 점 N_0이다. 단 소비점은 무역을 통해 사회무차별곡선 SIC_1 위의 점 C_1이 되어 무역 이전보다 사회후생이 증가한다.

그러나 여기서 주의할 점은 국민 전체의 후생은 증가하고, X재를 생산하는 노동자의 실질소득(후생)은 증가하나, Y재 생산에 종사하는 노동자의 실질소득(후생)은 오히려 감소한다는 것이다. X재를 생산하는 노동자는 X재를 만큼 $0Q(=MN_0)$생산하는데, 이 생산량은 Y재로 나타내면 무역 이전에는 MR이나 무역 이후에는 MV로 증가하므로 X재 및 Y재의 소비바구니를 기준으로 한 실질소득이 증가한다. 한편 Y재를 생산하는 노동자는 Y재를 만큼 $0M(=N_0Q)$생산하는데, 이 생

9) 현실경제에서는 생산요소가 조금은 이동할 수 있을 텐데, 이때 이동을 위한 비용이 소요될 것이다. 또한 엄밀하게 말하면, 이 경우의 상대가격은 생산요소의 이동이 자유로운 경우에서의 상대가격과 다르기 십상이다. 왜냐하면 생산요소의 이동이 불가능하므로 생산측면에서 변화가 생기고, 이에 세계경제 전체의 수요 및 공급이 변화하기 때문이다. 그러나 편의상 이를 무시하고, 동일한 상대가격을 가정하기로 한다.

산량은 X재로 나타내면 무역 이전에는 QS이나 무역 이후에는 QW로 감소하므로 실질소득이 감소한다.

이와 같이 전업이 불가능한 경우에는 비교열위가 있는 산업에 종사하는 근로자들은, 자신들의 실질소득 감소를 낳는 무역자유화를 반대할 것이다.[10] 그런데 정부가 개입하여 적절한 소득재분배정책을 수행하면 이러한 근거 있는 반대를 무마할 수 있다. 즉 국민경제 전체의 실질소득은 증가하므로 비교열위의 산업에 종사하는 노동자들에게 무역으로 인한 피해를 보상해 주고, 비교우위의 산업에 종사하는 노동자들로부터 무역이득 중 일부를 세금으로 걷으면 된다.

3. 리카도 이론의 확장

리카도는 두 재화가 두 나라 사이에 교역되는 것을 고려하였다. 그러나 셋 이상의 재화나 세 나라 이상의 경우로 확장하여도 리카도의 비교우위의 원리는 성립한다.[11]

① 여러 종류의 재화

앞에서는 예컨대 섬유와 기계를 언급하였는데 그 대신 쌀, 청과물, 석탄, 의류, 자동차, 비행기 등의 재화가 있다고 하자. A국이 B국에 비하여 다음과 같은 순서로 비교우위를 가진다고 하자. 즉 청과물에서 가장 큰 비교우위를 가진다는 것이다.

청과물 — 의류 — 자동차 — 쌀 — 석탄 — 비행기

달리 말하면 B국이 위의 순서와 반대로 비교우위를 가진다. 곧 비행기에서 가장 큰 비교우위를 가진다.

비교우위를 두 나라 사이의 상대적 노동생산성의 값으로 구체적으로 나타내면 다음과 같다고 하자.

10) 이러한 결론은 리카도 이론 이외에도 똑같이 적용될 수 있다.

11) 다음에 살펴보 핵셔-올린 이론에서도 마찬가지이다.

그림 3-7 여러 나라의 경우 공급곡선과 수요곡선에 의한 균형 결정

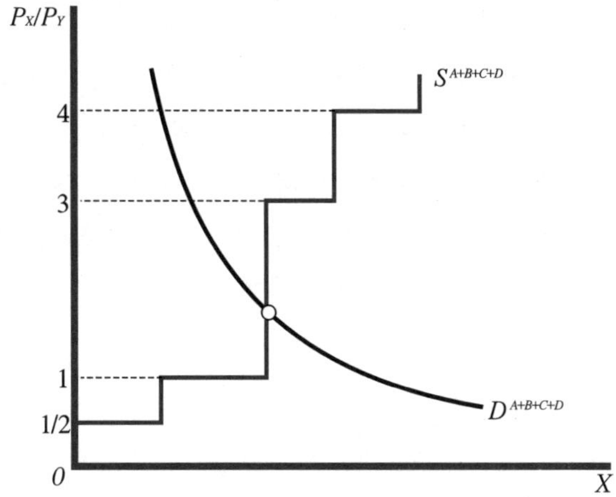

5— 3— 1.5— 0.8— 0.4— 0.1

이 경우 *A*국이 청과물에 특화하고, *B*국이 비행기에 특화하리란 것은 분명하다. 그러나 두 나라 사이에 특화의 경계가 어디에 있게 될는지는 생산측면만으로는 알 수 없다. 예컨대 청과물이나 의류에 대한 세계의 수요가 매우 크면 *A*국은 청과물과 의류 생산에 더 많이 자원을 투입할 것이다. 그 결과 석탄, 쌀은 물론 자동차까지도 생산을 하지 않는 게 더 나을 것이다. 거꾸로 비행기나 석탄에 대한 세계 수요가 매우 크면 *B*국이 이들을 더 많이 생산하고, *A*국은 자동차와 쌀까지 생산을 하게 될 것이다. 왜냐하면 이렇게 함으로써 두 나라 모두 무역이득이 극대로 되기 때문이다.

② 여러 나라 사이의 무역

이제 *A*, *B*, *C*, *D*의 네 나라가 섬유와 기계를 생산하는 경우를 고려하자. 이 나라들이 자급자족 아래 있을 때, 섬유의 (기계에 대한) 국내 상대가격이 다음과 같다고 하자.

$$A \rightarrow B \rightarrow C \rightarrow D$$

$$0.5 \rightarrow 1 \rightarrow 3 \rightarrow 4$$

이 경우 *A*국이 섬유에 특화하고, *D*국이 기계에 특화하리라고 생각할 수 있다. 그러나 네 나라 사이에 특화의 경계는 어디가 될는지는 공급측면만으로는 알 수 없다. 세계의 수요측면도 함께 고려하여 여러 나라의 무역의 방향과 무역량을 밝힐 수 있다. 즉 **[그림 3-7]**과 같이 수요곡선을 그려봄으로써 그 경계를 알 수 있다.

4. 리카도 이론의 실증적 분석

맥두걸(G. D. A. MacDougall)은 미국과 영국을 대상으로 리카도의 비교우위론을 최초로 실증적으로 분석하였다. 우선 그는 상대적 노동생산성이 더 높은 산업일수록 해외시장에서의 점유율이 더 높아질 것이라는 가설을 세웠다. 그리고 그는 1937년도 미국과 영국의 통계를 이용하여 25개의 개별 산업에 대하여 상대적 노동생산성의 비율과 제3국 시장에 대한 수출액의 비율 사이의 관계를 분석하였다.[12)]

1937년도 미국의 평균 임금수준은 영국의 평균 임금수준에 비해서 약 2배였다. 그러므로 맥두걸은 위의 가설에 더하여 미국의 노동생산성이 영국의 노동생산성의 2배가 넘으면 비교우위를 갖고 해외시장 점유율이 더 높으리라고 보았다.

맥두걸의 실증분석 결과는 25개 산업 중 20개 산업이 리카도 이론을 지지하는 것으로 나타났다. **[그림 3-8]**은 맥두걸의 분석 결과를 옮겨 놓은 것이다.

요컨대 맥두걸의 실증분석에 의하면 리카도 이론이 현실의 무역을 잘 설명하는 모델이라고 볼 수 있다.

---

12) 여기서 미국과 영국 사이의 수출입은 제외하였는데, 이는 당시 두 나라 사이의 무역이 제3국에 대한 무역에 비해 매우 적은 규모였고, 무엇보다도 나라마다 독자적으로 국제무역에 높은 관세율을 적용하고 있었기 때문이다. 즉 미국과 영국은 서로 관세율 격차가 매우 높았던 반면에, 제3국들은 각각 미국과 영국에 대하여 대개 동일한 관세율을 적용하였기 대문이다.

그림 3-8 맥두걸의 검증

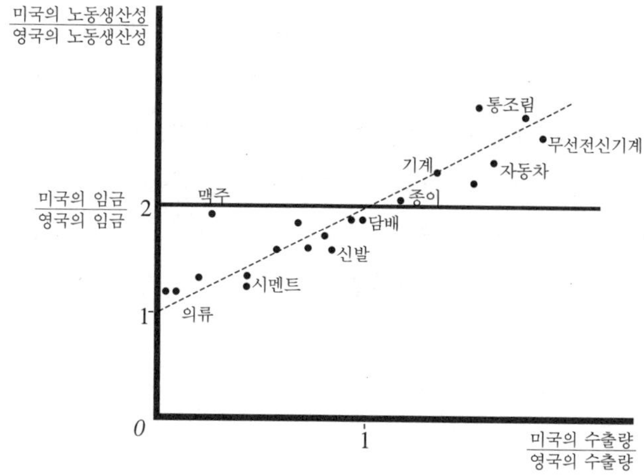

5. 리카도 이론의 문제점

① 정태적 분석

리카도 이론의 가장 큰 문제점은 정태분석일 뿐 동태분석이 아니라는 것이다.[13] 과거 우리나라의 비교우위산업은 어떤 산업에 고정되지 않고 계속하여 변화했다. 그 가운데 어떤 산업은 처음에는 매우 높은 비교우위가 있었으나 나중에는 비교열위가 있고, 또 어떤 산업은 처음에는 비교열위가 있었으나 나중에는 상당한 비교우위가 있게 된 것을 알 수 있다. 가발이나 신발이 전자의 예이고, 자동차나 반도체가 후자의 예일 것이다.

만약 어느 시점의 산업간 비교우위의 순서에 집착하여 생산전문화를 하면 어느 기간까지는 무역이득을 통해 국민들의 후생이 극대화될 것이다. 그러나 현실 경제에서는 산업구조가 변화하고 산업구조 고도화가 진행되므로, 고도산업에 속하는 산업이라면 처음에는 설령 비교열위가 있는 산업이라도 나중에 비교우위를 가질 수 있을 것 같으면 보호육성할 필요가 있다.

예를 들어 우리나라에서 현재 첨단산업은 비교열위가 있다고 할 수

13) 다른 무역이론도 대개 이러한 문제점을 가진다.

있다. 리카도 이론에 따르면 이들 이외의 비교우위산업 생산에 특화해야 한다. 그러나 산업구조 고도화 차원에서 이들 첨단산업에 대한 투자를 강화하면, 향후에 비교우위를 가질 수 있다고 할 수 있다.

또 우리나라에서 현재 농업은 비교열위가 있다고 할 수 있다. 리카도 이론에 따르면 농업 이외의 비교우위산업 생산에 특화해야 한다. 그러나 거꾸로 왜 현재 농업이 비교열위를 갖는가를 고려해 보자. 무엇보다도 그동안 농업에 대한 투자가 상대적으로 매우 부진하였기 때문에 오늘 비교열위를 가진다고 할 수 있다.

요컨대 리카도의 무역이론은 정태적 무역이득에 주목하였으나, 더 현실적인 분석을 위해서는 동태적 무역이득을 고려할 필요가 있다.

② 산업간 완전한 요소이동성

다음으로 생산요소가 산업간 자유롭게 이동할 수 있다는 가정도 리카도 이론의 문제점이다.[14] 현실경제에서 (자본은 말할 것도 없고) 노동의 이동성도 높지 않다. 우리나라에서 농업이 비교열위의 산업이라 해서 농촌인구가 단시일에 여타 산업에, 예를 들어 공업부문에 흡수될 수 없다. 선진국에서는 비교우위에 입각한 자유무역 때문에 철강, 전자산업 등에서 공동화(空洞化)가 나타나고, 실업자가 많아졌는데도 다른 산업에 이 실업자들이 흡수되지 못하자 비교우위이론을 포기하고 보호무역주의로 기울어지기도 한다.

③ 완전특화

노동을 유일한 생산요소로 보고 고정된 요소투입계수를 가정하였기 때문에 무역국들이 대개 완전특화한다는 결론에 이르렀으나 현실 경제에서는 완전특화의 예를 찾기가 어렵다.

6. 리카도 이론과 관련한 논쟁

리카도 이론을 잘못 해석하거나, 특히 절대우위론과 혼동함으로써

14) 다른 이론도 대개 이런 문제점을 가진다.

빚는 논쟁을 정리하면 다음과 같다.

① 생산성과 국제경쟁력

노동생산성이 (절대적으로) 높아서 국제경쟁력이 있을 경우에만 자유무역이 유익하다고 주장하는 경우가 있다. 특히 후진국들이 자국 산업을 보호하기 위해 이런 주장을 한다. 그러나 이 주장은 바로 절대우위론에 따른 주장이며, 비교우위론에 의하면 후진국이라 하더라도 반드시 비교우위를 갖는 생산물이 있으며, 그 생산물에 특화하면 자유무역으로부터 이득을 얻을 수 있다.

앞에서 지적하였듯이 시간이 경과하면서 생산성을 인위적으로 변경시킬 수 있으므로 후진국이 어느 특정 산업을 보호육성하여 장차 비교우위를 갖게 될 수는 있어도 모든 산업을 보호 육성하여 모든 산업에서 비교우위를 가질 수는 없음을 유의해야 한다.

② 저임금국 생산물 수입

다른 나라의 어떤 산업이 저임금을 바탕으로 하여 국내 시장을 잠식하면 국내의 해당 산업이 피해를 입게 된다는 주장이 있다. 특히 선진국들이, 후진국의 저임금을 바탕으로 한 생산물에 대한 수입을 억제하기 위한 주장이다. 이 역시 절대우위론에 따른 주장이며, 비교우위론에 의하면 절대적 임금이나 절대적 노동생산성이 문제가 아니라 상대적 임금과 상대적 노동생산성이 문제이므로 선진국의 임금이 높으면서도 반드시 비교우위를 갖는 생산물이 있다.

앞에서 언급하였듯이 산업간 노동이동성이 없다면 해당 산업의 근로자는 무역 때문에 손실을 보게 된다. 따라서 요소이동성이 낮은 경우에 예를 들어 선진국의 해당 산업의 노동자들은 위와 같은 주장을 할 것이다.

③ 부등가 교환

후진국은 자국에서 노동량을 많이 투입하여 생산한 생산물을 해외에 수출하고, 해외에서 노동량 투입을 적게 한 생산물을 수입하므로 후진국의 노동력이 착취된다는 주장이 있다. 비교우위론에 따라서 무역이 행해질 때, 노동생산성이 낮은 후진국은 더 많은 노동력을 투입해야 한다는 것은 옳다. 그러나 비교열위를 가지기 때문에 수입하는 생산물을 후진국이 수입하지 않고 스스로 생산하려면 훨씬 더 많은 노동력을 투입해야 한다. 부등가 교환은 절대적 생산성 차이에서 생기는데, 비교우위에 따라서 무역을 하면 무역을 하지 않는 경우보다 부등가 교환을 어느 정도 해소시킬 수 있는 것이다.

✤ 연습문제

1. 고전학파 무역이론에 대하여 논하시오.

제4장

헥셔-올린이론

1. 헥셔-올린이론의 개념
2. 생산가능곡선과 헥셔-올린이론
3. 헥셔-올린이론의 의의
4. 립친스키 정리
5. 요소가격 균등화 정리
6. 스톨퍼-사뮤엘슨 정리

1. 헥셔-올린이론의 개념

리카도는 노동생산성이 나라 사이에 차이가 있기 때문에 비교우위가 생긴다고 보았다. 그런데 노동생산성이나 자본생산성이 나라 사이에 거의 차이가 없는데도 무역이 이루어지는 것을 볼 수 있다. 엘리 헥셔(Eli F. Heckscher)와 버틸 올린(Bertil G. Ohlin)은 이러한 점에 주목하여 새로운 비교우위론을 주장하였다.

헥셔-올린에 따라서 생산요소가 노동과 자본 두 종류라고 하고, 한 상품은 노동을 상대적으로 더 많이 필요로 하는 노동집약재이고 다른 상품은 자본을 상대적으로 더 많이 필요로 하는 자본집약재이며, 한 나라는 노동이 상대적으로 더 많은 노동풍부국이고 다른 나라는 자본이 상대적으로 더 많은 자본풍부국이라고 하자.

노동풍부국은 노동집약재를 자본집약재보다 자본풍부국에 비하여 더 잘 생산할 수 있고, 자본풍부국은 자본집약재를 노동집약재보다 노동풍부국에 비하여 더 잘 생산할 수 있다. 즉, 노동풍부국은 노동집약재에, 자본풍부국은 자본집약재에 비교우위를 가진다. 그러므로 노동풍부국은 노동집약재를 수출하고 자본풍부국은 자본집약재를 수출한다.

예를 들어 인도네시아와 한국이 각각 노동풍부국과 자본풍부국이며, 섬유와 기계가 각각 노동집약재와 자본집약재라고 하자. 기술이 같은 인도네시아와 한국은 각각 섬유와 기계에 비교우위를 갖고 각각 섬유와 기계를 수출한다는 것이다.

2. 생산가능곡선 헥셔-올린이론

헥셔와 올린의 비교우위론을 생산가능곡선을 이용하여 설명해 보자.

각국의 생산가능곡선은, 노동과 자본이 대체 관계가 있으면 일반적으로 **[그림 4-1]**과 같이 바깥으로 볼록한 부드러운 곡선이 된다. 달리 말하면 기회비용이 체증하는 것이다. 또 노동풍부국은 노동집약재를 상대적으로 더 많이 생산할 수 있으므로 노동집약재를 나타내는 가로축에 더 치우친 꼴을 하며, 자본풍부국은 자본집약재를 상대적으로 더

그림 4-1 **헥셔-올린의 비교우위론**

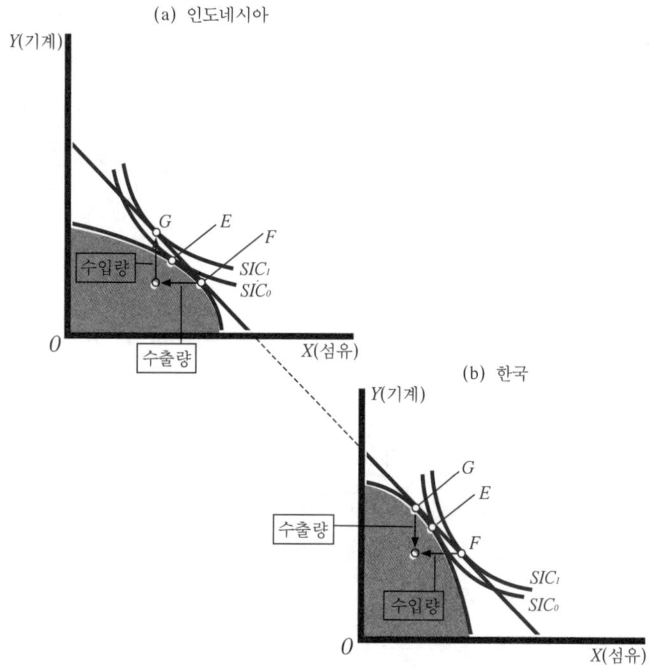

많이 생산할 수 있으므로 자본집약재를 나타내는 세로축에 더 치우친 꼴을 한다.

두 나라의 생산가능곡선은 이렇게 큰 차이가 있더라도 소비를 나타내는 사회 무차별곡선은 별 차이가 없다고 하면 노동풍부국에서는 노동집약재가 값싸고 자본풍부국에서는 자본집약재가 값싸게 된다. 즉, 노동풍부국과 자본풍부국이 각각 노동집약재와 자본집약재에 비교우위를 가진다.

노동풍부국과 자본풍부국이 서로 자유 무역을 하는 경우에 노동집약재와 자본집약재 사이의 국제 상대가격은 자유 무역 이전의 각국에서의 상대가격들 사이에 놓이게 될 것이다.

결국 노동풍부국은 자유 무역 이전보다 노동집약재 생산을 늘리고 자본집약재 생산을 줄이며, 노동집약재 생산에 부분특화(incomplete specialization)한다. **[그림 4-1]** (a)에 의하면 자유 무역 이후에 생산은 점 *F*

에서, 소비는 점 G에서 이루어짐으로써 자유 무역 이전에 생산 및 소비가 점 E에서 이루어질 때보다 더 높은 후생을 누린다. 자본풍부국은 무역 이전보다 자본집약재 생산을 늘리고 노동집약재 생산을 줄이며, 자본집약재 생산에 부분 특화한다. **[그림 4-1]** (b)에 의하면 자유 무역 이후에 생산을 점 F에서, 소비는 점 G에서 이루어짐으로써 자유 무역 이전에 생산 및 소비가 점 E에서 이루어질 때보다 더 높은 후생을 누린다.

3. 헥셔-올린이론의 의의

이처럼 리카도의 비교우위론과 헥셔-올린의 비교우위론은 각각 생산요소의 생산성과 생산요소의 부존도가 비교우위를 결정한다고 본다. 우리가 생산요소를 노동뿐 아니라 자본, 기술 등 여러 가지로 세분할 수 있다면 이 두 비교우위론은 무척 광범위하게 현실 경제를 설명할 수 있다. 예를 들어 우리가 요즘 많은 관심을 갖는 국제 경쟁력이란 생산요소의 생산성을 높이는 것이라든가 부가가치가 더 큰 생산요소의 부존량을 늘리는 것이라고 할 수 있다. 그러나 비교우위론은 다음과 같은 문제점도 있다.

첫째, 비교우위론은 정태 분석일 뿐 동태 분석이 아니다. 즉, 어느 시점에 주어진 여건(주어진 생산성이나 부존도 등) 아래서의 분석일 뿐 시간이 지남에 따라 바뀔 수 있는 여건 아래서의 분석이 아니다.

예를 들어 우리나라의 비교우위 산업은 어떤 산업들에만 고정되지 않고 계속 변화했다. 어떤 산업은 처음에는 매우 높은 비교우위가 있었으나 나중에는 비교열위가 있고, 또 어떤 산업은 처음에는 비교열위가 있었으나 나중에는 상당한 비교우위가 있게 된 것을 알 수 있다. 가발이나 신발 산업이 전자의 예이고, 자동차나 반도체 산업이 후자의 예일 것이다.

만약 어느 시점의 산업간 비교우위의 순서에 집착하여 생산의 특화를 하면 어느 기간 동안은 무역의 이득을 통해 국민들의 후생이 극대화될 것이다. 그러나 현실 경제에서는 산업 구조가 변화하고 산업 구조 고도화가 진행되므로, 산업 구조 고도화에 필요한 산업이라면 처음에는 비록 비교열위가 있는 산업이더라도 나중에 비교우위가 있을 것 같으면 보호 육성할 필요가 있다.

예를 들어 현재 우리나라에서 항공우주산업, 첨단기계산업, 생명공학산업 등 (일부 제외) 이른바 첨단산업은 비교열위가 있다고 할 수 있다. 이 산업들에서의 생산성, 즉 기술 수준이 낮고, 또 이 산업들에서 많이 쓰이는 자본 설비나 기술인력등 생산요소들이 빈약하다. 비교우위론에 따르면 이러한 첨단 산업 이외의 비교우위 산업 생산에 특화해야 한다. 그러나 산업 구조 고도화 차원에서 이들 첨단 산업에 대한 투자를 강화하며 향후에 비교우위를 가질 수 있다고 할 수 있다.

또 우리나라에서 현재 농업은 비교열위가 있다고 할 수 있다. 비교우위론에 따르면 농업을 부분적으로 포기하고 농업 이외의 비교우위 산업의 생산에 특화해야 한다. 그러나 반대로 왜 현재 우리나라의 농업이 비교열위를 갖는가를 고려해 보자. 무엇보다도 그동안 농업에 대한 투자가 상대적으로 부진하였기 때문에 오늘날 비교열위를 가지게 되었다고 할 수 있다.

비교우위론은 무역의 정태적 이득에만 주목하였으나 더 현실적인 분석을 위해서는 무역의 동태적 이득을 고려할 필요가 있다는 것이다.

둘째, 비교우위론은 노동이나 자본 등 생산요소가 산업간 자유롭게 이동할 수 있다고 본다. 그러나 현실 경제에서 실물 자본은 말할 것도 없고 노동의 이동성이 높지 않다. 예를 들어 우리나라에서 농업이 비교열위 산업이라고 해서 농촌 인구와 농토가 단시일에 다른 산업, 이를테면 공업 부문에 흡수될 수 없다. 이 때문에도 농업의 개방화를 반대하게 된다. 선진국에서는 비교우위에 입각한 자유 무역 때문에 철강, 전자, 자동차 산업 등에서 공동화가 나타나고 실업자가 많아졌는데도 다른 산업에 이 실업자들이 흡수되지 못하자 비교우위론에 입각한 자유 무역을 포기하고 보호무역으로 기울어지고 있는 실정이다.

비교우위에 따라 무역의 이득을 누리려면 생산요소의 이동성이 낮아서 비교열위 산업에 계속 남아 있게 되는 계층에 대한 지원이 필요하다. 위의 두 문제점으로부터 우리는 다음과 같이 결론지을 수 있다.

어느 나라의 비교우위든 정태적으로 고정된 것이 아니라 동태적으로 변동한다. 따라서 동태적 비교우위의 변동과 산업 구조 고도화를 조화시킴으로써 무역의 이득과 경제 성장을 함께 누릴 수 있다. 그런 점에서 비교우위론은 동태적 비교우위론으로 일반화될 필요가 있다.

4. 립친스키 정리

1. 생산요소 부존량 변동과 생산가능곡선

여기서 다른 여건은 모두 일정한데 어느 한 생산요소의 부존량이 변동한 경우를 고려해 보자. 예를 들어 자본부존량이 증가하였다고 하자. 달리 말하면 자본풍부국 B국이, 노동풍부국 A국보다 단지 자본부존량이 많다고 하고 이러한 자본풍부국 B를 고려해 보자.

이는 $\bar{L}^B$는 $\bar{L}^A$와 같고 $\bar{K}^B$만 $\bar{K}^A$보다 큰 경우이다. 따라서 선분 RS가 **[그림 4-2]**와 같이우상향으로 평행이동할 것이고, 따라서 생산가능곡선이 $R^B E^B U$와 같이 변한다. 즉 생산가능곡선이 위쪽으로 확대된다.

그러므로 자본부존량이 증가하면 자본집약적 재화인 Y재의 생산량이 늘어남을 알 수 있다. 즉, 생산가능곡선의 세로축이 R^A에서 R^B로 확대된다.[1)]

이를 더 일반화하면 요소부존도에 따라서 생산가능곡선의 형태가 결정됨을 알 수 있다.[2)] 즉 자본풍부국인 B국은 자본이 상대적으로 더 풍부하게 부존되어 있으므로, B국의 생산가능곡선은 다음의 **[그림 4-3]**에서처럼 자본집약적인 재화 Y재를 (노동풍부국인 A국보다) 상대적으로 더 많이 생산한다.

2. 립친스키 정리

특히 완전고용을 유지하는 경우에 E^A보다 E^B가 왼쪽 위에 놓여 있으므로 자본집약적 재화인 Y재의 생산량이 늘어나고 노동집약적 재화인 X재의 생산량은 오히려 감소함을 알 수 있다. 완전고용을 유지한다

---

1) 꼭지점에만 주목해보면 E^A에서 E^B로 좌상향 이동함을 알 수 있다..

2) 물론 절대적 요소부존량은 생산가능곡선의 크기를 결정할 것이다.

그림 4-2 **고정된 요소투입계수 아래서의 생산가능곡선과 자본량 증가**

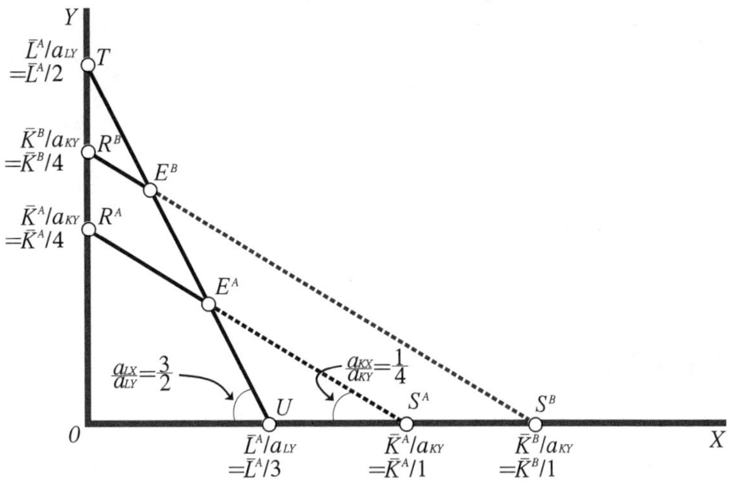

그림 4-3 **고정된 요소투입계수 아래서의 생산가능곡선과 립친스키 정리**

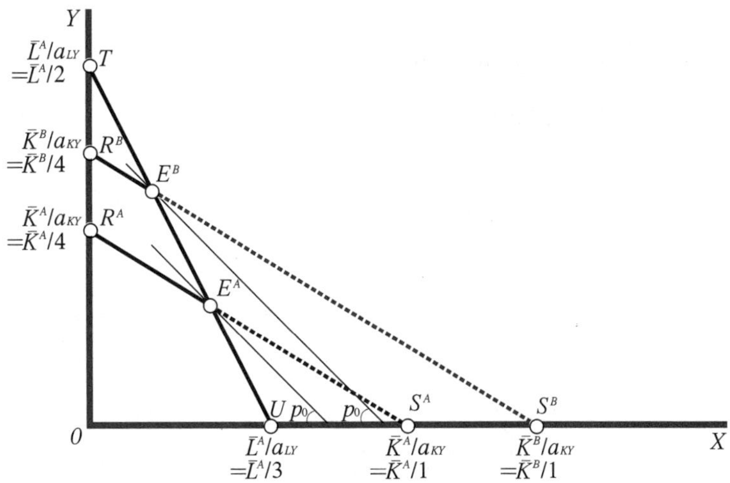

고 하였는데, 이는 달리 말하면 다음과 같다. 상대가격이 **[그림 4-3]**에서 처럼 생산가능곡선의 두 변의 기울기 사이의 어떤 값 곧 p_0로 일정하게 유지되고 있다고 하면, E^A 또는 E^B에서 균형을 이루면서 완전고용을 이루게 된다.

립친스키 정리(Rybczynski theorem)란 생산물의 상대가격이 어떤 특정한 값으로 일정하게 유지될 때 자본부존량이 늘어남에 따라 Y재의 (절대) 생산량이 증가하고, 노동집약적인 X재의 (절대) 생산량은 오히려 감소한다는 것이다. 반대로 노동부존량이 늘어남에 따라 노동집약적인 X재의 (절대) 생산량이 증가하고, 자본집약적인 Y재의 (절대) 생산량은 오히려 감소한다는 것이다. 또한 자본과 노동이 모두 늘어나면 그 상대적 증가율에 따라서 증가율이 더 높은 요소를 집약적으로 사용하는 재화의 생산증가율이 더 높다는 것이다.

5. 요소가격균등화 정리

1. 요소가격과 생산물가격

지생산물의 절대가격과 요소가격(엄밀하게 말하면 생산요소의 절대가격)을 다음과 같이 표시하기로 하자.

P_X : X재의 가격
P_Y : Y재의 가격
W : 노동임금
R : 자본임대료

여기서 생산요소가 산업간 자유롭게 이동하고 또 완전고용된다고 하므로, 노동과 자본이 어느 산업에 고용되든 각각 동일한 요소가격이 지급됨을 유의하여야 한다.[3)]

1차동차 생산함수와 완전경쟁시장을 가정하면 어느 생산물의 가격은 바로 그 생산비용과 일치한다. 즉

$$P_X = a_{LX} W + a_{KX} R$$
$$P_Y = a_{LY} W + a_{KY} R$$

---

3) R은 이자율이 아니다. 또 자본재의 거래가격이 아니다. 노동 이용의 대가가 임금인 것처럼 자본 이용에 대한 대가인 자본임대료이다. 또 실업이 존재하면 해당 요소의 가격은 낮아질 것이다.

그림 4-4 요소가격의 결정

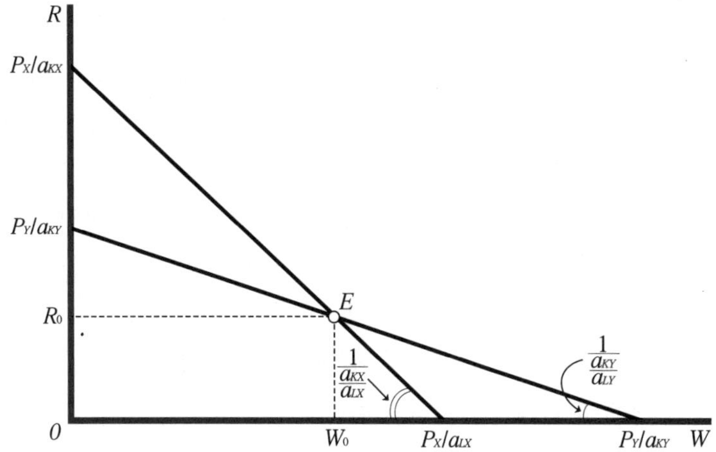

2. 요소가격균등화 정리

무역 이전에는 생산물 가격이 두 나라에서 다를 경우가 일반적이지만, 관세, 수입규제, 그리고 수송비 등의 거래비용을 무시해도 좋다면 자유로운 무역에 의해서 두 나라 사이에 생산물 가격(절대가격들과 상대가격이 모두)은 동일하게 된다. 그런데 두 나라에서 각 재화 생산이 동일한 생산함수에 의해서 행해지고 있으므로 위 식에 의하여 임금 W와 자본임대료 R이 두 나라 사이에 서로 일치하게 될 것이다.

이것을 요소가격균등화 정리라고 한다.[5] 정리하면 다음과 같다.[6]

요소가격균등화 정리란 국가간에 요소의 이동성이 불가능하더라도 자유로운 무역에 의해서 양국에서도 요소가격이 서로 균등해진다는 것이다. 이러한 요소가격균등화 정리는 그림으로도 쉽게 살펴볼 수 있다. 요소가격과 생산물 가격 사이의 관계를 가리키는 위 식을 **[그림 4-4]**로 나타내 보자. 단 (세계경제의 수요 및 공급에 의해 결정되는) 생산물 가격들 P_X와 P_Y는 주어져 있고, (기술여건에 의해 주어진) 요소투입계수

5) 생산물가격균등화는 거래비용이 없는 경우의 자유무역에서는 일반적으로 늘 성립한다.

6) 생산요소도 생산물처럼 거래비용 없이 국가간에 자유롭게 이동할 수 있다면 으레 요소가격이 국가간에 균등하게 될 것이다. 여기서 주의할 점은 만약 실업이 존재하면 요소가격이 균등해질 수 없다는 것이다.

들 $a_{ij}(i=L,K, j=X,Y)$가 일정하므로 위 두 식을 W와 R에 대하여 정리하여 $(W-R)$평면에 나타내자.

각 직선의 기울기는 요소집약도에 의해서 결정된다. 즉 노동집약적인 X재를 가리키는 직선의 기울기가 상대적으로 더 가파르다는 것을 알 수 있다. 왜냐하면 해당 생산물가격들이 일정불변이면 어느 요소가 많이 쓰이려면 그 요소가격이 저렴해야 하기 때문이다. 그림의 두 직선이 만나는 점 E는 균형요소가격의 조합을 나타낸다. 그러므로 두 나라 모두에 똑같은 수준으로 주어진 기술 및 생산물가격 아래서 양국의 임금은 똑같이 W_0이고, 양국의 자본임대료도 똑같이 R_0이다.

요컨대 두 나라 사이에 생산물가격과 생산기술이 동일하면 요소가격도 동일해진다는 것이다.

3. 스톨퍼-사무엘슨 정리

지금까지 독자들은 요소부존도와 요소집약도 사이의 관계를 반영하는 무역패턴 및 생산물가격 결정 그리고 요소가격 결정에 대하여 잘 알게 되었다.

그러면 무역이 소득에 미치는 영향은 무엇일까? 예를 들어 노동풍부국인 A국이 무역을 시작함으로써 이후에 노동집약적 재화인 X재의 가격이 더 비싸졌다면 이 나라에서 임금과 자본임대료는 이전에 비해 어떻게 변동할까?

앞의 생산물가격과 생산비용 식과 방금 전에 도출한 **[그림 4-4]**를 이용하여 다음의 **[그림 4-5]**를 그려보자. 무역 이전에는 그림의 점 E_0에서 해당 두 직선이 만나 W_0와 R_0로 균형요소가격이 결정되었다. 이제 Y재의 가격 P_Y가 이전과 같고, X재의 가격 P_X가 상승하였다고 하면, 해당 직선이 그림과 같이 우상향 이동한다. 따라서 새로운 균형점 E_1에서 이전보다 임금은 W_1으로 (절대액이) 상승하고, 자본임대료는 R_1으로 (절대액이) 오히려 하락한다. 요컨대 노동집약적 재화의 가격 상승으로 해당요소의 소득 곧 임금이 상승하고, 다른 요소의 소득 곧 자본임대료가 하락한다.

그리고 자본집약적 재화 가격의 변동이 가져오는 효과도 동일한 원리에 따른다. 그러므로 생산물의 상대가격이 변동하면 요소집약도에

그림 4-5 **스톨퍼-사무엘슨 정리 : P_X가 상승한 경우**

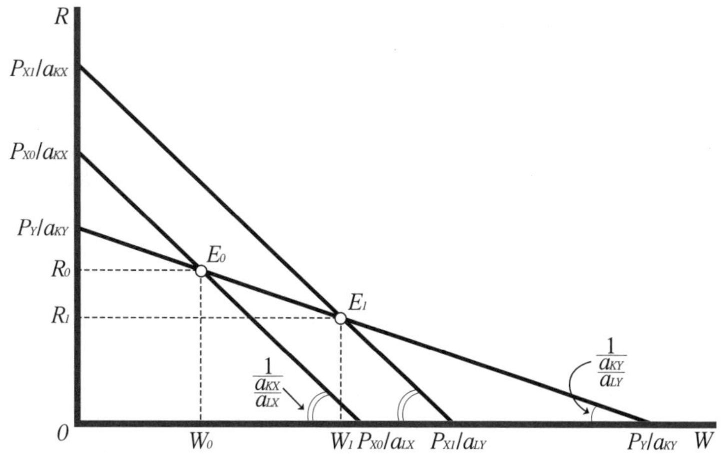

따라서 요소의 상대가격이 변한다. 이를 스톨퍼-사무엘슨 정리(Stolper-Samuelson theorem)라고 한다.

스톨퍼-사무엘슨 정리란, 자국에 상대적으로 풍부하게 부존된 생산요소의 가격이 무역에 따라서 비싸지고, 빈약하게 부존된 생산요소의 가격이 무역에 따라서 저렴해지는 것을 말한다.

이는 생산물 가격 변동이 요소가격에 미치는 효과에 대한 정리이다. 왜 이렇게 되는가 직관적으로 설명해 보자. 예를 들어 노동집약적 재화의 상대가격이 이전보다 비싸지면 이 재화를 이전보다 더 생산하려 할 텐데 이에 노동수요가 상대적으로 더 커진다. 따라서 임금이 상대적으로 더 비싸진다.

✤ 연습문제

1. 헥셔-올린이론에 대하여 논하시오.

제5장

불완전경쟁, 규모의 경제, 수요와 기타 무역이론

1. 불완전경쟁과 무역의 효과
2. 규모의 경제와 국제무역
3. 산업내 무역이론
4. 잉여분출설
5. 모방시차설
6. 제품수명주기설
7. 제품수명주기설과 모방시차설과의 차이
8. 대표수요이론
9. 중력모형

1. 불완전경쟁과 무역의 효과

전통적인 무역이론에 의하면, 리카도모형의 경우 기술수준의 차이에 의해서, 헥셔-올린모형의 경우 요소부존도의 차이에 의해서 국가간 재화의 상대가격에 차이가 발생하고, 이러한 상대가격의 국가간 차이로 인해서 비교우위가 발생하게 된다. 이들 이론에 따르면, 국가간에 기술수준이나 요소부존의 차이가 클수록 무역도 활발하게 발생하고 무역량도 클 것으로 예상할 수 있다. 또한 국가 사이에는 기술격차가 크고 요소집약도 차이가 큰 산업생산물을 서로 교환하리라는 것을 예상할 수 있다. 그런데 현실적으로 실증분석한 결과 오히려 기술수준이나 요소부존도가 비슷하다고 생각되는 국가간에 무역이 더 활발하게 발생하는 것으로 나타났다. 예를 들어 서유럽, 북미 및 일본간의 교역이 큰 비중을 차지하고 있으며, 어떤 한 나라의 국민소득이 증가함에 따라 무역이 국민소득에서 차지하는 비중(즉 무역의존도)도 커지는 것으로 나타났다. 이러한 현상을 불완전경쟁, 규모의 경제 등과 무역의 관계를 분석한 후 산업내 무역을 이용하여 설명한다.

전통적인 무역이론은 주로 완전경쟁(perfect competition)시장을 상정하고 전개되어 왔다. 그러나 실제의 시장구조는 불완전경쟁(imperfect competition)인 경우가 더 일반적이다. 또한 불완전경쟁을 상정하고 무역이론을 전개함으로써 현실문제를 더 잘 설명할 수 있는 부분이 있다. 특히 1980년대 이후 무역이론 분야에서는 '규모의 경제' 문제가 중요하게 다루어졌고, 이에 따라 불완전경쟁 무역모형들이 발전하게 되었다. 본장에서는 불완전경쟁적 시장구조가 있을 때에 무역문제가 어떻게 설명될 수 있는가를 가장 간단한 경우를 상정하여 전개해본다.

1. 수입재시장에서 독점이 있을때 무역의 이익

[그림 5-1]은 국내시장이 불완전경쟁 상태이고, 국제시장은 완전경쟁일 경우를 상정하고 있다. 국내시장이 불완전경쟁의 대표적 경우인 독점시장이라고 해보자. 불완전경쟁시장에서는 기업이 직면하는 수요곡선이 우하향하는 특징이 있다. 그림에서는 수요곡선이 D로 나타나고 있다. 이에 따라 한계수입(marginal revenue)곡선이 MR로 나타나고 있

그림 5-1 독점시장에서의 무역의 이익

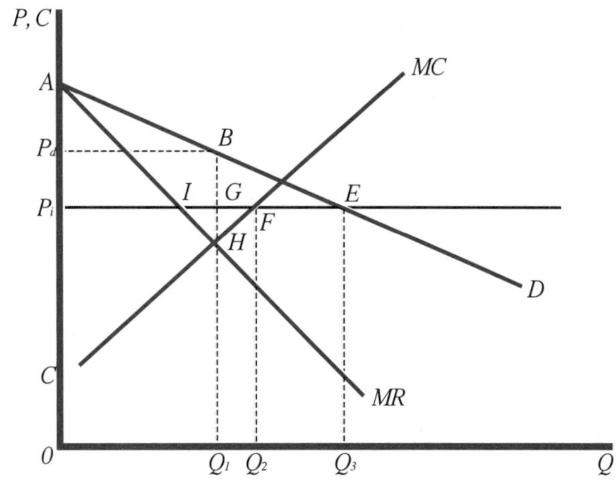

다. 또한 한계비용(marginal cost)곡선이 MC로 나타나고 있다. 기업은 이윤극대화를 위해 한계수입과 한계비용이 일치하는 양을 생산한다.

무역이 이루어지기 전에는 한계수입과 한계비용이 일치하는 점에서 생산하므로 $0Q_1$만큼 생산하여 P_d의 가격이 형성된다. 이에 따라, 독점기업은 총수입을 P_dBQ_10만큼 얻게 되며, 총생산비용은 $0CHQ_1$이므로, 차액인 P_dBHC만큼이 이윤(생산자잉여)이 된다. 소비자들은 총효용에서 지출액 $0P_dBQ_1$을 뺀 ABP_d만큼의 소비자잉여를 얻는다.

이제 외국과 자유무역이 이루어지고 국제가격이 P_i이면, 이 재화는 국제가격이 국내가격보다 낮은 것을 의미하므로 수입재일 것이다. 따라서 소비자들은 외국으로부터 수입하게 되고 국내가격도 국제가격과 동일하게 될 수밖에 없다. 이에 따라 소비자들은 이 국제가격에서 Q_3의 양을 소비하게 된다. 한계수입곡선은 P_i의 수평선이 된다. 따라서 한계비용곡선과 한계수입곡선이 만나는 점은 F점이 된다. 결국, 생산자는 가격 P_i에서는 F만큼 생산하게 되고, 생산자잉여는 총소득 P_iFQ_20에서 총비용 CFQ_20를 뺀 P_iFC가 된다.

이때 무역으로 인한 후생변화효과를 분석해보면 다음과 같다. 먼저 소비자잉여는 AEP_i만큼으로 되어 P_dBEP_i만큼 증가하고, 독점기업의 이윤은 무역 전에 비해 P_dBGP_i만큼 감소하는 부분이 있고, GFH만큼 증가하는 부분이 있게 된다. 이들을 전체적으로 계산해보면 $BEG + GFH$만큼이 순수하게 후생이 증가하는 부분이 된다.

이와 같이 수입재시장에서 독점이 있을 때, 자유무역을 하면 사회적 후생이 커지며 이는 자원이 효율적으로 배분된다는 것을 뜻한다. 앞 장에서 부분균형분석을 이용해서 설명한 완전경쟁의 경우와 마찬가지로, 무역의 이익이 발생하는 것이다.

2. 독점력이 있을 때의 가격차별

국내시장에서는 독점력은 있으나 국제시장에서는 경쟁에 직면할 때의 상황을 분석한다. 즉 과거 우리나라의 전자제품시장과 같이 수입규제등의 어떤 이유에 의해서 외국으로부터 수입하는 것은 불가능하고 국내의 기업들은 생산품을 외국에 수출하는 경우를 분석해보자.

[그림 5-2]에서, 무역 전에는 $MR = MC$인 점에서 생산이 이루어지고 가격은 수요곡선에 의해서 결정되므로 P'_d의 독점가격이 형성되고 있다. 무역을 하게 되면 기업의 입장에서는 새로운 한계수입곡선에 직면하게 된다. 위에서 설명한 바와 같이, 생산량이 P_iQ_1보다 작은 경우에는 한계수입곡선이 전과 같이 MR선이다. 하지만 P_iQ_1보다 생산량이 크면, 국내에 판매하면 한계수입이 MR선의 높이이고 외국에 판매하면의 P_i높이가 되므로 외국에 판매하게 된다. 따라서 전체의 한계수입곡선은 AQ_1W로 이어지는 꺾어진 선이 된다. 기업은 한계수입곡선과 한계비용곡선이 일치하는 점에서 생산하게 되므로 Q_2만큼 생산한다. 이 생산량 중에서 어느 만큼을 국내에서 판매하고 어느 만큼은 외국에서 판매할 것인가? 이윤극대화원리에 의하면, 양쪽에서의 한계수입이 같아지는 수준에서 생산량을 배분해야 할 것이다. 따라서 국내에는 P_iQ_1만큼 판매하고 외국에는 나머지인 Q_1Q_2만큼을 판매하게 된다.

이러한 경우 무역을 하기 전과 무역을 개시한 후의 효과는 다음과 같다. 첫째, 무역 전보다 국내가격이 오히려 상승한다. 가격이 P'_d에서 P_d로 상승하는 것이다. 둘째, 외국수요곡선의 탄력성이 무한대이고 국내수요곡선의 탄력성은 작으므로 외국에는 저렴한 가격으로 판매하고 국내에는 비싼 가격으로 판매하는 가격차별이 발생하게 된다. 셋째, 어떤 이유로 국제가격이 상승하면 외국에 판매하고자 하는 양이 증가하

그림 5-2 국내와 해외의 가격차별

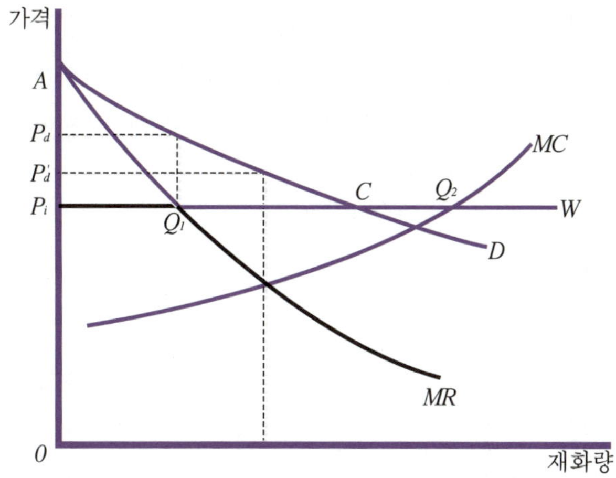

므로 국내판매량이 감소하여 국내가격도 더 상승하게 된다.

가격차별(price discrimination)은 곧바로 덤핑의 개념과 연결된다. 덤핑의 정의에는 여러 가지가 있겠지만 국내가격을 정상가격(normal price)으로 보고 이보다 국제가격이 낮으면 덤핑으로 간주하는 것이 일반적이다. 이러한 덤핑이 왜 발생하는 것일까? 장기적인 외국시장공략의 전략으로서 일단 가격을 낮게 책정하는 경우도 있겠지만, 위에서와 같이 시장구조의 차이에 대해 이윤극대화의 원리에 입각한 행동의 결과일 수도 있다.

우리나라에서 미국에 수출하고 있는 전자제품의 경우 우리나라에서보다 미국에서 값싸게 판매되고 있는 일은 흔하다. 이는 우리나라에서는 특별소비세 등이 부가되어 있기 때문인 경우도 있지만 이것만으로는 설명하기 힘들 정도로 가격 차이가 나는 경우도 많다. 무역이론에 의하면 수출품의 경우에는 우리나라에서의 가격에 수송비 등을 합하여 오히려 외국에서는 더 비싸야 하는데도 이러한 현상이 발생하는 이유는 무엇일까? 이는 본 항에서와 같은 가격차별에 의해서 설명될 수 있을 것이다. 미국시장에서는 수많은 국가들로부터 다양한 전자제품들이 쏟아져 들어오므로 특정기업의 제품에 대한 수요탄력성은 거의 무한대에 가깝다. 따라서 가격이 높으면 경쟁을 할 수 없다. 이는 특정

제품에 대한 수요곡선이 거의 완전탄력적인 상태임을 의미한다. 그러나 우리나라의 시장은 얼마 전까지만 해도 상당히 폐쇄적이었기 때문에 외국의 상품이 수입되기가 어려웠고 국내의 몇몇 가전제품 제조회사들의 과점체제였다. 따라서 수요곡선이 우하향하였고 상당히 비탄력적인 시장이 형성되었기 때문에 가격이 높게 책정될 수 있었다.

2. 규모의 경제와 국제무역

리카도이론이나 헥셔-올린모형에서는 규모의 경제는 발생하지 않는다고 가정하고 있다. 즉, 리카도모형에서는 노동의 생산성은 항상 일정하다고 보고 생산가능곡선이 직선인 경우를 다루어 왔다. 헥셔-올린이론에서도 1차동차생산함수(규모에 대한 수익불변)를 가정하고 있었고 이에 의하여 원점에 대하여 오목한 생산가능곡선이 그려질 수 있었다. 이러한 모형에서는 완전경쟁시장을 가정하는 것이 적절하다. 하지만 본장에서는 불완전경쟁시장을 상정하므로 이러한 문제를 완화할 필요가 있다.

1. 규모의 경제와 무역의 이익

규모의 경제(economies of scale)는 생산규모가 커짐에 따라 평균생산비용이 감소하는 경우를 의미한다. 즉 생산규모가 커짐에 따라 생산이 경제적으로 이루어지는 것이다. 규모에 대한 수익증가(increasing returns to scale)라고 하기도 한다. 이러한 경우에는 앞에서 애덤 스미스의 『국부론』의 핀의 예에서 지적했듯이, 무역을 하게 되면 시장의 규모가 확대되고 생산성이 증가하여 무역의 이익이 존재하게 된다.

리카도나 애덤 스미스의 무역이론에 의하면 국가 사이의 무역은 생산기술의 차이에서 발생하였고, 헥셔-올린에 의하면, 생산요소의 부존도 혹은 자원의 부존도의 차이에 의해서 무역이 발생한다. 이에 따라 각국이 비교우위의 원리에 따라 무역을 하면 무역의 이익을 얻을 수 있었다. 어느 경우든 생산비의 상대적인 차이가 비교우위를 결정하고 그에 따라 무역을 하게 되어 있었다. 그러나 규모의 경제가 존재하면

그림 5-3 **규모의 경제가 있을 때의 평균비용곡선**

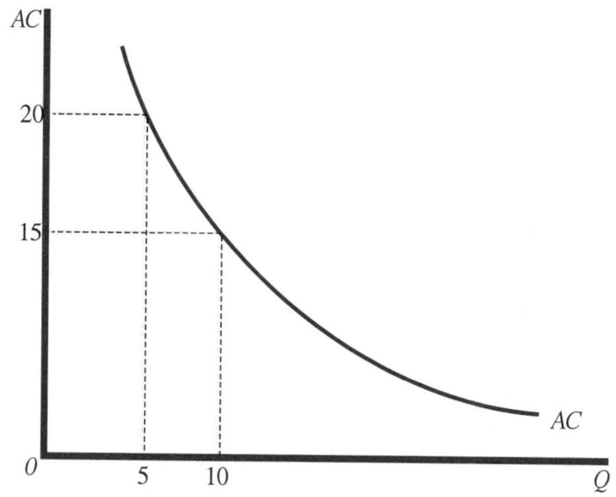

이러한 비교우위의 원리가 없는 경제에서도 무역이 가능하며 각국은 무역의 이익을 얻을 수 있음을 보일 수 있다.

우리가 앞에서 공부한 무역모형에 적용하기 위해 2국-2재 모형을 생각해보자. 미국과 영국 두 나라가 있고, X재와 Y재 산업이 있는데 양국에서의 기술수준, 요소부존도는 모두 같고 심지어 두 산업에서의 요소집약도까지 같다고 하자. 이러한 경우 리카도형이나 헥셔-올린이론에 의해서는 무역이 발생하지 않는다.

그런데 두 산업에서는 규모의 경제가 존재하여 **[그림 5-3]**과 같이 평균비용곡선(AC곡선)이 우하향한다고 해보자. 편의상, 그림은 1, 2국 및 X, Y재에 공통적으로 그려져 있다. 양국이 X, Y 등 각 재화를 5단위씩 생산하여 소비하려면 평균생산비용이 20이므로, 100+100=200단위의 비용이 소요된다. 즉 영국도 200, 미국도 200단위의 비용이 소요된다. 만일 미국은 X재만 10단위 생산하고 영국은 Y재만 10단위 생산하여 그중 5단위를 자국에서 소비하고 나머지를 외국과 국제시장에서 1 : 1로 교환한다고 해보자. 미국은 X재를 10단위 생산하기 위해 10×15=150단위의 비용이 필요하며 영국은 Y재만 10단위 생산하기 위해 역시 150단위의 비용이 필요하다. 따라서 무역을 하기 전보다 비용이 적게 든다. 이것이 무역의 이익이다.

그림 5-4 **기회비용이 감소할 때의 무역의 이익**

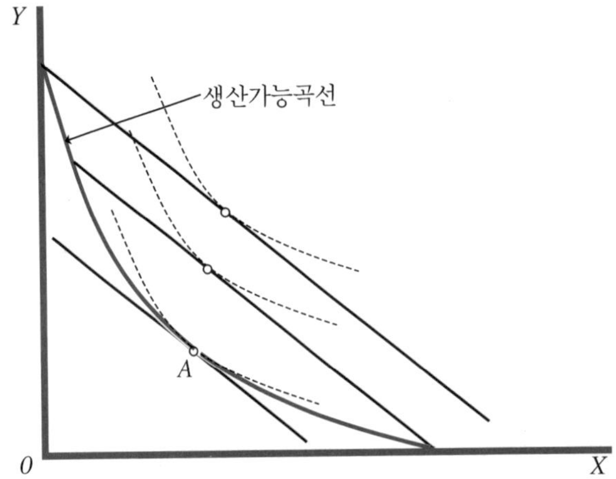

이상에서 무역의 이익은 생산기술의 차이나 요소부존의 차이에 대한 가정이 없이 이루어지고 있다는 점에서 기존의 무역이론들과 차이가 있다.

2. 기회비용 감소의 경우의 무역의 이익

위에서 본 바와 같이 양 재화 생산에서 규모의 경제가 있을 때, 두 재화를 동시에 고려하면 기회비용이 감소하면 생산가능곡선으로 나타나는 것이 일반적이다. 이 경우에는 생산가능곡선이 원점에 대하여 볼록한 상태가 된다. 이렇게 생산가능곡선이 원점에 볼 때 볼록한 경우에 무역을 하면 다음 **[그림 5-4]**와 같이 무역의 이익이 나타난다.

무역을 하기 전에는 생산하는 점이 바로 소비하는 점이므로 *A*점과 같은 점이 소비가능했으나, 무역을 하게 되면 양국은 어느 재화든 한 쪽으로 특화함으로써 규모의 경제의 이익을 얻을 수 있고 보다 나은 무차별곡선에 다다를 수 있다. 심지어 국제가격이 국내가격과 똑같더라도 무역의 이익을 얻을 수 있다. 따라서 이는 국제무역의 일반 원리라고 할 수 있는 비교우위의 개념이 없어도 무역이 성립하는 경우를 보여준다.

이는 애덤 스미스가 언급한 규모의 경제의 이익을 생각해보면 명백해진다. 양국은 단순히 특화하는 것 자체만으로도 이익을 얻을 수 있기 때문이다. 예를 들어 우리나라 자동차시장을 생각해보자. 국내시장만으로는 시장규모가 작기 때문에 효율적인 생산규모가 될 수 없고 만약 무역을 하지 않으면 생산비용이 매우 높은 경우가 발생할 것이다. 그러나 외국에 수출을 할 수 있기 때문에 생산규모를 늘리고 최적규모의 공장을 가동할 수 있는 것이다. 이러한 경우의 무역이론은 특히 국내시장이 작은 국가의 무역을 설명하는 데 유용할 것이다.

3. 무역의 방향

규모의 경제가 있을 때 어느 국가가 어느 재화를 수입하고 수출할 것인가 하는 무역의 방향에 대해서는 위의 이론에서 설명해주지 못한다. 이 경우에는, 비교우위의 개념이 없는 상태에서조차도 무역을 할 수 있고 무역의 이익이 존재하기 때문에, 어느 특정의 국가가 특정 상품에 특화할 필요는 없다. 특화한다는 사실 그 자체가 중요하기 때문이다. 이는 아래에서 설명될 산업내 무역이론에서도 마찬가지이다.

크루그먼(Krugman)에 의하면, 어느 지역에서 어느 상품에 특화하는가 하는 것은 상당한 정도 '역사적인' 요인에 의해서 결정될 수 있다고 한다. 일단 어떤 요인에 의해서 특정의 산업이 발달하게 되면 후에는 그 요인이 없어져도 규모의 경제라는 점에 의해서 그 산업은 발전하게 된다는 것이다. 이러한 원리는 무역에서도 상당한 정도 적용될 수 있을 것이다.

3. 산업내 무역이론

1. 산업내 무역의 근거

최근의 무역동향을 보면, 지금까지 분석한 전통적 무역이론이 지적하는 바와 같이 서로 다른 산업간에 무역이 이루어지는 것보다, 동일 산업내의 무역이 급증하는 것을 볼 수 있다. 미국과 일본은 서로간에 한편으로는 자동차를 수출하면서도 동시에 상대국의 자동차를 수입하고 있는 것을 볼 수 있으며 이는 다른 산업들에서도 매우 광범하게 볼 수 있는 현상이다. 예컨대, 일본의 도요다 자동차나 미국의 포드 자동차는 요소집약도가 비슷하고 기술수준도 비슷하다고 볼 때 동일 산업이라고 할 수 있으며, 리카도이론이나 헥셔-올린정리의 요소부존이론으로는 같은 산업내에서 이루어지는 이러한 무역현상들을 설명할 수 없는 점이 많다.

이러한 무역현상은 산업내 무역(intra-industry trade)이라고 불리며, 주로 위에서 공부한 규모의 경제(economies of scale)라는 개념과 제품차별화(product differentiation)의 개념을 이용하여 설명되고 있다. 또한 수요의 측면에서는 사람들의 선호가 국가별로 다르지 않고 비슷하다는 선호의 유사성(taste similarity)도 생각할 수 있다.

위의 예에서 양국이 각각 자국에서 소형, 대형승용차를 모두 생산하게 되면 아무래도 각각의 자동차에 대해서는 시장의 규모가 작아 생산규모가 작을 수밖에 없으며 규모의 경제로부터의 이익을 누릴 수 없다. 자유무역을 하게 되면 각국의 기업들은 다른 국가의 소비자의 수요에도 직면하게 되므로 자기에게 경쟁력이 있는 분야에 주력하게 되고 생산을 늘려 평균비용을 줄이고자 할 것이다. 이 과정에서 어떤 기업들은 경쟁에서 탈락될 것이며, 결국 각국의 기업 수는 줄어들겠지만 각 기업은 보다 낮은 가격으로 생산할 수 있게 된다. 이것이 생산측면에서 규모의 경제로부터 오는 이익이다.

한편 소비자들은 타국에 있는 기업의 제품까지 소비할 수 있게 되므로 무역을 하기 전보다 더 다양한 상품들을 소비할 수 있게 된다. 이것이 소비자 측면에서의 산업내 무역의 이익이다. 이 계통의 연구에 의하면, 독점적 경쟁시장에서 산업내 무역이 이루어지면 세계 전체적으로 볼때 기업의 수는 무역 이전의 기업의 수에 비해서 감소하지만 무역 이전의 어느 한 국가내의 기업의 수보다는 많아진다. 이는 한편으로는 전체 기업의 수가 감소하므로 한 기업당 생산량이 증가하여 규모의 경제를 이룰 수 있는 가능성을 보여주고 있는 것이며, 다른 한편으로는 소비자의 입장에서 볼 때는 자기가 선택할 수 있는 브랜드의 수가 무역 이전에 비해 증가하여 다양한 선택이 가능해지고 만족도가 커지는 것을 나타낸다고 할 수 있다. 위의 자동차산업의 예를 들면, 예컨대 미국의 어느 회사에서는 대형자동차에 특화하고 일본의 자동차

회사는 소형자동차에 특화하여 생산한다면 아마도 양국의 생산자 모두 전보다 효율적으로 생산할 수 있을 것이며 소비자들은 양국의 자동차 중에서 선택할 수 있으므로 전보다 선택의 폭이 넓어진 것이라고 할 수 있다.

또한 이러한 무역이 이루어지기 위해서는 미국이나 일본인들의 기호가 비슷하여 미국에도 소형, 대형승용차에 대한 수요가 있고 일본에도 마찬가지라면 상대국에서 특화한 제품에 대한 수요가 있을 것이므로 산업내 무역은 더 활성화 될 것이다.

시간적 제품차별화라는 개념을 생각할 수도 있다. 여름에는 우리나라가 호주로부터 에어컨을 수입하고 겨울에는 우리나라가 호주에 에어컨을 수출하고 있다고 하자. 이는 우리나라의 입장에서 볼 때 여름의 에어컨과 겨울의 에어컨은 서로 차별화된 다른 제품이라고 할 수 있다. 이 경우 우리는 여름에어컨을 수입하고 겨울에어컨을 수출하는 형태가 된다. 이를 계절무역(seasonal trade)이라고 한다. 이러한 것도 산업내 무역의 한 예이다.

산업내 무역(産業內 貿易, intra-industry trade)에 대해, 기존의 무역형태는 산업간 무역(産業間 貿易, inter-industry trade)이라고 한다. 산업간 무역은 리카도나 헥셔-올린 등의 기존의 무역이론으로 설명되며, 산업내 무역은 1980년대 이후에 많이 연구되고 있다. 현실 경제에서는 EU 내에서의 무역의 많은 부분이 산업내 무역의 대표적인 예가 될 것이다. 이 경우 무역량의 많은 부분이 국가간에 요소부존도나 기술수준이 크게 달라서라기보다는 규모의 경제를 얻기 위해서 각국들이 특화하는 것을 볼 수 있다. 따라서 산업내 무역은 자본부존도가 비슷한 나라 사이에 발생할 가능성이 크며 따라서 경제의 발전단계가 비슷한 국가 사이에 가능성이 크다. 아마도 가장 산업내 무역의 가능성이 큰 분야는 위의 자동차의 예에서와 같이 선진국의 제조업분야라고 할 수 있을 것이다.

2. 산업내 무역에 대한 실증분석

산업내 무역이 이루어지고 있는가에 대한 실증분석들이 많이 행해져왔다. 이는 주로 기호의 유사성, 제품차별화, 규모의 경제 등의 변수가 산업내 무역을 일으키는가에 대한 연구들이다. 다음과 같은 식을 생각해보자.

산업내 무역 = f(기호의 유사성, 제품차별화 정도, 규모의 경제, ……)

이 식을 이용하여 실제자료를 가지고 분석하여 본 결과는 대체적으로 위의 이론에서 주장하는 것과 같은 결과들을 보여 주고 있다.

하지만, 동일산업이라는 것의 범주를 어떻게 보아야 할 것인가 하는 문제가 있다. 예컨대 산업의 분류를 매우 자세하고도 작은 범주로 보게 되면 대부분의 무역은 산업내 무역이라기보다는 산업간 무역으로 나타나게 될 것이고, 분류를 너무 크게 하면, 모든 무역이 산업내 무역으로 나타날 수 있기 때문이다. 그러나 대체적인 연구는, 산업내 무역이론으로 설명할 수 있는 부분이 전통적인 이론으로 설명할 수 있는 무역부분보다 더 증가하고 있다는 결론을 내리고 있으며 이는 한국의 경우에도 적용되고 있다고 보여진다.

3. 산업내 무역지수

어느 산업에서 산업내 무역이 어느 정도로 이루어지고 있는가 하는 것은 다음과 같은 산업내 무역지수를 이용하여 계산할 수 있다.

$$\text{산업내 무역지수} = \left(1 - \frac{|X_i - M_i|}{(X_i + M_i)}\right) \times 100$$

이 식에서 X_i는 i번째 산업의 수출액이고 M_i는 해당 산업의 수입액이다. 이 지수는 0과 1사이의 값을 가지며, 극단적인 경우 해당산업내에서의 수출액과 수입액이 같게 되면 이 식은 1이 되고 산업내 무역이 전혀 없이 수출이나 수입 중에서 하나만 이루어지고 있다면 위의 값은 0이 될 것이다. 이를 그루벨-로이드(Grubel-Lloyd) 산업내 무역지수라고 한다.

표 5-1 각국의 산업내 무역지수

기 간	한 국	일 본	미 국
62～65	19.8	34.0	50.2
66～70	22.6	36.0	56.2
71～75	34.5	41.9	57.5
76～80	39.1	39.9	59.9
81～85	43.3	38.6	57.7
86～90	44.6	42.4	59.1

자료 : 김태기, 『무역학원론』, 1995, 무역과경영사, p. 145.

[표 5-1]에서는 G-L 지수를 전 산업에 대하여 구하여 본 결과이다. 이 표에서는 한국이나 일본에 비해서 미국의 산업내 무역지수가 높고, 같은 국각의 무역 중에서도 시간이 흐름에 따라 산업내 무역이 증가하는 추세인 것을 알 수 있다.

4. 소득재분배 및 자원재배분

산업내 무역은 기존의 산업간 무역에 비하여 몇 가지 의의가 있다.

첫째로, 산업내 무역이론의 의의 중에서 소득재분배 문제를 생각해 볼 수 있다. 헥셔-올린 등의 무역이론에서는 무역이 개시되면 재화 사이의 상대가격이 변화하고 이에 따라서 요소의 상대가격이나 절대가격이 변하게 되므로 소득재분배 문제가 매우 심각하게 대두된다. 다시 말하면 무역으로 인하여 경제 전체에는 이익이 생기더라도 손해를 입는 그룹이 생기게 되고 이에 따라 자유무역의 의의가 심각하게 훼손될 수 있는 것이다. 하지만 산업내 무역에서는 이러한 소득재분배효과가 매우 작다. 왜냐하면 산업내 무역이 요소부존의 차이가 작은 나라 사이에서 주로 발생하며 요소가격의 변화도 심각하지 않을 것이기 때문이다. 따라서 경제 전체의 측면에서 본 자원의 효율적 배분이라는 면을 중심으로 고찰하기만 하면 된다. 이는 무역의 이익의 의미가 산업내 무역의 경우 산업간 무역에 비해 더 커지는 경우라고 할 수 있겠다. 이것이 제2차 세계대전 이후 EEC 등이 비교적 적극적으로 추진되어

올 수 있었던 이유인지도 모른다.

둘째, 자원의 재배분이라는 측면에서도 비슷한 분석을 할 수 있다. 산업간 무역에서는 무역이 이루어지면 산업간에 구조조정문제가 발생하며 이에 따라 조정비용이 크다. 하지만 산업내 무역이 이루어지는 경우에는 한 산업내에서의 조정이 이루어지므로 조정비용이 작다. 예컨대 우리나라가 농업생산물을 수입하고 공산품을 수출하게 되면, 산업의 구조조정을 위해서 농업분야를 축소하는 등의 어려움이 예상된다. 하지만 우리나라에서 소형자동차와 대형자동차를 모두 생산하다가 산업내 무역이 이루어져 소형자동차에 특화하게 되는 경우 자동차산업 내에서 구조조정이 이루어져야 하는데 이때의 비용은 산업간 무역에서의 조정비용보다 훨씬 작을 것이다.

이러한 이유들로 인해서 산업내 무역의 경우에는 무역으로 인한 부정적 효과가 작으리라고 생각된다.

5. 산업내 무역과 산업간 무역

실제 경제에서는 산업내 무역과 산업간 무역이 동시에 이루어지고 있을 것이다. 이와 관련하여 다음과 같이 서술할 수 있다.

첫째, 국가들의 차이를 중심으로 생각해보면, 국가간 기술 차이가 많이 나거나(리카도이론의 경우), 요소부존도가 크게 차이(헥셔-올린이론의 경우)가 나는 국가들 사이에서는, 산업간 무역이 잘 발생할 것이며, 기술이나 요소부존의 차이가 작은 국가들 사이에서는 산업내 무역이 잘 발생할 것이다. 이러한 가설은 많은 논문의 실증분석에서 지지되고 있다. 예컨대, 소득수준이 비슷한 국가(이 국가들은 요소부존성, 기술수준, 혹은 선호 등이 비슷한 국가일 가능성이 크다)들 사이에는 산업내 무역이 더 잘 이루어진다는 것이 밝혀져 있다.

둘째, 산업들 사이의 차이를 중심으로 생각해보면, 여러 산업들 중에서 자본집약도가 극도로 크거나 아주 작은 산업들에서는 헥셔-올린모형에서와 같이 요소부존도의 차이가 중요한 역할을 할 것이고 자본집약도가 중간인 산업에서는 산업내 무역이 중요한 역할을 할 것이다. 이를 산업내 무역과 산업간 무역의 보완성이라고 부른다.

이와 같이 산업간 무역과 산업내 무역이 동시에 일어나는 경우를

그림 5-5 산업간 무역과 산업내 무역

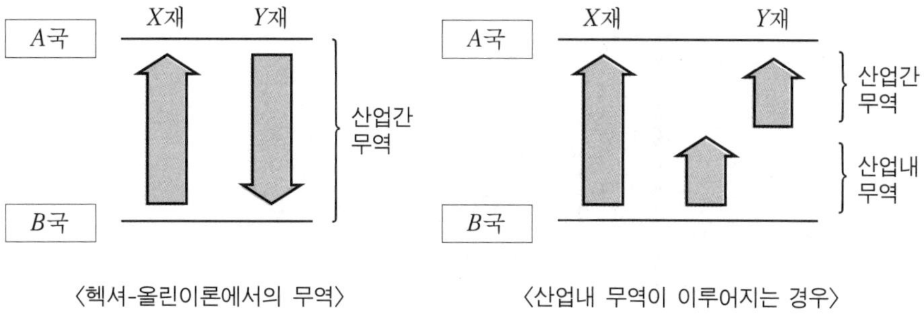

모형화하여 설명하여 보자. *A*국(자본풍부국), *B*국(노동풍부국)이 있고, *X*재(자본집약제)와 *Y*재(노동집약재)가 있는 모형을 생각해보자. 다만, *X*재는 제품이 차별화되어서 산업간 무역이 이루어지고 있고 *Y*재는 차별화되어 있지 않다고 하자. 이 경우 *A*국은 *X*재를 수출하게 될 것이고 *B*국은 *Y*재를 수출하게 될 것이라는 것이 헥셔-올린모형에서의 결과이다. 단, 산업내 무역이 이루어진다고 하면 *A*국은 *X*재를 수출하고 *B*국은 산업의 다른 차별화된 제품과 *Y*재를 수출한다고 할 수 있을 것이다. 만일 무역균형을 이루고자 하면 수출과 수입액이 같아야 할 것이므로 결국은 다음 **[그림 5-5]**와 같은 관계가 성립할 것이다.

4. 잉여분출설

잉여분출설(vent for surplus theory)은 애덤 스미스에 이어 민트(H. Myint)가 체계화하였으며, 유휴자원이 있는 경제에서 무역의 이익을 밝히고 있다. 이 이론은 특히 19세기 등의 식민지 국가의 무역을 설명하는 데 적합한 면이 있으나 오늘날의 경우에도 적용 가능하다.

일반적으로 아직 경제개발이 덜 된 국가들에서는 이중구조가 존재한다. 예컨대, 공업분야와 농업분야가 있다고 하면 공업분야는 잘 개발되어 있고 농업분야는 그렇지 못한 경우가 전형적이다. 예를 들어 아직 개발이 덜 된 전근대사회를 생각해보자. 많은 농업노동자들은 계절

그림 5-6 **무역으로 인한 잉여생산능력 분출**

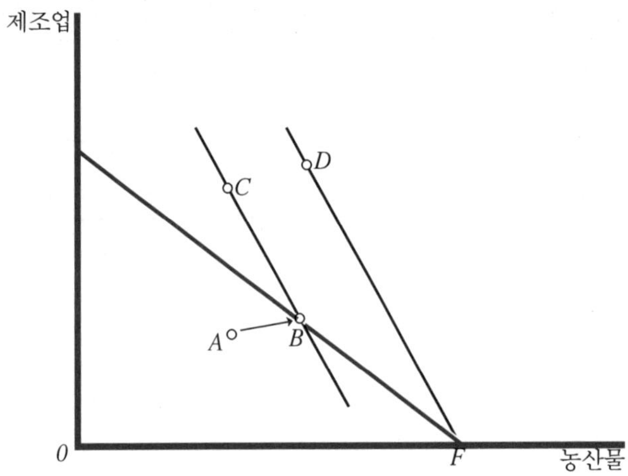

적 요인으로 혹은 다른 요인으로 유휴자원으로 존재하는 경우가 많다. 토지를 개간하거나 다른 방법으로 생산을 늘릴 수 있다고 하여도 농산물의 값이 너무 저렴하여 생산에 대한 이윤이 없는 경우가 있을 수 있을 것이다. 또 공업분야에 고용되어 생산량을 늘릴 수도 있으나 기술부족이나 기타의 이유로 그들의 공업생산성이 너무 낮아서 생산에 참가하지 못하고 있는 경우가 있을 수 있다.

그런데, 이와 같은 경제에서 무역이 개시되어 이 국가에서 농업생산물을 수출하고 공업생산물을 수입하게 되는 경우, 농산물에 대한 수요가 창출되고 농산물의 가격이 상승하게 되므로 이제는 농업에 적극적으로 참여할 유인이 생기게 된다. 이로 인해 농업생산물이 증가하면 이를 국제시장에 판매하여 무역 전보다 나은 소비를 하고 효용을 증가시킬 수 있는 것이다. 이러한 상황을 **[그림 5-6]**을 보면서 설명해보자.

무역 전에는 *A*에서 생산하여 그 점에서 소비한다. 유휴자원이 존재하여 완전고용상태가 아니므로 생산가능곡선의 안쪽에서 생산하는 것으로 그려지고 있다. 무역을 하게 되면 농산물의 상대가격이 상승하여 국제시장에서 교환할 수 있게 되므로, 농산물을 더 생산하려는 유인이 발생하게 된다. 그 결과 *B*와 같은 점에서 생산하게 될 것이며, 국제시장에서의 교환을 통해서 *C*와 같은 점에서 소비할 수 있게 된다. 시간이 지남에 따라 수출재의 생산에 많은 자원을 투입하는 특화가 발생하게 되어, 궁극적으로는 *F*와 같은 점에서 생산하고 *D*와 같은 점에서 소비하는 형태가 될 것이다. 이 과정에서 생산점이 *A*에서 *B*로 이동하는 것은 무역으로 인해 경제내에 있던 잉여자원 밖으로 분출되어 생기는 것이라 말할 수 있을 것이다.

5. 모방시차설

제품수명주기설에 앞서 포스너(Posner), 후프바우어(Hufbauer) 등은 모방시차설(imitation gap theory)을 주장하고 있다. 이는 새로운 생산기술이 발견되면 그에 따라 그 재화의 수출이 가능하게 되는데, 이 새로운 기술이 타국에 확산되고 모방되어 그 제품을 생산하는 데는 시간이 걸리므로 그때까지는 수출이 가능하다는 것이다. 이때 모방시차는 양국이 생산을 개시하는 시기의 차이로 정의할 수 있다. 이는 기술시차설(technology gap theory)이라고 할 수도 있다. 이때, 만일 양국이 서로 다른 산업에서 혁신과 모방을 한다고 하면, 쌍방간 무역이 성립하게 된다.

후프바우어는 포스너의 이론을 발전시켜 기술이 확산되는 과정에서의 무역패턴을 연구함으로써 제품수명주기설에 가까운 무역이론을 발전시키고 있다. 그에 의하면 일반적으로 기술선진국은 고임금국가이므로 기술이 확산됨에 따라 저임금국가로 비교우위가 이전하게 되고 무역패턴은 처음에는 기술갭에 의한 무역이었다가 후에는 저임금에 의한 무역의 패턴으로 변화한다고 설명하고 있다.

6. 제품수명주기설

동태적으로 비교우위가 변하며 무역이 이루어지는 것을 잘 설명하는 이론이 제품수명주기설(product life cycle theory)이다. 이에 따르면 한 제품의 수명주기는 개발 상품, 성숙 상품, 표준화 상품의 세 단계로 이루어지고, 각 단계마다 이 제품 생산에 필요한 생산요소의 투입이 변동하고, 이에 따라서 생산국도 변동한다는 것이다.

이러한 이론은 많은 제조업 제품들에 적용될 수 있다. 어떤 제품의 개발 단계에서는 고도기술을 가진 고급 노동력에 의해서 소규모로 실험적으로 생산되며 일단 개발이 성공하면 높은 소득의 소비자들을 상대로 하는 소규모 생산이 이루어진다. 이 단계에서는 제품 개발 선진국만 이 제품을 생산하여 수출한다.

성숙 단계에서는 시장 수요가 커짐에 따라서 생산도 증가하게 된다. 그리고 고도기술보다 자본이 더 필요하게 된다. 제품 개발 선진국뿐 아니라 다른 선진국들도 개발비용을 별로 들이지 않고 이 제품을 개발하여 생산하게 됨에 따라서 세계 시장에서 제품 개발 선진국과 다른 선진국들 사이의 경쟁이 점차 심화된다. 이 단계에서는 이 제품이 차차 대량 생산됨에 따라서 노동 비용이 제품 개발 선진국보다 상대적으로 더 저렴한 여타 선진국들이 점차 국제 경쟁력을 갖게 된다.

표준화 단계에서는 제품 생산기술이 전 세계적으로 표준화되어 대량 생산을 할 수 있게 되고 대량 소비가 이루어진다. 제품 생산은 노동집약적으로 되어 임금이 저렴한 개발도상국에서 이루어지는데, 개도국 자체의 자본뿐 아니라 해외 차입 또는 다국적 기업의 개도국으로의 해외 직접 투자 등에 의해 자본이 조달된다. 이때 원래의 제품 개발 선진국은 오히려 생산을 중단하고, 이들 개도국으로부터 수입하고, 여타 선진국들도 점차 생산을 줄이고 수입한다.

각 단계별로 나누어 보면, 요소 부존도에 따라서 무역의 방향이 결정되므로 헥셔-올린의 비교우위론을 단계별로 적용할 수 있다. 즉, 개발 단계에서는 고도기술 및 자본풍부국이, 성숙 단계에서는 자본풍부국이, 표준화 단계에서는 노동풍부국이 각각 비교우위를 가진다.

한편 한 산업 내에서도 여러 업종으로 세분할 수 있는데, 이들 여러 업종에서 제품 개발이 계속하여 행해지고, 제품수명주기론이 적용될 수 있으면, 이로부터 이른바 산업내 무역(intra-industry trade)의 현상이 나타나게 된다.

7. 제품수명주기설과 모방시차설과의 차이

제품수명주기설에 의한 무역이론은 모방시차설을 한 단계 발전시켜 정교하게 만든 것이라고 할 수 있다. 본래 포스너의 이론은 경제환경이 비슷한 선진국간의 무역을 설명하기 위한 것이었으나, 후프바우어는 이를 선진국과 저임금국간의 무역에 적용하여 기술갭에 의한 무역과 저임금에 의한 무역으로 발전시켰고 제품수명주기설은 이를 더욱 발전시킨 것이다. 기술갭이론에서는 어떤 특정한 국가에서 혁신이 발생하는 원인에 대한 설명을 하고 있지 않으며, 혁신국 내에 생산이 입지하는 이유에 대한 언급이 없다. 또한 동태적인 분석을 하고 있지 못하다.

1. 의의

이상에서 보듯이 기술이 전파됨에 따라 재화가 어느 국가에서 다른 국가로 수출되는 패턴을 설명할 수 있다. 일반적으로는, 신기술이 필요한 제품들의 무역을 설명하는데 이러한 설명이 유효할 것으로 보인다. 버논(Vernon)의 연구에 의하면, 제2차 세계대전 후 20~30년간은 미국의 무역과 해외직접투자에서 설명력이 높았으나, 경제환경이 변함에 따라 최근에는 설명력에 제한이 있다고 말하고 있다.

첫째로, 현대 경제에서는 미국의 다국적기업에서 기술혁신이 발생해도, 해외에 많은 자회사를 가지고 있어 해외의 정보에 밝기 때문에 곧바로 해외에서 생산입지를 정하는 경우가 많다. 이러한 요인으로 제품의 수명주기가 짧아지게 되었으며 국가 사이의 생산입지패턴이 적용되지 않는다. 둘째로, 미국과 다른 선진국과의 소득수준 차이가 작아지고, 이에 따라 수요패턴이 비슷해짐에 따라 꼭 미국에서부터 생산을 시작할 필요가 없게 되었다. 또 기술혁신이나 새로운 기술개발이 한 국가를 중심으로 퍼져 나간다기보다는 동시다발적으로 발생하고 있다.

이러한 점에서는 선진국간의 무역에서는 이 이론의 중요성이 상대적으로 작아지고 있다. 하지만 아직도 선진국과 개도국과의 사이에서의 무역에 대해서는 이 이론에 의한 추세가 남아 있다고 볼 수 있을 것이다.

8. 대표수요이론

린더(Linder)는 공산품의 무역형태는 주로 대표수요이론으로 설명될 수 있다고 보고 있다. 다음의 두 명제를 생각해보자. 첫째, 국내시장이 존재하는 상품이 수출 가능하다. 둘째, 국민소득에 의해서 국내시장의 크기가 결정된다. 즉, 어떤 상품이 수출되기 위해서는 먼저 국내에서 생산이 이루어져야 하는데, 국내수요가 충분히 있어야만 생산이 가능할 것이다. 그래야만 국내에서 상당한 크기의 시장을 형성하고 생산이 가능하며 생산비용도 낮아지고 수출도 가능한 것이다. 즉, 대표수요가 있는 상품이 수출된다. 그런데 소득수준이 비슷한 나라들이 수요형태도 비슷하므로 그 나라들에 수출도 가능하다. 따라서 무역은 소득수준이 비슷한 나라사이에서 잘 이루어진다.

이 이론에 의하면, 현대 세계에서 소득이 비슷한 선진국 사이에서 무역량이 많은 것을 설명할 수 있다. 헥셔-올린이론에 의하면 자본부존도 차이가 큰 국가 사이에서 무역이 잘 일어나야 하고 요소부존도가 비슷한 경제 사이에는 무역이 잘 발생하지 않아야 하는데, 현실에서는 오히려 요소부존도가 비슷하다고 보여지는 국가들, 즉 소득수준이 비슷한 국가들 사이에서 무역량이 큰 것을 볼 수 있다. 이는 린더의 대표수요이론을 적용하여도 설명할 수 있다. 또 산업내 무역현상을 설명하는 데도 이용될 수 있으며, 주로 선진국간 제조업분야의 무역을 설명하는 데 대표수요설이 유용하다고 믿어지고 있다.

9. 중력모형

중력모형에서는 두 국가간의 무역량을 두 국가간의 거리와 국민소득으로 설명하고 있다. 두 나라 사이의 무역량은 두 국가 사이의 거리가 가까울수록 커지고, 두 국가의 경제규모가 클수록 커진다는 것이다. 예를 들면, 첫째로, 미국과 멕시코, 혹은 한국과 일본처럼 거리가 가까운 국가들 사이에는 무역이 활발히 발생하게 되며, 둘째로, 국민소득이 큰 국가일수록 무역을 많이 할 것이다. 셋째로, 수요라는 측면에서 생각해보면 무역상대국 사이에 국민소득 수준이 비슷할수록 무역이 커질 것이다. 그런데 분석모형의 형태가 물리학의 중력법칙과 유사한 형태를 띠고 있다는 점에서 중력모형(gravity theory)이라고 한다.

중력모형은 이론모형에 근거한 것이 아니라 쌍무무역에 대한 실증분석의 방법으로 틴베르헨(Tinbergen, 1962)과 포이호넨(Poyhonen, 1963)에 의해 개발되었다. 실제로 이 모형에 의하여

$$\text{무역액} = \beta_1(\text{국민소득 크기}) + \beta_2(\text{국민소득 차이}) + \beta_3(\text{거리}) + \cdots\cdots$$

라는 식을 이용하여 80개 국가를 선정하여 무역의 흐름을 검증해본 결과, R^2가 80%를 넘어서, 중력모형이 무역의 흐름을 잘 설명하고 있음을 보여주고 있다.

중력모형은 국제무역에서 나타나는 현상을 비교적 잘 설명하고 있다. 하지만, 중력모형은 새로운 이론이라기보다는 실증분석을 위한 모형으로 이해하는 것이 나을 것이다. 이러한 중력모형은 경제통합이론에서 응용되고 있다. 즉, EEC의 무역에 대한 연구과정에서 이 이론이 나왔으며, 이에 의하면, 중력모형에서 일정수준 이상의 무역액이 나오는 국가들끼리 경제통합을 하게 된다는 것이다. 또한 한국의 경우에는 미국이나 유럽 등과 같이 거리가 먼 국가들과 무역이 많이 이루어져 왔는데, 최근 동남아, 중국 등과의 무역액이 급격히 커지는 것도 중력모형으로 설명할 수 있을 것이다.

✤ 연습문제

1. 산업내 무역이론에 대하여 논하시오.

제6장

무역과 경제성장

1. 경제성장의 의의
2. 경제성장과 무역 · 생산의 형태
3. 기술진보와 국제무역
4. 자유무역과 경제성장

1. 경제성장의 의미와 요인

경제성장은 경제내에서 생산하는 재화들의 생산량이 증가하는 것을 의미한다. 이는 생산가능곡선이 바깥쪽으로 확장되는 것으로 나타난다. 일반적으로 무역이론에서는 생산요소의 부존량이나 기술수준이 고정되어 있다고 보지만, 경제성장이나 경제발전을 논의할 때는 시간의 변화를 고려해야 하기 때문에 생산요소의 부존량이나 기술수준 등도 변화하는 것을 고려하여 생각하게 된다. 시간의 흐름을 무시하고 한 시점에서 분석하는 것을 정태분석(static analysis)이라고 하고 시간의 흐름을 고려하는 것을 동태분석(dynamic analysis)이라고 한다. 이에 따라 무역의 이익은 정태적 무역의 이익과 동태적 무역의 이익으로 나누어 생각할 수 있다. 전자는, 무역으로 인하여 자원이 효율적으로 배분되는 이익을 지칭하며, 후자는 무역이 경제성장에 도움을 주는 측면을 의미한다.

경제성장의 요인은 크게 두 가지로 나눌 수 있다. 첫째는 생산요소의 양이 증가하는 경우이고, 둘째는 기술수준이 상승하거나 효율성이 높아져서 생산성이 증가한 경우이다. 이 둘 중에서 역사적으로 보면, 전자보다는 후자가 경제성장에 큰 영향을 미치고 있다.

애덤 스미스에 의하면, 고대나 중세를 근대와 비교해보면, 전체 인구 중에서 직접노동에 참여하는 비중이 근대에 더 낮아졌지만 전체 국민의 1인당 소득은 오히려 늘어났다는 사실에서 확실히 이러한 것을 알 수 있다고 한다.

노벨상을 받은 경제학자인 솔로우(Robert Solow)는 미국의 1인당 소득 증가에 어떤 요인이 기여했는가를 측정한 바 있다. 그에 의하면, 1인당 소득 증가의 1/8은 자본투입이 증가한 데 기인하지만, 나머지 7/8은 기술진보 때문이라고 지적하고 있다. 솔로우는 이러한 나머지 부분을 총요소생산성(Total Factor Productivity : TFP)이라는 개념으로 설명하고 있다. 한편, 네루와 다레스워 교수의 연구에 따르면, 1960년부터 1988년까지의 세계주요국의 경제성장의 원인 중 24%가 물적투입요소의 증가에 의하여, 나머지 76%가 총요소생산성 증가에 의한 것이었다고 분석하고 있다. 이들 결과는 경제성장의 요인이 노동이나 자본축적

표 6-1 우리나라 제조업의 성장에 대한 기여도(1975~1993)

산 업	성 장 률						기 여 율	
	산출량	투 입 물				TFP	총투입	TFP
		총투입	노 동	자 본	중간재			
수출재산업	8.7	6.91	1.88	13.63	6.94	1.67	80.1	19.9
수입재산업	15.14	13.79	5.85	14.46	14.78	1.19	91.6	8.4

자료 : 김태기, 김갑용, 한국의 수출재산업과 수입재산업의 생산성비교, 『국제경제연구』, 1997, pp. 57~80.

등의 요소투입량 증가에도 기인하지만 전체 생산요소의 생산성 증가라는 요인이 매우 중요하다는 것을 잘 보여주고 있다.

크루그먼(Paul Krugman, 1994)은 이러한 개념을 이용하여 아시아의 경제성장에 대하여 분석하고 있다. 아시아는 1960년대 이후 급속한 경제성장을 이룩하여 왔는데, 그 요인을 분석해본 결과, 대부분의 아시아 경제는 생산요소의 투입량이 증가함으로써 경제가 성장하여 왔으며 총요소생산성은 거의 증가하지 않았다는 것이다. 특히 외국자본의 도입과 그 투자로부터의 노동고용의 증가가 경제성장의 견인차가 되어 온 것이다. 그러나 이러한 경제성장은 단기적으로 매우 효과적일 수 있지만 장기적으로는 한계에 부딪칠 수밖에 없다. 총요소생산성이 증가하는 형태로 경제성장이 되어야 지속적인 경제성장이 이루어질 수 있는데, 아시아 각국의 경우 요소투입량 증대를 통한 경제성장이 대부분이므로, 아시아 각국은 기술진보다 효율적인 자원이용 등에 힘을 써야 한다는 것이다. 이러한 주장은 많은 논란을 빚어왔으나, 1997년 이후 외환위기 등으로 아시아 경제가 어려움을 만남에 따라 많은 사람들이 인정하게 되었다.

우리나라의 제조업 중에서 수출부문과 수입부문의 성장에 관해서 분석한 한 연구원에 의하면, **[표 6-1]**에서 나타나듯이 우리나라의 성장률은 극히 일부분만이 총요소생산성의 증가에 의한 것임을 알 수 있다. 다만, 수출부문은 수입부문보다 총요소생산성의 기여도가 높다.

2. 경제성장과 무역 · 생산의 형태

경제성장의 두 요인을 정리하면, 생산요소의 투입량 증가와 기술진보라고 할 수 있다. 이 중에서 생산요소량의 증가가 생산패턴 및 무역에 미치는 영향은 립진스키정리(Rybsczynski theorem)로 설명된다. 한편, 어떤 재화의 생산에서 기술진보가 발생하면 생산이나 무역패턴이 변하게 되는데 그 결과도 생산요소가 축적되는 경우와 기본적으로 같다. 이하에서는 이 두 가지 요인과 그 효과에 대하여 차례대로 살펴본다.

1. 자본축적과 무역패턴

① 립진스키정리

헥셔-올린무역이론에서 한 생산요소량이 증가하면 "상품가격이 고정되어 있을 때, 어느 한 생산요소가 증가하면 그 증가된 요소를 집약적으로 사용하는 재화의 생산량은 증가하고 그 증가된 요소를 덜 집약적으로 사용하는 재화의 생산량은 감소한다"라는 립진스키정리가 성립한다.

예컨대, 우리나라 경제성장 과정에서 노동에 비해 자본이 급속히 증가하여 왔는데 이는 자본이 축적된 결과일 수도 있고 외국으로부터 자본이 유입된 결과이기도 하다. 어느 경우든, 자본집약재의 생산이 증가하고 노동집약재의 생산이 감소한다는 것이다. 또 이러한 생산변화로 인하여 자본집약재는 점차 수출재가 될 가능성이 커지게 된다. 이하에서는 자본량이 증가한 경우를 이용하여 설명하도록 한다.

② 립진스키정리의 설명

이제 이러한 립진스키정리의 내용을 분석해보자. X재는 자본집약재, Y재는 노동집약재라고 가정하고 있다. **[그림 6-1]**에서 보면, 본래는 생산가능곡선이 AB이었는데 자본이 축적되고 경제성장의 결과 생산가능곡선이 자본집약재인 X재 쪽으로 많이 확장된다고 하자. 경제성장 전에는 상대가격 P_1수준에서 가격비율이 생산가능곡선과 접하는 S점에서 생산되고 있었다. 그런데, 경제성장이 이루어진 후에는 새로운 생산가능곡선상의 어느 점에서 생산될까? 생산물의 상대가격이 불변

그림 6-1 **자본축적시 자본집약재 생산증가, 노동집약재 생산감소**

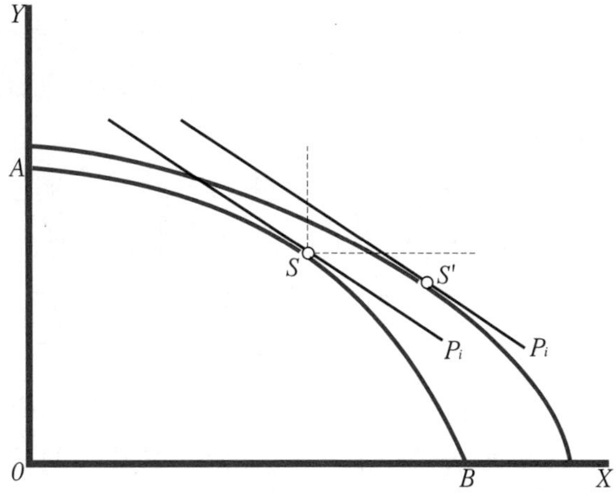

그림 6-2 **요소가격비율, 요소집약도를 통한 립진스키정리 설명**

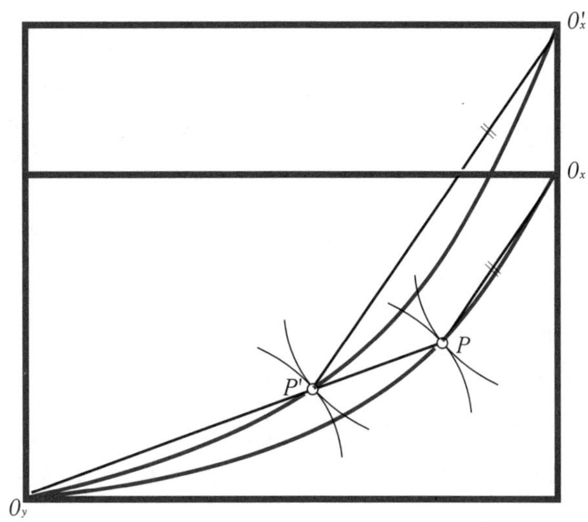

이라는 전제하에서는, 가격비율을 나타내는 선이 생산가능곡선에 접하기 위해서는 S'과 같이 X의 생산량은 늘고 Y의 생산량은 감소한 곳에서 생산될 수밖에 없다.

이러한 과정을 자세히 설명해보자. **[그림 6-2]**에서 본래의 에지워드박스는 $0_x 0_y$이며 자본량이 증가한 후에도 $0'_x 0_y$로 이루어져 있다. 굵은

선은 계약곡선이다. 자본량이 증가하기 전에는 본래의 계약곡선상의 어느 한 점인 P에서 생산이 이루어지고 있다고 하자. 이제 자본량이 증가하면 에지워드 상자의 길이가 위쪽으로 더 길어지고 새로운 계약곡선을 그릴 수 있다. 이제 새로운 계약곡선상의 한 점에서 생산이 이루어질 것이다.

헥셔-올린무역이론을 상기해보면, 상품가격과 요소가격비율, 요소집약도 사이에는 일대일 관계가 성립한다. 따라서, 만일 자본량이 증가하기 전이나 후에 상품가격비율이 일정하다고 가정하면, 요소집약도도 일정할 것이다. 따라서 양 산업에서 요소집약도가 자본축적 전과 동일한 상태에서 새로운 계약곡선상에서 생산하려면 P'와 같은 점에서 생산할 수밖에 없다. 즉 이 생산점은 $0_y P$선상에 있는 점이며, $0'_x P'$ 선은 $0_x P$선과 평행을 이루어야 한다.

이 점에서의 생산량을 생각해보자. 먼저, 노동집약재인 Y재는 생산점이 원점인 0_y쪽으로 이동하였으므로 생산이 감소한다. 자본집약재인 X재는 생산점이 새로운 원점에서 훨씬 더 멀어졌으므로 생산이 증가하는 것을 알 수 있다. 이 과정에서 Y재 산업으로부터 X재 산업으로 노동과 자본의 이동이 발생한다. 이로써 립진스키정리가 설명되었다.

왜 이러한 정리가 성립할 수밖에 없는가?

이 정리에서 상품가격 및 요소가격이 일정하다는 것은 성장 전과 후에 요소집약도가 같음을 의미한다. 만일 요소집약도가 변하면 요소들의 한계생산성이 변화하기 때문에 요소가격이 변화하게 되는 것이다. 그런데, 경제성장의 결과 자본량이 증대되었을 때, 이 자본증가분이 X재와 Y재 생산 모두에게 배분되어 투입되면 성장 이전의 요소집약도가 유지되지 못하고 두 산업에서 자본집약도가 커지게 될 것이다. 결국, 요소집약도가 그대로 유지되려면 축적된 자본은 모두 X재에 투입되어야 할 뿐 아니라 Y재 부문으로부터 노동을 일부 끌어와 X재 생산에 투입해야만 균형을 이룰 수 있는 것이다. 결국 X재는 생산이 증가하고, 노동과 자본이 유출된 Y재 산업에서는 생산이 감소한다. 이것이 립진스키정리가 성립하게 되는 이유이다.

표 6-2 우리나라 수출산업에서의 1인당 자본액

	1960	1966	1980
전 산 업	1.9	2.8	10.3
제 조 업	3.2	3.0	8.3

자료 : Hong, Wontack(1987), A Comparative static application of the Hecksher-Ohlin Model of Factor proportions: Korean experience, Welwirtschfliches Archiv, Band 123.

③ 립진스키정리와 무역의 형태

립진스키정리가 성립하여 X재의 생산량이 증가하고 Y재의 생산이 감소하면 이는 바로 무역패턴에 영향을 미칠 수 있다. X재의 생산량이 증가한다는 것은, 수요의 변화가 없는 한, 그 재화의 수출가능성이 커짐을 의미하고 Y재의 생산량이 감소한다는 것은 수입가능성이 커짐을 의미한다. 경제가 성장하고 자본이 축적되면 자본집약재의 수출가능성이 커짐을 알 수 있다. 무역패턴이 바뀌게 되는 것이다.

[표 6-2]에서는 이러한 상황을 보여준다. 표에서는 우리나라 수출산업의 경우 1960년도에 비하여 1980년도에는 자본집약도가 매우 커지고 있음을 알 수 있다.

④ 가격이 변할 수 있을 때의 균형

립진스키정리는 상품가격이 불변한다는 전제 하에서 도출되고 있다. 그러나, 이는 다음과 같은 특수한 경우에만 가능하다. 첫째, X재 생산이 증가하고 Y재 생산이 감소했을 때 이에 대한 수요도 생산변화에 맞추어 똑같이 변하는 경우, 둘째, 소규모개방경제(small open economy)이어서 이 나라의 경제성장이 국제가격에 아무런 영향을 미칠 수 없는 경우 등이다. 그러나 경제성장은 실질소득이 증가하는 것을 의미하고, 어느 특정 재화가 열등재가 아니고 정상재라면, 실질소득이 증가했을 때 모든 재화에 대한 수요가 증가하는 것이 일반적이다. 이 경우 재화의 가격은 다음과 같이 변할 것이다.

X재 생산이 증가하고 Y재는 생산이 감소함에 따라, X재 가격은 하락하고 Y재 가격은 상승할 것이다. 가격선이 **[그림 9-3]**의 ①선에서 ②의 선으로 변하게 되고, 이에 따라 생산점도 변하게 된다. 아마도 립진

그림 6-3 상품가격이 변할 수 있을 대의 최종 균형

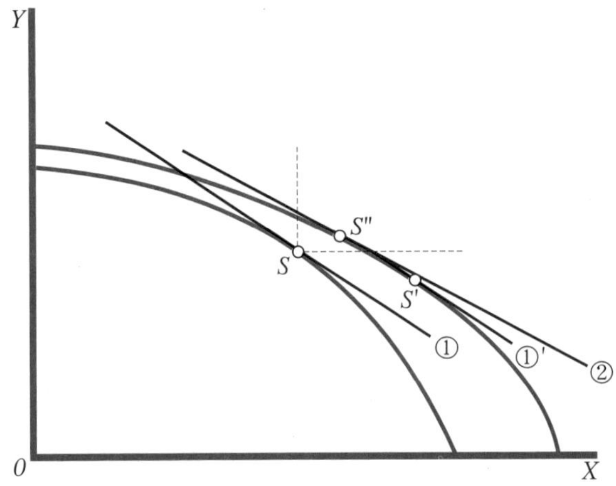

스키정리와는 달리 *X*재도 *Y*재도 모두 생산량이 증가하게 되는 것이 일반적인다(그림에서 *S*″점). 이러한 상태가 일반적인 균형점이라고 할 수 있다. 그러나 이 경우에도 노동집약재보다는 자본집약재의 생산구성이 더 커지는 것이 보통이고, 자본집약재 가격이 상대적으로 하락하므로 자본집약재 수출의 가능성이 커지는 것을 알 수 있다.

⑤ 경제성장에 따른 무역패턴의 변화 : 다재화모형

크루거(A. Krueger)는 요소집약도가 다른 여러 재화가 있어 각국들이 생산하여 수출입하고 있을 때의 무역패턴을 다음과 같이 설명한다. 자본이 풍부한 나라는 가장 자본집약적인 재화의 생산에 특화하여 수출하며, 가장 노동이 풍부한 나라는 가장 노동집약적인 재화생산에 특화하여 그 재화를 수출한다. 자본의 풍부성이 중간인 나라는, 자국보다 자본풍부국에 대해서는 그 나라로부터 수입하는 재화에 비해 노동집약재를 수출하고 자국보다 노동풍부국에 대해서는 그 나라에서 수입하는 재화에 비해 자본집약재를 수출한다.

자본부존도가 큰 순서대로 1, 2, 3국이 있고, 자본집약도가 높은 순서대로 A, B, C라는 재화가 있다고 해보자. 1국에서는 자본가격이 가장 낮을 것이므로 A재에 비교우위를 갖게 되므로 그 재화에 특화하게 될 것이다. 반대로 3국에서는 가장 자본집약도가 낮은 C재에 특화하게 된다. 중간의 자본부존도를 가진 2국은 B재화에 특화하게 된다. 그에 따라 1국은 A를 수출하고 다른 재화를 수입하게 될 것이므로 자본집약재를 수출하고 노동집약재를 수입하는 것이 되고, 3국은 그 반대로 수출품이 수입품보다 자본집약도가 작을 것이다. 2국은 1국과 3국에 B를 수출한대가로 1국으로부터는 A를 수입하고 3국으로부터는 C를 수입하게 될 것이다. 따라서 다국-다재의 모형에서도 헥셔-올린이론은 성립한다.

이러한 모형을 이용하여 어떤 국가에서 자본이 축적되고 자본부존도가 커짐에 따라 생산 및 무역패턴이 어떻게 변하는가를 설명할 수 있다. 즉, 자본이 축적되면, 점차로 자본집약도가 높은 제품에 특화하고 수출하는 형태로 바뀌게 된다. 또한 어떤 재화를 계속 생산·수출하고 있는 동안에도 자본이 축적됨에 따라 그 재화를 보다 자본집약적인 방법으로 생산한다.

예컨대, 노동풍부국이어서 C에 특화를 하던 국가를 생각해보자. 자본이 축적되면 처음에는 C를 계속 생산하고 수출하지만 점점 더 자본집약도가 높은 방법으로 생산이 이루어진다. 그러다가 자본부존도가 어느 수준 이상이 되면 B에 특화하여 수출하게 된다. 또 자본이 축적됨에 따라 B를 점점 더 자본집약도가 높은 방법으로 생산하다가 또 어느 수준이 되면 A생산으로 이전하게 되는 것이다.

3. 기술진보와 국제무역

1. 기술진보의 의미

기술진보는 같은 양의 요소투입으로 전보다 많은 양을 생산하게 되는 것을 의미한다. 이는 역사적으로 경제성장의 견인차가 되어왔다. 예컨대 애덤 스미스도 생산요소의 증가보다는 1인당 생산성의 증가가 경제성장에 중요한 요인임을 지적하고 있다.

기술진보가 무역에 미치는 영향은 무척이나 다양하며 이에 따른 이론들도 여러 가지가 있다(예컨대 제품수명기이론의 대표적임). 하지만 여

그림 6-4 기술진보의 세 가지 유형

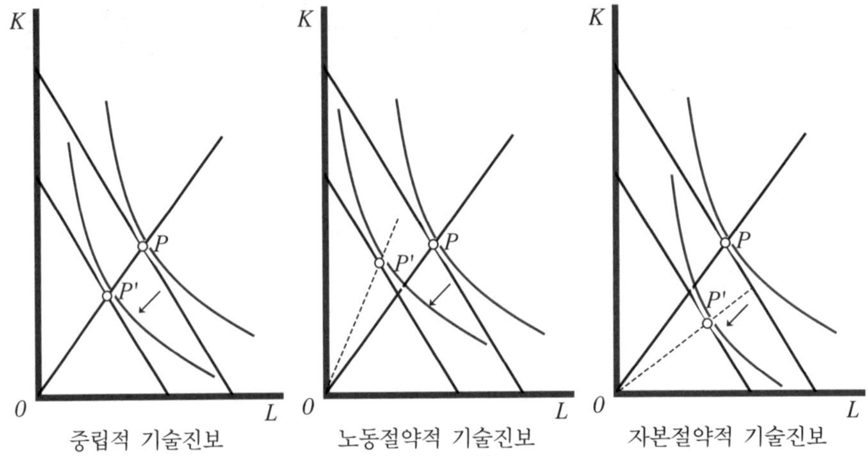

기에서는 헥셔-올린모형 내에서 기술진보의 형태에 따라 생산형태, 요소가격, 무역방향 등이 어떻게 달라지는가를 보도록 한다.

2. 기술진보의 유형

힉스(Hicks)에 의하면 기술진보는 다음의 유형들로 나눌 수 있다. 첫째, 중립적 기술진보(neutral technical progress)가 있다. 이는 기술진보가 발생하여도 노동과 자본의 상대적인 생산성에는 변화가 없고 따라서 등량선의 기울기가 변화하지 않는 경우이다. 따라서 요소가격비율이 변하지 않으면 자본과 노동의 투입비율에 아무런 변화가 없다. 둘째, 노동절약적 기술진보(labor-saving technical progress)는 자본의 한계생산성이 노동의 한계생산성에 비해서 더 큰 비율로 증가하는 경우의 기술진보이다. 이러한 경우 요소가격비율이 변화가 없을 경우에도 자본을 노동에 비해서 더 많이 투입하게 되는 결과를 가져온다. 이는 자본사용적 기술진보라고도 부른다. 셋째, 자본절약적 기술진보(capital-saving technical progress)는 노동의 한계생산성이 자본의 한계생산성에 비해서 더 큰 비율로 증가하는 경우이다. 이 경우 기술이 진보한 후에는 이전보다 노동을 자본에 비해서 더 많이 투입하게 되는 기술진보이며 노동사용적 기술진보라고도 부른다.

그림 6-5 자본집약재 생산에서 중립적 기술진보의 효과

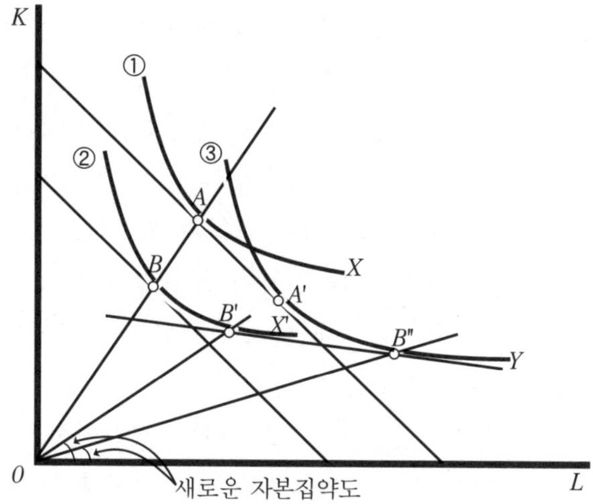

[그림 6-4]에 나타나고 있듯이, 기술진보가 발생하면 특정 생산량을 나타내는 등량선이 안쪽으로 이동하게 되며 생산점은 P에서 P'으로 변한다. 요소가격이 불변인 상태에서, 중립적 기술진보가 발생하면 새로운 생산점에서의 자본집약도는 기술진보가 발생하기 전과 같다. 노동절약적 기술진보가 발생하면 자본집약도가 커지며, 자본절약적 기술진보가 발생하면 자본집약도는 작아진다.

3. 중립적 기술진보의 효과 : 자본집약재 산업에서의 예

기술진보가 무역에 어떤 영향을 미치는가를 보기 위해 가장 간단한 경우인 중립적인 기술진보의 경우를 예를 들어 설명한다. 다른 유형의 기술진보의 경우에도 비슷한 방법으로 분석할 수 있다. 그런데 이 기술진보의 효과는 어느 산업에서 기술진보가 발생했느냐에 따라서 달라지므로 그 중의 한 예로서 자본집약재 산업에서 기술진보가 발생한 경우를 살펴보도록 한다.

① 자본집약도, 요소가격의 변화

[그림 6-5]에서는 X재와 Y재의 등량선이 ①과 ③으로 그려져 있으며, 각각은 '같은 가치'를 갖는 X재 및 Y재량을 표시한다고 해보자. 예컨

대 ①은 100원어치에 해당하는 X재의 양을 나타내고 ③은 Y재 100원어치에 해당하는 양을 나타낸다고 해 보자. ① ③은 같은 가치를 생산하므로 같은 비용으로 생산한다는 의미이며, 따라서 동일한 등비용선에 접하는 점에서 생산자균형이 이루어지고 있다. 기술진보가 발생하기 전에는 그림에서 X재는 A점에서 생산되고 Y재는 A'점에서 생산되는 것이다.

그림에서 X재가 자본집약재로 그려져 있는데, 이 산업에서 기술진보가 발생했다고 해보자. 기술진보가 X재 산업에서 발생하면, 그림에서 전과 똑같은 가치를 나타내는 X재 생산의 등량선이 원점쪽으로 이동하는 것으로 나타난다(즉, ① → ②). 중립적 기술진보를 상정하고 있으므로, 전과 동일한 요소가격비율에서는, 원점에서 그은 하나의 직선(방선이라고 함) 상에서 등량선의 기울기가 같도록 그려져 있다. 즉, B점에서 새로운 등량선이 본래의 요소가격 비율을 나타내는 선과 접한다.

기술진보의 결과, 새로운 균형점은 어디인가? X재에서의 새로운 등량선 ②와 Y재의 등량선 ③은 같은 가치물을 생산하므로 같은 등비용선상에 있어야 한다. 이는 그림에서와 같이 요소가격비율이 전보다 더 편평하게 변하여 B점과 B'점에서 생산이 이루어지는 방법밖에 없다. 이 두 점은 각각 A점과 A'점에 비해 자본집약도가 낮은 점이다. 결국, 기술진보가 발생하기 전보다 두 재화 모두 자본집약도가 낮아진 상태에서 생산이 이루어지고 임금-임대료 비율은 전보다 낮아진 상태가 균형이 된다.

② 생산량의 변화

또한 이 상태에서는 X재의 생산량은 증가하고 Y재의 생산량은 감소한 상태가 되는데 이는 다음과 같이 설명될 수 있다. 기술진보가 발생하면, 같은 자원을 투입해도 더 많은 가치를 생산을 할 수 있게 되므로 X재 생산에서 요소의 생산성이 커지고 그에 따라 X재 산업에 고용되어 있는 요소에 대한 보수가 커진다. 이에 따라 Y재 산업으로부터 노동과 자본이 X재 산업으로 이동하게 된다. 그 결과 기술진보가 발생한 분야에서는 생산량이 증가하고 다른 분야에서는 오히려 생산량이 감소하게 되는 것이다. 이는 립진스키정리에서와 그 효과가 같다. 이에

그림 6-6 **중립적 기술진보 발생시 생산량 변화**

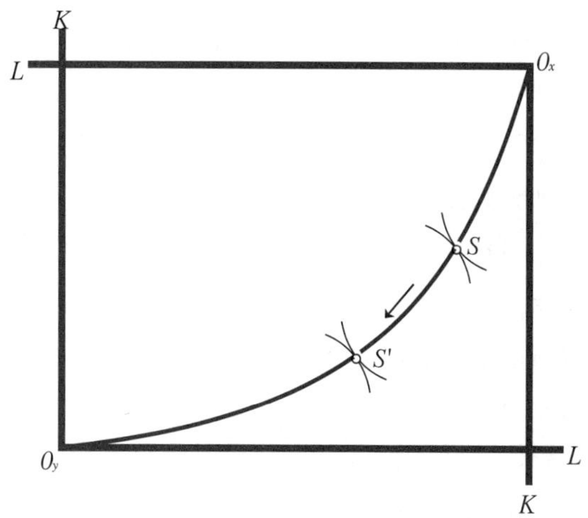

따라 무역패턴에 미치는 영향도 립진스키정리에서와 매우 비슷하다. 즉, 기술진보가 발생한 분야의 수출이 증가될 가능성이 커진다.

이는 **[그림 6-6]**에서 생산점이 S에서 S'으로 이동하는 것으로 나타난다. 먼저, Y재를 생각해보면, 생산점이 0_y쪽으로 이동했으므로 Y재 생산은 감소하는 것을 알 수 있다. X재의 경우에는, 생산점이 원점에서 더 멀어졌을 뿐 아니라, 기술진보의 결과 같은 위치에 있는 등량선은 전보다 더 많은 생산량을 나타내는 것이므로, S'는 X재 생산량이 확실히 증가한 점이 된다.

③ 가격변화가 가능한 경우

지금까지는 재화의 상대가격에 변화가 없다고 상정했으나 만일 가격이 변할 수 있다면 어떻게 되겠는가? 두 재화가 어느 것도 열등재는 아니라고 하면, 기술진보로 소득이 증가함에 따라 두 재화 모두에 대해서 수요가 증가하는 것이 일반적일 것이다. 따라서 기술진보로 인해 X재 생산량이 증가하고 Y재 생산량이 감소하게 되면 P_x는 하락하고 P_y는 상승할 것이다. 따라서 기술진보가 수출재 산업에서 발생하고 있었다면 교역조건이 악화되는 것을 의미하고 수입재 산업에서 발생하고 있었다면 교역조건이 개선됨을 의미한다. 또한 가격변화의 결과 최종적으로는 X, Y재 모두 생산이 증가하는 것이 일반적일 것이다. 그러나 이 경우에도 X재의 생산이 상대적으로 더 증가할 것이며 X재의 수출가능성이 여전히 크다. 이러한 내용은 앞 절에서의 내용과 거의 같다.

④ 다른 형태의 기술진보의 효과

중립적 기술진보가 아니고 자본절약적 혹은 노동절약적 기술진보 등의 편향적 기술진보가 발생한다고 해도 거의 유사한 방법으로 분석 가능하다. 단 이 경우에는 약간의 수정이 필요하다.

예컨대, 자본집약재 산업에서 노동절약적 기술진보가 발생했다고 해보자. 이 경우 자본집약재 산업에서 기술진보가 발생하면 이로 인해 경제 전체 내에서 자본에 대한 수요가 커지고 전보다 노동집약적 방법으로 생산하려는 유인이 있으므로 중립적 기술진보의 경우와 같이 자본가격 상승이 발생한다.

그런데 여기에 노동절약적 기술진보로 인하여 자본의 한계생산성이 더 커지는 요인이 있으므로 이 두 가지 요인(첫째, 자본집약재 산업에서 기술진보가 발생한다는 것과 둘째, 노동절약적 기술진보라는 사실)이 합해지면 자본에 대한 보수는 중립적 기술진보가 있을 때에 비하여 더욱 커질 것이다.

이때 자본집약도는 어떻게 될 것인가? 위의 첫번째 요인에 의해서는 자본집약도가 감소하고 둘째 요인에 의해서는 자본집약도가 증가하려는 요인이 있으므로 X재 산업의 경우 자본집약도는 어떻게 될지 알 수 없다. Y재 산업의 경우에는 첫번째 요인만 있고 두번째 요인은 없으므로 자본집약도가 하락할 것이다.

4. 자유무역과 경제성장

무역은 경제성장에 어떤 영향을 미칠 것인가? 이 문제에 대해 생각해 보기 위해 실제 경제에서 채택되었던 실례를 가지고 분석해 보도록 하자.

1. 외향적 성장정책과 내향적 성장정책

후진국이나 개도국의 경제발전 전략으로서 외향적 정책(outward looking policy)은 수출부문을 중심으로 성장을 추구하는 전략이며, 내향적 정책(inward looking policy)은 지금까지 수입에 의존하던 부분을 국내에서 생산하는 방식으로 성장을 추구하는 수입대체형 육성정책을 의미한다. 두 정책 모두 자유무역정책이라고는 할 수 없으나, 수입대체형 전략은 수입에 대한 규제가 좀더 심하고, 이에 비하여 수출중심의 정책이 세계시장을 향하고 잠재적 비교우위에 있는 산업을 육성하려는 정책이라는 점에서 무역의 확대를 지향한다고 할 수 있다.

1960년대 이후 아시아의 NICs 국가들과 중남미 국가들의 정책 수행 결과를 통하여 이 두 정책의 효과를 비교해 볼 수 있다. 외향적 정책을 수행한 국가들은 경제의 개방도가 매우 높고 경제성장률도 높음을 보여주며 내향적 전략을 택한 국가들은 그에 따라 개방도가 낮고 평균성장률도 낮다.

그러면 두 정책의 결과에 있어서 왜 이러한 차이가 나타나는가? 우리는 앞에서 언급한 자유무역이 성장에 미치는 영향으로부터 그 이유를 찾을 수 있다. 많은 연구들에서는 대체로 다음과 같은 요인들이 작용하기 때문에 자유무역을 하면 경제성장에 도움이 된다고 보고 있다.

첫째, 자유무역을 하면 무역의 이익을 얻을 수 있다. 즉, 자원의 효율적 배분을 통해 실질소득이 증가하며, 이 실질소득 증가로 저축이 증가하고 이를 통한 자본축적이 용이하다. 이 축적된 자본은 경제성장에 도움이 된다.

둘째, 자본축적은 국내저축뿐 아니라 해외저축으로부터 형성되기도 하는데, 무역은 국내저축을 해외저축으로 전환시키는 데 효율적인 수단이 된다. 국내자본의 형성을 위해서는 국내에서 자본재의 생산을 증가시키기 위해 소비재 생산을 감소시켜야 한다. 하지만, 만일 외국에서 자본재가 상대적으로 더 저렴하다면, 국내에서 소비재 생산을 감소시켜 자본재를 더 생산하려고 할 것이 아니라, 국내에서 소비재 생산을 증가시켜 소비재를 외국에 수출하고 자본재를 수입하게 되면 국내에서 직접 자본재를 생산하는 것보다 자본축적이 쉽다.

셋째, 무역은 교역국간의 교류를 통하여 새로운 수요를 창출해낸다.

무역을 하기 전에는 외국문물에 접할 기회가 적고 물질적 욕망이 잠재적으로만 존재하다가 무역을 함으로써 외국과의 접촉으로부터 그러한 욕망이 일깨워짐으로써 그간의 유휴자원이 활용될 수 있는 자극이 될 수 있다. 이는 앞에서 언급된 스미스와 민트의 잉여분출설(剩餘噴出說, vent for surplus theory)로 설명된다. 특히 유휴노동력이 있는 후진국의 경우 이러한 가능성이 크다.

넷째, 무역을 함으로써 시장이 확대되고 규모의 경제를 누릴 수 있게 되면 생산성이 증가하게 된다. 또한 무역을 하면 생산의 증대를 통하여 생산을 통한 학습효과(學習效果, learning by doing effect)의 효과가 무역 이전보다 더 크다. 즉, 무역은 생산요소의 생산성을 향상시킴으로써 경제성장을 가져온다.

다섯째, 무역을 하게 되면 선진국으로부터 발전된 생산방식이나 경영방식을 도입할 수 있게 하며 기술전파, 정보의 교류 등을 촉진시킨다. 또한 무역은 외부와의 접촉으로부터 얻을 수 있는 학습효과를 통해 인적자본 축적에 기여한다. 경제가 개방되면 선진국과의 교류가 커지고 우수한 인적자본과의 접촉을 통하여 개도국의 경제발전에 기여하는 것이다. 이는 다음의 내생적 성장이론에서 다시 설명한다.

여섯째, 무역을 하고 시장을 개방하면 외국기업과 경쟁해야 하기 때문에 국내기업들은 경쟁력증진을 위하여 노력할 수밖에 없다. 이러한 과정을 통하여 효율성이 증대되어 생산성이 향상되고 경제가 성장할 가능성이 커지게 된다.

이상의 내용 중 첫번째에서 세번째까지는 생산요소량의 증대에 무역이 기여하는 부분과 주로 관련되어 있고 나머지는 생산요소의 생산성 향상과 관련성이 깊다고 할 수 있다.

2. 무역과 내생적 성장이론

전통적인 경제성장이론에서는 외부에서 주어지는 기술수준의 상승이 경제성장의 주요인이라고 보았다. 하지만 이는 기술진보가 왜 발생하는가, 경제성장이 어떻게 지속되는가 등을 설명할 수 없었고 각 국가마다 왜 경제성장률이 다른가를 설명할 수 없었다. 그런데 1980년대 이후 내생적 성장이론(endogenous growth theory)이 나타나게 되었다.

이에 의하면, 일단 자본이 축적되면 이것이 연구개발투자 등 지식축적 분야에 사용되게 되고 이를 통해서 지속적인 경제성장이 가능하게 되며 이에 따라 각국 사이의 경제성장률이 차이가 난다. 즉 경제내부에서 성장요인이 발생하며 이것이 계속해서 경제를 성장시킨다는 것이다. 이때 경제성장률을 결정하는 것 중의 하나가 지식(혹은 지식자본 : knowledge capital이라고도 한다)이라는 요인이다. 지식이라는 생산요소의 경우에는 한계생산체감의 법칙이 성립하지 않고 오히려 한계생산력이 체증하는 경우가 많기 때문에 지속적인 성장에 도움이 된다.

무역을 하면 이러한 지식이라는 측면에서 성장에 큰 역할을 한다. 무엇보다도 무역을 함으로써 지식의 파급효과(spillover)가 커서 경제성장률이 높아진다. 또한 이미 개발된 기술을 국가간에 공유하는 효과를 갖게 되고, 새로운 기술개발에 대해서는 중복투자 지양 등을 통하여 R&D 투자의 효율성을 높일 수가 있다. 이들 요인을 통하여 교역상대국 모두에서 경제성장률이 높아지는 것이다.

3. 지식의 국가간 교역

위에서 설명한 바와 같이 경제성장에는 기술진보가 결정적인 역할을 하고 기술진보를 위해서는 지식습득이 절대적이다. 세계은행에서는 1998년도에 발간한 『세계경제개발보고서』에서 이를 강조하고 있으며, 지식습득을 위한 여섯 가지 방안을 제시하고 있다. 이를 간단히 요약해보자.

현재 전세계 연구개발(R&D) 투자와 과학 관련 출간물의 80%는 선진국에서 나온다. 현실적으로 볼 때 개발도상국은 이러한 선진지식을 습득하는 것이 지식격차를 줄이기 위한 최선의 방법이다. 개도국에게 있어 선진국은 '지식의 저수지'와 같다. 개도국은 이들 선진국의 '지식 저수지'에 파이프라인을 대어 그것을 활용할 수 있어야 한다. 세계은행이 지식의 습득을 위해 제시하는 방안은 다음과 같다.

첫째, 무역의 증대를 들 수 있다. 무역은 단지 상품과 서비스를 사고파는 것이 아니다. 무역은 상품과 서비스를 만드는 새로운 방법을 전해주는 효과적인 수단인 것이다. 동시에 무역 그 자체가 상당한 지식을 포함하고 있다. **[표 6-3]**에서 보다시피 전세계적으로 무역이 이루어

표 6-3 지식의 국가간 교역

(단위 : %)

	원자재	곡물, 원유 등	첨단기술	중급기술	저급기술	기타
1976년	32	11	11	22	11	1
1996년	13	11	22	32	18	4

자료 : 세계은행

지는 제품과 서비스 중에서 첨단기술 관련 상품과 서비스의 비중이 높아지고 있다. 1976년 첨단기술제품이 전체 교역에서 차지하는 비중은 11%였는데 1996년에는 22%로 높아졌다.

둘째, 외국인직접투자(FDI) 유치가 중요하다. 대규모 다국적기업이 혁신을 주도하고 있기 때문이다. 예컨대 1990년부터 1996년 새롭게 인정된 특허 중 절반은 미국의 다국적기업에 의한 것이었다. 이들 다국적기업을 유치하느냐는 그들이 가진 지식을 얼마나 빨리, 또 얼마나 값싸게 흡수할 수 있느냐를 나타낸다. 외국인 투자유치는 기술이나 상표사용료(라이센싱이나 로열티)를 물지 않고 지식을 습득하는 효과가 있다(지난 1976년 라이센싱과 로열티의 규모는 전세계적으로 68억 달러였는데 1996년에는 600억 달러로 10배 가량 늘었다).

셋째, 여행과 이민을 장려할 필요가 있다. 다음 장에서 보다시피 여행과 이민은 인적자본 이동의 또다른 유형이다. 제2차 세계대전 이후 마샬플랜에 의거, 2만여 명의 유럽인들이 미국의 산업시설을 볼 기회를 가졌다. 이들은 이를 통해 미국의 산업을 체험했고 전후 복구에 활용할 수 있는 지식을 얻었다.

넷째, 정부의 지원 강화도 지식을 늘리는 역할을 한다. 예컨대, 경제성장 과정에서 한국 정부는 '저기술제품'에 주목했고 이러한 제품 생산을 위한 지식습득에 정부차원의 지원을 단행했다. 정부 스스로 기술도입계약을 체결하기도 했고 기업에 싼 이자로 자금을 빌려주기도 했다. 그런데 이러한 선택은 두 가지 결과를 가져왔다. 하나는 Learning by Doing의 효과를 누렸다는 점이며, 다른 하나는 첨단기술에 대한 애착을 줄였다는 점이다. 첫번째 결과는 당시의 한국 경제의 생산성을 높이는 데 기여했고 두번째 결과는 한국 경제 성장의 한계로 작용했다. 그럼에도 불구하고 한국 정부의 선택이 한국 경제의 성장을 가져오는 데 결정적 영향을 미쳤음은 부정할 수 없다.

다섯째, 국가전략을 수립할 필요가 있다. 정부가 국가경영전략 차원에서 지식창출과 습득, 전파를 위한 기구를 만드는 것은 경제성장을 위한 당연한 선택이다. 스스로 이러한 역할을 감당하기 어려울 경우 정부는 민간기업에 위임하기도 한다. 한국 정부가 재벌을 키운 것도 이러한 기능을 그들로 하여금 대신하게 하기 위한 것으로 볼 수 있다.

여섯째, 자체 지식을 창출하도록 노력해야 한다. 외부로부터의 지식 습득은 태생적으로 한계를 갖는다. 선진기술과의 '시차'를 받아들여야 하며 선진기술에 '의존'하여 활용해야 하기 때문이다. 따라서 선진국에 접근할 수는 있지만 선진국을 넘어서기는 힘들다. 이의 극복을 위해서는 자체 지식 창출이 결정적으로 필요하다.

✤ 연습문제

1. 국제무역을 통한 경제성장에 대하여 논하시오.

제3부

무역정책론

제7장

무역정책의 의의와 목표

1. 무역정책이란?

2. 무역정책의 근거와 타당성 : 개관

1. 무역정책이란?

전통적 무역이론에서 자유무역이 한 나라의 후생수준을 극대화시킬 수 있는 정책방안이라는 명제는 소득분배에 관한 정부의 기능과 자원배분에 대한 시장의 기능이 완전하다는 것을 전제로 하고 있다. 그러나 현실경제에서 이러한 전제조건이 항상 충족되리라는 보장은 없다. 어떤 나라에서건 정도의 차이는 있으나 재화시장과 요소시장에 각종 왜곡(distortions)이 존재하기 마련이다. 그 중 어떤 것은 내성적 왜곡(endogenous distortions)일 수도 있고, 어떤 것은 정책성 왜곡(policy-induced distortions)일 수도 있다. 여기서 내성적 왜곡이라 함은 외부경제성(externality)이나 독점 또는 과점적 시장구조와 같은 시장의 불완전성에 의해서 발생하는 왜곡을 말하며, 정책성 왜곡이라 함은 조세 및 금융정책, 그리고 갖가지 규제정책 등과 같이 어떤 특정 목적을 위해서 시행되는 정부의 정책에 의해서 부수적으로 초래되는 왜곡을 말한다.

이상과 같은 각종 왜곡이 존재하는 경우, 일반적으로 가격기구(price mechanism)에 의한 자원배분은 최적이 될 수 없으며, 후생수준을 극대화하기 위해서는 정부개입에 의한 해결방안이 요구된다. 이러한 경우 필요한 경제정책의 일환으로 무역정책이 고려될 수 있는데, 여기서 무역정책이라 함은 한 나라의 정부가 특정경제목적을 추구하기 위해서 수입, 수출 등의 무역행위에 개입함으로써 그 나라의 자원배분에 영향을 미치는 정책수단을 의미한다.

일반적으로 무역정책은 여러 가지 형태를 취할 수 있다. 수입에 대한 규제나 지원방식을 취할 수도 있고, 수출에 대한 규제나 지원방식을 취할 수도 있다. 어떤 방법에 의한 정부개입이든지 그 정책이 경제적 타당성을 갖기 위해서는 그 정책의 실시로 인해 그 나라의 자원이 좀더 효율적으로 배분되어 후생수준이 증대되어야 함은 물론이다. 또, 어떤 정책이 최적정책이 되기 위해서는 그 정책의 시행과정에서 새로운 왜곡을 초래함이 없이 존재하는 왜곡을 제거함으로써 자원의 최적배분을 가져올 수 있어야 할 것이다. 무역정책의 필요성이나 그 경제적 타당성은 바로 이러한 관점에서 분석되고 평가되어야 할 것이다.

그러면 무역정책의 수단과 효과에 대해서 구체적으로 논의하기 이

전에 본장에서는 우선 세계 여러 나라에서 널리 사용되고 있는 무역정책은 어떤 근거에서 사용되고 있는지, 또 그러한 무역정책이 과연 경제적 타당성을 갖고 있는지에 대해서 간단히 살펴보기로 하자.

2. 무역정책의 근거와 타당성 : 개관

1. 중상주의적 무역정책

역사적으로 볼 때 가장 오래된 무역정책의 근거로 중상주의 사상을 들 수 있을 것이다. 이 사상에 의하면 한 나라의 국부는 무역흑자를 통해서 해외로부터 들여올 수 있는 금, 은 등의 귀금속의 양에 의존하는 것으로 보았다. 따라서, 17세기경의 중상주의적 무역정책은 수입을 억제하고 수출을 장려하는 형태를 띠게 되었다. 그러나 이러한 정책은 소수의 국가에 단기적으로는 가능할지 모르나 장기적으로는 유지될 수도 없고 또 바람직하지도 못하다. 어떤 한 나라가 무역흑자를 낸다는 것은 반드시 무역상대국으로 하여금 무역적자를 내게 하는 것을 의미하고, 또 모든 나라가 무역정책에 의해서 무역흑자를 내려고 노력할 경우 그것은 무역전쟁을 유발하여 궁극적으로 무역의 축소를 가져오고 최악의 경우 폐쇄경제(autarky economy)의 상태로까지 이르게 할 가능성이 있는 것이다.

중상주의에서와 같은 목적 때문은 아니지만 근대에 와서도 간혹 국제수지를 개선하기 위해서 무역정책이 활용되는 경우가 있다. 특히, 국제수지의 적자로 허덕이는 나라에서는 수입규제와 수출장려를 통해서 이를 해결해 보려는 유혹에 빠질 가능성은 상당히 높다. 그러나 국제수지의 적자문제는 기본적으로 거시경제적 불균형의 문제인 데 비해서 무역정책은 개별산업 혹은 개별상품차원에서 사용되는 미시경제적 정책수단에 가깝기 때문에 국제수지문제를 무역정책으로 해결하고자 하는 것은 마치 미시적 정책수단으로 거시적 문제를 해결하려는 것과 같다고 하겠다. 더욱이 무역정책은 필연적으로 국내가격을 국제가격으로부터 이탈시키는 결과를 가져오기 때문에 막대한 경제적 비용을 수반하기 마련인데 이에 대해서는 제8장에서 자세히 다루게 될 것이다.

2. 유치산업보존론

① 유치산업이란?

아마도 유치산업보호론(infant industry argument)처럼 오랜 기간에 걸쳐 많은 국가에서 무역정책의 근거로 활용되어 온 이론도 없을 것이다. 특히, 제2차 세계대전 이후 공업화를 추구하였던 많은 개발도상국에서는 이 이론을 남용함으로써 오히려 공업화와 경제성장을 지연시키고 자원의 낭비를 초래한 국가도 적지 않다.

유치산업(幼稚産業)이란 개발초기에는 생산비용이 너무나 높기 때문에 국제경쟁력이 없으나 시간이 흐름에 따라 장래에는 경쟁력을 가질 수 있는 산업을 말한다. 이를 좀더 구체적으로 살펴보면 유치산업은 다음과 같은 4가지 특징을 가지고 있다. 첫째, 초기생산비가 기존의 외국기업과 비교하여 매우 높기 때문에 이 산업의 국제경쟁력을 확보하기 위해서는 시간이 필요하다. 둘째, 시간이 지나면서 이 산업은 효율적이 되어서 충분한 국제경쟁력을 확보할 수 있다. 셋째, 이 과정에서 이 산업은 후발기업 혹은 타산업에 외부경제효과를 발생시킨다. 그러므로 자유무역가격하에서는 어떤 사기업이 자발적으로 먼저 이 산업에 진입한다는 것은 사실상 불가능하다. 넷째, 그러나 사회・경제적 측면에서 볼 때 이 산업의 도입이 정당성을 갖기 때문에 이 산업의 생산비가 충분히 하락하여 국제경쟁력을 확보할 동안 일시적으로 정부에 의한 보호나 지원이 필요하다는 것이다.

위의 설명에서 알 수 있듯이 유치산업보호를 위해서 정부의 개입이 필요하다는 이론적 근거는 역시 이 산업이 생성되는 과정에서 일정기간에 걸쳐 발생하는 외부경제효과에 있다고 볼 수 있으며, 이러한 '동태적' 외부경제효과가 이 산업을 보호하기 위해서 그 사회가 부담해야 하는 경제적 비용보다 클 때 유치산업보호론이 설득력을 갖는다고 볼 수 있다.

② 유치산업보호론의 문제점

그러나 이러한 이론을 적용해서 유치산업을 선정하고 무역정책에 의한 적절한 지원책을 마련한다는 것은 현실적으로 지극히 어려운 일이다. 그 이유를 구체적으로 살펴보면 다음과 같다. 첫째, 동태적 외부경제효과가 어떤 원인에 의해서 얼마만큼이나 발생하게 되는 것인지를 정확하게 규명한다는 것은 매우 어려운 일이다. 둘째, 설사 이러한 외부경제효과의 원인과 효과가 규명되었다고 하더라도 이에 대한 적절한 대책은 무역정책이 아니라 보조금정책이라는 것이다. 이 문제에 대해서는 후에 본서의 제9장 1절에서 좀더 자세히 논의하게 될 것이다.

아무튼 현실적으로 유치산업보호를 위해서 가장 흔하게 사용된 정책수단은 관세 및 기타 수입규제방법에 의한 무역정책이었다. 즉, 일반적으로 그 산업이 생존해 나갈수 있을 만큼 충분한 무역장벽을 설치해 주는 것이었다. 이러한 유치산업보호론의 무분별한 사용은 실제로 전후 많은 개발도상국에서 막대한 경제적 피해를 가져오기도 하였다. 특히, 높은 무역장벽하에서 협소한 국내시장을 대상으로 형성된 독과점기업들은 상당한 시간이 지나도록 국제경쟁력을 확보하지 못한 채 영구적인 유치산업(permanent infant industry)으로 남게 되어 극심한 자원의 낭비를 초래하는 경우가 많았다.

3. 교역조건의 개선 : 최적관세론

① 교역조건과 사회후생수준

경제규모가 큰 대국인 경우 국제시장에서 그 나라가 수입 또는 수출하는 상품의 가격결정에 어느 정도의 영향력을 갖게 되는 경우가 있다. 그것은 그 나라의 수입량이나 수출량이 국제시장거래에서 차지하는 비중이 높을 때 가능하다. 이러한 경우 이 나라는 수입규제를 통해서 수입량을 줄임으로써 수입상품의 국제 가격을 하락시키거나 수출규제를 통해서 수출량을 줄임으로써 수출상품의 국제가격을 상승시킬 수 있기 때문에 결국 적절한 무역정책을 통해서 자국의 교역조건(=수출상품의 가격/수입상품의 가격)을 자국에 유리하도록 조절할 수 있게 된다.

어떤 나라의 교역조건이 개선되면 그것은 그 나라의 사회후생수준을 향상시키는 역할을 한다. 그것은 수입상품의 국제가격이 하락하면 같은 양의 수출로 더 많은 양의 수입상품을 사올 수가 있고, 또 수출상품의 국제가격이 상승하면 같은 양의 수입상품을 사오기 위해서 더 적은 양의 수출이 필요하게 되기 때문이다. 그러나 수입규제나 수출규제에 의해서 자국의 교역조건을 개선시키는 경우 그것은 필연적으로 무역량의 감소를 가져오게 되고 이로 인한 사회후생의 감소가 뒤따르게 된다. 따라서, 비록 수입규제나 수출규제와 같은 무역정책에 의해서 교역조건이 개선될 수 있다고 하더라도 그러한 정책의 사용강도에 따라서는 그 나라의 사회후생이 궁극적으로 향상될 수도 있고 또는 하락할 수도 있다. 다시 말하면, 수입규제나 수출규제에 의한 교역조건의 개선에 따르는 사회후생의 증가와 무역축소에 따른 사회후생의 감소의 상대적 크기에 따라서 그 나라의 사회후생변화가 결정될 것이다.

② 최적관세율

어떤 나라가 수입관세율을 통해서 자국의 교역조건을 개선시키고자 하는 경우 어떤 특정한 관세율에서 그 나라의 사회후생이 극대화되는데, 바로 이 관세율을 우리는 최적관세율이라 부른다. 이에 대한 자세한 논의는 본서의 제9장 2절에서 하게 될 것이다. 다만, 여기서는 무역정책이 교역조건에 영향을 미칠 수 있는 경우 자국의 이익을 위해서 그것이 활용될 수 있다는 점을 설명하고자 하는 것이다.

그러나 어떤 나라가 위와 같은 최적관세이론을 활용하여 현실적으로 자국의 이익을 추구한다는 것은 일반적으로 지극히 어려운 일이다. 이것은 한 나라가 무역정책에 의해서 자국에 유리하게 교역조건을 개선시키는 경우에 교역상대국은 필연적으로 교역조건의 악화와 무역규모의 축소에 따른 사회후생의 감소를 감수하여야 하기 때문이다. 따라서, 교역대상국도 대국인 경우에 바로 보복관세로 대응하여 무역전쟁(trade war)을 일으키는 원인이 될 수 있다. 또 대부분의 선진국들은 이미 GATT에 관세양허(tariff concessions)[1]를 해놓고 있는 상태이므로 특별한 경우를 제외하고는 임의로 수입관세를 올리거나 새로운 수입규제를 하지 못하도록 되어 있다. 현재 OPEC가 자율적인 수출량 규제를 통해서 석유의 수출가격을 일정수준에 유지하고 있는 것은 예외적인

1) 관세의 양허란 GATT의 다자간관세협상에서 어떤 나라가 특정품목의 관세인하에 대해서 합의한 후 그 품목에 대한 관세는 합의된 수준을 초과해서 부과하지 않는다는 것을 체약국단(contracting parties)에 약속하는 것을 말한다.

경우라 할 수 있다.

4. 불완전한 국제시장구조 : 전략적 무역정책

① 전략적 무역정책이란?

일반적으로 국제시장은 그 규모가 크기 때문에 완전경쟁력 시장구조를 갖는 것으로 가정하는 것이 보통이다. 그러나 산업에 따라서는 몇 개의 대규모기업이 세계수요를 효과적으로 충족시키는 경우도 없지 않다. 특수한 군수장비나 인공위성, 항공기 등이 바로 이러한 범주에 속한다고 볼 수 있다. 이러한 경우 세계시장이 독과점적 구조를 갖게 되어 여기에 참여하는 기업은 초과이윤을 향유하게 될 가능성이 매우 높다. 문제는 어느 나라의 기업이 이러한 초과이윤을 누리게 되는가, 그리고 이를 위해서 정부가 개입할 여지가 있지 않는가 하는 점이다.

이론적인 면에서 볼 때 경우에 따라서는 정부가 전략적으로 수출보조금이나 수입규제정책을 적절히 활용하여 타국의 기업에 돌아갈 초과이윤을 자국의 기업으로 돌아오게 할 수 있다. 즉, 전략적 무역정책(strategic trade policy)에 의해서 자국기업이 선발기업이 되도록 하거나 또는 타국의 기업이 경쟁에서 도태되도록 할 수 있는 것이다. 이때에 만약 자국기업이 가져올 수 있는 초과이윤이 무역정책에 따르는 경제적 비용을 상회하여 자국의 사회후생이 향상될 수 있으면 이러한 정책은 타당성을 가질 수도 있다.

② 전략적 무역정책의 문제점

그러나 위와 같은 전략적 무역정책을 실제로 활용하는 데에는 다음과 같은 많은 문제점이 있다. 첫째, 한 나라 정부가 이러한 정책을 효과적으로 사용하기 위해서는 거의 불가능에 가까울 정도로 방대한 정보를 필요로 한다. 즉, 국내외 기업에 대한 정보는 물론 시장구조에 대한 완벽한 모형이 필요하다. 둘째, 설사 이러한 정보의 수집이 가능하다 할지라도 이러한 전략적 무역정책의 사용은 반드시 경쟁국의 희생을 대가로 해서 성공할 수 있는 것이기 때문에 보복의 위험이 뒤따른다. 즉, 보조금전쟁이나 무역전쟁으로 확대될 가능성이 매우 높다. 이러한 경우 모두가 손해를 보게 됨은 명확하다. 끝으로, 현행 GATT 규정에 의하면 특정사업에 전략적으로 지급되는 모든 생산보조금과 수출보조금은 전면적으로 금지되고 있다. 이러한 현실적 어려움에도 불구하고 각국의 정부는 자국의 군수산업 또는 특정산업의 개발과 육성을 위해서 어느 정도의 정책적 지원을 하고 있는 것이 현실이다. 하지만 그러한 정책들의 경제적 효과가 잘 밝혀져 있는 상태는 아니다.

5. 조세수입

관세가 정부의 조세수입을 위한 하나의 수단으로 사용된 것은 소득세보다도 더 오랜 역사를 갖고 있다. 그러나 조세수입원으로서 관세는 소득세에 비해서 열등한 수단이라고 할 수 있다. 왜냐하면, 그것은 소득세는 가격중립적(price-neutral)인 데 비해서 관세는 필연적으로 가격왜곡(price distortion)을 수반하여 비효율적인 자원배분을 초래하기 때문이다. 즉, 관세는 수입경쟁상품의 국내가격을 국제가격보다 높임으로써 그 상품의 소비와 소비자잉여의 감소를 초래할 뿐 아니라 생산면에 있어서도 비효율적인 부문으로 자원이 이동하게 되어 자원의 낭비가 발생하게 되는 것이다. 이에 대한 논의는 본서의 제8장 2절에서 좀더 자세히 하게 될 것이다.

이러한 이유 등으로 선진국 경제일수록 관세가 재정수입에서 차지하는 비율은 상당히 낮은 편이다. 즉, 1986년도 현재 관세의 재정기여율을 보면 일본이 1.9%, 미국이 1.4%를 각각 보여주고 있다. 한국은 1988년 현재 13.1%로 상당히 높은 수준에 있으나 앞으로 수입자유화의 진전과 더불어 크게 낮아질 전망이다.

6. 사양산업의 보호

① 사양산업보호의 필요성

한 나라에서 상대적으로 주어진 요소부존도가 변화하고 또 기술진보가 일어나면서 그 나라에서는 새로운 산업이 비교우위산업으로 등장하게 되고 기존산업 중 일부는 비교우위를 잃게 되어 사양화되기 마련이다. 이러한 현상은 어느 나라에서건 끊임없이 발생하는 하나의 지극히 자연스러운 경제적 현상이다.

그러나 한 나라의 산업구조가 비교우위의 변화에 따라 마찰없이 신속하고 순조롭게 조정되기란 그리 쉬운 일이 아니다. 구조조정이 쉽게 되기 위해서는 사양산업으로부터 유출되는 노동, 자본 등 생산요소가 순조롭게 비교우위산업(혹은 성장산업)으로 이동하여야 하는데 그것이 여의치 않은 경우가 많다. 예컨대, 사양화되고 있는 봉제업이나 농업에 종사하던 근로자가 재교육이나 재훈련과정을 거치지 않고 갑자기 자동차나 전자산업과 같은 성장산업으로 직업을 바꾼다는 것은 어려운 일이다. 또 자본의 경우, 특정산업에 특화되어 있는 경우가 많아 산업간 이동이 더욱 어렵다. 따라서 한 나라의 산업구조조정의 속도는 생산요소의 산업간 이동가능성과 새로운 투자기회의 확보 여부에 따라 크게 영향을 받는다고 볼 수 있다. 즉, 경제의 성장속도가 느리거나 정체되어 있는 나라일수록, 그리고 사양산업의 규모가 크고 지역적으로 편재되어 있을수록 구조조정에 더 많은 어려움이 따르리라는 것이다. 그것은 비교우위산업에 충분한 투자가 일어나기 전에 특정지역에 편중된 산업이 사양화되면 대량실업이 발생하여 사회적 불안을 초래할 수 있기 때문이다. 바로 이러한 이유 때문에 사양산업에 대한 일시적 구제조치의 한 방편으로 무역정책이 활용되기도 한다.

② 사양산업 보호정책의 문제점

그러나 무역정책에 의해서 사양산업을 보호하는 데에는 다음과 같은 여러 가지 문제점들이 따른다. 첫째, 수입규제에 의해서 사양산업이 보호되는 경우 그것이 구조조정을 원활하게 하기보다는 오히려 그것을 지연시켜 비능률적인 산업에 생산자원을 너무 오랫동안 묶어 둘 가능성이 있다. 수입규제를 도입하기는 쉽지만 일단 도입되면 기득권층이 형성되어 이를 다시 제거하는 데에는 강력한 조직적인 저항에 직면하게 되기 때문이다. 둘째, 비록 수입규제의 일시적 사용이 가능하다 하더라도 그것은 오로지 소비자의 희생 위에서만 가능하다. 자유무역에 비해서 소비자와 생산자가격을 모두 상승시켜 이를 기능적으로 보면 소비자에게 과세하여 생산자에게 보조금을 주는 것과 같기 때문이다.

끝으로, GATT와 같은 다자간협정에서도 사양산업보호를 위한 수입규제는 일반적으로 금지하고 있다. 다만, 특수한 경우 긴급수입제한조치(safeguard)가 허용되고 있으나 그 사용조건이 매우 까다롭다. 그러나 GATT는 노동자의 재교육이나 업종전환에 따르는 일시적 정부지원 등과 같은 구조조정을 위한 정책적 지원조치를 허용하고 있어 무역정책보다는 이러한 조치의 적극적 활용이 모색되어야 할 것이다.

7. 소비억제 및 생산목표

① 소비억제와 무역정책

우리는 개발도상국일수록 사치성 소비재에 대한 소비억제를 위해서 강력한 수입규제조치를 실시하고 있는 경우를 흔히 볼 수 있다. 이는 부유한 국가에서 특수계층에 속하는 소비자의 욕구를 충족시켜 주기 위해서 생산되는 소비재가 가난한 개발도상국에 수입됨으로써 발생하는 사회적 위화감과 자원의 낭비를 동시에 방지하기 위함이다. 그러나 수입규제에 의한 소비억제정책은 부작용이 뒤따르기 마련이다. 이는 국내소비자가격을 상승시켜 비록 국내소비는 감소하나, 국내 생산자가격도 동시에 상승시켜 그러한 소비재 산업의 수익성을 높여 줌으로써 귀중한 자원이 그러한 사치성 소비재를 생산하는 데로 유입될 가능성이 높기 때문이다. 이러한 부작용을 방지하기 위해서는 수입규제와 같은 무역정책을 사용하기보다는 특별소비세를 활용하여 세후 소비자가격을 상승시키고 생산자가격은 하락시켜 생산과 소비를 동시에 감소시키는 정책이 더욱 바람직할 것이다.

② 생산목표와 무역정책

한편, 선후진국을 막론하고 많은 국가에서는 특정산업에 대한 일정한 수준의 국내생산 목표량을 설정하는 경우가 있다. 대부분이 국가안보(national security)를 위한 전략적 상품으로 취급되는 경우이다. 한국에서도 쌀의 자급을 목표로 세운 바가 있고 일부 국가에서는 정유, 제출 및 조선산업에 그러한 목표량을 부여하는 경우가 있다. 그러나 생산목표의 달성을 위해서 수입규제와 같은 무역정책에 의존하는 경우에도 역시 부작용이 따른다. 이것은 관련 상품의 국내 생산자가격뿐 아니라 국내소비자가격도 상승시켜 국내소비자의 후생을 감소시키기 때문이다. 더욱이 이러한 상품이 다른 산업의 중간재로 사용되는 경우 그 산업의 국제경쟁력에도 치명적인 영향을 미친다. 따라서, 이러한 경우 무역정책보다는 생산보조금을 사용하는 것이 최소한 소비자후생에 미치는 부작용을 방지할 수 있다는 점에서 더 우월한 방법이라고 할 수 있다. 하지만 생산보조금정책도 현실적인 정책대안이 될 수는 없다. 왜냐하면 GATT 규칙에 위배되기 때문이다. 1992년 초 현재 우루과이 라운드협상에서 미국과 EC의 이해가 첨예하게 대립되어 협상 자체가 지연되고 있는 것도 바로 농산물생산에 대한 보조금의 감축에 관한 이견 때문이라는 점을 감안할 때 앞으로 보조금에 대한 GATT의 규율은 더욱 강화될 전망이다. 따라서 특정산업에 대한 정부지원은 수입규제나 보조금정책보다는 그 산업이 필요로 하는 연구개발활동이나 인력개발 등에 대한 간접적 지원을 강화함으로써 그 산업의 국제경쟁력을 제고시키는 방법 등이 모색되어야 할 것이다.

8. 수출진흥

앞에서 살펴본 바와 같이 수입규제정책은 여러 가지 목적하에서 사용된다. 그러나 그것들은 또 다른 공통적인 왜곡, 즉 정책성 왜곡(policy-induced distortions)을 수반한다. 다시 말해서 그것은 수입대체산업의 가격과 수익성을 높여 줌으로써 수출산업으로부터 수입대체산업으로의 자원의 이동을 가져와 결과적으로 무역의 축소와 아울러 사회후생의 감소를 가져오게 된다.

이러한 정책성 왜곡을 상쇄 또는 제거시켜 주는 방법으로 수출진흥정책이 사용되는 경우가 있다. 예컨대, 1960년을 전후로 한국, 대만을 비롯한 몇몇 개발도상국에서 사용하기 시작한 강력한 수출진흥정책은 바로 이러한 사례에 속한다고 하겠다. 이들 국가에서는 수입규제장벽을 제거하지 않은 채 강력한 금융 및 세제상의 혜택을 수출활동에 부여함으로써 수출산업에 상대적으로 불리하였던 여건을 상쇄시켜 주었던 것이다. 이러한 정책은 1980년대 초까지 계속되었다.

그러나 이들 국가들의 무역규모가 커지면서 정책금융에 의한 수출산업지원은 금융산업 자체에 대한 또 다른 왜곡을 초래하였을 뿐만 아니라, 1970년대 중반부터는 수출상품에 대한 금융세제상의 지원은 모두 미국을 비롯한 선진국들에 의한 상계관세조치의 대상이 되어 왔다.

또한 GATT의 규정에서도 수출보조금은 그 형태를 막론하고 사용을 금지하고 있다. 이러한 이유로 이들 국가에서는 1980년대를 통해서 수입자유화의 추진과 동시에 수출지원정책도 점진적으로 제거되었다.

✤ 연습문제

1. 무역정책의 의의와 목표 및 수단에 대하여 논하시오.

제8장

무역정책의 수단과 효과

1. 관세의 부분균형분석 : 소규모국가의 경우
2. 수량규제의 부분균형분석 : 소규모국가의 경우
3. 관세의 일반균형분석 : 소규모국가의 경우
4. 대규모국가에 대한 관세의 효과
5. 수출세의 효과분석 : 소규모국가의 경우
6. 수출보조금의 효과 : 소규모국가의 경우
7. 최근의 보호주의 수단 : 회색지대조치
8. 무역정책의 산업보호효과 : 명목보호율과 실효보호율

역사적으로 볼 때 모든 국가에서 가장 널리 사용되어 온 무역정책의 수단으로는 관세(tariff)와 수량규제(quantitative restrictions : QRS)를 들 수 있다. 관세란 교역되는 상품이 국경을 통과할 때 부과되는 조세(tax) 또는 징수금(duty)을 말하고, 수량규제란 수입상품이나 수출상품의 수량에 대해서 정부당국이 직접적으로 제한하는 것을 말한다.

이러한 전통적 무역정책수단 중 수량규제(QRS)는 1948년에 출범한 GATT 체제하에서 그 사용이 크게 제한되었고, 관세도 그 동안 여러 번에 걸친 다자간협상을 통하여 모든 국가에서 현저하게 하향 조정되었다. 더구나 대부분의 선진국에서는 관세양허를 하였기 때문에 한 번 하향 조정된 관세는 특별한 경우 이외에는 다시 올릴 수가 없게 되었다. 그 결과 세계경제는 제2차 세계대전 이후 1973년 1차 오일쇼크가 일어나기 전까지만 해도 역사상 유례없는 속도의 무역규모의 확대를 경험하였다.

그러나 1차 오일쇼크 이후 세계경제가 침체를 거듭하면서 미국을 비롯한 몇몇 선진국 내에서는 보호주의 압력이 크게 증대되었다. 하지만 GATT 체제하에서는 관세나 수량규제와 같은 전통적 수입규제수단의 사용이 여의치 못하였기 때문에 이들 나라에서는 갖가지 비관세장벽(non-tariff barriers : NTBs)에 의한 수단이 동원되었다. 그 대표적인 예로 소위 수출자율규제(voluntary export restraints : VERs), 시장질서유지협정(orderly market agreements : OMAs)과 같이 GATT 체제를 회피하여 무역당사국 간의 협상에 의한 수량규제가 있고, 반덤핑 및 상계관세(anti-dumping and countervailing duties)와 같이 GATT 체제에서 허용되는 수단이지만 이를 보호주의 수단으로 남용하는 경우가 있다. 그 밖에 행정규제, 복잡한 통관절차, 엄격한 안전 및 위생에 대한 검사제도, 그리고 심지어 수입품에 불리한 국내유통제도와 같은 비공식적인 비관세장벽(informal NTBS)이 있다.

한편, 수출규제의 수단으로는 수출세(export tax)나 수량규제가 흔히 사용되고 또 수출진흥을 위한 수단으로는 수출활동에 대한 보조금제도(export subsidy)가 널리 사용되어 왔다.

본장에서는 위와 같은 다양한 무역정책의 수단에 대해서 그 특성과 경제적 효과를 살펴보기로 하자.

1. 관세의 부분균형분석 : 소규모국가의 경우

1. 관세의 유형

일반적으로는 관세라 함은 수입품에 부과되는 조세인 수입관세(import tariff)를 의미하지만 수출품에 부과되는 수출관세(export tariff)도 있다. 수출관세(혹은 수출세)는 주로 1차산품을 수출하는 나라에서 그들의 재정수입의 증대 또는 그 상품의 국제가격의 인상을 목적으로 사용되는 경우가 간혹 있으나 그리 흔한 편은 아니다(예를 들어 미얀마의 쌀, 가나의 코코아, 브라질의 커피).

한편, 관세는 종가세(ad valorem duty), 종량세(specific duty) 그리고 복합세(compound duty)로 구분될 수 있는데 종가세는 수출입상품의 가격에 대해서 일정비율로 부과되는 것이고, 종량세는 수출입상품의 물량에 대해서 일정액으로 부과되는 것이며, 복합세는 종량세와 종가세의 혼합형태로 각각 부과되는 것이다. 예를 들어 수입상품에 대한 종가세가 10%일 경우 100달러의 수입상품에는 10달러의 수입세가 부과된다. 한편, 수입상품에 대한 종량세가 10달러일 경우 수입상품의 가격에 관계없이 수입상품 단위당 10달러의 관세가 부과된다.

2. 관세의 경제적 효과

수입재에 관세를 부과하면 수입재의 국내시장가격은 상승하게 된다. 그 결과 수입재의 국내소비와 수입은 감소하지만 국내생산은 증가한다. 더욱이 정부의 관세수입이 발생하고, 가격의 상승으로 인하여 국내소비자로부터 국내생산자에게로 소득의 재분배가 일어난다. 본절에서는 부분균형분석방법을 사용하여 이러한 관세의 경제적 효과에 대해서 좀더 자세히 살펴보기로 하자. 이를 위하여 우선 관세부과국이 소규모국가(small country), 즉 세계시장에서 가격순응자(price taker)인 경우를 가정하자. **[그림 8-1]**은 이러한 경우 관세의 효과를 제시하고 있다.

[그림 8-1]에서 D와 S는 각각 X재에 대한 국내수요 및 공급곡선을 표시하고 있다. 무역이 허용되기 전에는 수요곡선과 공급곡선이 서로 교차하는 점 E에서 균형을 이루게 되고 이때 X재의 생산은 X^e에서, 그리고 가격은 P_x^e에서 결정될 것이다. 또한 X재의 세계시장가격이 P_x^*

그림 8-1 **관세효과의 부분균형분석**

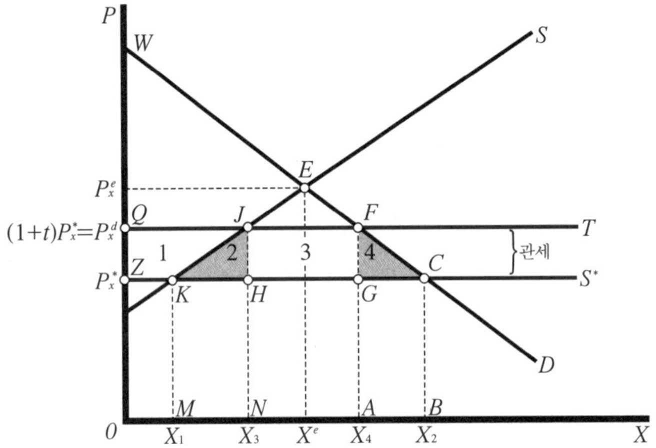

라면 세계공급곡선은 무한대의 공급탄력성을 가지는 직선 S^*가 될 것이고 자유무역하에서의 국내가격은 역시 P_x^*가 될 것이다. 따라서, 이 나라가 무역자유화를 하게 되면 X재의 국내소비는 X_2에서 하게 되고 국내생산은 X_1에서 하게 될 것이며 그 차이는 $MB(=X_2-X_1)$는 수입에 의존하게 될 것이다.

이때에 X재 수입에 대해서 t율의 관세를 부과하면 그것은 국내시장 가격을 P_x^*에서 $P_x^d(=P_x^*(1+t))$로 상승시킬 것이다. 즉, 이것은 **[그림 8-1]**에서 세계공급곡선 S^*를 T로, 즉 관세만큼 상방으로 이동시킬 것이다. 그 결과 X재의 국내소비는 X_2에서 X_4로 감소하게 되고, 국내생산은 X_1에서 X_3로 증가하게 된다. 따라서, X재의 수입은 $MB(=X_2-X_1)$에서 $NA(=X_4-X_3)$로 줄어들게 된다. 이를 재정리하면 다음과 같다.

(1) 소비효과(consumption effect) : 관세의 부과로 국내가격이 P_x^*에서 P_x^d로 상승하면 국내소비자는 그들의 소비를 X_2에서 X_4로 $AB(=X_2-X_4)$만큼 감소시키는데 우리는 이를 관세의 소비 효과라고 한다.

(2) 생산효과(production effect) : 관세의 결과로 가격이 P_x^*에서 P_x^d로 상승하게 되면 국내생산자들의 이윤은 증대한다. 따라서, X재의 국내생산은 X_1에서 X_3로 증가하게 된다. 즉, 관세는 국내의 생산자원을 다

른 산업으로부터 X재 산업으로 이전시키는 효과를 가져온다. 이러한 국내생산의 증가를 관세의 생산효과(또는 보호효과)라고 한다.

(3) 무역효과(trade effect) : 관세의 부과는 수입량을 $MB(=X_2-X_1)$에서 $NA(=X_4-X_3)$로 감소시킨다. 이러한 수입의 감소는 국내생산의 증가량$(=MN)$과 국내소비의 감소량$(=AB)$을 합친 것과 동일하다. 이와 같이 관세의 부과는 수입의 감소를 가져오는데 우리는 이를 무역효과라고 한다.

(4) 재정수입효과(revenue effect) : 관세부과로 정부는 사각형 $JFGH$에 해당하는 재정수입을 올리게 되는데 이는 X재 수입량 $NA(=X_4-X_3)$에 단위당 관세액$(=P_x^d-P_x^*)$를 곱한 면적이다.

(5) 소득재분배효과(redistribution effect) : 관세는 국내생산자와 소비자 가격을 동시에 인상시켜 생산자의 실질소득을 증대시키고 소비자의 실질소득을 감소시킨다. 이는 마치 정부가 소비자로부터 세금을 거두어 생산자에게 보조금을 주는 것과 같다. 이를 **[그림 8-1]**를 통해서 좀 더 살펴보면, 우선 자유무역하의 세계시장가격이 P_x^*일 때 소비자가 X_2의 X재를 소비하기 위해서 기꺼이 지불하려고 하는 금액은 수요곡선 밑의 면적 $0WCB$가 되나 실제로 소비자가 지불하는 금액은 $0ZCB(=P_x^* \cdot X_2)$가 되므로 삼각형 WCZ의 넓이는 소비자잉여(consumer surplus)가 된다. 관세의 부과로 가격이 P_x^*에서 P_x^d로 상승하면 소비자잉여는 삼각형 WFQ의 넓이로 줄어들어 가격상승으로 인한 소비자 잉여의 감소는 사다리꼴 $QFCZ$(=1+2+3+4의 면적)의 면적으로 나타난다. 이 중에서 사각형 $QJKZ$(면적 1)는 생산이 X_1에서 X_3로 증가함으로써 발생하는 생산자잉여의 형태로 국내 생산자에게 재분배되고, 사각형 $JFGH$(면적 3)는 정부의 관세수입으로 이전된다. 그러나 나머지 삼각형 JHK(면적 2)는 수입 가격을 초과하는 한계생산비(=공급곡선) 때문에 발생하는 자원의 순손실을 나타내고, 삼각형 FCG(면적 4)는 소비를 X_2에서 X_4로 줄임으로써 발생하는 소비자잉여의 순손실을 의미한다. 따라서, 면적 2와 면적 4는 관세부과로 인해서 사회가 감수해야 하는 사장된 순손실(deadweight loss)을 나타낸다. 또 이 순손실의 크기는 국내공급곡선이나 수요곡선이 탄력적이면 탄력적일수록 더욱 더 커진다는 것을 그림을 통해서 알 수 있을 것이다.

2. 수량규제의 부분균형적 분석 : 소규모국가의 경우

수량규제는 가장 중요한 비관세무역장벽의 하나이다. 이것은 수입상품과 수출상품의 양에 대해 직접적으로 그 수량을 제한하는 것이다. 수입상품에 대한 수량규제는 흔히 외국 경쟁기업으로부터 국내산업을 보호하기 위하여 많이 사용되는데 이로 인한 경제적 효과는 앞에서 살펴본 수입관세에서의 경우와 거의 비슷하지만 양자간에는 몇 가지 점에서 중요한 차이점이 존재한다. 어떠한 점에서 그런지 좀더 자세히 살펴보기로 하자.

1. 수입에 대한 수량규제의 경제적 효과

수입수량할당제 또는 수입쿼터(import quota)는 관세와 함께 가장 중요한 무역정책수단으로 사용된다. 관세가 수입재의 국내가격을 상승시킴으로써 간접적으로 수입을 제한하는 데 비해 수입쿼터는 수입재의 수량을 통제함으로써 직접적으로 수입을 제한하는 방법이다.

단순히 분석적인 면에서 볼 때 수입쿼터의 경제적 효과는 수입관세의 그것과 동일하게 나타난다. 이를 **[그림 8-2]**를 통해서 간단히 살펴보기로 하자. **[그림 8-2]**는 앞절의 수입관세의 효과분석을 위한 **[그림 8-2]**를 그대로 옮겨 놓은 것이다. 달라진 것은 수입쿼터의 부과로 인하여 공급곡선이 S에서 S'로 수입쿼터만큼 이동하였다는 점이다. 여기서 국내가격이 국제가격 P_x^*보다 낮을 경우는 수입이 없을 것이므로 공급곡선은 원래의 국내공급곡선과 일치하게 된다.

[그림 8-2]에서 볼 수 있는 바와 같이 만약 이 나라가 폐쇄경제하에 있었다면 이 나라는 점 E에서 수급균형을 이루게 되어 X재의 생산은 X^e에서 하게 되고 가격은 P_x^e에서 결정될 것이다. 그러나 이 나라가 자유무역을 하게 되면 세계공급곡선은 X재의 세계시장가격 P_x^*에서 무한대의 탄력성을 가진 직선 S^*로 주어지기 때문에 이 나라는 X_1을 생산하고 X_2를 소비하게 되어 $MB(=X_2-X_1)$만큼의 X재를 해외로부터 수입에 의존하게 될 것이다.

이때에 정부가 X재 수입량을 $NA(=X_4-X_3)$ 수준으로 줄이기 위해 수입쿼터를 채택했다고 가정하자. 만일 이에 상응하는 가격수준이 P_x^d

그림 8-2 **수입쿼터의 부분균형분석**

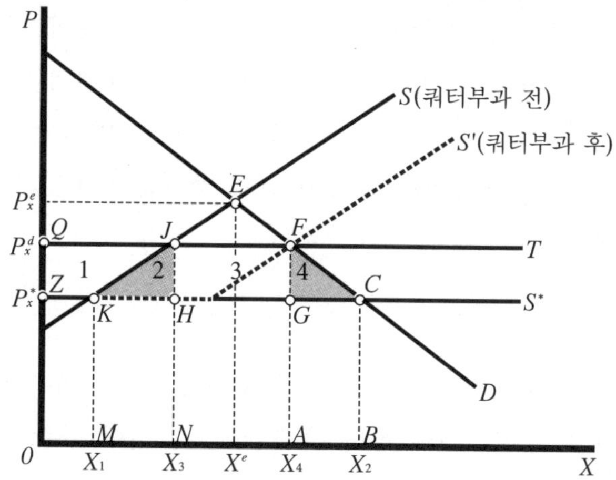

$(= P_x^* \cdot (1+t))$이라면 이러한 수입쿼터는 t율의 관세를 부과하는 것과 동일한 효과를 갖게 됨을 그림을 통해서 알 수 있다. 즉, X재의 수입량이 MB에서 NA로 감소함에 따라 국내가격은 P_x^*에서 $P_x^d (= P_x^* \cdot (1+t))$로 상승하게 된다. 그 이유는 P_x^d가격하에서 X재의 국내소비량$(0A)$이 국내생산량$(0N)$과 수입량(NA)을 합친 것과 같아지기 때문이다.

이와 같이 수입량을 MB에서 NA로 제한하는 수입쿼터의 실시로 말미암아 국내가격의 상승을 가져와 국내생산은 X_1에서 X_3로 증가하게 되고 국내소비는 X_2에서 X_4로 감소하게 된다. 이는 앞에서 살펴본 관세의 생산효과 및 소비효과와 동일함을 알 수 있다.

그러면 수입쿼터가 적용되었을 경우 이것이 이 나라의 후생에 미치는 효과를 살펴보자. **[그림 8-2]**에서 볼 수 있는 바와 같이 자유무역하에서보다 X재의 소비가 $AB(= X_2 - X_4)$만큼 줄어들게 되어 소비자잉여가 사다리꼴 $QFCZ$(면적 1+2+3+4)의 면적만큼 감소하게 된다. 그러나 이 중에서 사각형 $QJKZ$(면적 1)는 생산이 X_1에서 X_3로 증가함으로써 발생하는 생산자잉여의 형태로 국내생산자에게 재분배되고 사각형 $JFGH$(면적 3)는 관세정책의 경우에는 정부의 관세수입으로 이전되었지만 수입쿼터의 경우에는 수입면허를 얻는 자에게 이전될 것이므로 사회적 순손실(혹은 후생감소)은 결국 삼각형 JHK(면적 2)와 삼각형 *FCG*(면적 4)의 합으로 나타난다. 여기서 삼각형 *JHK*(면적 2)는 *X*재의 국내생산이 X_1에서 X_3로 증가하는 과정에서 국제가격을 초과하는 한계생산비 때문에 발생하는 생산자원의 낭비, 즉 사장된 순손실(deadweight loss)이고, 삼각형 *FCG*(면적 4)는 *X*재의 국내소비가 X_2에서 X_4로 감소하는 과정에서 발생하는 소비자잉여의 사장된 순손실이다. 이상과 같이 사회적 순손실 또한 관세정책의 그것과 동일함을 알 수 있다.

2. 수입쿼터와 수입관세와의 차이점

수입쿼터는 수입관세와 비슷한 무역효과를 가져올 수 있지만 몇 가지 점에서 중요한 차이점이 존재한다. 첫 번째 가장 중요한 차이점은 재정 수입효과(revenue effect)에 관한 것이다. 수입관세의 경우 앞의 **[그림 8-2]**에서 본 바와 같이 사각형 *JFGH*(면적 3)가 정부의 재정수입이 된다. 그러나 수입쿼터의 경우에는 그것이 수입면허(import licence)를 얻는 자의 이윤으로 돌아간다. 따라서, 정부가 수입면허권을 어떻게 배분하는가에 따라서 그 이윤은 국내수입업자, 국내소비자, 정부관료, 외국수출업자, 심지어는 외국정부에게로 돌아갈 수 있는 것이다. 예를 들어 정부는 그 수입권을 국내의 어떤 특정수입업자나 소비단체 또는 생산조합 등에 배분하여 이들에게 그 이윤이 돌아가게 할 수도 있다. 그러나 만약 정부가 외국의 정부나 기업과 수출자율규제(voluntary export restraints : *VERs*)의 협정을 통해서 외국인으로 하여금 수출량을 조절하도록 할 경우 그 이윤은 수출면허를 얻는 외국인에게로 돌아갈수도 있는 것이다.

아무튼 수입면허권에 따라오는 이러한 이윤(혹은 프리미엄)은 소비자로부터 수입권을 얻는 자에게로의 소득이전을 의미한다. 그러나 수입면허의 배분이 정부관리의 자의적인 판단에 의해서 이루어질 경우 그 프리미엄을 둘러싸고 각종 비리와 부패가 발생할 가능성이 있다. 극단적인 경우 수입면허를 따내기 위한 로비활동이 완전히 자유롭게 이루어질 경우 사각형 *JFGH*에 해당하는 프리미엄 전부가 로비활동비로 소진되어 사회적 낭비가 되어 버릴 가능성도 없지 않다. 이러한 병폐를 방지하기 위해서 정부는 경매(auction)와 같은 경쟁적 방법을 통해서 그 수입권을 처분하는 경우도 있다. 만약, 경매가 완전경쟁에 의해서 이루어질 경우 그 프리미엄은 결국 정부수입으로 흡수되어 수입쿼터의 경제적 효과가 관세의 그것과 동일하게 될 수도 있다. 그러나 경매가 항상 완전경쟁적으로 이루어지리라는 보장도 없을 뿐 아니라 관세의 경우보다 더 많은 행정적 비용을 수반하게 될 가능성이 높다고 하겠다.

두 번째의 차이점으로는 국내가격과 수입량에 대한 불확실성(uncertainty)의 문제를 들 수 있다. 수입관세를 부과하는 경우 그것이 수입상품의 국내가격에 미치는 효과는 확실하다. 따라서 수입규제를 통해서 국내산업에 대한 일정수준의 가격보호를 해준다든가 또는 국내의 수요 및 공급조건의 변화에도 불구하고 국내가격을 안정시킬 목적이라면 수입쿼터보다는 관세가 우월한 방법이 될 것이다. 그러나 관세로 인해서 발생하는 무역효과(즉, 수입량이 얼마나 감소할 것인가)는 확실하게 예측하기가 어렵다. 수입량의 감소는 수입상품의 국내수요 및 공급곡선의 가격탄력성에 의해서 결정되는데 실제로 이에 대한 정확한 정보를 얻기란 매우 어려운 일이기 때문이다. 반면에 수입쿼터는 수입량자체를 규제하는 것이기 때문에 만약에 수입규제의 목적이 수입량을 조절하여 확실한 국제수지효과를 노리는 것이라면 관세보다는 더 우월한 방법이 될 수가 있을 것이다. 그러나 수입쿼터하에서는 수입상품의 국내가격이 얼마가 될 것인가를 예측하기란 어려운 것이다. 국내수요 및 공급곡선에 대한 가격탄력성에 대하여 정확한 정보를 필요로 하기 때문이다.

끝으로, 결국 수입관세는 가격기구를 통한 수입규제이기 때문에 만약 국내기업이 독점생산자라 하더라도 독점가격이나 독점이윤을 누린다는 것은 불가능하다. 그러나 수입쿼터하에서 국내공급이 독점기업에 의해서 담당될 경우 그 기업은 독점가격과 독점이윤을 누릴 수 있게 된다.

이상과 같은 관점에서 볼 때 수입량을 정확히 통제하고자 하는 특수한 경우를 제외하고는 일반적으로 수입규제방법으로서 관세가 수입쿼터보다 더 우월한 방법이라는 것을 알 수 있다.

3. 관세의 일반균형분석 : 소규모국가의 경우

지금까지 살펴본 부분균형분석방법은 관세의 부과로 인한 특정산업에 대한 보호효과를 설명하는 데 유용하다. 즉, 특정수입재에 대한 수요곡선과 공급곡선을 이용해서 관세가 수입재의 생산량과 소비량 및 가격등에 미치는 효과를 분석하고자 하는 방법이다. 그러나 이러한 특정산업에 대한 보호는 관세가 부과되지 않는 다른 산업에 또 다른 효과를 가져 온다. 그러므로 관세가 경제에 미치는 효과를 총체적으로 파악하기 위해서는 일반균형분석방법을 이용해야만 한다. 여기서도 앞절에서와 마찬가지로 관세부과국은 소규모국가, 즉 국제시장에서 가격순응자라고 가정하자.

1. 관세의 일반균형효과

설명의 편의를 위하여 소규모국가(*A*국)는 노동과 자본을 생산요소로 하여 *X*재와 *Y*재를 생산한다고 가정하자. 또한 주어진 국제시장가격비율(또는 교역조건)하에서 *A*국은 *X*를 수출하고 *Y*재를 수입한다고 하자. 여기서 *A*국은 소규모국가의 가격순응자이기 때문에 자유무역하에서는 주어진 국제시장가격비율(또는 교역조건)이 곧 *A*국의 국내가격비율이 된다. 이제 *A*국이 *Y*재산업을 보호할 목적으로 수입재에 대하여 관세를 부과할 때 *A*국 경제에 어떤 효과들이 일어날 것인가를 알아보자.

*Y*재에 대한 관세의 가장 직접적인 효과는 *Y*재의 국내가격의 상승이다. 소규모국가인 *A*국에서는 *Y*재(수입재)에 대한 수입관세의 부과로 국제시장가격은 불변이나 수입재의 국내시장가격이 관세만큼 상승하게 된다. 따라서 *Y*재(수입재)산업의 이윤은 증대하고 이 산업으로 생산자원이 이전하게 된다. 이러한 변화를 일반균형적 측면에서 살펴보기로 하자.

[그림 8-3]에서 볼 수 있는 바와 같이 만약 수입재(*Y*재)에 관세를 부과하면 수입재(*Y*재)의 국내에서의 상대가격($=P_y^d/P_x^d$)이 상승함에 따라(즉, (P_y^d/P_x^d)는 하락) 생산자원은 수출산업(*X*재)에서 수입대체산업(*Y*재)으로 이전한다. 즉, 관세부과 전(자유무역하에서) *A*국의 생산점은

그림 8-3 **관세효과의 일반균형분석**

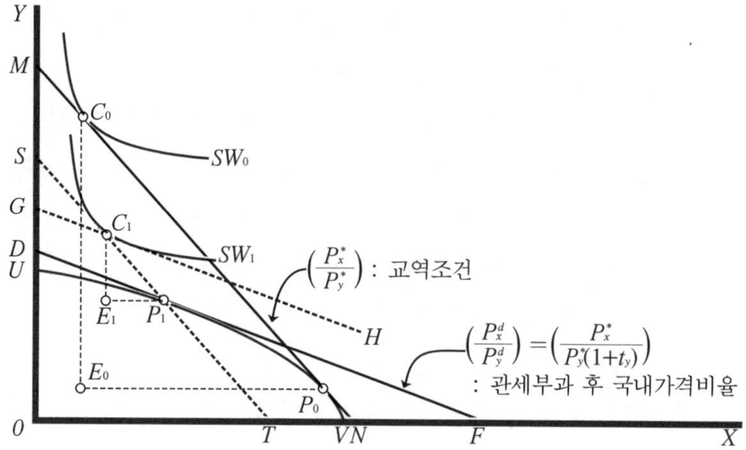

생산가능곡선 UV와 소비가능선(국제시장의 상대가격선 또는 교역조건선) MN이 접하는 점 P_0에서 이루어진다. 이제 A국이 수입품 Y재에 대해 관세를 부과하면 A국내의 Y재의 상대가격이 상승하여(X재의 상대가격($=P_x^d/P_y^d$)은 하락) X재의 생산량은 감소하고 Y재의 생산량은 증가함에 따라 생산점은 점 P_0에서 P_1으로 이동하게 된다. 이와 같이 관세가 수입재의 국내상대가격을 높여 국내생산을 증대시키는 것을 관세의 보호효과(protective effect)라고 한다.

그런데 점 P_1에서의 생산은 자유무역하의 최적생산점 P_0에서의 생산보다 낮은 후생수준을 가져온다. 이는 관세부과 후 소비가능선 SP_1T(MN과 평행한 직선)가 자유무역하의 소비가능선 MN보다 아래에 위치하고 있기 때문에 관세부과 후 소비점 C_1을 지나는 사회무차별곡선 SW_1은 자유무역하의 소비점 C_0을 지나는 사회무차별곡선 SW_0보다 낮은 수준의 후생을 나타내기 때문이다.

한편, 관세의 부과 후 선택되는 A국의 새로운 소비점 C_1은 소비가능선 SP_1T 위에 있으면서 동시에 관세부과 후의 국내상대가격선 GH(DF선과 나란한 직선)와 사회무차별곡선이 접하는 점에서 이루어진다. 왜냐하면, 무역은 국제시장에서의 상대가격(즉, 교역조건)에서 이루어지지만 국내소비는 관세부과 후 국내시장의 상대가격($=P_x^d/P_y^d$)에서 이루어지기 때문이다. 이때 점 C_1에서의 무차별곡선 SW_1은 국내상대가격은 GH에 접하게 되어 X재와 Y재의 한계대체율이 두 재화의 가격비율, 즉 국내시장에서의 상대가격과 일치하게 되므로 점 C_1은 소비의 균형조건을 만족하고 있는 것이다.

새로운 생산점 P_1에서 A국은 E_1P_1만큼의 X재를 수출해서 E_1C_1만큼의 Y재를 수입함으로써 소비점 C_1에 도달하게 되는데 이는 관세를 부과하기 전, 즉 자유무역하에서의 X재 수출량 E_0P_0와 Y재의 수입량 E_0C_0에 비해서 무역량이 크게 감소했음을 알 수 있다. 이는 관세의 부과로 인하여 Y재의 상대가격이 상승함에 따라 공급면에서는 Y재의 국내생산은 증가하고 X재의 국내생산은 감소한 반면, 소비면에서는 Y재가 X재로 대체되어 Y재의 국내수요가 감소하고 X재의 국내수요는 증가하기 때문이다.

① 금지적 관세

위에서 살펴본 바와 같이 관세부과는 결과적으로 무역량을 감소시킨다. 여기서 만일 관세율을 더 증가시키면 무역량을 점점 감소하여 세율이 어느 수준에 도달하면 무역량은 '영(zero)이 된다. 즉, 이 나라의 생산과 소비는 무역 전의 균형점으로 되돌아가게 된다. 이와 같은 수입관세를 금지적 관세(prohibitive tariff)라고 한다.

[그림 8-4]는 금지적 관세를 설명하고 있다. 곡선 UV는 생산가능곡선을 나타내며 곡선 SW_0, SW_1은 사회무차별곡선이다. 국제시장에서의 상대가격비율(교역조건)은 직선 MN의 기울기로 나타나며 무역 후 이 나라의 생산은 점 P_0에서, 그리고 소비는 점 C_0에서 이루어지고 있다.

이제 Y재(수입재)에 관세를 부과함으로써 Y재의 가격이 관세만큼 상승하여 국내에서의 상대가격비율이 직선 DF의 기울기와 같이 되었을 경우 A국이 생산과 소비점은 폐쇄경제하에서의 균형점 P_1과 일치하게 된다. 이 경우에서처럼 무역을 금지시키는 최저세율을 금지적 관세라 하고, 이 최저세율을 상회하는 관세율에서는 무역이 일어나지 못하여 이 나라는 계속 점 P_1에서 생산하고 소비하게 된다.

그림 8-4 **금지적 관세**

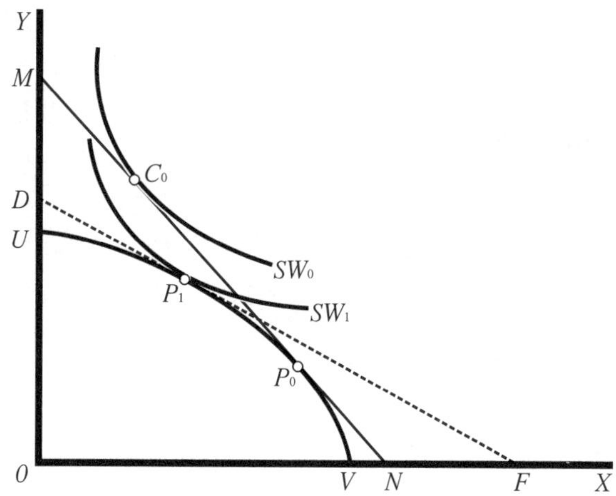

2. 관세가 소득재분배에 미치는 효과

관세의 부과는 수입재의 상대가격을 상승시키고 생산자원을 수출산업으로부터 수입대체산업으로 이전시켜 한 나라의 생산패턴을 바꾸어 놓는다. 이러한 관세부과 후의 소득재분배효과는 스톨퍼-사무엘슨(Stolper and Samuelson)의 정리에 의하여 설명할 수 있다. 우선 수입품 Y재에 대해 관세를 부과하면 Y재의 상대가격이 상승하게 되어 생산자원이 X재 산업에서 Y재 산업으로 이동하게 된다. 따라서, 자본집약적인 Y재 산업이 확대되고 노동집약적인 X재 산업이 축소되는 과정에서 자본의 초과수요와 노동의 초과공급이 발생하게 되어 자본의 가격은 상승하게 되고 노동의 가격은 하락하게 된다. 이에 따라 양산업에서는 상대적으로 가격이 비싸진 자본을 노동으로 대체하게 될 것이고 결국 양산업은 종전에 비해 모두 노동집약적이 된다. 따라서 양산업에서 자본의 한계생산물은 증가하고 노동의 한계생산물은 감소하게 된다. 그런데 각 요소의 한계생산물은 각 요소의 실질가격을 나타내므로 이같은 결과는 자본의 실질소득은 증가하고 노동의 실질소득이 감소한다는 것을 의미한다.

결국 스톨퍼-사무엘슨의 정리에 의하면 소규모국가는 관세부과로 인하여 나라 전체로서는 후생의 감소를 가져오면서(**[그림 8-3]**에서 사회무차별곡선이 SW_0에서 SW_1으로 이동) 수입대체산업에 집약적으로 사용되는 생산요소의 실질소득은 향상된다는 것이다.

4. 대규모국가에 대한 관세의 효과

앞절에서는 관세부과국이 소규모국가, 즉 국제시장에서 가격순응자인 경우를 살펴보았는데 이 절에서는 대규모국가의 경우 관세의 효과를 분석해 보기로 하자.

1. 관세가 교역조건과 무역에 미치는 효과

일반적으로 관세부과국이 대규모국가일 때 이 나라의 무역정책은 국제시장가격에 영향을 미치며 교역조건의 개선을 가져온다. 분석의 편의를 위해서 두 나라(A국, B국)와 두 상품(X재, Y재)을 가정하고 각 나라의 무역정책은 국제시장가격에 영향을 미칠 수 있을 만큼 그 무역규모가 충분히 크다고 가정하자.

[그림 8-5]에서 볼 수 있는 바와 같이 자유무역하에서의 균형점은 두 나라 오퍼곡선이 교차하는 점 E_0가 되고 균형교역조건($=P_x/P_y$)은 TOT_0의 기울기가 된다. 균형점 E_0에서 A국은 X_0의 X재를 수출해서 Y_0의 Y재를 수입한다. 이때 A국이 Y재에 대해 관세를 부과하면 A국의 오퍼곡선은 왼쪽으로 회전이동해서 $0A'$가 된다. 이와 같이 A국의 오퍼곡선이 왼쪽으로 이동하는 것은 앞절에서 보았듯이 한 나라에서의 관세의 부과는 무역량을 감소시키기 때문이다. 즉, 상대국의 오퍼곡선이 주어진 상태에서 한 나라의 관세부과로 인하여 무역량이 감소하기 위해서는 그 나라의 오퍼곡선은 왼쪽으로 회전이동해야 하는 것이다.

관세부과 후의 새로운 균형점은 A국의 관세로 인해 왜곡된 오퍼곡선($0A'$)와 B국의 오퍼곡선이 서로 교차하는 점 E_1이 되고 이때 직선 TOT_1의 기울기는 새로운 균형교역조건이 된다. 균형교역조건선 TOT_1의 기울기가 TOT_0의 기울기보다 더 가파르므로 관세부과 후에 A국의 교역 조건이 개선되었음을 알 수 있다. 이와 같이 대규모국가(A국)는 국제시장에서 가격에 대한 영향력을 행사할 수 있기 때문에 관세의 부

그림 8-5 **관세의 교역조건에 대한 효과**

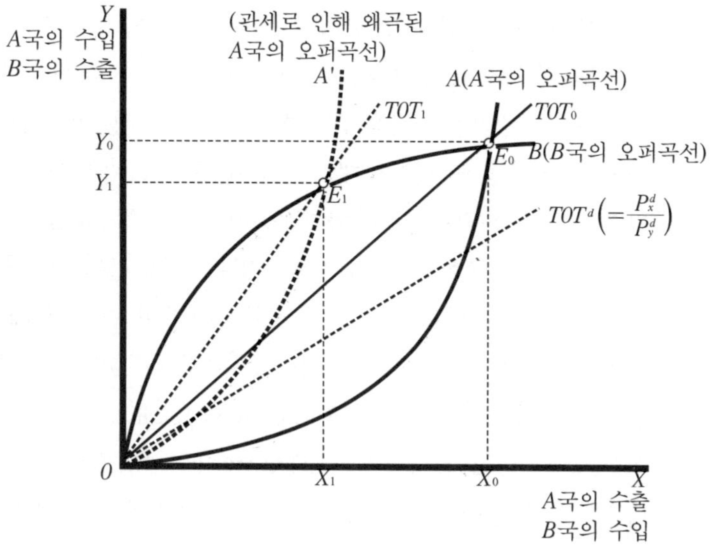

과로 인하여 교역조건을 개선할 수 있는 것이다. 한편, 새로운 균형점 E_1에서 수입량은 Y_0에서 Y_1으로 감소하고 수출량은 X_0에서 X_1으로 감소되었다.

이제 관세가 A국의 국내가격에 미치는 효과를 살펴보자. 관세부과로 인한 국내에서의 생산자원의 이전문제와 소득재분배문제를 다루는데 있어서 관세가 국내가격비율$(=P_x^d/P_y^d)$에 미치는 효과가 가장 중요하다. 관세부과 후 수입재의 국내가격비율이 과연 상승할 것인가 하는 것은 중요한 문제인데 이는 다시 말해서 관세가 과연 수입대체산업을 실제로 보호하게 될 것인가를 의미하기 때문이다.

관세부과국이 소규모국가일 경우에는 관세의 부과는 교역조건에 아무런 영향을 미치지 못하고 수입재의 국내가격을 관세만큼 상승시켜 국내가격비율$(=P_x^d/P_y^d)$의 하락을 가져왔다. 그러나 관세부과국이 대규모 국가일 경우에는 수입재의 국내상대가격$(=P_x^d/P_y^d)$은 교역조건의 개선효과에 의해서 동시에 영향을 받기 때문에 국내가격비율이 반드시 하락하리라는 보장이 없다. 이를 좀더 자세히 알아보기로 하자.

① 메츨러의 패러독스

일반적으로 관세는 국내의 수입대체산업을 보호하게 된다. 이것은 관세부과 후 수입재의 국제시장에서의 상대가격(즉, 교역조건)이 하락함에도 불구하고 결과적으로 관세부과 후 국내에서의 수입재의 상대가격은 상승한다는 것을 의미한다. 그러나 경우에 따라서 관세가 수입재의 국제시장에서의 상대가격을 충분히 하락시켜 수입재의 국내상대가격까지도 하락시킬 수 있다는 것이 메츨러(Metzler)에 의해서 발견되었다. 이러한 역설적인 결과를 우리는 메츨러의 패러독스(Metzler's paradox)라 부른다. 이는 다음의 두 가지 조건이 만족할 때 성립된다. 즉 첫째, 상대국의 수입수요탄력성이 비탄력적이고 둘째, 관세부과국의 수입재에 대한 한계수입성향(marginal propensity to import)이 매우 낮을 때이다. 이러한 조건하에서 국제시장에서 수입재의 가격은 관세의 폭보다 더 많이 떨어지게 되고 그 결과 수입재의 상대가격은 관세부과국내에서도 하락하게 되는 것이다.

이와 같은 메츨러의 패러독스가 함축하는 바는 관세의 부과가 수입대체산업에 대한 보호효과를 반드시 가져오는 것은 아니라는 것이다. 즉, 관세부과 후 수입재의 국내상대가격이 오히려 하락하면 그 상품의 국내생산이 오히려 줄어들게 되고 생산자원이 수입대체산업으로부터 수출산업으로 이전하게 될 수도 있다는 것이다. 다시 말해서 수입대체산업을 보호하기 위해서 무역정책을 통하여 교역조건을 개선시켰을 때 오히려 수입대체산업에 대한 보호효과가 역으로 나타난다는 것이다. 그러나 이러한 현상은 어디까지나 극단적인 조건하에서만 가능한 것이므로 비록 이론상으로는 가능하다 하더라도 현실적으로 발생할 가능성은 거의 희박하다고 하겠다.

2. 관세가 세계후생에 미치는 효과

관세는 관세를 부과하는 나라에서 국제가격과 국내가격 사이에 격차를 생기게 함으로써 자유무역하에 비해서 세계후생수준을 감소시키는 역할을 한다. 즉, 관세는 생산과 소비면에서 왜곡을 초래하여 비효율성의 문제를 낳는다. 다음에서는 관세로 인한 비효율성에 대해서 간단히 살펴보자.

첫째, 관세의 비효율성은 생산면에서 나타난다. 비교우위론에 따르면 각 나라는 비교우위에 있는 상품에 전문화함으로써 세계생산을 최대화할 수 있다. 세계생산의 최대화는 두 재화 간의 한계전환율(marginal rate of transformation : *MRT*)이 두 나라 사이에 같을 때 일어난다. 즉, 이것이 두 나라 사이에 다를 때에는 어떤 한 상품의 생산이 감축없이 다른 한 상품이 생산을 증가시킬 수가 있다. 다시 말해서 두 나라의 한계전환율(또는 기회비용)이 똑같이 되면 더 이상의 생산증가는 불가능하게 된다. 자유무역은 두 나라 사이의 상품가격을 항상 같게 하기 때문에 한 상품의 감축없이 다른 상품의 생산을 증가시킬 수는 없다. 그러나 한 나라에서 관세를 부과하면 그것은 그 나라에서 외국과 국내가격간에 차이를 발생시킴으로써 결국 두 나라의 한계전환율은 달라지게 되고 세계생산도 극대화에 못 미치게 되는 것이다.

두 번째의 관세의 소비에 대한 비효율성의 문제도 똑같은 방법으로 분석해 볼 수 있는데, 두 나라 사이의 한계대체율(marginal rate of substitution : *MRS*)이 같을 때에는 한 나라의 후생의 감소없이 다른 한 나라의 후생을 증가시킬 수는 없다. 그러나 두 나라의 한계대체율이 서로 다르다면 다른 나라의 후생의 감소없이 한 나라의 후생을 향상시키는 것이 가능하게 된다. 즉, 이 상태에서는 세계후생이 최고 수준에 도달하지 못한 상태이다. 역시 자유무역하에서는 양국의 한계대체율이 서로 같게 되기 때문에 전세계의 후생은 최고의 수준에 도달한다고 볼 수 있는 것이다. 이제 관세가 부과되면 양국간에 가격차가 발생하여 양국간에 한계대체율이 서로 다르게 되고, 따라서 상품의 소비가 최적화되지 못한다.

이와 같이 관세는 양국간의 가격차를 발생시켜 생산과 소비면에서 비효율성을 창출하여 세계의 후생수준을 저하시키는 것이다.

5. 수출세의 효과분석 : 소규모국가의 경우

1. 부분균형적 분석

수입관세와는 다른 형태의 무역장벽이지만 그 효과는 비슷한 것으로 수출세(export tax)가 있다. 수출세(또는 수출관세)는 수출품에 부과하는 세금으로서 선진국에서는 매우 드물게 보는 현상이지만 몇몇 개발도상국에서는 그들의 재정수입의 증대와 교역조건의 개선을 위해서 또는 1차산품의 수출을 제한하기 위한 목적 등으로 간혹 사용되고 있다. 이 절에서는 수출세의 경제적 효과를 우선 부분균형적 분석을 통해서 알아보기로 하자.

[그림 8-6]에서 곡선 D와 S는 각각 A국의 수출재(X재)에 대한 국내수요과 공급곡선을 나타내며 무역 전 국내수급균형은 점 E에서 이루어지고 있다. 이때 A국이 소규모국가라면(즉, 가격순응자라면) X재의 세계수요곡선은 세계시장가격 P_x^*에서 무한대의 탄력성을 가진 수평선 D^*로 주어졌다고 볼 수 있다. 따라서, 이 나라가 자유무역을 시도하면 국내가격은 세계시장가격과 같아질 것이므로 $P_x^d = P_x^*$가 성립할 것이다. 이때에 이 나라는 세계시장가격 P_x^*에서 X_2를 생산해서 이 중 X_1은 국내에서 소비하고 나머지 $FG(=X_2-X_1)$만큼의 X재를 해외로 수출하게 될 것이다.

이제 이 나라가 X재의 수출에 t_x율의 수출세를 부과한다고 하자. 그러면 수출업자는 X재를 국제가격 P_x^*에 수출하여 $P_x^* \cdot t_x$의 수출세를 정부에 지불해야 하기 때문에 그들이 직면하는 세후 가격은 $P_x^*(1-t_x) = P_x^d$가 될 것이고 국내소비자도 이와 같은 가격에 소비를 하지 않을 수 없게 된다. 이는 마치 세계수요곡선이 수출세만큼 하향 이동한(D^*에서 T로) 것과 같은 효과를 가져온다. 그 결과로 국내가격은 P_x^*에서 P_x^d로 하락하고 국내생산은 X_2에서 X_4로 감소하고 국내소비는 X_1에서 X_3로 증가하여 수출은 $FG(=X_2-X_1)$에서 $BC(=X_4-X_3)$로 감소하게 된다. 따라서, 우리는 수출세를 부과하면 국내생산자로부터 국내소비자와 정부에게로 소득이전이 발생한다는 것을 알 수 있다. 이를 좀더 자세히 살펴보기로 하자.

[그림 8-6]에서 볼 수 있는 바와 같이 X재의 수출에 수출세를 부과하면 국내생산이 X_2에서 X_4로 감소하여 사다리꼴의 면적 $IGCJ$(면적 1+2+3+4+5)만큼의 생산자잉여가 줄어든다. 이 중 사각형 $HMCB$(면적 4)는 정부의 재정수입으로 귀속되고 사다리꼴 $IFBJ$(면적 1+2)는 소비자잉여의 증가로 이전된다. 그러나 나머지 두 삼각형, 즉 삼각형 FHB

그림 8-6 수출세의 경제적 효과

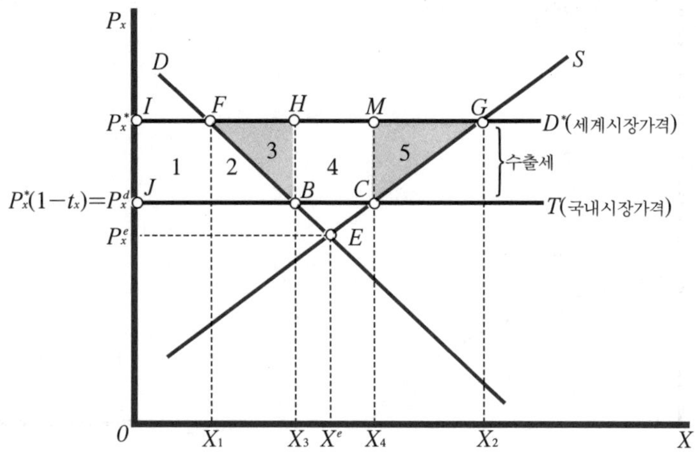

(면적 3)와 MGC(면적 5)는 수출세로 인해서 발생하는 사장적 순손실(deadweight loss)을 나타낸다. 즉, 삼각형 FHB(면적 3)는 수출세로 인해서 자유무역하에서보다 국내소비가 증가하기 때문에 발생하는 손실이며 삼각형 MGC(면적 5)는 수출세로 인하여 자유무역에서보다 생산이 줄어들기 때문에 발생하는 손실을 의미한다.

2. 일반적 균형 분석 : 러너(Lerner, A. P.)의 대칭정리

앞의 부분균형적 분석에서 우리는 A국에서 수출재(X재)에 수출세(혹은 수출관세)를 부과하면 자유무역하에서보다 X재의 국내생산은 감소하고 국내소비는 증가하여 X재의 수출량은 감소하게 된다는 것을 알았다. 그러나 이 문제는 일반균형적 관점에서 보면 X재에 대한 수출세의 부과는 비단 X재뿐만 아니라 Y재의 생산, 소비 및 수입량에도 영향을 미치게 된다는 것을 알 수 있다. 어떻게 영향을 미치게 될까?

설명의 편의를 위해서 A국은 소규모국가라 하자. 즉, A국의 대외적 교역조건은 이 나라의 무역정책에 관계없이 (P_x^*/P_y^*)에 고정되어 있다고 가정하자. 그러면 **[그림 8-7]**에서 볼 수 있는 바와 같이 자유무역하에서 A국은 생산가능곡선상의 점 P_0에서 생산하고 점 C_0에서 소비하기 위해서 E_0P_0만큼의 X재를 수출하고 C_0E_0만큼의 Y재를 수입하게 될

그림 8-7 **수출세 효과의 일반균형분석**

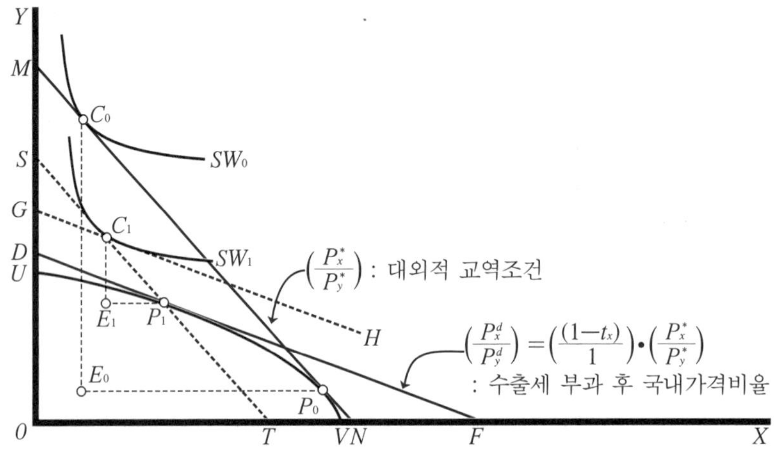

것이다. 이때에 A국에서 X재의 수출에 t_x율의 수출세를 부과하였다고 하자. 그러면 국내생산자나 소비자가 당면하는 X재의 국내가격($=P_x^d$)은 $P_x^*(1-t_x)$가 될 것이고, 따라서 X재의 국내상대가격비율($=P_x^d/P_y^d$)은 $[P_x^*(1-t_x)/P_y^*]$가 되어 대외적 교역조건 (P_x^*/P_y^*)보다 낮아질 것이다. 따라서, 국내생산자는 생산을 P_0에서 P_1으로 이동하게 될 것이다. 그러면 이 나라는 수출세부과 후 소비는 어디서 하게 될까?

A국은 수출세부과 후 점 P_1에서 생산하여 소비는 점 C_1에서 하게 되는데 점 C_1은 다음의 두 가지 조건을 충족하는 점이다. 첫째, A국은 점 P_1에서 생산하여 대외적 교역조건 (P_x^*/P_y^*)에 무역을 할 수 있으므로 점 C_1은 A국의 소비가능선인 직선 SP_1T상에 위치하여야 한다(여기서 소비가능선 SP_1T는 P_0에서의 소비가능선인 직선 MN과 평행이다). 둘째, 소비자는 수출세부과 후 주어진 국내가격비율($=P_x^d/P_y^d$)에서 후생을 극대화할 것이므로 점 C_1에서는 사회무차별곡선의 기울기가 국내가격비율과 같아져야 한다. **[그림 8-7]**에서 점 C_1은 위와 같은 두 가지 조건을 동시에 충족시키는 점이라는 것을 알 수 있다.

A국이 점 P_1에서 생산하여 점 C_1에서 소비하기 위해서는 E_1P_1만큼의 X재를 수출하여 C_1E_1만큼의 Y재를 수입하게 되는데 이는 자유무역하에서 X재 수출량 E_0P_0와 Y재의 수입량 C_0E_0에 비해 크게 감소

한 것임을 알 수 있다.

① 러너의 대칭정리

그런데 우리는 위와 같은 결과가 수입재인 Y재에 관세를 부과하는 경우에도 발생한다는 것을 이미 본장의 3절에서 살펴본 바 있다. Y재에 관세를 부과할 경우 Y재의 국내가격이 상승하게 되어 국내가격비율($=P_x^d/P_y^d$)이 하락하는 것은 X재에 수출세를 부과하는 경우와 동일한 효과를 가져오는 것이다. 사실은 동일한 관세율을 수입재 Y재에 부과하든지 또는 수출재 X재에 부과하든지 그것이 국내의 X, Y재의 생산, 소비 및 무역에 미치는 효과는 동일하다. 이러한 현상은 일찍이 러너(Lerner)에 의해서 밝혀졌는데 우리는 이를 러너의 대칭정리(Lerner's symmetry theorem)라 부른다. 이것은 같은 세율을 수입재인 Y재에 부과하든지 또는 수출재인 X재에 부과하든지 그것이 국내가격비율($=P_x^d/P_y^d$)에 미치는 효과가 같기 때문인데 이는 다음과 같은 수식을 통해서 쉽게 알 수 있다. 즉,

(1) Y재에 수입관세율 t_y를 부과할 경우

$$P_y^d = (1+t_y)\cdot P_y^*$$

$$P_x^d = P_x^*$$

그러므로 $$\left(\frac{P_x^d}{P_y^d}\right) = \left(\frac{P_x^*}{(1+t_y)P_y^*}\right) = \left(\frac{1}{(1+t_y)}\right)\cdot\left(\frac{P_x^*}{P_y^*}\right)$$

(2) X재에 수출관세율 t_x를 부과할 경우

$$P_y^d = P_y^*$$

$P_x^d = (1-t_x)P_x^*$, 또는 $P_x^d(1+t_x) = P_x^*$(즉, t_x값이 작을 때)

그러므로 $$\left(\frac{P_x^d(1+t_x)}{P_y^d}\right) = \left(\frac{P_x^*}{P_y^*}\right)$$

그러므로 $$\left(\frac{P_x^d}{P_y^d}\right) = \left(\frac{1}{(1+t_x)}\right)\cdot\left(\frac{P_x^*}{P_y^*}\right)$$

위의 식에서 (P_x^*/P_x^*)는 고정되어 있기 때문에 만약 $t_x = t_y$이면 관세를 수입재인 Y재에 부과하든 수출재인 X재에 부과하든 국내가격비율

(P_x^d/P_y^d)은 같은 값을 갖는다는 것을 알 수 있다. 따라서 생산, 소비 및 수출입에 대한 효과도 **[그림 8-7]**과 **[그림 8-3]**에서 볼 수 있는 바와 같이 동일하게 나타난다.

6. 수출보조금의 효과 : 소규모국가의 경우

일반적으로 관세나 수입쿼터 등을 통한 수입규제는 국내의 수입대체산업을 보호·육성하기 위해서 사용되는 반면에, 수출보조금(export subsidy)은 수출의 확대를 통해서 수출산업을 육성하기 위한 목적으로 사용되는 경향이 있는데, 과거 한국, 대만 등을 비롯한 신흥공업국에서는 수입규제정책과 수출보조금정책을 동시에 추구한 바 있다.[1)]

단순히 분석적인 면에서 볼 때 수출보조금은 '음'(negative)의 수출세와 같다. 그러므로 수출보조금의 경제적 효과는 수출세의 그것과 정반대로 나타나게 된다. 이를 **[그림 8-8]**을 통해서 간단히 살펴보기로 하자. **[그림 8-8]**은 앞절의 수출세의 효과분석을 위한 **[그림 8-6]**을 그대로 옮겨 놓은 것이다. 달라진 것은 수출세율(t_x) 대신에 수출보조율(s_x)이 들어가 국내생산자가 직면하게 되는 국내가격이 국제시장가격보다 수출보조금만큼 높아지게 되었다는 점이다.

[그림 8-8]에서 볼 수 있는 바와 같이 만약 이 나라(A국)가 폐쇄경제하에 있었다면 이 나라는 점 E에서 수급균형을 이루게 되어 X^e만큼의 X재를 생산, 소비하게 되고 가격은 P_x^e에서 결정될 것이다. 그러나 이 나라가 자유무역을 하게 되면 세계수요곡선은 X재의 세계시장가격 P_x^*에서 무한대의 탄력성을 가진 직선 D^*로 주어지기 때문에 이 나라는 X_2를 생산하고 X_1을 소비하게 되어 $HM(=X_2-X_1)$만큼의 X재를 해외로 수출하게 된다. 이때에 정부가 X재의 수출에 s_x율의 종가보조금(ad valorem subsidy)을 지불하기로 결정하였다고 하자. 그러면 국내수출업자(혹은 생산자)가 당면하게 될 X재의 실효가격은 $P_x^*(1+s_x)$가 될

1) 이 경우 X재에 대한 수출보조금은 Y재에 대한 수입관세로 인해서 X재 산업이 받는 상대적 불이익을 상쇄시켜 주는 역할을 하게 된다. 만약, 수출보조율과 수입관세율이 같다면 이는 마치 자유무역하에서와 같은 자원배분 효과를 가져오게 될 것이다.

그림 8-8 **수출보조금의 경제적 효과**

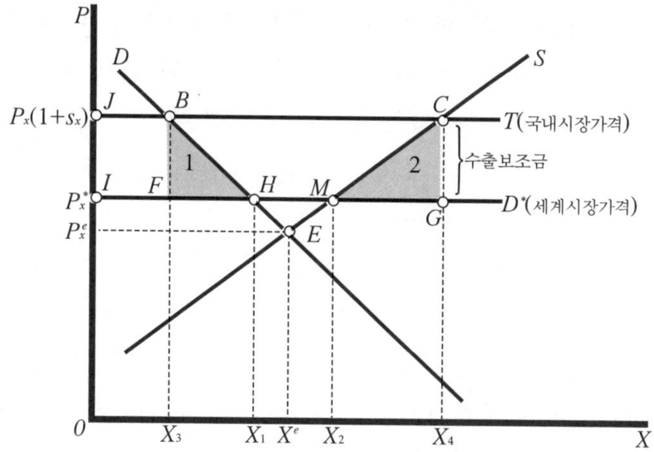

것이다. 이 실효가격에서 국내생산은 X_2에서 X_4로 증가하게 되고 국내소비는 X_1에서 X_3로 감소하게 될 것이다.

여기서 한 가지 주의해야 할 사항은 X재의 국내가격이 $P_x^*(1+s_x)$에서 유지되게 하기 위해서는 정부가 수출보조율 s_x와 같은 율의 수입관세를 X재의 수입에 수출보조금의 제공과 동시에 부과하여야 한다는 것이다. 만약, 관세에 의한 국내시장의 보호가 없다면 수출업자는 단순히 X재를 국내가격 P_x^*에 역수입하여 보조금을 받고 다시 P_x^*에 수출하게 되는 현상이 벌어질 것이기 때문이다.

그러면 같은 율의 수입관세와 수출보조율이 X재에 적용되었을 경우 이것이 A국의 후생에 미치는 효과를 살펴보자. 이 경우 **[그림 8-8]**에서 볼 수 있는 바와 같이 자유무역하에서보다 X재의 생산이 MG $(=X_4-X_2)$만큼 증가하여 생산자잉여가 사다리꼴 $JCMI$만큼 확대되어 생산자가 그만큼의 이익을 누리게 된다. 그러나 이와 같은 생산자잉여의 증가는 사각형 $BCGF$에 해당하는 정부에 의한 수출보조금과 사다리꼴 $JBHI$에 해당하는 소비자잉여의 감소라는 사회적 비용을 치루고서 얻어지는 효과이다. 따라서 이 과정에서 사회가 입는 순손실은 총손실(사각형 $BCGF$와 사각형 $JBHI$의 합, 다시 말해서 사각형 $JCGI$와 삼각형 BHF의 합)에서 생산자잉여의 증가분인 사각형 $JCMI$를 뺀 나머지 면적에 해당하게 된다. 따라서 사회적 순손실(혹은 후생감소)은 결국 삼각형 *BHF*(면적 1)와 삼각형 *CGM*(면적 2)의 합으로 나타난다. 여기서 삼각형 *BHF*(면적 1)은 *X*재의 국내소비가 X_1에서 X_3로 감소하는 과정에서 발생하는 소비자잉여의 사장된 순손실(deadweight loss)이고 삼각형 *CGM*(면적 2)은 *X*재의 국내생산이 X_2에서 X_4로 증가하는 과정에서 국제가격을 초과하는 한계생산비 때문에 발생하는 생산자원의 낭비, 즉 사장된 순손실이다.

현실적으로 수출산업에 대한 정책적 지원을 하는 데는 수출보조금과 같은 직접적인 방법 이외에도 금융 및 세제상의 우대조치, 그리고 기타 행정적 지원과 같은 간접적인 방법도 사용된다. 그러나 수출행위와 관련된 어떠한 형태의 보조금도 현재 국제협정에 의해서 그 사용이 금지되고 있다. 즉 GATT는 어떠한 형태의 수출보조금이든 이로 인하여 자국산업이 피해를 입었을 경우 수출보조금을 초과하지 않는 범위내에서 상계관세(countervailing duties)를 부과할수 있도록 허용하고 있다. 심지어 최근에는 GATT에 의해서 허용된 상계조치를 자국산업의 보호수단으로 남용하는 사례까지 있어 국제적 무역마찰의 원인이 되고 있는 실정이다.

7. 최근의 보호주의 수단 : 회색지대조치

1970년대 초 1차 오일쇼크를 전환점으로 해서 세계경제가 침체국면에 들어가면서 미국을 비롯한 몇몇 선진국에서는 자국산업에 대한 보호조치를 강화하였다. 하지만 GATT 체제하에서는 관세나 무차별적인 수량규제와 같은 전통적인 수입규제방법의 채택이 어려웠기 때문에 이들 국가들은 GATT 체제를 회피하거나 우회하는 방법, 또는 불분명한 GATT 규정을 남용하는 방법 등 소위 비관세장벽에 크게 의존하였다. 우리는 이러한 보호조치들을 회색지대조치(grey area methods)라고도 부른다. 이 중 몇 가지 중요한 보호수단에 대해서 알아보기로 하자.

1. 수출자율규제

수출자율규제(voluntary export restraints : VERs)란 어떤 특정국가에 대한 특정상품의 수출량을 자발적으로 줄임으로써 수입국으로서는 마치 수입규제의 효과를 갖게 되는 것을 말한다. 그러나 대개의 경우 수입국의 강요와 협박하에서 두 나라의 정부간 또는 생산자간의 협상에 의해서 그 규제의 폭과 양, 그리고 기간이 결정되므로 진정한 의미에서 볼 때 자율적 규제라고는 할 수 없다.

수출자율규제는 1960년대 초 미국이 일본의 면직물수출을 통제하기 위해서 일본과 맺은 면직물협정을 시발로 해서 점차 기타 선진국으로도 확대되었고, 1970년대에는 면직물 이외의 모든 섬유류와 의류를 포함하는 소위 다자간 섬유협정(Multi-Fibre Arrangement : MFA)으로 발전되어 현재까지도 지속되고 있다. 또한 그 동안 수출자율규제의 대상도 섬유류에서 신발류, 철강제품, 기계류는 물론 전자제품, 자동차, 반도체 등으로 계속 확대되어 왔다. 그 결과 수출자율규제는 현재 신흥공업국들이 당면하고 있는 선진국들의 비관세장벽 중 가장 중요한 비중을 차지하는 수단이 되었다.

분석적인 측면에서 볼 때 수출자율규제도 일종의 수량제한이기 때문에 그것이 수입국에 미치는 경제적 효과는 수입쿼터의 그것과 한 가지 점을 제외하고는 동일하다. 그것은 수입쿼터의 경우 이로 인해서 발생하는 프리미엄(관세의 경우 관세수입에 해당하는 것)이 수입국의 수입면허자에게 귀속되는 데 비해 수출자율규제의 경우 그것이 수출국의 수출면허자에게 이전된다는 점이다. 이는 이미 앞의 수입쿼터에 대한 부분균형분석에서 언급한 바 있다. 즉 **[그림 8-2]**에서 사각형 $JFGH$에 해당하는 수입국의 소득(관세수입 혹은 수입업자의 프리미엄)이 수출국의 공급자에게로 이전된다는 것이다. 이는 수출국의 수출면허를 얻은 공급자가 국제시장에서의 경쟁가격 대신에 수입국의 국내가격에 수출할 수 있게 되기 때문이다. 따라서 수입국의 후생측면에서 볼 때 수출자율규제가 관세나 수량규제보다 더 선호될 이유는 없다고 하겠다.

그럼에도 불구하고 최근 들어 주요 선진국들이 수출자율규제를 선호하는 이유는 GATT 규정을 위반하지 않고 국내산업을 보호하기를 원하기 때문이다. 즉 GATT 규정에 따르면 수입쿼터나 차별적 관세는 원칙적으로 금지되어 있으며, 수출자율규제는 외형상 자유무역의 원칙을 따르는 것으로 보이기 때문이다. 물론 수출자율규제도 사실상 GATT 규정이나 정신에 어긋나는 것이지만 수출국의 자율적 조치라는 점에서 합리화될 수 있을 뿐만 아니라 수출자율규제는 장기적으로도 실시할 수 있기 때문이다. 또 다른 이유로는 법적 제도적 관점에서 수출자율규제는 실행하기가 비교적 쉽다는 점이다. 일반적으로 관세나 긴급수입제한(safeguard) 그리고 수입쿼터를 실시하기 위해서는 국내는 물론, 국제적으로 합법적인 복잡한 절차를 거쳐야 하나 수출자율규제는 이러한 과정을 거치지 않고 관련국간의 협상에 의해서 쉽게 실시될 수 있기 때문이다.

언뜻 보아 수출자율규제는 다른 수입규제조치에 비해서 수출국에 비교적 유리한 비관세장벽으로 보인다. 그러나 수출자율규제가 확산되는 것은 그렇게 바람직스러운 것은 아니다. 이것은 수출자율규제가 한번 도입되면 수입국의 소비자희생의 대가로 수출국의 공급자나 수입국의 생산자가 모두 이익을 보기 때문에 수입국의 소비자가 반대하지 않는 한 그 함정에서 벗어나기가 매우 어렵기 때문이다. 더구나 이것이 범세계적으로 확산될 경우 모든 나라에서 비교우위의 변화에 상응하는 산업구조의 조정이 방해를 받을 수밖에 없고 세계후생은 감소하게 될 것이기 때문이다.

2. 반덤핑관세 및 상계관세

덤핑이란 어떤 상품을 국내시장에서보다 더 낮은 가격으로 외국시장에 판매하는 것을 말한다. 따라서, 덤핑은 일종의 가격차별행위라고 볼 수 있다. 이것이 가능하기 위해서는 국내시장과 외국시장을 분할할 수가 있어야 하는데 국제무역에 있어서는 이러한 조건을 만족시키는 경우가 간혹 있다. 즉 국내시장과 외국시장은 지리적으로 서로 떨어져 있을 뿐 아니라, 관세장벽이나 다른 무역장벽에 의해서 덤핑으로 수출된 상품의 역수입이 어려운 경우가 있기 때문이다.

사실 수입국의 입장에서 보면 덤핑은 항상 나쁜 것만은 아니다. 왜냐하면, 국내의 경쟁산업에 심각한 피해가 없는 한 적어도 단기적으로는 국내소비자가 더 싼 가격으로 그 상품을 구입할 수가 있기 때문이다. 그러나 덤핑은 불공정무역행위로 간주되어 국제적으로 그 사용이 엄격히 금지되고 있다. 이는 덤핑으로 말미암아 수입국에서 국내산업의 정상적인 생성이나 성장이 방해받을 수 있을 뿐 아니라, 심지어는 낮은 가격으로 수입국의 국내산업을 도태시킨 후 독점력을 이용하여 높은 가격으로 수입국의 국내시장을 착취한다는 소위 약탈적 덤핑(predatory dumping)이 있을 수 있다는 이유 때문이다.

한편, 비슷한 이유로 수출이나 수입에 영향을 미칠 수 있는 어떤 형태의 정부보조금도 불공정무역행위로 간주되어 국제적 협정에 의해서 그 사용이 금지되고 있다. 덤핑과 보조금에 대한 GATT의 규정은 GATT 제6조(Anti-dumping and Countervailing Duties)와 제16조(Subsidies)에 수록되어 있다.

이 규정에 의하면 덤핑행위나 보조금의 수혜사실이 발견되고 또 이로 인해서 수입국의 산업이 "실질적 피해(material injury)"를 입었을 경우 수입국의 정부는 덤핑마진(dumping margin)이나 부여된 보조금의 범위 내에서 반덤핑관세(anti-dumping duties)나 상계관세(countervailing duties)를 부과하는 것을 허용하고 있다.

이와 같이 GATT에 의해서 허용된 불공정무역행위의 규제조항이 최근 몇몇 선진국에 의해서 자국산업의 보호수단으로 남용되고 있다는 사실들이 발견되고 있어 주목을 끌고 있다. 이와 같은 규정들이 남용될 수 있는 여지는 그 규정 자체가 갖고 있는 모호성이나 미비성 때문이기도 하지만 그러한 규정을 해석하고 집행하는 데 있어 정부관리들의 임의성이 개입될 수 있기 때문이다. 예컨대 덤핑판정의 기초가 되는 공정가격(fair value)을 어떻게 산정할 것인가, 상계조치의 대상이 되는 보조금의 종류와 범위는 어떻게 산정할 것인가, 그리고 무엇을 "실질적 피해"라고 할 것인가 등에 대한 명확성이 결여되어 있어, 이의 자의적인 해석이 가능하기 때문이다.

3. 국제적 카르텔(international cartel)

지금까지 살펴본 다양한 무역정책은 어느 한 나라가 자국의 산업이나 생산자를 보호할 목적으로 여러 가지 수단을 통하여 무역행위에 개입하는 것이었다. 그러나 자유무역이 저해되는 것은 개별국가에 의한 무역정책을 통해서 뿐만 아니라 여러 국가가 하나의 국제적 카르텔을 형성하여 국제시장에서 어느 정도 독점력을 행사함으로써, 즉 특정상품의 생산과 수출을 공동으로 제한함으로써 그들 국가들의 공동이익을 추구하는 경우가 있을 수 있다.

실제로 세계경제는 몇몇 특정상품과 서비스에 있어서 이와 같은 경험을 가진 바 있다. 커피, 다이아몬드, 담배생산과 항공서비스, 그리고 석유 등이 그러한 대표적인 예라 하겠다. 이 중 가장 성공적인 사례가 석유수출국기구(Organization of Petroleum Exporting Countries : OPEC)라고 볼 수 있다.

그러나 이와 같은 국제적 카르텔은 쉽게 무너지는 속성을 또한 가지고 있는데, 이는 그 카르텔이 성공하기 위해서는 그것이 취급하는 상품이 적절한 대체재가 없는 필수품일 뿐 아니라 그 상품에 대한 국제적 공급자가 소수라는 조건이 충족되어야 하기 때문이다. OPEC는 이러한 조건이 비교적 잘 충족되어 있는 경우라 하겠다. 일단 국제적 카르텔이 형성되면 그것은 총이윤을 극대화하기 위하여 국제시장에서 하나의 독점가와 같이 행동하게 된다. 즉, 생산을 줄여 수출을 감소시킴과 동시에 가격을 인상하게 된다. 이러한 행위는 분명히 세계후생을 저하시키는 결과를 초래하게 될 것이다. 왜냐하면 독점가격은 항상 한계비용보다 높고 따라서 자원의 효율적인 배분이 저해되기 때문이다.

4. 기타 비관세장벽

비관세장벽은 앞에서 살펴본 것 이외에도 다양한 형태를 띠고 자유무역을 저해하는 경우가 있다. 이러한 비관세장벽 중에는 기술적 또는 행정적 규제, 복잡한 유통구조, 그리고 심지어는 상행위에 대한 관습 및 법적 제도 등이 포함된다. 이 중 특히 중요한 정책수단은 기술적 및 행정적 규제라고 볼 수 있다.

정부의 기술 및 행정규정이 자국 상품과 타국 상품 간에 차별적으로 사용될 때 무역장벽이 된다. 이에 해당하는 비관세장벽은 다양한데 수입허가 및 통관절차를 복잡하고 비용이 많이 들게 함으로써 수입비용을 상승시켜 무역을 제한시키는 행정적 규제라든가, 정부가 수입품에 대한 안전규제(safety regulation), 보건규제(health regulation) 그리고 표시규제(labeling regulation) 등을 까다롭게 만들어 수입을 저해하는 각종 기술적 규제라든가, 또는 정부가 재화 및 서비스를 민간부문으로부터 조달할 때 국내공급자에게 상대적으로 유리한 혜택을 주는 정부구매제도 등이 있다. 이러한 비관세장벽은 공식적이든 비공식적이든 모두 수입상품의 국내가격을 높여줌으로써 수입을 억제하는 역할을 하게 된다.

8. 무역정책의 산업보호효과 : 명목보호율과 실효보호율

1. 명목 및 실효보호율이란?

지금까지 살펴본 모든 관세 및 비관세장벽은 결국 수입상품의 국내가격을 국제시장가격보다 높여줌으로써 국내의 경쟁산업을 보호해 주는 역할을 하게 된다. 우리는 흔히 이러한 무역정책에 의해서 국내산업이 보호되는 정도를 측정하는 수단으로써 명목보호율과 실효보호율의 개념을 사용한다. 명목보호율(nominal rate of protection : *NRP*)이란 어떤 동일한 상품에 대한 국내가격과 국제가격의 차이를 후자의 비율로 표시한 것이다. 따라서 명목보호율이란 무역정책에 의해서 어떤 상품의 국내가격이 국제가격에 비해서 어느 정도의 영향을 받는가를 나타내는 것이다. 이를 식으로 표시하면 다음과 같다.

$$NRP = \frac{(P' - P)}{P}$$

여기서 P'는 무역정책이 적용된 후의 국내가격, 그리고 P는 국제가격이다. 따라서, 만약 어떤 상품이 관세에 의해서 보호를 받는 경우 그 상품의 국내가격 P'는 국제가격 P보다 관세만큼 높아져 그 상품의 명목보호율은 관세율과 같아질 것이다.

그러나 명목보호율은 어떤 상품의 생산과정에서 교역가능한 중간재가 투입되는 경우 그 상품의 국내생산자가 실제로 받는 보호의 정도를 측정하는 데에는 부정확한 개념이다. 왜냐하면, 그 상품의 국내산업에 대한 실질적 보호효과는 그 상품에 대한 명목보호율에 의해서 뿐만 아니라 그 상품을 생산하는 데 소요되는 중간재에 대한 명목보호율에 의해서도 영향을 받기 때문이다.

따라서 어떤 상품에 대한 정확한 보호정도를 측정하는 데는 그 상품에 부여된 명목보호율뿐 아니라 그 상품을 생산하는 데 투입된 중간재에 대한 명목보호율을 감안하여 실질적으로 그 상품의 생산활동에 대해서 부여된 보호율, 즉 부가가치에 부여된 보호율을 나타내는 실효보호율(effective rate of protection : *ERP*)의 개념이 이용된다. 실효보호율은 어떤 상품의 국내가격기준의 부가가치와 국제가격기준에 의한 부가가치의 차이를 후자의 비율로 표시한 것이다.

실제로 대부분의 상품의 생산에는 노동과 자본 이외에 여러 가지의 중간재를 필요로 한다. 예를 들어서 자동차 생산에 투입되는 철강과 유리, 빵의 생산에 필요한 밀가루와 설탕, 신발 생산의 고무 등 모두가 이에 속하며, 이러한 중간재는 세계무역량의 상당한 부분을 차지하고 있다. 따라서, 중간재가 수입가능한 상품인 경우 중간재에 대한 보호는 그 산출물에 대한 보호와 함께 그 산업에 대한 실질적 보호의 크기를 판단하는 데 중요한 고려의 대상이 되어야 하는 것이다.

실효보호율(*ERP*)은 다음과 같은 식으로 간단히 표시될 수 있다.

$$ERP = \frac{(V' - V)}{V}$$

여기서 V'는 산출물과 중간재가 모두 국내가격으로 측정되었을 때의 부가가치이고 V는 자유무역하의 부가가치, 즉 산출물과 중간재가 모두 국제가격으로 측정되었을 때의 부가가치이다. 이해를 돕기 위하여 신발산업의 예를 통해 실효보호율이 계산되는 과정을 살펴보자.

2. 실효보호율의 추정

가령 자유무역하에서 신발 한 켤레의 국제가격은 40달러이고 이를 생산하기 위하여 30달러 어치의 고무를 해외로부터 수입한다고 하자. 또 고무가 유일한 중간재라고 하자. 이때 신발생산의 국제가격기준 부가가치(=V)는 10달러(=40달러-30달러)가 된다. 이때에 고무의 수입에

그림 8-9 실효보호율의 추정

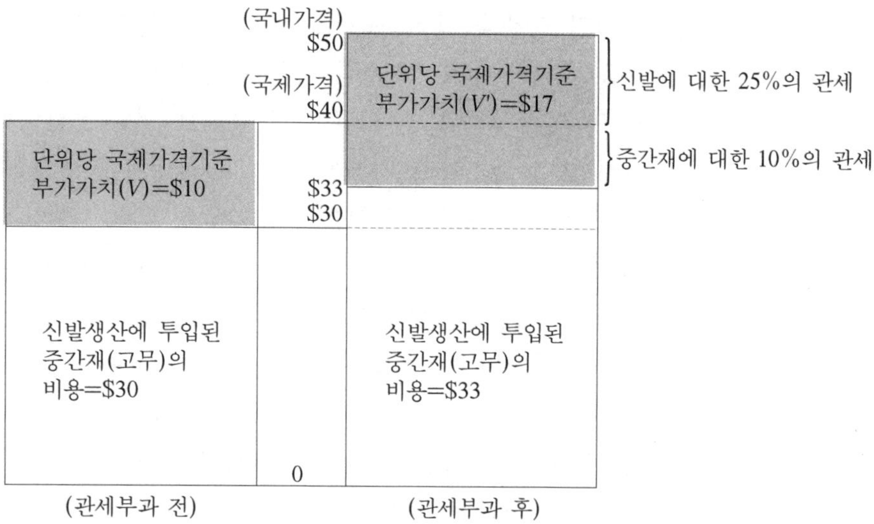

는 관세를 부과하지 않고 신발의 수입에만 25%의 관세를 부과한다고 하자. 그러면 신발의 국내시장가격은 50달러가 됨으로써 신발산업의 국내가격기준 부가가치(=V')는 20달러(=50달러-30달러)가 된다. 따라서, 국내신발생산자에 대한 실효보호율은 $ERP=(V'-V)/V=(20-10)/10=1$ 혹은 100%가 된다. 즉, 신발산업에 대한 명목보호율은 25%인데도 불구하고 신발생산의 부가가치에 부여된 실효보호율은 100%가 되는 것이다.

다른 하나의 예를 들어 보자. **[그림 8-9]**에서 볼 수 있는 바와 같이 신발의 수입에 대해서 25%의 관세율을 부과하는 동시에 중간재인 고무의 수입에 대해서도 10%의 관세를 부과하는 경우를 보자. 그러면 신발의 생산에 투입되는 수입고무의 국내가격은 30달러에서 33달러로 상승하게 되며, 이에 따라 신발생산의 국내가격기준 부과가치 V'는 17달러(=50달러-33달러)가 된다. 따라서, 신발생산에 대한 실효보호율은 $ERP=(17-10)/10=0.7$ 혹은 70%가 된다.

이와 같이 중간재에 대해서도 관세를 부과할 경우 산출물에 대한 실효보호율은 하락한다는 것을 알 수 있다. 즉, 산출물에 대한 명목보호율이 동일하다 하더라도 중간재에 대한 명목보호율이 다르면 산출물에 대한 실효보호율은 달라진다.

어떤 상품을 생산하는 데 투입·산출물의 비율이 일정할 경우 그 상품에 대한 실효보호율의 계산은 간단히 공식화될 수 있으며 이로부터 몇 가지 결론들을 이끌어 낼 수 있다. 즉, 실효보호율은 다음의 세 가지 요인에 의해서 결정된다. 첫째, 최종재에 대한 명목보호율(t), 둘째, 중간재에 대한 명목보호율(t_n), 셋째, 국제가격기준하에서 산출물가격 중 중간재가 차지하는 투입비율(a) 등이 그것이다. 여기서 중간재가 하나 이상일 경우 중간재의 명목보호율은 중간재들의 명목보호율의 가중평균치(투입비율을 가중치로 한)를 사용한다.

어떤 상품의 자유무역하의 국제가격이 P로서 고정되어 있다고 하자. 또한 이 상품을 생산하기 위해서 필요한 중간재의 세계시장가격 역시 불변이라고 가정하면 자유무역하에서 그 상품을 생산하기 위한 모든 중간재의 비용은 aP가 되고, 따라서 자유무역하에서 이 산업의 국내부가가치 V는 다음과 같다.

$$V = P - aP = (1 - a)$$

이제 이 나라에서 산출물(신발)과 중간재(고무)의 수입에 대해서 각각 관세율 t와 t_n을 부과하면 산출물의 국내시장가격은 $(1 + t)P$로 상승하고 중간재의 국내가격은 $(1 + t_n)aP$로 상승하게 된다. 따라서, 산출물과 중간재에 대해서 관세가 각각 부과된 후의 국내부가가치(V')는 다음과 같이 표시된다.

$$V' = (1 + t)P - (1 + t_n)aP$$

이 두 식을 실효보호율의 정의식에 대입하면 우리는 다음과 같은 관계를 얻는다.

$$ERP = \frac{V' - V}{V} = \frac{(1 + t)P - (1 + t_n)aP - P(1 - a)}{P(1 - a)}$$

$$=\frac{(1+t)-(1+t_n)a-(1-a)}{1-a}$$

$$=\frac{t-at_n}{1-a}$$

앞의 예(신발과 중간재인 고무의 수입에 대해서 각각 25%와 10%의 관세를 부과하는 경우)를 위의 식으로 계산해 보면 $t=0.25$, $t_n=0.1$ 그리고 $a=30/40=0.75$이므로 다음과 같은 결과를 얻게 된다.

$$ERP=\frac{0.25-(0.75\times 0.1)}{1-0.75}=\frac{0.175}{0.25}=0.7 \text{ 또는 } 70\%$$

이것은 앞의 실효보호율의 정의식을 사용해서 얻은 결과와 동일함을 알 수 있다.

한편, 우리는 위의 식으로부터 실효보호이론과 관련된 몇 가지 중요한 사실을 발견할 수 있다.

첫째, 산출물에 대한 명목보호율과 중간재에 대한 명목보호율이 동일한 경우(즉, $t=t_n$), 실효보호율(ERP)은 명목보호율과 같아진다. 즉,

$$ERP=\frac{t-at}{1-a}=\frac{t(1-a)}{1-a}=t(t=t_n\text{이기 때문})$$

가 된다.

둘째, 산출물에 대한 명목보호율과 중간재에 대한 명목보호율이 서로 다를 경우, 산출물에 대한 명목보호율이 중간재에 부여된 명목보호율보다 높으면(즉, $t>t_n$) 산출물에 대한 실효보호율은 산출물에 대한 명목보호율보다 더 크게 되고, 그 반대의 경우(즉, $t<t_n$)에는 산출물에 대한 실효보호율이 산출물에 대한 명목보호율보다 낮게 된다.

셋째, 산출물에 대한 명목보호율이 중간재에 대한 명목보호율과 산출물에 대한 중간재의 투입비율(a)을 곱한 값보다 작을 경우(즉, $t<a\cdot t_n$), 산출물에 대한 실효보호율은 마이너스의 값을 갖게 된다. 예를 들어 $t=0.25$, $a=0.75$일 때 만약 $t_n=0.50$이면 $a\cdot t_n=(0.75)(0.50)=0.375$가 되어 이 값은 $t=0.25$보다 크게 된다.

따라서,

$$ERP = \frac{0.25 - (0.375)}{1 - 0.75} = \frac{-0.125}{0.25} = -0.5$$

가 된다. 즉, 산출물에 대한 25%의 명목보호율에도 불구하고 이 산업에 대한 부가가치가 반으로 줄어든 것이다. 이와 같은 경우에는 산출물에 대한 '양'(positive)의 명목보호율에도 불구하고 실제로 국내생산이 역보호('음'의 보호)되어 자유무역하에서보다 오히려 생산이 감소하게 될것이다.

넷째, 실효보호율은 산출물에 대한 명목보호율(t)이 증가할수록 또는 중간재에 대한 명목보호율(t_n)이 하락할수록 증가하게 된다.

이와 같이 실효보호율의 개념은 관세 및 비관세장벽에 의한 산업보호효과를 파악하는 데 매우 유용한 개념이다. 그러나 이를 실제로 측정하기 위해서는 산출물에 대해서 뿐만 아니라 중간재에 대해서도 모든 무역정책이 이들의 가격에 미치는 효과, 즉 명목보호율에 대한 방대한 정보를 필요로 한다. 더욱이 산출물에 대한 중간재의 투입비율이 일정하다는 부분균형적인 특성 때문에 그 사용과 해석에 신중을 기하여야 한다. 예컨대 실효보호율이론은 그 산출물 및 중간재의 국제시장가격이 그 나라의 무역정책에 의해서 영향을 받지 않는다는 것과 중간재의 투입·산출계수가 항상 일정하다는 것을 가정하고 있다. 그러나 이 두 가정이 항상 충족된다고는 볼 수 없다. 왜냐하면 중간재에 대한 명목보호율은 상대가격의 변화를 가져오게 마련이고 이에 따라 생산에 투입되는 중간재를 값이 싼 다른 투입물로 대체할 가능성이 있기 때문이다. 이러한 결점에도 불구하고 국내산업에 제공되는 보호 정도를 측정하는 데는 실효보호율이 명목보호율보다 우월한 것만은 확실한 사실이다.

✤ 연습문제

1. 관세 및 쿼터 부과의 경제적 효과에 대하여 논하시오.

제9장

시장왜곡과 적정무역정책

1. 불완전한 국내시장

2. 불완전한 국제시장

3. 비경제적 목적하의 정부개입

전통적 무역이론에서는 재화 및 요소시장이 완전경쟁적이라고 가정하고 있다. 그러나 현실경제에서는 시장왜곡이 존재하여 가격기구만으로는 자원의 최적배분이 이루어지지 않는 경우가 많다. 시장왜곡은 생산, 소비활동에 외부경제성이 존재하거나 시장규모가 협소하여 완전경쟁이 이루어지기 어려운 경우에 주로 발생하는데 우리는 이를 흔히 시장실패(market failure)라고 부른다.

일반적으로 시장실패에 의한 시장왜곡이 존재하는 경우 이의 시정을 위해서 정부개입이 요구되고 그 개입수단으로 무역정책이 활용되는 경우가 있다. 예를 들면 어떤 산업의 국내시장이 독과점적 시장구조를 가질 때에는 국내시장에 경쟁적 요인을 도입하기 위해서 무역자유화정책이 사용될 수 있으며, 국제시장이 독과점적 시장구조를 가질 때에는 자국 산업이 그 독과점적 이윤을 획득할 수 있도록 최적관세나 전략적 무역정책이 고려될 수도 있다.

한편, 시장왜곡은 적절하지 못한 정부정책의 결과로 초래되는 경우도 허다하다. 예를 들면 특정산업의 육성을 위해서 금융 및 세제상의 지원을 확대할 경우 이것은 자본시장의 왜곡을 초래할 수도 있고 또 유치산업보호라는 명분하에 특정산업에 대한 수입장벽을 설치하는 경우 그것은 소비자 손실은 물론 다른 산업에 대한 역보호를 초래하여 자원배분의 효율성을 오히려 저해할 수도 있다. 이와 같이 부적절한 정부정책으로 인해서 시장왜곡이 발생하거나 오히려 그것이 확대되는 경우 우리는 흔히 이를 시장실패에 비유하여 정부실패(government failure)라고도 부른다. 개발도상국의 경우 시장실패보다는 정부실패에 의한 휴유증이 훨씬 심각한 경우도 허다하여 정부정책의 취사선택의 중요함을 잘 말해 주고 있다.

본 장에서는 시장왜곡이 발생하는 몇 가지 주요 원인을 살펴보고 이와 관련되어 사용되는 무역정책의 효과에 대해서 살펴보기로 하자.

1. 불완전한 국내시장

1. 독과점적 국내시장구조

어떤 나라의 국내시장에서 어떤 재화에 대한 독과점이 존재하는 경우, 일반적으로 그 나라의 한계전환율(MRT_{xy})과 국내가격비율(P_x/P_y)이 서로 일치하지 않게 되어 생산에서의 왜곡이 발생(즉, $MRT_{xy} \neq P_x/P_y$)하게 되는데 이는 바로 불완전경쟁하에서는 자원이 효율적으로 활용되지 못한다는 것을 뜻한다. 왜 그런지 간단한 그림을 이용해서 살펴보기로 하자.

[그림 9-1]에서는 Y재(수입재)의 국내생산이 어떤 독점기업에 의해서 담당되는 경우 그것이 국내생산 및 가격에 어떤 왜곡을 가져오는지를 보여 주고 있다. 우선 폐쇄경제하에서 X, Y재의 두 산업이 모두 완전히 경쟁적이라면 국내생산 및 소비는 생산가능곡선상의 점 C_1에서 이루어질 것이며, 이 점에서의 접선의 기울기인 $(P_x/P_y)^1$가 그때의 균형가격비율이 될 것이다. 이제 만약 Y재 생산이 독점상태에 놓이게 된다고 가정하자. 그러면 Y재 산업은 완전경쟁상태에서보다 생산량을 줄이고 가격은 한계비용보다 더 높게 책정함으로써 독점이윤을 극대화하려고 할 것이다. 이러한 독점기업의 행위는 재화의 상대가격을 왜곡시키게 됨으로써 결과적으로 국내가격비율은 $(P_x/P_y)^1$에서 $(P_x/P_y)^m$으로 낮아지고 생산 및 소비점은 점 C_1에서 점 M으로 이동하게 된다. 따라서, 이 나라의 후생수준도 SW_1에서 SW_m으로 하락하게 된다. 그러나 이러한 결과는 모두 이 나라가 금지적 관세 등의 적용으로 폐쇄경제 상태에 있을 때 일어나는 일이다. 만약, 이 나라가 무역자유화를 하게 되면 국내 독점산업(Y재)은 세계시장에서 값싼 Y재 수입품과의 경쟁에 직면하게 된다. 이때에 이 나라가 세계시장가격에 영향을 미칠 수 없다면 국내독점산업은 더 이상 독점적 지위를 유지할 수 없게 되고 주어진 세계시장가격에서 순수한 경쟁산업으로 바뀌게 된다. 따라서, Y재 생산량은 순수경쟁산업이 자유무역하에서 생산하게 되는 점 A로 이동하게 된다. 그리고 소비는 점 C_2에서 이루어지며 이때 사회후생수준은 SW_2로 극대화된다. 따라서 국내시장에서 독점기업이 존재할 때에는 자유무역이 최적의 정책임을 알 수 있다.

그림 9-1 **국내독점에 의한 왜곡과 적정무역정책**

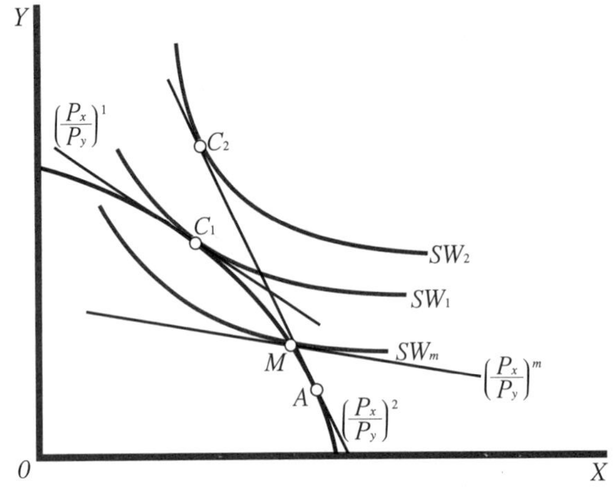

이렇게 국내독점이 존재할 때 자유무역을 함으로써 얻게 되는 무역의 이익은 자유무역이 독점을 제거시키는 효과와 국제분업화를 통한 후생효과가 합쳐진 것으로 나타난다. 즉, **[그림 9-1]**에서 볼 때 점 C_1은 폐쇄경제하에서 국내에서 독점이 존재하지 않을 경우의 생산, 소비의 균형점이며, 점 M은 Y재 생산이 독점상태에 있는 경우의 생산, 소비점이므로 점 M(무차별곡선 SW_m)에서 점 C_1(무차별곡선 SW_1)으로의 이동은 자유무역으로 인해 독점이 제거되어 얻게 되는 이익이며, 점 C_1(무차별곡선 SW_1)에서 점 C_2(무차별곡선 SW_2)로의 이동은 국제분업으로 얻게 되는 이익인 것이다.

한편, 개발도상국에서는 간혹 수출상품(X재)에 대해서도 국내생산자로 하여금 국내시장에서 독과점 이익을 누리게 허용하는 경우가 있다. 물론 이것은 그 상품의 국내생산자가 소수이고 또 수출상품의 국내 시장이 금지적 관세 등으로 보호되어 있어 한 번 수출된 상품의 역수입이 불가능하게 되었을 때 가능하다. 즉, 이때에 국내생산자는 국내시장과 해외시장을 효과적으로 분할하여 가격차별정책을 사용함으로써 국내시장에서 독과점 이윤을 얻는 것이 가능해진다. 그 결과로 수출상품의 국내가격은 국제가격보다 비싸지고 그 국내공급도 자유무역하에서보다 적어진다. 물론, 사회후생수준도 자유무역하에서보다 낮아진다.

그럼에도 불구하고 이러한 정책이 활용되는 이유는 그것이 정부의 직접적 보조금에 의존하지 않고 수출초기단계에 있는 국내수출기업들의 채산성을 높여 주거나 또는 해외시장에서의 손실을 간접적으로 보전해 줄 수 있기 때문이다. 한국을 비롯한 몇몇 국가에서도 과거에 이러한 정책을 사용한 경험이 있다. 그러나 최근에는 국내시장에 대한 무역장벽도 거의 없어지고 또 그러한 정책은 해외에서 덤핑규제의 구실을 제공하게 되어 그 사용이 어렵게 되었다.

2. 외부경제효과

어떤 재화시장에 왜곡상태가 내생적으로 존재할 수 있는 또 하나의 경우는 그 재화의 생산활동이 외부경제(external economy)나 외부비경제(external diseconomy)를 수반하는 경우이다. 어떤 특정재화의 생산에 외부경제(혹은 비경제)가 존재한다는 것은 그 재화의 사적 한계비용(private marginal cost)이 사회적 한계비용(social marginal cost)보다 크다는(혹은 적다는) 것을 의미한다. 예를 들면 사과를 재배하는 과수원 옆의 양봉업자에게는 외부경제를 가져오고 공해를 배출하는 화학공장은 그 지역주민에게 외부비경제를 가져온다. 이러한 경우 정부는 적절한 조세 및 보조금정책을 통해서 그 나라의 자원배분의 효율성을 높일 수 있다는 것은 잘 알려져 있는 사실이라 하겠다. 간단한 예를 하나 들어 보기로 하자.

[그림 9-2]에서 S와 D는 각각 A국에서의 X재 산업의 공급곡선(혹은 사적 한계비용곡선)과 수요곡선을 나타낸다. 이때에 외국의 공급곡선을 무한대의 공급탄력성을 가진 S^*라고 하면 자유무역하에서 A국은 주어진 X재의 국제가격 P_x^*에서 X_4만큼의 X재를 소비하고 X_1만큼의 X재를 생산하게 될 것이며, 그 차이인 $DC(=X_4-X_1)$만큼의 X재를 해외로부터 수입하게 될 것이다.

그런데 X재의 생산에 외부경제효과가 존재한다고 가정하자. 그러면 앞에서 언급한 바와 같이 X재 생산에 있어서 사회적 한계비용이 사적 한계비용보다 적다는 것을 의미하므로 **[그림 9-2]**에서와 같이 사회적 한계생산비곡선을 나타내는 S'는 사적 한계생산비곡선을 나타내는 S보

그림 9-2 외부경제하의 관세 및 보조금정책

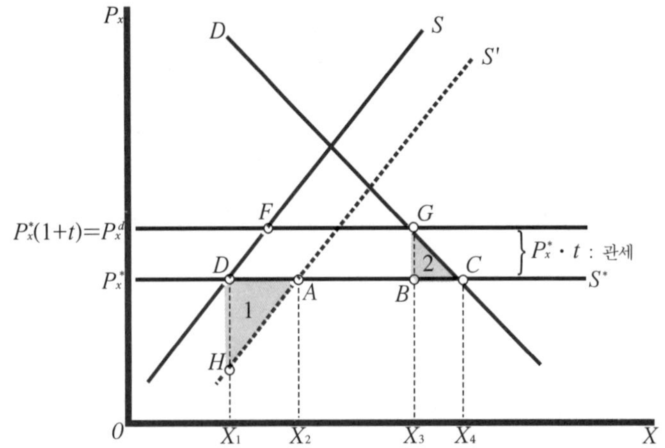

다 아래에 위치하게 된다. 따라서, 자유무역하에서는 주어진 P_x^*에서 X재의 국내생산량은 사회적으로 바람직한 생산량, 즉 사회적 한계비용과 한계수입이 같아지는 X_2보다 적은 X_1이 된다.

이러한 경우 국내생산량을 사회적으로 바람직한 X_2로 증가시키기 위해서 정부는 흔히 관세와 같은 무역정책에 의존하는 경우가 있다. 이것이 이 나라의 후생에 미치는 효과를 좀더 자세히 살펴보기로 하자. **[그림 9-2]**에서 볼 수 있는 바와 같이 우선 X재의 수입에 t만큼의 관세율을 부과하면 X재의 국내가격이 P_x^*에서 $P_x^d[=P_x^*(1+t)]$로 상승하게 되어 국내생산량은 $DA(=X_2-X_1)$만큼 증가해서 사회적으로 바람직한 생산량 X_2가 된다. 그러나 소비 또한 X_4에서 X_3로 BC만큼 감소하게 된다. 이와 같이 정부의 관세정책을 통해서 X재의 생산량을 X_1에서 X_2로 증가시킴으로써, 즉 생산면에서의 왜곡을 시정함으로써 이 나라가 얻는 사회후생의 순증가는 삼각형 DAH(면적 1)에 해당한다. 이는 X재의 국제가격이 X재 생산의 사회적 한계비용을 초과하기 때문에 발생하는 생산자잉여의 증가이다. 그러나 관세는 X재의 국내가격을 $[P_x^* \cdot t]$만큼 상승시켜 국내소비가 X_4에서 X_3로 감소한다. 이에 따른 소비자잉여의 순손실(deadweight loss)은 삼각형 GCB(면적 2)에 해당한다. 따라서 생산왜곡을 시정하기 위한 관세정책이 후생에 미치는 효과는 생산면에서 왜곡을 없앰으로써 얻게 되는 이익(면적 1)과 관세의 부과로 인해서 소비면에서 새로이 발생한 왜곡으로 인한 후생의 감소(면적 2)를 서로 비교해야 하는데 전자가 후자를 능가할 때에만 유효한 정책이 되는 것이다.

그러나 정부가 X재 산업의 생산량을 X_1에서 X_2로 증가시키려는 목표는 관세정책 대신에 생산보조금을 지급함으로써 더 효율적으로 달성할 수 있다. 즉, X재 산업의 단위생산당 $[P_x^* \cdot t]$의 크기에 해당하는 보조금을 지급하면 X재의 국내생산자들은 그들의 공급곡선을 S에서 S'로 이동시켜 X_2를 생산하게 된다. 즉, 보조금을 포함한 사적 한계비용은 모든 산출량에서 사회적 한계비용과 일치하게 된다. 이때 X재의 국내가격 P_x^*에는 아무런 변동이 없으므로 X재의 소비수준은 자유무역하에서의 소비량 X_4와 동일하다. 따라서, 이 나라는 생산왜곡을 시정함으로써 얻게 되는 이익(면적 1)만큼의 후생효과를 누리게 된다.

지금까지의 분석을 통해서 알 수 있는 바와 같이 생산면에서 왜곡이 발생했을 때 최선의 정책은 보호무역이 아니라 자유무역하에서 정부가 생산에 직접 개입하는 보조금정책이다. 이와 같은 이유는 관세정책이 생산의 왜곡을 시정하기 위해서 소비의 왜곡을 초래하는 데 반해 보조금은 소비의 왜곡을 초래함이 없이 생산의 왜곡을 시정할 수 있기 때문이다.

3. 동태적 외부경제효과 : 유치산업보호론의 경우

정부개입이 강력히 요구되었던 경우로는 이미 앞의 제7장 2절에서 언급한 바 있는 외부경제를 근거로 해서 소위 유치산업보호론을 들 수 있다. 즉, 유치산업보호론에 의하면 한 나라에서 새로운 산업이 생성되어 성장하는 과정에서는 흔히 일정기간에 걸쳐 외부경제효과가 발생하게 되는데, 이러한 동태적 외부경제효과(dynamic external economies)를 보상하기 위해서는 적절한 정부개입이 요구된다는 것이다. 또 이런 경우 무역정책보다는 보조금정책에 의한 정부개입이 최선의 방법이라는 것은 이미 앞절에서 논의한 바 있다.

그런데 대부분의 개발도상국에서는 유치산업으로 간주된 제조업을 보호·육성하기 위하여 관세나 다른 수입규제와 같은 무역정책에 크게 의존하였다. 실은 역사적으로 볼 때에도 오늘날 세계에서 가장 앞선 선진공업국이라 할 수 있는 미국, 독일, 일본도 그들의 공업화 초기 단계에서는 높은 관세나 광범위한 수입통제와 같은 무역장벽의 보호 속에서 공업화를 추구하였던 때가 있었던 것이다.

이와 같이 유치산업을 보호·육성하기 위해서 무역정책이 주로 활용되었던 때에는 유치산업보호론을 뒷받침하는 이론이 아직도 잘 정립되지 못한 상태에 있기 때문이기도 하지만 이 이론의 역사적 발전과정과도 연관성이 있다. 왜 그런지 이를 역사적 관점에서 간단히 살펴보기로 하자.

원래 이 유치산업보호론은 일찍이 미국의 해밀톤(A. Hamilton)과 독일의 리스트(F. List)에 의해서 주장되기도 했지만 이를 좀더 체계적으로 제시한 사람은 영국의 밀(J. S. Mill)이었다. 밀은 "일정기간 동안 보호·육성되면 보호없이도 외국산업과 경쟁할 수 있는 산업에만 보호가 필요하며 이를 위해서는 보호관세가 가장 편리한 수단이 될 것이다"라고 주장하였다. 그 후 베스터블(C. F. Bastable)은 이러한 밀의 주장에 대해서 "보호가 정당화되기 위해서는 유치산업이 보호의 결과로 언젠가는 경쟁력을 갖게 된다는 조건만으로는 부족하고 보호 후에 보호기간 동안에 초래된 비용을 보상할 수 있을 만큼 충분한 이익을 가져와야 한다"고 주장하고 있다. 즉, 베스터블에 따르면 보호된 유치산업의 미래이익을 할인한 현재가치가 적어도 그 유치산업을 보호하기 위하여 치룬 비용만큼은 되어야 한다는 것이다.

그러나 최근의 유치산업보호론(예컨대, H. G. Johnson)은 유치산업이 성장해서 국제경쟁력을 획득하여야 함은 물론 그것이 성장하는 동안에 발생되는 외부경제효과에서 정부개입의 이론적 근거를 찾고 있다. 즉, 유치산업의 발전이 타산업에 외부경제효과를 가져오는 경우 자유경쟁은 투자재원의 효율적인 배분을 가져올 수 없기 때문에 정부개입이 필요하게 된다는 것이다. 다시 말해서 외부경제효과의 존재로 인하여 사적 수익률이 사회적 수익률보다 낮다면 비록 사회적으로 유용한 투자라 할지라도 개인기업의 입장에서는 채산성이 없는 것으로 간주되어 충분한 투자가 이루어지지 않는다는 것이다. 그러나 이 경우에 존슨은 유치산업을 보호하기 위한 최선의 정책은 관세정책이 아니라 유치산업에 대한 보조금이라고 설명하고 있다.

따라서 유치산업의 보호와 관련된 핵심적인 문제는 유치산업의 성장과정에서 발생할 것으로 기대되는 외부경제효과가 과연 무엇인가를 규명하는 일이라 볼 수 있다. 그 외부경제효과의 발생원인과 특성이 규명되어야 이에 대한 적절한 정부의 정책이 마련될 수 있기 때문이다. 이에 대해서는 다음의 몇 가지 가설이 존재할 뿐이다.

첫째, 새로운 산업의 개발에 필요한 기술인력의 부족이나 부재로 인하여 어떤 특정산업의 선발기업은 노동자에 대한 훈련을 시켜야만 한다. 그런데 이러한 노동기술의 향상을 위해서 투자한 비용을 선발기업이 회수하기도 전에 그 훈련된 기술인력이 타산업 혹은 후발기업에 채용되어 나가는 경우 타산업 혹은 후발기업은 외부경제효과를 누리게 되고 선발기업은 그만큼 상대적으로 불리해진다. 이 경우 선발기업의 사적 수익률은 사회적 수익률보다 낮아질 뿐만 아니라 어느 누구도 선발기업으로서 노동자의 교육훈련비용을 지불하려고 하지 않을 것이기 때문에 정부의 개입이 요구된다. 그러나 정부개입의 최적정책은 관세에 의한 보호정책이 아니라 노동훈련에 대한 보조금을 지급하는 것이다.

둘째, 유치산업의 선발기업들은 노동의 실무교육 이외에도 생산기술에 대한 새로운 지식의 획득이 필요하다. 이것은 외국에서 도입할 수도 있고 자체적으로 개발할 수도 있다. 그러나 그것은 일시에 이루어진다기보다는 생산경험이 축적됨에 따라 점차 학습효과를 통해서 생산비의 감소로 나타난다. 따라서, 이런 지식의 획득은 앞으로의 이익을 증가시켜 줄 것임에는 틀림없지만 그것이 충분히 실현되기 전에 타산업 혹은 후발기업으로 그 지식이 쉽게 훨씬 더 적은 비용으로 이전되어 버리는 경우가 있다. 이런 경우 타산업이나 후발기업은 외부경제효과를 누리게 되지만 선발기업은 상대적으로 불리하게 되어 누구나 선발기업이 되는 것을 회피하려 할 것이다. 따라서, 선발기업의 사적 수익률이 사회적 수익률보다 낮게 된다. 이러한 경우에도 정부의 최적정책은 관세에 의한 산업보호정책이 아니라 기술획득에 대한 보조금정책이다. 이와 같이 유치산업을 육성하기 위한 수단으로 보조금이 관세보다 더 효율적인 이유는 대내적인 요인에 의해서 생산의 왜곡이 발생할 때 이를 시정하기 위해 관세를 사용하게 되면 또 다른 왜곡(예컨대,

소비왜곡)이 발생하게 될 뿐만 아니라 보호 아래서 사회가 필요로 하는 만큼의 인력훈련과 기술획득효과가 반드시 일어나리라는 보장도 없기 때문이다. 충분한 인력훈련과 기술획득 없이도 채산성이 보장될 수 있기 때문이다.

셋째, 유치산업의 선발기업들은 국내외 시장개척이 필요하고 이를 위해서 상당한 선전, 광고비용의 지출이 요구된다. 그리고 그 성공가능성에 대한 불확실성도 높다. 그러나 후발기업은 선발기업의 실수를 회피할 수도 있고 더 적은 비용으로 시장개척이 가능할 수도 있다. 이 경우에도 정부의 최적정책은 관세정책보다는 시장개척이나 정보수집에 대한 보조금정책이라 할 수 있다.[1)]

끝으로 유치산업보호론에서는 이상과 같은 외부경제가 어떤 일정한 기간에 걸쳐서 일시적으로 일어나는 외부경제효과, 즉 동태적 외부경제효과라는 가정을 하고 있다. 따라서, 정부개입도 일시적인 보호에서 그쳐야 한다는 것이다. 만약에 시간성이 배제된 정태적 외부경제효과라면 영구적인 정부개입이 필요하게 된다.

아무튼 현실적으로 볼 때 유치산업보호론은 전후 개발도상국의 무역정책에 지대한 영향을 미쳤다. 특히 브라질, 아르헨티나, 멕시코와 같은 남미국가들에서는 보호무역정책의 무분별한 활용으로 경쟁력 없는 수입대체산업을 양산하여 자원의 낭비는 물론 무역의 축소를 초래하였다. 이에 비해서 한국, 대만 등을 비롯한 아시아의 신흥공업국은 수출지원정책을 사용하여 비교적 쉽게 경쟁력을 확보할 수 있는 유치산업들이 먼저 개발되어 자원의 낭비가 방지되었다.

---

1) 이상에서 살펴본 바와 같이 유치산업보호를 위한 최적정책은 관세보다는 보조금정책임에도 불구하고 실제로 많은 개발도상국에서는 관세정책이 주로 활용되었다. 여기에는 몇가지 이유가 있을 것이다. 예컨대, 첫째로 관세는 재정수입을 가져오지만 보조금은 재정지출을 필요로 하기 때문에 재정이 빈약한 개발도상국은 관세를 선호하는 경향이 있다. 둘째, 국민의 세금에 의존하는 보조금은 그 보호비용이 가시적이기 때문에 쉽게 국민적 저항의 대상이 될 수 있다는 점이다.

2. 불완전한 국제시장

1. 독과점적 국제시장구조 : 전략적 무역정책

우리는 이미 앞절에서 한 나라 안에서 어떤 상품에 대한 시장이 독과점적 구조를 가질 때 가격 및 생산의 왜곡에 의해서 자원의 낭비가 불가피해진다는 것과 또 이를 시정하기 위한 가장 효과적인 방법은 자유무역정책이라는 것을 논의한 바 있다. 이것은 일반적으로 국제시장은 그 규모가 크기 때문에 완전경쟁적 구조를 갖게 되어 자유무역하에서는 어떤 기업도 독점력을 가질 수 없게 된다는 데 그 이유가 있다.

그러나 경우에 따라서는 세계시장 자체도 완전경쟁을 보장할 수 있을 만큼 그 규모가 충분히 크지 못할 때도 있다. 이는 규모의 경제로 인한 최적단위의 기업규모가 워낙 커서 하나 혹은 소수의 기업에 의해서 세계수요가 효과적으로 충족될 수 있을 때 발생하는 현상이다. 이러한 경우 세계시장은 독과점적 시장구조를 갖게 되고 여기에 참여하게 된 기업들은 일반적으로 정상이윤을 초과하는 독과점이윤의 혜택을 누리게 된다.

어느 한 나라 안의 시장이 독과점구조를 가질 때, 그리고 만약 완전한 자유무역정책의 시행이 어려운 경우 그 나라는 가격규제, 담합방지 등과 같은 독과점규제정책을 시행하는 것이 일반적인 예이다. 그러나 국제시장이 독과점적 시장구조를 가질 때 그러한 역할을 하는 기관은 없다. 오히려 각국의 정부는 자국기업들로 하여금 그 독과점이윤을 차지할 수 있도록 전략적 무역정책을 사용할 수도 있다. 왜 그런지 크루그만(P. Krugman)이 그의 논문에서 인용한 간단한 예를 통해서 알아보기로 하자.

만약, 항공기의 생산에는 규모의 경제가 워낙 커서 하나의 기업이 세계시장을 효과적으로 공급할 수 있다고 하자. 그리고 그러한 잠재능력을 가지고 있는 기업이 미국의 보잉(Boeing)사와 유럽의 에어버스(Airbus)사라고 하자. 또 어느 한 기업만이 최종생산자가 될 경우 그 기업은 초과이윤을 누릴 수 있지만, 만약 두 기업이 동시에 생산에 참여할 경우, 두 기업은 모두 손실을 감수해야 한다고 가정하자. 이러한 가정하에서 **[표 9-1]**은 두 기업이 각각 생산참여에 대한 결정을 어떻게 하

표 9-1 각 기업의 생산여부와 손익메트릭스

에어버스 \ 보잉	생 산 참 여	생 산 불 참
생 산 참 여	-5 (에어버스) / -5 (보잉)	0 (에어버스) / 100 (보잉)
생 산 불 참	100 (에어버스) / 0 (보잉)	0 (에어버스) / 0 (보잉)

자료 : Krugman, P. R., "Is Free Trade Passe?" *The Journal of Economic Perspective*, vol. 1(1987, Fall)

느냐에 따라 각 기업이 얻게 되는 이윤을 하나의 가상적 메트릭스로 제시하고 있다. 즉, **[표 9-1]**의 가장 왼쪽 열은 보잉사가 생산에 참여하는지 안 하는지를, 그리고 가장 윗쪽 행은 에어버스사가 생산에 참여하는지 안 하는지를 나타내고 있다. 그리고 사각형 안의 숫자는 각사가 생산참여에 대한 가부를 결정하였을 때 각사가 얻을 수 있는 이윤을 표시하는데 사각형 안의 우상향쪽에 있는 숫자는 에어버스사에 돌아가는 이윤을, 그리고 좌하향쪽에 있는 숫자는 보잉사에 돌아가는 이윤을 각각 나타낸다.

[표 9-1]에서 볼 수 있는 바와 같이 각사가 혼자서만 생산에 참여하는 경우 각사는 100에 해당하는 이윤을 남길 수 있다. 그러나 두 회사가 모두 생산에 참여하게 되면 두 회사가 모두 5에 해당하는 순손실을 감수하게 된다. 물론 두 회사가 모두 생산에 불참하면 이윤은 '영'(zero)이 된다. 이러한 경우 어느 나라의 기업이든 어떤 이유로 먼저 생산에 참여하게 되면 그 기업은 100이라는 이윤을 획득하게 되지만 나머지 다른 기업은 생산에 참여할 의욕을 잃게 된다. 예를 들어 보잉사가 선발기업이 되어 그 이윤을 차지하더라도 에어버스사는 생산에 참여할 이유가 없다. 만약, 생산에 참여할 경우 두 회사가 모두 손실을 입게 되기 때문이다. 그러나 만약 정부가 에어버스사에 생산보조금을 주어 보잉사보다 항공기 생산에 더 유리한 입장을 만들어 줌으로써 에어버스사가 최종공급자가 된다면 그 이윤은 보잉사가 아니라 에어버스사에게로 돌아가게 된다. 예를 하나 들어보자.

만약, EC 정부가 전략적으로 보잉사의 생산참여의 여부를 불문하고 에어버스사가 생산에 참여하는 경우 10이라는 보조금을 주기로 결정하

표 9-2 EC 보조금하의 각 기업의 손익메트릭스

보잉 \ 에어버스	생 산 참 여	생 산 불 참
생 산 참 여	-5 \ 5	100 \ 0
생 산 불 참	0 \ 110	0 \ 0

자료 : Krugman, P. R., "Is Free Trade Passe?" *The Journal of Economic Perspective*, vol. 1(1987, Fall)

였다고 하자. 그러면 두 회사의 이윤메트릭스는 **[표 9-2]**에서와 같이 나타날 것이다. 즉, 보잉사가 생산에 참여하는 경우 보잉사는 5에 해당하는 손실을 감수해야 하지만 에어버스사는 5에 해당하는 이익을 남길 수 있게 된다. 따라서, 결국 보잉사는 생산을 중단하지 않을 수 없게 되고, 만약 보잉사가 생산을 중단하는 경우 에어버스사는 보조금을 포함하여 110에 해당하는 이윤을 얻게 된다. 그 중 100은 보잉사로 가던 이윤이 에어버스사로 이전된 것이다. 따라서, EC 정부는 10의 보조금을 주어 100의 이윤을 해외기업으로부터 자국기업으로 이전시키는 성과를 올리게 되는 것이다.

위의 예에서 볼 수 있는 바와 같이 전략적 무역정책은 이론적인 면에서 볼 때 상당히 매력적인 제안으로 보일 수도 있다. 그러나 그러한 정책이 과연 현실적으로 활용될 수 있는가에 대해서는 다음과 같은 이유로 부정적으로 보는 견해가 지배적이다.

첫째로 우선 전략적 무역정책이 적용될 수 있는 상품 혹은 산업의 범위는 극히 제한적인 것에 불과하고 그것도 전후 새로운 공업국의 출현과 경쟁의 치열화로 감소추세에 있다는 점을 들 수 있다. 둘째로, 전략적 무역정책을 사용하기 위해서는 국내기업은 물론 외국의 경쟁잠재력을 가지고 있는 모든 기업에 대해서 **[표 9-1]**과 **[표 9-2]**에서와 같은 정확한 손익메트릭스를 작성할 수 있어야 한다. 그러나 이것은 실로 불가능에 가까울 정도로 방대한 정보를 필요로 하는 것이다. 셋째, 한 나라의 전략적 무역정책의 사용은 결국 보복과 무역전쟁으로 발전하게 될 가능성이 매우 높다. 이것은 어떤 나라가 대량실업과 사회적 불안 때문에 자국의 사양산업을 일시적으로 보호하기 위해서 사용하는

방어적인 무역정책과는 그 성격이 근본적으로 다르기 때문이다. 즉, 이것은 무역 상대국의 기업으로부터 자국기업으로 초과이윤을 빼앗아 오기 위한 공격적인 무역정책이기 때문에 상대국의 무역보복을 면하기가 매우 어렵다. 넷째, 정부가 어떤 이유로 특정기업이나 특정산업에 특혜정책을 사용하게 되면 그러한 정책은 곧 정치적 영향력하에 놓이게 된다. 즉, 국내의 다른 이익집단이나 압력단체들도 정치적 영향력을 행사하기 마련이다. 따라서 좋은 목적으로 출발한 정책이라 하더라도 결과적으로 국익에 손실을 끼치는 경우가 허다하다. 유치산업보호론이 많은 시행착오를 불러일으킨 것도 바로 이런 이유 때문이라고 볼 수 있다.

이상과 같은 관점에서 볼 때 우리는 소위 전략적 무역정책에 대해서 다음과 같은 조심스러운 결론에 도달할 수 있다. 즉, 세계시장이 독과점구조를 가질 때 자유무역이 곧 한 나라의 자원배분의 효율성과 소비자후생의 극대화를 보장하는 것은 아니다. 그러나 개별국가의 이익을 극대화하기 위해서 사용될 수 있는 전략적 무역정책이 안고 있는 위험성을 감안할 때 각국은 보조금에 대한 규제를 강화하고 자유무역과 같은 단순한 원칙을 받아들이는 것이 최선의 정책이 될 수 있다. 이는 보복능력이 부족한 소규모국가일수록 더욱 절실한 과제라 아니할 수 없다.

2. 대규모국가 : 최적관세

한 나라의 개별기업은 비록 국제시장에서 가격순응자라고 하더라도 만약 그 나라의 무역규모가 세계시장에서 차지하는 비중이 클 경우 관세와 같은 무역정책을 통하여 세계시장가격에 영향을 미칠 수 있고, 따라서 그 나라의 교역조건을 개선시킬 수 있게 된다. 그러나 교역조건의 개선이 곧 그 나라의 후생증가를 보장하는 것은 아니다. 관세의 부과는 다른 한편으로는 생산 및 소비왜곡으로 인하여 무역의 감소를 가져오고 그것은 사회후생을 감소시키는 역할을 하기 때문이다. 따라서 관세가 한 나라의 후생에 미치는 효과는 이 두 가지 효과의 합으로 나타난다.

그림 9-3 최적관세

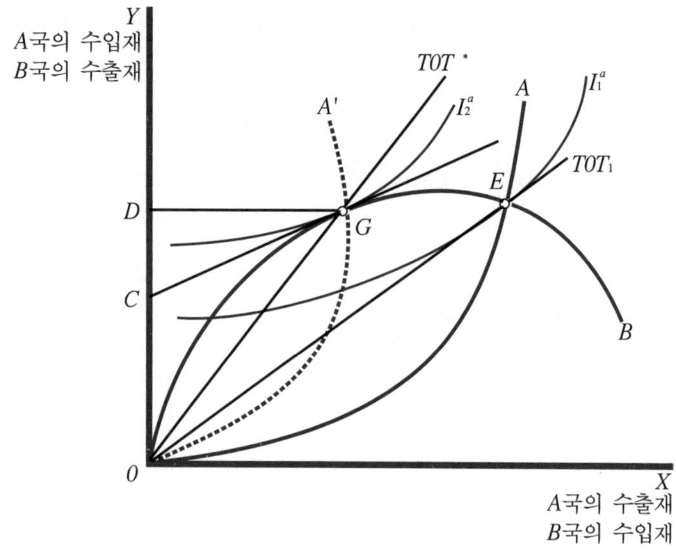

① 최적관세

[그림 9-3]에서 곡선 *0A*와 *0B*는 각각 자유무역하에서 *A*국과 *B*국의 오퍼곡선을 나타낸다. 이때 무역의 균형은 각국의 오퍼곡선 *0A*와 *0B*가 만나는 점 *E*에서 이루어지고 그때의 균형교역조건은 TOT_1의 기울기로 표시된다. 그런데 점 *E*에서 *A*국의 후생수준은 TOT_1의 교역조건에 접하는 *A*국의 무역무차별곡선인 I_1^a로 표시된다. 이때 무역무차별곡선 I_1^a의 기울기는 A국의 한계대체율(MRS_{xy}^A)과 한계전환율(MRT_{xy}^A)이 같아지는 국내가격비율인 동시에 교역조건(P_x/P_y)을 의미한다.

그러나 *B*국의 오퍼곡선이 곡선 *0B*로 주어졌을 경우 자유무역하에서의 균형점 *E*가 *A*국의 후생을 극대화하는 점은 아니다. 왜냐하면, 주어진 *B*국의 오퍼곡선상의 다른 점에서 *A*국은 더 높은 무역무차별곡선에 도달할 수 있기 때문이다. 예를 들면 **[그림 9-3]**의 점 *G*를 *A*국이 무역점으로 선택할 수 있다면 *A*국은 가장 높은 수준의 무역무차별곡선 I_2^a에 도달할 수 있는 것이다. 이 점에서는 *A*국의 한계대체율(무역무차별곡선 I_2^a의 기울기)과 *B*국의 오퍼곡선의 기울기(한계교역조건)가 같아진다. 다시 말해서 관세부과국(*A*국)의 무역무차별곡선이 무역상대국(*B*

국)의 오퍼곡선과 접하게 될 때 관세부과국의 후생수준은 최고에 도달하게 되는 것이다.

그러면 A국은 무역상대국(B국)의 오퍼곡선이 **[그림 9-3]**에서와 같이 주어졌을 때 자국의 후생수준을 극대화시켜 주는 점 G에 어떻게 도달할 수 있는가? 한 가지 방법은 A국이 수입재인 Y재에 관세를 부과하면 Y재의 수입수요의 감소를 초래하여 국제시장에서의 Y재의 상대가격을 떨어뜨려 교역조건$(=P_x/P_y)$의 개선을 가져온다. 또 A국의 Y재 수입량의 감소는 결국 A국의 무역량의 감소를 가져와 A국의 오퍼곡선은 왼쪽으로 회전이동하게 된다. 이때 A국의 후생을 극대화시킬 수 있는 최적관세율은 **[그림 9-3]**에서와 같이 A국의 오퍼곡선을 $0A'$로 이동시키는 관세율이다.

우리는 **[그림 9-3]**을 통하여 A국이 수입재인 Y재에 최적관세를 부과하여 교역조건을 $TOT_1(=P_x/P_y)$에서 $TOT^*(=P_x^*/P_y^*)$로 개선시킴으로써 A국의 후생을 극대화시킬 수 있음을 보았다. 그러나 여기서 우리가 주목할 사실은 이와 같은 교역조건의 개선은 동일한 최적관세율을 수출에 부과하여도 얻을 수 있다는 점이다. 즉, 수출재인 X재에 동일한 수출세율을 부과하면 국제시장에 대한 X재의 공급이 감소하여 X재의 국제가격이 상승하게 되어 결국 똑같은 교역조건의 개선을 가져올 수 있다는 것이다. 이는 최적관세율을 수입상품에 부과하든지 수출상품에 부과하든지 동일한 결과를 가져온다는 것인데 이에 대한 자세한 설명은 이미 제8장 5절(러너의 대칭정리)에서 한 바 있으므로 여기에서는 생략하기로 한다.

② 최적관세율과 탄력성의 관계

한 나라(A국)가 선택하는 최적관세율은 무역상대국의 오퍼곡선의 탄력성과 밀접한 관계를 갖는다. 어떠한 관계를 갖게 되는지 **[그림 9-3]**을 통해서 간단히 알아보기로 하자.

[그림 9-3]에서와 같이 B국의 오퍼곡선이 곡선 $0B$로 주어졌을 경우 A국이 B국과 무역을 통해서 가장 높은 수준의 무역무차별곡선에 도달하는 길은 관세정책을 통해서 새로운 무역균형점이 B국의 오퍼곡선상의 점 G에서 이루어지도록 하는 것이다. 그런데 점 G에서의 국제교역

조건($=P_x^*/P_y^*$)은 직선 TOT^*의 기울기인 ($D0/DG$)로 표시할 수 있고, A국의 국내가격비율($=P_x^d/P_y^d$)은 무역무차별곡선 I_2^a의 기울기인 (DC/DG)로 표시될 수 있다. 한편, A국의 수입재(Y재)에 관세를 부과할 경우 A국의 국내가격비율($=P_x^d/P_y^d$)은 국제가격비율($=P_x^*/P_y^*$)과 항상 다음과 같은 관계를 갖는다. 즉,

$$\left(\frac{P_x^d}{P_y^d}\right)=\left[\frac{P_x^*}{P_y^*(1+t_y)}\right]$$

$$\text{또는 } (1+t_y)\cdot\left(\frac{P_x^d}{P_y^d}\right)=\left(\frac{P_x^*}{P_y^*}\right)$$

그런데 점 G에서 $(P_x^d/P_y^d)=(DC/DG)$, $(P_x^*/P_y^*)=(D0/DG)$이므로 위 식은 다음과 같이 표현될 수 있다.

$$(1+t_y)\frac{DC}{DG}=\frac{D0}{DG}$$

$$\begin{aligned}\text{그러므로 } t_y&=\frac{D0}{DC}-1\\&=\frac{D0}{D0-C0}-1\\&=\frac{D0/C0}{(D0/C0)-(C0/C0)}-1\\&=\frac{D0/C0}{(D0/C0)-1}-1\end{aligned}$$

가 된다. 그런데 ($D0/C0$)는 다름 아닌 B국의 오퍼곡선상의 점 G에서의 수입수요탄력성(e_m^*)이 된다. 따라서, 위 식은 다음과 같이 표현될 수 있다. 즉,

$$t_y=\frac{e_m^*}{e_m^*-1}-1=\frac{1}{e_m^*-1}$$

위 식이 바로 A국의 최적관세율과 B국의 수입수요탄력성과의 관계를 나타내는 식인데 이 식의 의미를 이해하는 데에는 주의를 요한다. 예를 들어 B국의 수입수요탄력성은 B국의 오퍼곡선을 따라 변화한다. 따라서 B국의 오퍼곡선상의 어느 한 점에서의 수입수요탄력성을 안다

하더라도 그 수치를 위 식에 대입함으로써 얻어지는 t_y의 값이 바로 최적관세율이 되는 것은 아니다. 다만, 위 식이 의미하는 것은 우리가 B국의 오퍼곡선과 A국의 무역무차별곡선이 접하는 점 G의 위치를 알고 또 그 점에서의 B국의 수입수요탄력성을 알 때에만 최적관세율을 위 식에 의해서 구할 수 있다는 것이다.

그러나 위 식은 다음과 같은 중요한 의미를 전달하고 있다. 첫째, 무역상대국의 오퍼곡선의 수입수요탄력성이 무한대인 경우(즉, $e_m^* = \infty$) A국의 최적관세율은 '영'(zero)이 된다. 이러한 현상은 B국이 대국이고 A국이 소국인 경우 나타날 수 있는데 이것은 B국의 오퍼곡선은 원점을 지나는 직선이 되므로 A국이 관세를 부과하더라도 교역조건을 개선시키지 못하고 다만 무역량의 감소로 인한 손실만을 초래할 것이므로 A국의 최선의 정책은 관세를 부과하지 않는 자유무역정책인 것이다. 즉, **[그림 9-4]**에서 볼 수 있는 바와 같이 A국은 자유무역하에서 가장 높은 무역무차별곡선에 도달할 수 있게 된다.

둘째, 무역상대국의 오퍼곡선이 수입수요가 탄력적인 부분($e_m^* > 1$)과 비탄력적인 부분($e_m^* < 1$)을 동시에 가지고 있을 때 우리는 적어도 최적관세율하의 균형점은 항상 탄력적인 부분에서 일어난다는 것을 알 수 있다. 이는 최적관세율은 결코 마이너스값을 가질 수 없다는 것을 뜻한다. 이것은 A국이 관세를 통하여 자국의 후생을 극대화하기 위해서는 상대국의 오퍼곡선과 자국의 무역무차별곡선이 서로 접하도록 해야 하는데 무차별곡선의 기울기는 항상 '양'(+)이므로 상대국의 오퍼곡선이 비탄력적인 부분에서는 결코 이 둘이 서로 접할 수 없기 때문이다.

③ 보복관세

최적관세에 대한 논의는 교역상대국이 보복관세(retaliative tariff)를 부과하지 않는다는 가정하에서만 성립할 수 있다는 것은 앞에서 이미 지적한 바 있다. 그러나 일반적으로 한 나라의 관세부과는 이로 인한 무역의 감소에도 불구하고 자국의 교역조건의 개선을 가져와 후생수준이 향상될 수도 있지만 이는 필연적으로 교역상대국의 교역조건의 악화와 후생감소를 초래하게 된다. 따라서 교역상대국 역시 보복관세를

그림 9-4 **관세부과국이 소국일 경우의 최적과세**

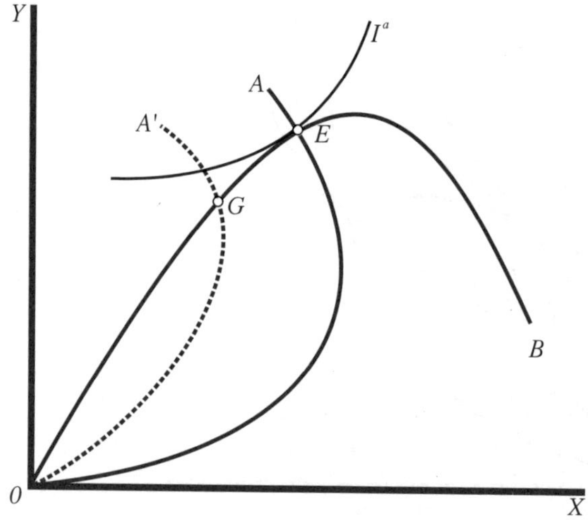

부과함으로써 대응을 해오는 경우가 있다. 이와 같이 양국이 서로 보복관세를 되풀이하는 사태를 관세전쟁(tariff war)이라고 하는데 이 경우 모두가 다 손해를 보게 될 것임은 긴 설명을 필요로 하지 않는다. 실제로 제1차 세계대전 이후 유럽 각국은 서로 자국의 교역조건을 향상시키기 위하여 관세를 경쟁적으로 인상시킨 경험이 있으며, 그 결과 세계무역은 현저하게 축소되었고 이는 1929년에 발생한 세계대공황의 중요한 이유 중의 하나가 되었다.

[그림 9-5]는 양국이 모두 보복관세를 취할 때 어떤 결과가 일어날 수 있는가를 보여 주고 있다. 자유무역하에서 무역의 균형은 *A*국의 오퍼곡선과 *B*국의 오퍼곡선이 교차하는 점 *E*에서 일어나는데 이때 각국의 후생수준은 각국의 무역무차별곡선 I_1^a와 I_1^b로 각각 표시된다. 이제 *A*국이 자국의 후생을 극대화하기 위하여 최적관세를 부과하면 *A*국의 오퍼곡선은 **[그림 9-5]**에서 볼 수 있는 바와 같이 *0A'*로 이동하고 이에 따라 새로운 균형점은 *G*가 된다. 점 *G*에서는 교역조건이 *A*국에게는 유리하게 *B*국에게는 불리하게 됨에 따라 *A*국의 후생수준은 I_1^a에서 I_2^a로 상승한 반면 *B*국의 후생수준은 I_1^b에서 I_2^b로 하락하게 된다. 이에 대응해서 만약 *B*국이 보복관세를 취하면 *B*국의 오퍼곡선은 *0B'*로 이동하

그림 9-5 **보복관세**

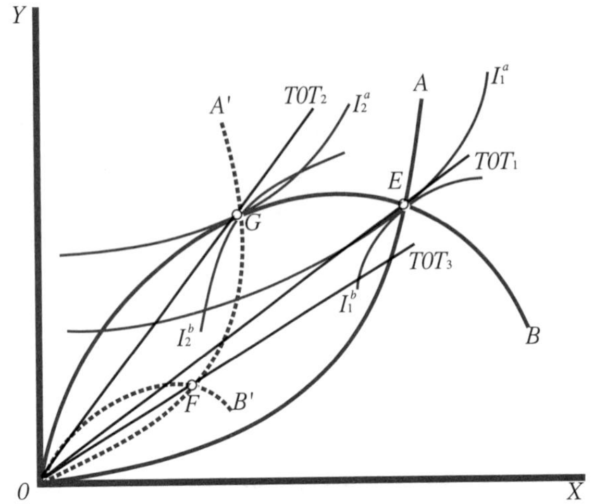

게 되는데 이때에 새로운 균형점 *F*에서는 *B*국의 후생수준은 향상되고 *A*국의 후생수준은 감소한다. 그러나 점 *F*에서는 자유무역에서보다 교역량이 크게 감소하여 양국의 후생수준이 모두 자유무역하에서보다 하락하게 된다. 이것이 반복되면 결국 양국은 무역 전의 폐쇄경제상태로 돌아감으로써 무역으로부터의 모든 이익은 사라지게 된다.

이와 같이 최적관세정책은 일시적으로는 한 나라의 후생을 높여준다 하더라도 무역거래 당사국이 동시에 보복관세를 부과하게 되면 궁극적으로 무역량이 감소하여 양국 모두의 후생을 하락시킬 수 밖에 없다는 결론에 도달하게 된다.

여기서 한 가지 주목할 사실은 소국은 보복능력이 거의 없다는 사실이다. 이는 비록 교역상대국이 최적관세정책을 사용하여 교역조건을 자국에게 유리하게 전환시키더라도 소국의 최적관세율은 '영'(zero)이기 때문이다. 즉, 보복관세를 취하게 되면 자국의 후생수준은 반드시 더 하락하기 때문에 이를 각오하지 않는 한 보복관세를 취할 수 없는 것이다.

3. 비경제적 목적하의 정부개입

지금까지의 논의에서는 한 나라의 정책목표가 그 나라의 경제적 후생수준을 극대화하는 것이라는 측면에서 무역정책을 검토하였다. 그러나 경제적 후생만이 항상 유일한 정책목표가 되는 것은 아니다. 비록 경제적으로는 비효율성을 수반하더라도 정치, 문화, 사회와 같은 비경제적 목표의 달성이 매우 중요할 수도 있다. 이와 같은 비경제적 목표로 흔히 논의되는 것은 (1) 국방의 이유 등으로 인해서 특정상품에 대한 일정수준의 생산을 유지하고자 한다든가, (2) 사회적 이유 때문에 사치품의 소비량을 일정수준 이하로 유지하고자 할 때, (3) 정치적 또는 국방의 이유로 해외수입의존도를 줄이기 위해서 일정수준의 자급자족도가 필요하다든가, (4) 국가의 전통과 특성을 유지하기 위하여 특정부문에 일정수준 이상의 고용이 유지되어야 한다는 것 등이다.

이러한 특별한 목표를 달성하기 위해서는 정부개입이 불가피하게 되는데, 이때 사용될 정책수단으로는 그 경제적 비용, 즉 후생수준의 저하를 극소화시킬 수 있는 것이어야 할 것이다. 그러나 현실적으로 볼때 무역정책이 가장 활발하게 사용된 정책 중의 하나였다. 따라서 본절에서는 과연 어떠한 정책수단이 가장 유효한 정책인가를 무역정책과 대비해서 살펴보기로 하자. 또 설명의 편의를 위해서 정부가 어떤 특정상품에 대한 생산목표 또는 소비목표를 세웠을 때의 정책수단을 알아보기로 하자.

1. 생산목표

국방 또는 기타 다른 이유로 인해서 정부가 어떤 상품의 국내생산을 장려하고자 한다면 그 최적정책은 생산보조금이며 관세와 같은 무역정책은 생산보조금에 비해서 효율적인 정책수단이 되지 못한다. 왜 그런지 **[그림 9-6]**을 통해서 알아보기로 하자.

[그림 9-6]은 Y재(수입재)의 생산목표를 달성하기 위한 최적정책을 부분균형분석방법으로 나타낸 것이다. **[그림 9-6]**에서 S와 D는 각각 A국의 Y재에 대한 국내공급곡선과 수요곡선을 나타내고 있다. 따라서 자유무역하에서 이 나라는 주어진 세계시장가격 P_y^*에서 Y_2를 소비하게

그림 9-6 생산목표와 최적정책 : 부분균형분석

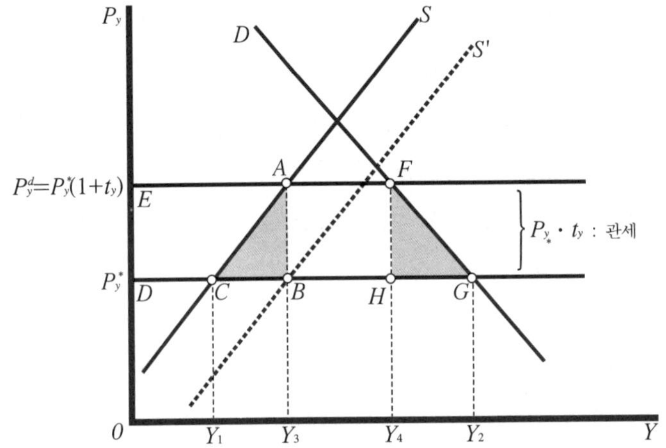

되는데 그 중 Y_1은 국내생산으로 공급하고 나머지 $CG(=Y_2-Y_1)$만큼의 Y재는 수입으로 충당하게 된다.

이제 국방 등 여러 가지 이유로 정부는 Y재의 국내생산을 Y_1에서 Y_3로 늘리기로 결정하였다고 하자. 이 목표는 생산보조금정책을 통해서 달성될 수 있다. 즉, 정부가 Y재 단위생산당 AB만큼의 생산보조금을 지급하면 이는 마치 Y재의 국내공급곡선을 S에서 S^*로 이동시키는 결과를 가져와 국내생산은 Y_1에서 Y_3로 증가하게 된다. 그러나 Y재의 국내가격은 여전히 국제가격 P_y^*이므로 소비에는 아무런 영향을 미치지 않는다. 따라서 생산목표의 달성을 위해서 보조금정책에 의존하는 경우 A국이 치루어야 하는 사장적 순손실(deadweight loss)은 **[그림 9-6]**에서 삼각형 ABC의 면적이다. 이는 국제가격을 상회하는 한계생산비로 인해서 발생하는 자원의 낭비에 해당한다. 즉, 정부가 국내생산자로 하여금 생산을 Y_1에서 Y_3로 늘리기 위하여 지급하여야 하는 총보조금은 사각형 $EABD$의 면적인데 이 중 사다리꼴 $EACD$의 면적은 생산자잉여로서 생산자에게로 이전되는 금액이고 나머지 삼각형 ABC에 해당하는 면적은 자원의 낭비를 보상하는 금액이 된다.

한편, 정부는 똑같은 Y재의 생산증대 목표를 위해서 Y재 수입에 t_y율만큼의 관세를 부과함으로써도 달성할 수 있다. 그러나 관세는 Y재

그림 9-7 **생산목표와 최적정책 : 일반균형분석**

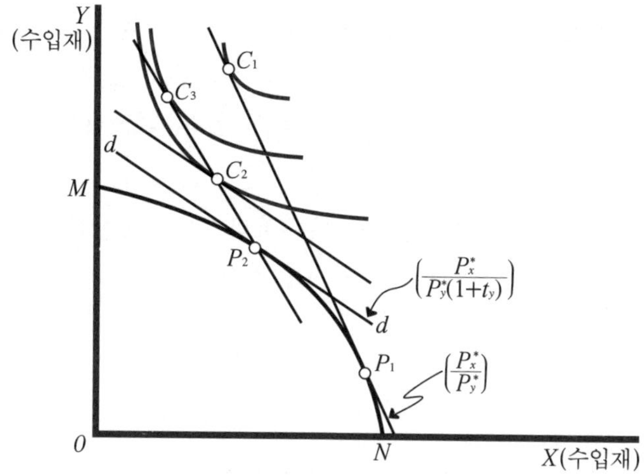

의 국내가격을 관세만큼 높여줌으로써 소비에도 영향을 미쳐 Y재의 국내소비가 Y_2에서 Y_4로 감소하게 된다. 따라서, 관세정책으로 인해서 A국이 치루어야 하는 사장적 순손실은 삼각형 ABC의 면적 이외에도 삼각형 FGH의 면적에 해당하는 소비자잉여의 감소가 추가되는 것이다.

이상의 설명은 일반균형적인 분석방법을 사용하면 좀더 명확하게 이해할 수 있다. **[그림 9-7]**에서 자유무역하의 생산, 소비점은 각각 P_1, C_1으로 나타나 있다. 이제 정부는 Y재의 수입을 줄이고 국내생산량을 늘리기 위해서 새로운 생산점을 생산가능곡선 MN 위의 어느 점 P_2로 정하였다고 하자. 생산점을 P_1에서 P_2로 옮기기 위해서 Y재의 수입에 대해서 관세를 부과하게 되면 Y재의 생산은 증가하지만 Y재의 국내가격도 P_y^*에서 $P_y^*(1+t_y)$로 상승하여 국내상대가격은 $[P_x^*/P_y^* \cdot (1+t_y)]$로 변하게 되어(직선 dd의 기울기) 생산의 왜곡과 함께 소비의 왜곡도 발생하게 된다. 즉, 관세의 부과로 인해서 새로운 생산점이 P_2가 되면 국내가격비율 $[P_x^*/P_y^* \cdot (1+t_y)]$과 세계시장가격비율 (P_x^*/P_y^*)이 서로 다르게 되므로 소비의 왜곡이 발생하게 되어 새로운 소비균형점은 C_2가 된다.

한편, 관세정책 대신에 Y재의 생산에 대해 생산보조금을 지급하면 소비의 왜곡을 발생시키지 않고 Y재의 생산을 증대시킬 수 있다. 즉, **[그림 9-7]**에서 볼 수 있는 바와 같이 Y재의 생산에 생산보조금을 지급하면 새로운 생산점은 P_2가 되어 생산의 왜곡은 존재하지만 국내의 소비가격비율은 여전히 (P_x^*/P_y^*)에서 변화하지 않으므로 새로운 소비균형점은 C_3가 되어 A국의 후생수준은 자유무역하의 C_1보다 낮지만 관세의 경우인 C_2보다는 높아진다.

이상의 논의에서 알 수 있는 바와 같이 생산목표를 달성하는 데 있어서 생산보조금은 관세보다 더 효율적인 정책수단이라 할 수 있는 것이다.

2. 소비목표

비경제적 목표의 또 다른 형태로서 국내소비를 일정수준 이하로 제한하고자 할 때 정부가 어떠한 정책수단을 가지고 개입하는 것이 더 바람직한가를 알아보자. 예컨대 Y재(사치재)의 국내소비량을 일정수준 이하로 감축시킬 필요가 있을 때 정부가 선택할 수 있는 정책수단으로서 국내소비세와 관세의 효과에 대해서 살펴보기로 하자.

[그림 9-8]에서 볼 수 있는 바와 같이 자유무역하에서 세계시장가격이 (P_x^*/P_y^*)로 주어졌을 때 A국의 생산점은 P_1, 그리고 소비점은 C_1이 될 것이다. 이제 정부가 Y재의 국내소비량을 Y_2의 수준에서 억제하기 위해서 Y재의 소비에 소비세를 부과할 때 그것이 A국의 후생수준에 미치는 효과를 알아보자. 우선 Y재의 소비에 t_y^c율의 소비세를 부과하면 국내소비재에 대한 국내가격비율은 (P_x^*/P_y^*)에서 $[P_x^*/P_y^*(1+t_y^c)]$로 낮아진다. 그러나 국내생산자는 자유무역에서와 같이 (P_x^*/P_y^*)에서 생산할 수 있다. 따라서 생산점은 그대로 P_1이 된다. 그런데 정부는 Y재의 국내소비량을 Y_2에서 억제하기를 원하므로 A국의 소비점은 A국의 소비가능성인 직선 TT상의 점 C_2가 될 것이다. 그것은 A국이 점 C_1에서 생산해서 국제교역조건인 (P_x^*/P_y^*)에서 교역을 할 수 있고 동시에 정부는 점 C_2에서 소비자 균형이 이루어지도록 하기 위해서 t_y^c를 적절히 선택하여 국내소비가격비율 $[P_x^*/P_y^*(1+t_y^c)]$가 점 C_2에서 사회무차별곡선 SW_2와 접하도록 만들어 줄 수 있기 때문이다. 그 결과로 A국의 후생수준도 자유무역하의 SW_1에서 SW_2로 하락하게 된다.

그림 9-8 **소비목표와 최적정책**

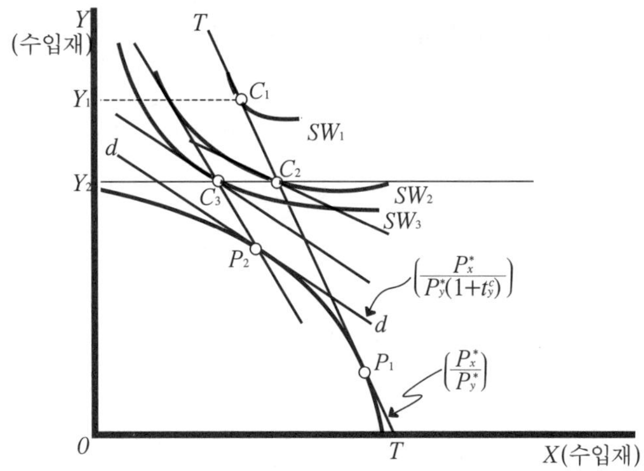

한편, 만약 A국의 정부가 Y재의 국내소비를 Y_2에서 억제하기 위하여 관세정책을 사용한다면 이는 이미 앞에서 논의한 바와 같이 소비의 왜곡과 함께 생산의 왜곡을 수반하게 되어 생산점은 P_1에서 P_2로 이동하게 되고 새로운 소비균형점은 C_3가 된다. 그 결과 A국의 후생수준은 SW_3로 표시할 수 있는데 이는 소비세의 경우인 SW_2보다 더 낮은 것임을 수 있다.

✣ 연습문제

1. 외부경제하에 관세 및 보조금정책에 대하여 논하시오.

제10장

국제자본이동과 국제무역

1. 노동의 국제적 이동
2. 자본의 국제적 이동
3. 다국적기업
4. 이전문제

전통적 무역이론에서는 일반적으로 생산요소의 국제적 이동은 불가능하다는 가정을 채택하고 있다. 이는 현실적으로 국가간의 요소이동은 상품의 교역에서보다는 훨씬 더 많은 제약을 받고 있다는 사실을 반영한다고 볼 수 있다. 예를 들면, 노동의 이민은 어떤 나라에서건 엄격한 통제하에 있으며, 자본의 국가간 이동도 여러 가지 종류의 규제를 받는 것이 현실이다. 그러나 제2차 세계대전 이후의 세계 추세를 보면 노동과 자본의 국제적 이동은 계속해서 그 허용범위가 확대되어 왔고 규제도 완화되어 왔다고 볼 수 있다. 최근에 우리 나라에서도 해외로부터의 인력수입문제가 심각하게 거론되고 있으며, 또 자본자유화가 급속히 추진되는 실정에 있다. 이러한 경향은 앞으로 EU의 경제통합과 같은 자유무역권의 확대와 더불어, 그리고 우루과이 라운드의 협상결과에 따라 더욱 가속화될 것으로 전망된다.

생산요소의 국제적 이동에 따르는 경제적 효과에 대한 분석은 이미 헥셔-올린모형, 그리고 요소특정성모형과 제품주기설 등에서 부분적으로 다루어진 바가 있다. 헥셔-올린모형에 의하면 자유무역은 국가간에 요소이동이 없이도 국가간의 요소가격균등화를 가져와 국제무역이 요소이동의 필요성을 완전히 대체할 수 있다는 결론을 제시하였다. 한편, 요소특정성모형에 의하면 자유무역은 국가간의 요소가격격차를 줄여줄 수는 있지만 완전한 요소가격균등화까지는 갈 수 없다는 결론을 제시하고 있다. 실제로 현실세계를 보면 무역장벽, 요소이동에 대한 규제, 그리고 국가간에 존재하는 기술격차 및 경제정책의 차이 등 여러 가지 요인에 의해서 국가간에 요소가격의 격차가 항상 존재하여 왔고 이러한 격차는 국가간 요소이동에 대한 유인효과로 작용하여 온 것도 사실이다.

본장에서는 우선 두 나라간에 요소이동과 관련하여 그 원인과 효과를 간단히 분석해 보고, 또 최근 그 중요성이 점차 커지고 있는 다국적 기업과 관련된 경제적 또는 비경제적 문제점에 대해서 살펴보고자 한다. 그리고 분석적인 측면에서 볼 때 자본이동과 비슷한 성격을 가진 일방적 이전(unilateral transfer)에 관한 문제도 간단히 살펴보고자 한다.

1. 노동의 국제적 이동

1. 노동이동의 요인

노동의 국제적 이동의 원인은 크게 경제적 요인과 비경제적 요인으로 구분할 수 있다. 대부분의 노동의 국제적 이동은 더 높은 실질임금을 획득하려는 경제적 요인에 의한 것이지만, 18세기 및 19세기에 유럽대륙으로부터 신대륙으로의 이민 중 일부는 정치적 또는 종교적 박해를 모면하려는 비경제적 요인에 의한 이민이었다. 1960년대에서 1970년대 초반까지 서유럽제국에는 수백만의 외국노동자가 일시적 체류허가를 얻어서 취업하였는데 이들을 소위 초청노동자(guest worker)라고 일컬었다. 이들 초청노동자는 당시 서유럽국가에서의 취업자의 약 10%정도를 차지하였는데, 스위스의 경우 국내총취업자 가운데 약 25%에서 30%정도가 이러한 외국인 임시취업자였던 것으로 추정되었다. 이들 노동자들은 주로 터키, 남부이탈리아, 동부유럽, 북부아프리카지역 출신이었는데, 이들은 본국에서보다 수 배에서 수십 배의 임금을 받을 수 있었다고 한다.

2. 노동이동의 효과

본절에서는 경제적 요인에 의해서, 즉 실질임금의 국제적 차이에 의해서 국제적 노동이동이 발생하는 경우 그 효과에 대해서 알아보기로 하자. 이를 위해서 우선 *A*국과 *B*국, 두 나라로 구성된 세계를 가정하자. 그리고 각국은 노동과 자본을 투입하여 동일한 재화를 생산한다고 가정하자. 또 생산물시장과 생산요소시장에서 완전경쟁이 이루어진다고 가정하자. **[그림 10-1]**에서는 각국에 주어진 자본(K)에 노동(L)을 투입할 때 얻어지는 노동의 한계생산물 MP_L^A와 MP_L^B가 표시되어 있다. 여기서 세계 전체의 노동부존량은 OO^*로 주어지는데 이는 *A*국의 노동부존량 L_A와 *B*국의 노동부존량 L_B의 합이다. 이때에 만약 양국이 국제무역과 요소이동이 없는 자급자족의 상태에 있다면 *A*국에서의 실질임금은 노동의 한계생산물과 같은 w^A가 되고 *B*국에서의 실질임금은 w^B가 될 것이다. 그러면 우선 양국이 자급자족 상태에 있을 때 각국에서 생산과 소득분배가 어떻게 이루어지는가를 살펴보기로 하자.

그림 10-1 **노동의 국제적 이동과 그 효과**

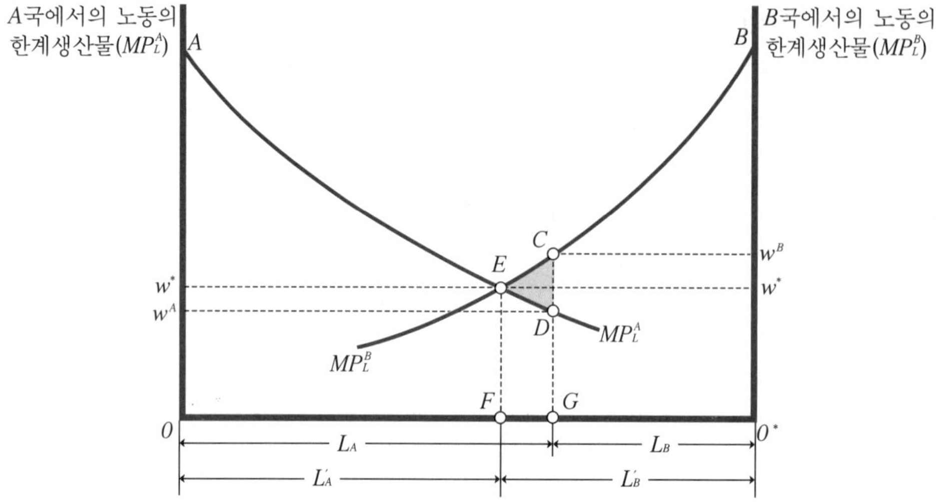

*A*국의 총생산물은 그 나라의 한계생산물곡선 밑의 면적 *0ADG*에 해당하는데, 이 중 면적 $0w^A DG$는 노동자의 총실질임으로 분배되고 나머지 면적 ADw^A에 해당하는 생산물은 자본에 대한 보상으로 분배될 것이다. 한편, *B*국에서는 총생산물 $0^* BCG$ 중에서 $0^* w^B CG$는 노동자의 총임금으로 분배되고 BCw^B는 자본에 대한 보상으로 분배될 것이다. 이때에 자본의 국제적 이동은 계속 금지되지만 노동의 국제적 이동이 허용된다고 가정하자. 그러면 두 나라의 노동시장은 단일한 완전경쟁시장이 되기 때문에 노동자는 어느 곳이든지 가장 높은 임금을 받을 수 있는 곳에서 일할 수 있게 될 것이다. 따라서 노동은 두 나라의 실질임금의 차이가 소멸할 때까지 임금이 낮은 나라에서 높은 나라로 이동할 것이며, 결국 새로운 균형은 두 나라의 노동의 한계생산물곡선이 교차하는 점 *E*에서 이루어지고, 양국의 실질임금은 w^*로 일치하게 될 것이다. 이때에 *FG*만큼의 노동이 *A*국에서 *B*국으로 이동하게 된다는 것을 알 수 있다.

위와 같이 두 나라의 실질임금의 차이에 의하여 노동의 이동이 발생하면 *A*국과 *B*국의 노동부존은 각각 L'_A과 L'_B로 변화한다. 이러한 각국의 생산요소부존의 변화는 각국의 생산과 소득분배에 영향을 미치게 된다. 그러면 노동의 국제적 이동이 각국의 생산에 어떠한 영향을 미치게 되는지를 **[그림 10-1]**을 통해서 알아보자.

우선 *FG*만큼의 노동이 *A*국에서 *B*국으로 이동하였을 때 *A*국에서는 노동의 한계생산물곡선 MP_L^A를 따라서, 면적 *EDGF*만큼의 생산감소가 발생하기 때문에 노동유출 후의 *A*국의 총생산물은 면적 *0AEF*가 된다. 또한 *B*국에서는 노동의 한계생산물 곡선 MP_L^B를 따라서 면적 *CEFG*만큼의 생산증가가 발생하여 노동유입 후의 *B*국의 총생산물은 면적 0^*BEF가 된다. 따라서, 노동이 생산성이 낮은 나라에서 높은 나라로 이동한 결과, 세계 전체적으로는 삼각형 *CDE* 크기에 해당되는 생산증가가 발생하게 됨을 알 수 있다.

우리는 요소특정성모형을 이용하여 노동부존량이 변화하였을 때에 그것이 소득분배에 어떠한 영향을 미치게 되는지를 이미 살펴보았는데 노동의 국제적 이동도 각국의 소득분배에 영향을 미치게 된다. **[그림 10-1]**에서 노동의 국제적 이동 후에는 두 나라의 실질임금이 w^*로 주어지기 때문에 노동이동 후에는 *A*국의 총생산 *0AEF* 중에서 노동자의 총임금으로 $0w^*EF$가 분배되고 자본에 대한 보수로 AEw^*가 분배됨을 알 수 있다. 또한 *B*국에서는 노동이동 후의 총생산 0^*BEF 중에서 노동에 분배되는 총임금은 0^*w^*EF가 되고, 자본에 대한 총보수는 BEw^*가 된다. 이러한 결과를 일반화하여 정리하면 다음과 같은 결론을 얻을 수 있다.

(1) 노동수출국인 *A*국에서는 노동자의 실질임금은 증가하고 자본의 실질이자율은 감소한다.
(2) 노동수입국인 *B*국에서는 노동자의 실질임금은 감소하고 자본의 실질이자율은 증가한다.
(3) 그러나 *A*국에서 *B*국으로 이주한 노동자의 실질임금은 상승한다.

위와 같은 결론들은 노동이 *A*국에서 *B*국으로 이동한 결과, *A*국에서는 노동이 희소해지고 *B*국에서는 노동이 풍부해짐으로써 얻게 되는 결과임을 알 수 있다. 즉, 노동수출국인 *A*국에서는 노동수출 이전보다 단위자본당 노동투입량이 적어지기 때문에 실질임금의 상승이 발생하고 노동수입국인 *B*국에서는 노동수입 이전보다 단위자본당 노동투입이 커지기 때문에 실질임금의 하락이 발생하게 되는 것이다. 그러나 *A*국에서 *B*국으로 이주한 노동자는 실질임금의 상승을 누리게 되는데 이것은 이동 후에 노동의 한계생산물이 상승하기 때문이다. 이상의 결론은 현재 우리나라에서 논의되고 있는 해외인력의 수입을 허용하였을 때에 그것이 국내의 요소가격에 어떠한 영향을 미치게 될 것인가를 잘 말해 준다고 하겠다.

2. 자본의 국제적 이동

1. 자본이동의 형태

인간이 만들어 낸 생산수단이나 도구를 우리는 흔히 자본이라 하는데 이는 국내적으로는 저축과 투자를 통하여 축적될 수도 있으며 해외에서 수입할 수도 있다. 자본은 전통적으로 노동보다 국제적 이동이 자유로운 생산요소였다. 그런데 자본의 국제적 이동은 기계, 공구 등과 같은 자본재가 직접 이동하는 것으로 나타날 수도 있고 또 나라간에 금융거래에 의해서 채권, 채무관계가 발생하면서 자금이 이동하는 것으로 나타날 수도 있다.

이전된 구매력이 자본재수입에 사용되는 경우에는 채권국, 즉 투자국에서는 국내에서 자본축적에 사용할 수 있는 자금이 감소하므로 그만큼의 자본형성이 적게 이루어진다는 것을 의미하게 되고 또 채무국, 즉 유치국에서는 그만큼의 자본이 더 많이 형성되는 것이므로 결국 투자국에서 유치국으로 자본이 이동한 것으로 해석할 수 있을 것이다. 그러나 채무국이 이전된 구매력으로 자본재수입이 아니라 소비재수입에 사용하는 경우에도 자본이동이 발생한다고 해석할 수 있을까?

이 문제는 유치국이 차입한 자금을 전부 소비재수입에 사용하더라도 유치국에서는 수입된 소비재의 수량만큼 필요한 자원을 소비재생산에서 자본재생산으로 전환시킬 수 있는 여유가 발생한 것으로 해석할 수도 있을 것이다. 따라서 국내자본의 형성이 촉진되면 이러한 경

그림 10-2 **자본의 국제적 이동과 그 효과**

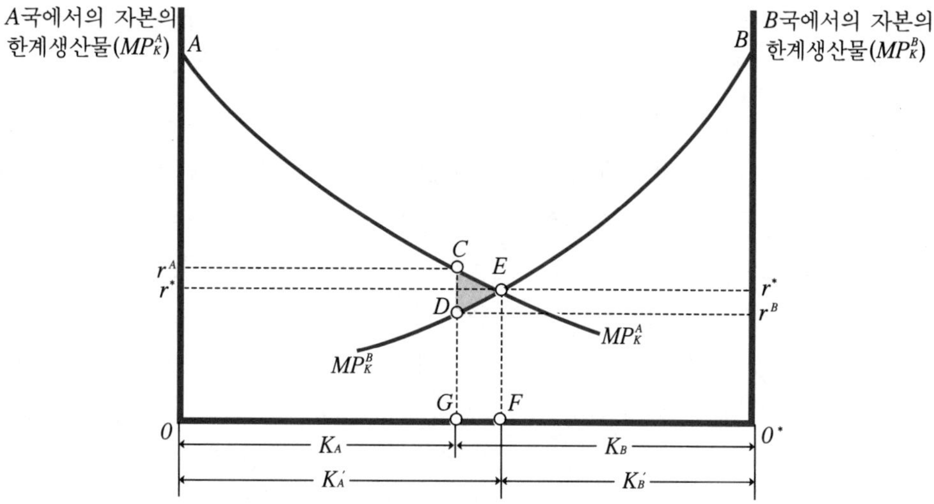

우에도 자본이 이동한 것으로 볼 수 있다.

투하된 자본의 관리책임을 투자가가 질 것인지 혹은 아닌지에 따라서 자본이동은 직접투자(direct investment)와 포트폴리오 투자(portfolio investment)로 구분된다. 포트폴리오 투자란 일국의 화폐로 표시된 채권이나 주식과 같은 순수한 금융자산에 투자하는 것을 의미하며 투하된 자본에 대한 관리책임을 투자가가 보유하지 않는다. 한편, 직접투자는 해외에서 회사를 설립하거나 해외현지기업을 인수하는 형태의 투자로서 투하된 자본의 관리책임을 투자가가 보유하게 된다. 이러한 직접투자에 의하여 다국적기업이 형성되는 것이다.

2. 자본이동의 효과

이러한 자본의 국제적 이동은 자본의 수익률, 즉 실질이자율의 국제적 차이에 의해서 발생하는 것이다. 즉, 자본의 이동이 허용되면 자본은 수익률이 낮은 나라에서 높은 나라로 이동하게 된다. 그러면 수익률의 차이에 의하여 발생하는 자본이동의 효과를 **[그림 10-2]**를 이용하여 간단히 살펴보자. 이를 위해서 *A*국와 *B*국 두 나라로 구성된 세계를 가정하자. 그리고 양국은 동일한 상품을 노동과 자본 두 생산요소를 투입하여 생산한다고 가정하자.

[그림 10-2]에서 MP_K^A와 MP_K^B는 각각 A국과 B국에 주어진 노동(L)에 각기 다른 크기의 자본(K)을 투입하였을 때에 얻어지는 자본의 한계생산물을 나타낸다. 또한 세계자본부존량은 00^*로 표시되는데 K_A가 A국에 부존된 자본량이 되고, K_B가 B국에 부존된 자본량이 됨을 알 수 있다. 그러면 먼저 생산요소의 국제적 이동이 없는 자급자족상태에서 각국에서 이루어지는 생산과 소득분배를 살펴보자. 생산요소의 국제적 이동이 없는 자급자족상태에서는 A국의 총생산은 MP_K^A곡선의 밑의 면적 $0ACG$가 된다. A국의 실질이자율이 r^A이므로 면적 $0r^ACG$가 자본가의 실질소득으로 분배되고 나머지 면적 ACr^A가 노동자의 실질소득으로 분배된다. 또한 면적 0^*BDG가 B국의 총생산이 되는데 B국의 실질이자율이 r^B이므로 자본가에게 면적 0^*r^BDG가 분배되고 면적 BDr^B가 노동자에게 분배되는 실질소득이 된다.

이때에 노동의 이동은 계속 금지되지만 자본의 국제적 이동이 허용된다고 하면 두 나라의 자본시장은 단일한 완전경쟁시장이 될 것이다. 그러면 자본가는 그가 소유한 자본을 어느 곳이든지 가장 높은 실질이자율을 얻을 수 있는 곳에서 사용할 수 있기 때문에 자본은 실질이자율의 국제적 차이가 소멸할 때까지 실질이자율이 낮은 나라에서 높은 나라로 이동하게 된다. 따라서 FG만큼의 자본이 B국에서 A국으로 이동하게 되고 이러한 자본이동 후의 새로운 균형은 두 나라의 자본의 한계생산물곡선이 만나는 점 E에서 이루어질 것임을 알 수 있다. 자본의 국제적 이동의 결과 A국의 자본부존은 K_A에서 K'_A으로 증가하고 B국의 자본부존은 K_B에서 K'_B로 감소하기 때문에 각국에서는 생산과 소득분배에 대한 변화가 발생하게 될 것이다. 이를 **[그림 10-2]**를 통하여 살펴보자. 먼저 생산의 변화를 보면 A국의 총생산은 MP_K^A곡선을 따라서 면적 $CEFG$가 증가한 면적 $0AEF$가 되고, B국에서는 MP_K^B곡선을 따라서 면적 $CEFG$가 감소한 면적 0^*BEF가 된다. 따라서, 세계 전체적으로 삼각형 CED 크기로 표시되는 생산증가가 발생하게 됨을 알 수 있다. 이는 자본이 생산성이 낮은 곳에서 높은 곳으로 이동하였기 때문에 발생하는 것이다.

또한 자본이동은 각국의 소득분배에도 영향을 미치게 된다. **[그림 10-**

2]에서 자본유입국인 A국에서는 자본이동 후의 총생산 $0AEF$ 중에서 자본가에게 $0r^{*}EF$가 분배되고 노동자에게는 AEr^{*}가 분배됨을 알 수 있다. 또한 자본유출국인 B국에서는 자본이동 후의 총생산 $0^{*}BEF$ 중에서 $0^{*}r^{*}EF$가 자본가에게 분배되고, BEr^{*}가 노동자에게 분배됨을 알 수 있다. 이상의 결과를 일반화하여 정리하면 다음과 같은 결론을 얻을 수 있을 것이다.

(1) 자본수출국인 B국에서는 자본의 실질이자율은 증가하지만 노동자의 실질임금은 감소한다.
(2) 자본수입국인 A국에서는 노동자의 실질임금은 증가하지만 자본의 실질이자율은 감소한다.
(3) 그러나 B국에서 A국으로 이동한 자본에 대한 실질이자율은 상승한다.

위와 같은 결론은 자본이 B국에서 A국으로 이동한 결과 B국에서는 자본이 희소해지지만, A국에서는 자본이 풍부해지기 때문에 얻어지는 것이다. 즉, 자본수출국인 B국에서는 전보다 더 노동집약적인 방법으로 생산하게 되므로 실질이자율이 상승하고 자본수입국인 A국에서는 전보다 더 자본집약적인 방법으로 생산하게 될 것이므로 실질이자율이 하락하게 될 것이다. 그러나 B국에서 A국으로 이동한 자본은 실질이자율의 상승으로 인하여 실질소득은 증가하게 된다. 이와 같은 결론은 1992년에 한국에서 실시한 외국인의 주식투자의 허용과 더불어 자본시장의 개방이 진전될 때에 그것이 앞으로 한국경제에 어떠한 영향을 미치게 될 것인지를 잘 말해 준다고 하겠다.

3. 다국적기업

1. 다국적기업의 발생원인

역사적으로 볼 때 대부분의 국제적 자본이동은 포트폴리오 투자로 이루어졌다. 제1차 세계대전 이전까지 세계에서 가장 중요한 자금공급원이었던 영국은 주로 포트폴리오 투자(portfolio investment)를 통해서 해외에 자본을 이동시켰다. 그러나 제2차 세계대전 이후의 국제적 자본이동에서 나타난 두드러진 특징 중 하나는 다국적기업의 급증이었다. 다국적기업은 1970년대 중반에 이미 세계생산의 20% 이상을 차지하였고, 다국적기업의 모회사와 자회사 또는 자회사와 자회사간의 거래가 제조업분야 세계무역량의 25% 이상을 차지하였던 점으로 미루어 볼 때 다국적기업의 중요성이 잘 나타나고 있다고 하겠다. 앞으로도 다국적 기업의 중요성은 더욱 증대되는 경향을 보일 것으로 전망된다.

① 다국적기업이란?

다국적기업은 여러 나라에 위치한 생산시설들을 경영, 소유 또는 통제하는 기업을 말한다. 모회사와 자회사의 관계는 흔히 수평적 통합이나 수직적 통합으로 분류된다. 모회사가 생산하는 제품과 동일한 생산물을 해외에서 생산하고 공급하기 위하여 자회사를 설립하는 경우에는 수평적 통합이 발생하였다고 하고, 모회사가 생산하는 생산물을 자회사가 투입물로 사용하거나 자회사가 생산하는 제품을 모회사가 투입물로 사용하는 경우에는 수직적 통합이 발생하였다고 한다.

다국적기업은 모회사의 직접투자에 의하여 형성된다. 직접투자도 포트폴리오 투자와 같이 더 높은 수익률을 얻고자 하는 경제주체의 의사결정에 의하여 좌우된다고 볼 수 있다. 그러나 다국적기업에 의한 직접투자는 포트폴리오 투자에서와는 달리 자본투자의 결과 모기업과 동일한 경영주체에 의하여 결영되는 자회사가 설립된다. 따라서, 별개의 회사가 아니라 모기업과 같은 조직의 한 구성원으로 간주되는 자회사가 발생한다는 특징을 갖는다. 또한 다국적기업이라 해서 반드시 모회사로부터만 자본을 조달하는 것은 아니며 현지금융시장을 통해서도 투자액의 일부 혹은 전부를 조달할 수 있다.

일반적으로 각국의 국내시장의 경쟁에서는 국내기업이 외국기업보다 여러 가지 면에서 유리한 위치에 있다고 볼 수 있다. 예를 들면, 외국기업은 언어, 문화, 법률제도, 소비패턴에 있어서 국내기업보다 익숙하지 못할 뿐만 아니라 각국의 정부가 반드시 외국기업에 우호적인 것도 아니다. 그럼에도 불구하고 다국적기업과 같은 직접투자가 선호되는 이면에는 국가간에 존재하는 임금 및 이자율의 차이 이외에도 여러 가지 다른 이유가 있을 것이다. 그것이 무엇인지 간단히 알아보기로 하자.

② 수평적으로 통합된 다국적기업

먼저 수평적으로 통합된 다국적기업의 발생원인을 살펴보자. 대개의 다국적기업은 국내시장에서 확고한 위치를 차지하고 있는 생산자인 경우가 많다. 이러한 기업은 상표에 대한 인식, 특허권, 마케팅 등과 같은 무형자산을 소유하고 있는 경우가 많으며, 이러한 무형자산은 타기업의 제품에 대하여 자사의 상품을 차별화시킨 것이라 볼 수 있다. 따라서, 이러한 기업은 해외에서도 무형자산의 보유에 따르는 경쟁상의 우위를 확보하게 될 수도 있다. 물론, 기업이 해외에 진출하고자 할 때에는 해외에 자회사를 설립하는 방법 이외에도 국내에서 제품을 생산하여 해외에 수출하는 방법, 또 해외기업에 면허를 주고 로열티(royalty)를 받는 방법 등이 고려될 수 있을 것이다. 그러나 외국에서 국제수지, 고용 등 여러 가지 이유로 수입규제를 강화하여 제품을 수출하는 방법은 선택되기가 어려운 경우가 있다. 예를 들면 최근에 일본의 자동차산업이 미국에 대규모 현지생산공장을 건설하여 1990년에는 미국 자동차생산의 25%를 이들 회사들이 담당하게 되었는데, 이는 바로 일본산 자동차에 대한 미국의 수입규제를 우회하기 위한 것으로 볼 수 있는 것이다. 또한 일부 후진국의 경우 기술습득과 고용증대 등의 이유로 다국적 기업에 의한 직접투자를 유치하기 위해서 의도적으로 관세율의 인상 등과 같이 수입규제를 강화하는 것은 흔히 볼 수 있는 현상이다. 한편, 면허생산(production under licensing)의 경우에는 생산기술의 이전을 통하여 잠재적인 경쟁자가 나타나게 되고 이로 인해서 무형자산에서 발생하는 초과이윤이 소멸될 위험이 있기 때문에 대개의 기업의 경우 기술의 누출을 꺼린다고 볼 수 있다. 따라서 해외에 자회사를 설립하여 국내에서 생산되는 상품과 비슷한 상품을 생산·판매하도록 하고 그 이윤을 송금하도록 하는 것이 무형자산을 효율적으로 이용하는 방법이 될 수도 있는 것이다. 또한 직접투자는 해외시장의 동향을 쉽게 파악하게 함으로써 해외시장에 적합한 제품을 적기에 생산해서 공급할 수 있게 하는 이점도 있다. 이러한 이유가 바로 비록 선진국이 저개발국에 대한 중요한 직접투자국이지만, 왜 직접투자의 대부분이 선진국과 선진국 사이에서 이루어지는가를 잘 설명해 주고 있다고 하겠다.

③ 수직적 통합된 다국적기업

다음에는 수직적 관계에 있는 다국적기업의 발생원인에 대해서 알아보자. 우리는 흔히 원자재를 생산하는 국가와 원자재를 필요로 하는 국가가 다른 경우를 쉽게 찾아볼 수 있다. 예를 들어 특수합금을 생산하는 필수적인 희소광물은 아프리카제국에 집중적으로 매장된 경우가 많은데 이러한 희소광물의 수요는 주로 선진공업국가에서 이루어진다. 이러한 경우, 모회사가 필요로 하는 원자재를 생산하기 위해서 자회사를 원자재가 생산되는 현지에 설립하는 것은 흔하게 관찰할 수 있는 현상이다. 이렇게 원자재 생산지에 자회사를 설립하는 것은 타회사가 생산한 원자재를 수입하는 것과 비교하여 어떤 이득이 발생하는가? 그것은 위험의 감소와 비용절감이라는 점일 것이다. 왜냐하면 원자재는 흔히 지역적으로 편중되어 매장되어 있고, 또 그 생산에 대규모의 자본이 필요한 경우가 많기 때문에 원자재시장에서 불완전경쟁이 이루어질 가능성이 매우 크다. 더욱이 독점자에 의해 생산되는 원자재를 수요하는 기업도 독점생산자일 경우 소위 쌍방독점이 형성되는데 이때에 원자재 가격은 수요와 공급에 의해서 결정되는 것이 아니라 수요자와 공급자의 협상능력에 의하여 결정되므로 가격의 변동폭이 여건의 변화에 따라서는 크게 확대될 가능성이 있는 것이다. 따라서 자회사가 생산한 원자재의 수입은 위험감소라는 이득을 다국적기업에 가져다 줄 것이다. 또한 원자재가격이 원자재 생산비용을 능가하여 경제적 지대(rent)가 발생할 경우 자회사는 이 지대를 내부화하여 비용감소라는 이득을 가져다 줄 것이다.

2. 다국적기업의 문제점 : 투자국의 경우

일반적으로 다국적기업은 효율적인 자원배분을 통하여 세계생산의 증대에 기여할 것으로 기대된다. 그러나 다국적기업은 일방적으로 투자국에 이득만을 가져오는 것은 아니다. 다국적기업에 의해 투자국내에서 발생할 수 있는 몇 가지 중요한 문제점을 살펴보자.

우선 자본의 국제적 이동은 이미 앞 절에서 분석해 본 바와 같이 투자국내에 소득재분배가 발생하게 한다. 즉, 자본이 희소해진 투자국에서 볼 때 실질이자율은 상승하고 실질임금은 하락하게 된다. 더욱이 실업이 존재하는 경우에 자본유출은 일자리의 수출로 간주된다. 물론 다국적기업이 해외자회사를 설립함으로써 그 자회사를 관리하는 새로운 일자리를 만들어 낼 수도 있다. 그러나 직접투자를 통하여 창출되는 고용은 주로 경영자, 고급기술자와 같은 관리직에 집중되는 반면에 투자국내에서 소멸되는 일자리는 주로 저임금의 단순근로직에 집중될 가능성이 매우 크다. 그러므로 투자국의 노조가 기업의 해외투자를 반대하게 되는 것은 당연한 일이라 하겠다.

또한 직접투자는 투자국의 조세기반을 감소시키는 경우가 허다하다. 대개의 다국적기업이 해외직접투자에서 누리는 세제상의 혜택은 세금공제와 과세유예이다. 예컨대, *A*국의 기업이 *A*국에서 100만 달러를 투자하였을 때의 수익률과 법인세율이 각각 50%와 40%라고 하자. 또한 똑같은 금액을 외국에 투자하였을 때의 수익률과 법인세율을 각각 50%와 30%라고 하자. 이 경우 *A*국의 기업이 외국에 투자하여 얻은 이익 50만 달러 중 외국정부에 법인세 15만 달러를 납부한 후 *A*국에 나머지 수익을 송금하였을 때 이 기업이 *A*국 정부에 납부해야 하는 법인세는 이 기업이 납부할 세금 20만 달러 중 이미 외국에서 납부한 15만 달러를 제외한 5만 달러가 되는 것이다. 이것이 세금공제이며 이중과세를 방지하기 위한 제도이다. 한편, 과세유예란 *A*국의 다국적기업이 외국에서 획득한 수익을 *A*국에 송금하기 전까지는 *A*국 정부에 의한 과세가 연기되는 것을 의미한다. 즉, 다국적기업은 수익이 발생한 시점에서 과세되는 것이 아니라 그 수익금을 *A*국에 송금할 때에 과세된다는 것이다. 이 제도에 의하면 *A*국의 기업이 해외에서 얻은 수익을 다시 해외에 투자하는 경우에는 그 투자금을 무이자로 차입하는 것과 동일한 효과를 얻을 수 있음을 의미한다. 1970년대 초 오일 쇼크가 발생하였을 때 미국상원이 조사한 바에 의하면 다국적기업인 미국의 석유회사들은 과세대상이 되는 수익의 약 5%만을 미국정부에 납부한 것으로 밝혀졌다. 이러한 통계는 최고 48%인 미국 법인세율과 비교되는 수치라고 하겠다. 이러한 이유 때문에 미국은 미국의 자회사가 취득한 모든 수익이 취득 즉시 모국에 송금되지 않더라도 과세대상이 되도록 세법을 개정하였다.

한편, 다국적기업의 증가는 투자국의 경제정책시행을 더욱 어렵게 만들 가능성도 있다. 예를 들어 많은 다국적기업은 국제자본시장에도 진출하고 있기 때문에 국내의 통화정책을 무용화시킬 수도 있다. 예를 들어 물가안정을 위하여 긴축적인 통화정책을 실시할 때 국내이자율은 상승하기 마련인데, 이때에 다국적기업이 자금을 해외에서 도입한다면 긴축정책의 효과는 크게 감소할 수 있는 것이다.

또한 직접투자는 단기적으로 투자국의 국제수지를 악화시키는 역할을 한다. 물론, 장기적으로 직접투자에 의하여 과실송금이 발생하고 또 직접투자가 수출과 대체관계가 있는 것이 아니라 보완관계에 있을 수 있으므로 국제수지가 개선될 수 있다. 그러나 직접투자에 의해 이익을 얻기까지는 긴 시간이 소요되는 것이 보통이며, 만약 다국적기업이 해외의 자회사의 이익을 모국에 송금하지 않고 자회사에 재투자하는 경우에는 국제수지의 악화효과는 지속될 것이다. 미국의 경우 1950년대와 1960년대의 국제수지적자 증가원인 중의 하나로 미국기업의 직접투자의 확대가 지적되었다. 따라서 미국은 1960년대 중반에서 1970년대 중반까지 직접투자를 행정적으로 규제하는 정책을 시행한 적도 있다.

3. 다국적기업의 문제점 : 유치국의 경우

다국적기업이 유치국에 미치는 긍정적인 효과는 자본량 증가에 따른 고용기회의 확대와 실질임금의 상승 그리고 선진적인 생산기술과 경영기술의 도입에 따르는 자본과 노동의 생산성 향상을 들 수 있다. 이러한 측면에서 볼 때 다국적기업의 개발도상국에 대한 투자는 이들 국가들의 경제성장에 큰 기여를 하였다고도 볼 수 있다. 그러나 이러한 긍정적인 효과에도 불구하고 다국적기업은 유치국의 끊임없는 불만과 불평의 대상이 되어 왔다. 그 대표적인 것들이 무엇인지 간단히 살펴보기로 하자.

먼저, 유치국의 자주성과 관련된 문제점을 들 수 있다. 다국적기업의 존재는 유치국의 생산시설 중 일부가 외국인에 의하여 소유되고 통제됨을 의미하므로 다국적기업의 비중이 커질수록 다국적기업이 유치국의 경제를 지배하고 주권을 침해할 가능성이 있다. 또한 투자국은 다국적기업을 통하여 유치국에 압력을 가할 가능성도 있다. 왜냐하면 다국적 기업은 유치국과 투자국간에 정책대립이 발생할 때 자회사가 위치한 유치국의 정책보다는 모회사가 위치한 투자국의 정책에 순응할 가능성이 더 크기 때문이다. 세계에서 가장 중요한 해외직접투자국인 미국이 동맹국과 공산국가간의 거래를 금지시키는 수단으로 해외에 있는 미국의 다국적기업의 자회사를 이용한 예가 있다. 1980년대 초에 EC제국이 소련과 유럽대륙을 연결하는 가스 파이프라인을 건설하여 소련에 풍부히 매장된 천연가스를 수입하려 했었다. 이는 유럽국가에게는 에너지 공급원의 다변화 외에도 파이프라인의 건설이라는 거대한 프로젝트를 통하여 침체된 경기자극의 효과도 얻을 수 있는 다목적의 사업이었다. 그러나 미국정부는 소련에게 에너지자원을 의존하는 것은 소련에게 가스공급의 중단위협이라는 압력수단을 제공하기 때문에 유럽의 안보를 취약하게 할 것이라고 주장하면서 반대하였고, 가스 파이프라인 건설에 필요한 첨단기술을 보유한, 유럽에 위치한 미국기업 소유의 자회사들에게 기술제공을 거부하도록 하였는데, 미국 국적의 다국적기업은 미국정부의 방침에 순응함으로써 결국 파이프라인의 건설은 실현되지 못하였던 것이다. 최근 미국내 직접투자가 증가하면서 세계에서 대규모의 다국적기업의 반 정도를 소유하고 있는 미국에서조차 외국인에 의한 경제지배를 우려하는 여론이 커지고 있는 실정이다.

또한 다국적기업은 국내기업보다 국제시장에서 거래를 더 자유롭게 할 수 있기 때문에 유치국의 독자적인 경제정책 수행을 어렵게 할 수도 있다. 예를 들어 경기진정을 위하여 유치국의 정책당국이 긴축정책을 수행하더라도 다국적기업은 쉽게 국제금융시장을 통하여 자금을 조달할 수 있기 때문에 정책의 효율성을 감소시킬 수 있다. 이러한 문제는 대국에서보다는 소규모 경제에서 더 심각한 문제가 될 것이다.

유치국이 제기하는 다국적기업에 대한 불만 중 두 번째로는 기술이전과 연구개발에 관한 것이다. 다국적기업은 기술이전에 인색하며 연구개발을 모국에 집중시키고 유치국의 자회사에서의 연구개발은 모회사에서 개발된 기술을 이용하여 현지시장에 더 적합한 제품생산을 위한 경우가 많기 때문에 유치국의 기술개발을 저해시키게 되고, 따라서 투자국과 유치국의 기술격차는 확대되어 기술적 종속관계가 영구화된다는 것이다. 그러나 이러한 주장을 하는 사람들도 다국적기업이 직접투자초기에는 유치국의 현지기업에 의하여 제공될 수 없는 생산기술을 가져오고 선진적인 경영 노하우(management know-how)를 제공하기 때문에 단기적으로는 기술이전의 효과를 발생시킨다는 것을 인정하고 있다. 따라서 다국적기업의 유치가 국내기술수준을 향상시키는 데에 긍정적 역할을 하게 될 것인지 또는 부정적 역할을 할 것인지는 경우에 따라 다를 수 있고 일반적 결론을 내릴 수는 없는 일이라고 하겠다.

유치국의 다국적기업에 대한 불평의 대상이 되는 또 다른 것으로서는 다국적기업이 유치국내에서 획득하는 초과이윤의 귀속에 관한 문제가 있다. 다국적기업은 이미 투자국내에서 획득한 무형자산을 해외시장에서 효율적으로 사용하는 방법 중 하나로서, 즉 무형자산에서 발생하는 초과이윤을 획득하기 위한 방법으로 직접투자를 선택하는 경향이 있음을 앞에서 언급하였는데 이는 다국적기업이 주로 불완전경쟁시장에 많이 존재한다는 것을 뜻한다. 따라서 다국적기업은 유치국에서 정상이윤 이상의 초과이윤을 획득하는 경우가 많다. 또한 자연자원을 생산하기 위한 다국적기업의 경우에는 이를 과잉으로 채굴하는 경향이 있고, 또 자연자원의 희소성으로부터 발생하는 경제적 지대가 모두 다국적기업에 귀속되는 경우가 많다.

하지만 불완전경쟁시장이 존재하는 경우 다국적기업 대신에 유치국의 기업에 의하여 생산이 이루어지더라도 초과이윤은 발생하기 마련이다. 다른 점이 있다면 다국적기업은 외국인이 소유하는 것이므로 그 초과이윤은 외국으로 유출되는 데 비해서 유치국의 국내생산자에 의한 초과이윤은 유치국의 국민소득으로 귀속된다는 점이다. 따라서 초과이윤의 문제는 유치국이 다국적기업을 비난하는 이유가 된다고 하겠다. 그러나 이러한 경우에도 유치국은 다국적기업이 정상이윤만을 누리도록 이윤에 적절히 과세함으로써 초과이윤을 유치국에 귀속시키는 동시에 다국적기업도 존속시키는 것이 올바른 정책이 될 것이다.

4. 이전문제

1. 이전문제란?

국가간 소득의 이전(transfer)은 국가간 자본의 이동과 같은 문제는 아니지만 같은 맥락에서 분석해 볼 수 있는 문제이다. 한 나라에서 다른 나라로 자본을 이동시키는 것은 일정시간 후 원금과 이자를 상환할 것을 전제로 해서 이루어지는 것이지만 소위 이전이란 그러한 전제없이 일방적으로 한 나라에서 다른 나라로 소득 혹은 구매력을 이동시키는 것을 말한다. 예를 들면 전쟁배상금이나 해외원조 등이 이에 속한다. 따라서 적어도 단기적으로 볼때 이전은 국가간의 채무, 채권을 발생시키는 국제적 차관과 비슷한 경제적 효과를 갖게 되는 것이다.

이전과 관련된 오래된 문제는 그것이 이전에 관련된 국가들간의 교역조건(terms of trade)에 어떠한 영향을 미치는가 하는 것이었는데 이것은 유명한 케인즈(J. M. Keynes)와 올린(B. Ohlin)의 논쟁에서 비롯되었다. 논쟁의 대상은 제1차 세계대전 이후 승전국에 의해서 독일에 부과된 전쟁배상금이 실질적으로 독일 경제에 얼마만큼의 부담을 안겨주게 될 것인가에 관한 것이었다.

케인즈의 주장은 금액으로 표시된 전쟁배상금은 독일 경제가 져야 하는 일차적 부담에 지나지 않는다는 것이다. 즉, 독일이 전쟁배상금을 마련하기 위해서는 수출을 수입보다 그만큼 더 많이 해서 무역수지의 흑자를 만들어야 하는데 수출을 증가시키기 위해서는 수출가격의 하락을 감수해야 하고 이에 따른 교역조건의 악화는 독일에 추가부담을 초래한다는 것이다.

이에 대하여 올린은 반드시 교역조건이 악화될 것인가에 대해서 강한 의문을 제기하였다. 즉, 올린의 주장에 의하면 독일이 전쟁배상금을 국민조세에 의해서 마련할 경우 수입상품(Y재)과 수출상품(X재)에 대한 국내수요가 동시에 하락하여 그 결과로 수입감소와 수출증가를 가져오게 되고, 또 그 배상금을 받은 승전국은 그만큼 국내지출을 늘리게 되어 그 나라들의 수입상품(X재)과 수출상품(Y재)의 수요가 모두 증가하여 수입증가와 수출감소를 가져오게 되어 결국 교역조건의 악화없이도 전쟁배상금 지불이 이루어질 수 있다는 것이다.

그림 10-3 **이전이 교역조건에 미치는 효과**

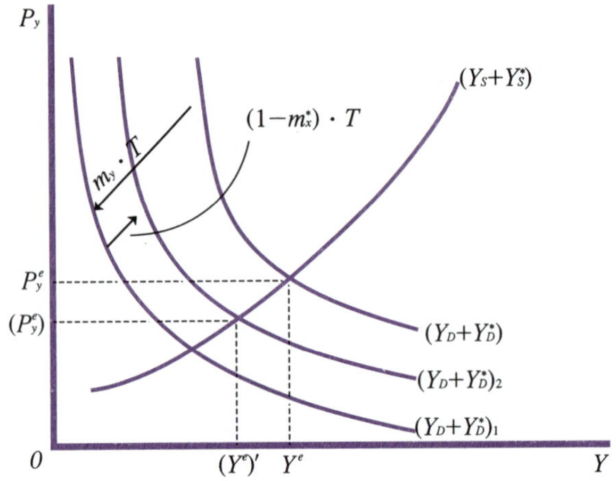

과연 누구의 주장이 설득력이 있는 것인지 간단한 모델을 통해서 살펴보기로 하자. 설명의 편의를 위해서 독일과 승전국(*로 표시) 두 나라가 존재한다고 가정하자. 또한 배상 전과 후에 독일의 수출품 X재의 가격 P_x는 '1'로 일정하다고 가정하자. 이 경우 독일의 교역조건은 $(P_x/P_y)=(1/P_y)$로 표시될 수 있을 것이다. 이러한 가정하에서 전쟁배상금이 독일에 의해서 지급되었을 때에 독일의 수입상품 Y재의 가격 P_y가 어떻게 변하는지를 알아보자.

2. 이전과 교역조건

[그림 10-3]은 Y재의 세계수요와 공급을 표시하고 있다. **[그림 10-3]**의 Y_D와 Y_D^*는 각각 배상 전의 독일과 승전국에서의 Y재에 대한 국내수요를 나타내고 Y_S와 Y_S^*는 각각 배상 전의 국내공급을 나타낸다. 따라서 배상이 있기 전에는 Y재의 국제시장은 (P_y^e, Y^e)에서 균형상태에 들어가 있다. 이때에 독일에서 승전국에 T금액 크기만큼의 전쟁배상금을 지불하였다고, 즉 이전이 일어났다고 가정하자. 그러면 우선 독일에서는 T금액만큼의 소득감소에 따라 Y재에 대한 수요가 $m_y\cdot T$만큼 감소하여 **[그림 10-3]**에서와 같이 $(Y_D+Y_D^*)$로 표시된 수요곡선을 $(Y_D+Y_D^*)$까지 왼쪽으로 이동시킬 것이다. 여기서 m_y는 독일의 Y재에 대한 한계

수입성향(또한 한계소비성향)을 나타낸다.[1] 한편 T금액만큼의 소득 이전을 받은 승전국에서는 Y재에 대한 국내수요를 늘릴 것이다. 얼마나 늘릴까? 승전국에서의 Y재에 대한 국내수요는 $c_y^* \cdot T$만큼 늘릴 것이다. 여기서 c_y^*는 Y재에 대한 승전국의 한계소비성향을 나타낸다. 그런데 두 상품 X, Y재에 대한 한계소비성향의 합은 항상 1이 되므로 $(c_y^* + c_x^* = 1)$이 된다. 따라서 c_y^*는 $(1 - c_x^*)$로 표시할 수가 있다. 그런데 X재는 승전국의 수입상품이므로 X재의 한계소비성향은 c_x^*는 바로 이 나라의 한계수입성향 m_x^*와 항상 일치한다. 따라서 c_y^*는 $c_y^* = (1 - c_x^*) = (1 - m_x^*)$로 표시될 수 있다. 따라서, T만큼의 소득이전에 따르는 Y재의 수요증가는 $c_y^* \cdot T = (1 - m_x^*) \cdot T$로 표시될 수있고, 이는 **[그림 10-3]**에서와 같이 $(Y_D + Y_D^*)_1$을 다시 $(Y_D + Y_D^*)_2$로 옮겨 주는 역할을 한다. 결국 Y재에 대한 세계수요의 변화는 양국에서의 변화량을 합한 $(1 - m_x^*) \cdot T - m_y \cdot T = (1 - m_x^* - m_y) \cdot T$가 될 것이다.

우리는 위의 식에서 만약 $(1 - m_x^* - m_y)$이 '0' 보다 크면, 즉 두 나라의 한계수입성향의 합이 '1' 보다 작으면 이전은 결과적으로 Y재에 대한 세계수요를 증가시켜 P_y^c는 상승하게 되므로 케인즈가 주장한 대로 독일은 배상금 이외에 교역조건의 악화에 따르는 추가적 부담을 안게 된다는 것을 알 수 있다. 또 $(1 - m_x^* - m_y)$가 '1' 이 되면, 즉 양국의 한계수입성향의 합이 '1' 이 되면 결과적으로 Y재에 대한 세계수요에는 변화가 없다. 따라서 교역조건에도 변화가 없다. 이러한 경우가 바로 올린이 주장한 케이스에 속한다고 볼 수 있다. 그리고 만약 양국의 한계수입성향의 합이 '1' 보다 더 클 경우에는 결과적으로 Y재의 세계수요가 감소하여 P_y^c가 하락하게 되어 배상국인 독일이 오히려 교역조건의 개선효과를 누릴 수도 있다는 결론을 얻는다.

그러나 실제로 전후 독일에 의한 승전국에 대한 전쟁배상금지불이 제대로 이루어지지 않았기 때문에 이전이 독일의 교역조건에 어떠한 영향을 미쳤는지는 잘 밝혀지지 않았다.

1) 여기서 한계수입성향(m_y)과 한계소비성향(c_y)은 같은 값을 갖게 된다. 이는 다음과 같이 설명될 수 있다. Y재의 수입수요를 M_y라고 하면 이는 국내수요와 국내생산의 차이, 즉 $M_y = Y_D - Y_S$로 표시할 수 있다. 이제 양변을 소득으로 미분하면 우리는 $m_y = c_y$의 관계를 얻게 되는데 이는 Y재의 국내생산은 소득의 함수가 아니라 가격의 함수이기 때문이다.

✤ 연습문제

1. 국제자본이동의 개념과 형태에 대하여 논하시오.

제4부

국제무역질서

제11장 GATT와 무역자유화

제12장 WTO의 출범과 신 국제경제 환경

제13장 유엔무역개발회의(UNCTAD)

제14장 경제협력개발기구(OECD)

제11장

GATT와 무역자유화

1. GATT의 형성

2. GATT의 조직과 기본 원칙

3. GATT의 활동

4. UR의 추진과 협상내용

1. GATT의 형성

전후 국제경제제도는 IMF, GATT[1] 체제에 근원을 두고 있다. 즉 외환부문에 대해서는 연합국 통화기금회의를 통해 탄생된 국제통화기금(International Monetary Fund : IMF)의 협정이, 그리고 무역에 대해서는 GATT 협정이 국제경제제도를 주도해 왔으며, 이 둘을 통틀어서 브레튼 우즈(Bretton Woods) 체제라 한다.

대공항의 여파로 인한 국제금융제도의 붕괴 이후 세계경제는 각종 무역제한조치의 만연과 경쟁적인 평가절하로 무역전쟁을 방불케 하는 시련을 겪었으며 제2차 세계대전으로 경제시설은 파괴되고 격심한 인플레이션을 경험해야 했다. 이에 제2차 세계대전이 끝날 무렵인 1944년 연합국 44개 국가의 대표들이 미국의 브레튼 우즈에서 모임을 갖고 IMF를 창설하였는데 브레튼 우즈체제는 이와 함께 출범했던 것이다.

브레튼 우즈체제의 발족 당시 연합국간에는 IMF, IBRD(국제부흥개발은행) 및 ITO(국제무역기구)의 설립이 합의되어 있었고, 각국은 이 기구들을 통해서 무역장벽을 제거하고 국제무역상의 평행을 위해 차별대우를 철폐하려고 노력했다. 많은 우여곡절 끝에 ITO는 무산되었으나 아바나에서 채택된 ITO 헌장(또는 아바나헌장)의 정신은 1947년에 설립된 GATT로 계승되었던 것이다.

1. GATT의 성립

앞에서 언급한 바와 같이 GATT의 전신은 ITO(International Trade Organization : 국제무역기구)이다. 제2차 세계대전이 끝날 무렵 연합국들은 1930년대의 쓰라린 경험을 되풀이하지 않도록 국제무역의 자유화를 위한 논의를 계속하였으며, 1944년 11월에 미국은 국제통화제도를 보완하는 국제무역기구의 필요성을 인정한 후 「세계무역 및 고용의 확대에 관한 제안」을 주창하였다.

미국의 주창을 기초로 하여 UN 경제사회이사회는 1947년 11월 21부

1) GATT는 관세에 대해 ① 체약국 상호간의 협상에 의해 관세율을 가능한 인하하고 그 결과를 모든 체약국에게 균등하게 적용하며, ② 체약국간에는 관세상의 차별대우를 하지 않는다는 원칙을 갖고 있다.

터 1948년 5월 24일까지 쿠바의 아바나에서 개최된 '무역 및 고용에 관한 국제연합회의(일명 아바나회의)'에서 53개국의 조인을 얻어 '국제무역기구헌장(Charter for the International Trade Organization), 일명 아바나헌장'을 채택되었다.

국제무역기구헌장의 목적은 '국제무역의 확대를 도모하고 후진국의 경제개발을 촉진시키며 전세계 생활수준을 제고'시키는 것이었다. 이 목적을 달성하기 위하여 국제무역기구(ITO)는 국제무역의 공정거래에 관한 법전을 제정하고, 각국의 인위적인 무역장애를 제거하여, 다각적이고 무차별적인 무역체제를 설립하도록 규정하였다. 이 헌장은 다음과 같은 목적을 제시하고 있다.[2]

첫째, 각국의 실질소득과 유효수요를 견실하게 성장하도록 하며, 상품의 생산, 소비 및 교환을 증대시키고 세계 경제의 균형적인 확대를 위해 공헌한다.

둘째, 아직 산업발전이 미숙한 국가에 대하여 특별히 공업 및 경제발전을 이룩하도록 원조한다.

셋째, 각국이 균등하게 시장활동을 할 수 있도록 하고, 그들의 경제적 번영과 개발에 필요한 생산시설을 이용할 수 있게 한다.

넷째, 호혜원칙 하에서 관세 및 무역에 대한 모든 장벽을 감소시키고 국제 무역에 있어서 무차별적인 대우를 제거한다.

다섯째, 각국의 무역 및 경제발전에 대한 기회를 증대시킴으로써 세계무역을 확대시키며, 생산적인 고용을 감소시키는 제반 장애요인을 제거하도록 한다.

여섯째, 상호이해, 협의 및 협조를 통하여 고용, 경제개발 및 상품정책면에서 국제무역에 관한 제반문제를 해결한다.[3]

이와 같은 광범위한 내용을 포괄하고 있는 국제무역기구 헌장은 세 가지 측면의 기본 원칙을 가진 것으로 이해할 수 있다.

2) 이 헌장은 9장 10절로 구성되어 있다.

3) 또 이 헌장의 나머지 8장은 다음의 사항을 규정하고 있다. ① 고용 및 경제활동을 높은 수준에서 유지하는 것, ② 특히 경제적 후진국과 전쟁으로 황폐화된 국가의 경제발전을 증진시키는 것, ③ 관세 및 기타 무역의 장애를 개선시키는 상업정책과 각국간의 경제적 관계 개선, ④ 국제 카르텔과 같은 제한적 영리행위에 대한 규제, ⑤ 각국간의 상품협정, ⑥ ITO 구조와 기능, ⑦ ITO 회원국간의 이해를 해결하는 수속절차, ⑧ 비회원국과의 무역관계 등 ITO 회원국에 영향을 주는 일반규정

첫째, 다각적, 무차별적인 자유무역의 실현이다.[4)]

둘째, 각국의 완전고용의 달성 및 유지이다.[5)]

셋째, 생산관계에서의 부조화를 제거하기 위하여 패전국의 경제부흥이나 미개발 후진국의 경제개발에 지원한다.[6)]

국제무역기구를 기본으로 1947년 10월 제네바에서 미국, 영국, 프랑스 등 23개국이 참가한 가운데 관세교섭이 이루어졌으며, 이 관세교섭의 결과 상호간의 인하를 약속한 관세율표와 인하효과를 확보하기 위해 필요한 규정을 하나의 조약으로 묶어 놓은 것이 '관세 및 무역에 관한 일반협정(General Agreement on Tariffs and Trade)' 이었던 것이다.[7)]

2. GATT의 성격 및 특징

GATT는 IMF와 더불어 국제무역의 확대에 의한 국제경제의 균형적 성장을 목표로 하고 있다. IMF는 국제통화가치의 안정, 국제통화의 원활한 공급측면에 중점을 두고 있다. IMF가 추구하는 목표가 이루어진다고 하더라도 관세장벽 및 비관세장벽 등 물량면에서 장애가 있다면 국제무역은 원활하게 확대되지 않으며, 국제경제의 균형적 성장도 불가능할 것이므로 GATT는 주로 실물면에서의 자유무역확대에 주력하고 있는 것이다. 이런 관점에서 이 두 기구는 국제무역의 확대를 위해 상호보완적 관계를 맺고 있다고 볼 수 있다.

IMF는 당초 선진국들이 의도한 대로 창설되었으나 GATT에는 각 선진국들의 이해관계가 복잡하게 얽혀 있어 불안정한 요소가 내포된 국제적 협상이라 할 수 있다. GATT의 성격은 국제협정, 법적 효과 및

---

4) 즉, ITO는 무역에 대한 모든 제한을 철폐하여 자유로운 무역을 실현할 것을 의도하고 있는 것이다. 여기서 모든 제한이라고 함은 ① 보호무역, 특혜대우, 보조금, 수량할당제, 외환관리 등 정부에 의하여 부과되는 모든 제한, ② 사적결합 및 카르텔에 의하여 부과되는 모든 제한, ③ 1차산품 시장에 있어서의 제한 등을 말한다. ITO가 이들 목표를 실현하기 위하여 마련하고 있는 제조처는 모두가 국제교환에 있어서의 장애제거에 국한되는 것이며 각국내의 불경기나 실업으로 인한 무역제한을 경감시킬 수 있는 근본적인 조치는 아니었다.

5) 이를 위해서 본 헌장에서는 별도로 한 장(제2장)을 할애하여 완전고용을 위한 국제협력을 규정하고 있다. 세계의 실업과 불경기를 막기 위해 선진국, 특히 미국의 고용과 경기가 안정되어야 함을 강조하고 있다.

6) 즉, 선진국과 패전국 및 후진국과의 개발에서 조화가 이루어지기 위해서는 원조가 필요하다는 것이 강조되고 있는 것이다.

7) 그러나 아바나헌장이 유산됨에 따라 GATT는 아바나헌장 본래의 임무를 이어 받아 1948년 1월 1일 제네바회의 참가 23개국중 8개국의 서명을 얻어 정식으로 발효되었다.

국제기구면에서 다음과 같이 파악될 수 있다.

첫째, GATT의 규정은 통일성이 미비된 국제협정이라는 것이다. 원래 GATT는 아바나헌장의 발효부터 국제무역기구의 설치까지 관세인하와 기타 무역장벽을 제거하기 위하여 채택된 '잠정적 협정'이었으므로 그 규정은 아바나헌장의 조항에서 각국의 합의가 이루어진 부분을 발췌해서 집대성한 것이다. 따라서 GATT의 규정에는 각국의 주장이 복잡하게 포함되어 있어 일률적 실행이 사실상 어려우며, 많은 예외규정을 두고 있어 근본 목적과는 상충되는 부분도 상당수 포함되어 있는 것이다.

둘째, GATT는 국제협정으로서의 법적 효과면에서 구속력이 제한되어 있다. GATT의 협정과 더불어 'GATT의 잠정적 적용에 관한 의정서'가 작성됨에 따라 가맹국은 이 의정서에 서명을 한 후 각국의 국내법 범위 내에서 GATT의 의무를 수락하고 있다. GATT의 가맹국은 최혜국 대우 및 관세인하가 규정된 1부와 관세교섭이나 가맹 및 탈퇴 등의 절차가 규정된 3부에 있어서는 어느 정도 구속력을 갖는다. 그러나 수량제한의 금지 등 무역확대가 규정된 2부와 개발도상국의 문제가 규정된 4부에 있어서는 가맹시점의 국내법의 범위 내에서만 그 이행의무가 부여되어 있기 때문에 법적 구속력이 미약하다.

셋째, GATT는 당초 국제무역상의 원칙을 규정한 협정에 불과했기 때문에 국제경제기구로서의 성격은 미미하다. GATT는 그 규정에 의해서 정식으로 설립되지 않고, 잠정적인 협정에 불과했기 때문에 엄격한 의미에서는 국제경제기구라고 볼 수 없다.

2. GATT의 조직과 기본 원칙

GATT는 공식적인 국제기구로 출발했다기보다는 관세와 무역에 관한 협상의 장으로서 출발되었다. GATT의 주요 기구를 대별하면 총회, 이사회, 각종 위원회, 특별기구, 사무국 등으로 나눌 수 있다.

1. GATT의 조직

① 총회(체약국단회의 : Session of Contracting Parties)

총회는 최고의결기관으로서 GATT 규정의 수정, 해석, 회원가입의 수락, 특정 국가의 의무면제 및 가맹국가간의 분쟁조정을 처리한다. 이 회의에는 정식가맹국 외에도 준 가맹국 및 IMF와 FAO의 대표들도 옵서버로서 참가할 수 있다.

총회의 의결방법은 투표의 과반수 찬성에 의한 단순 다수결 원칙을 채택하고 있는데, IMF와는 달리 모든 가맹국은 각기 한 표의 표결권을 가지고 있다. 다만 25조 5항의 경우에는 본 협정에 별도로 상정되어 있지 않은 예외적인 사항을 결정할 때에는 2/3의 다수결원칙을 적용하도록하고 있다.

② 이사회(Council of Representatives)

이사회는 GATT 가맹국 가운데서 희망국으로 구성되며 총회의 회기 이외의 기간에 발생하는 긴급사항을 검토하고 총회에서 위임된 사항의 의결권을 가진다. 이사회의 회의는 필요한 경우 수시로 소집할 수 있으며 의결방법은 총회와 동일하다. 1980년대 들어서는 긴급 의결사항에 대해서는 이사회가 먼저 결정을 내린 뒤 우편투표에 의하여 GATT의 최종결정을 하는 등 상당히 탄력적으로 운영되었다.

③ 각종 위원회

GATT 내에서는 이사회 산하에 무역 문제를 전문적으로 분석·검토하는 각종 위원회가 많이 설치되어 있다. 개발도상국의 무역확대 문제를 주로 연구하고 있는 무역개발위원회를 비롯하여 덤핑문제를 검토하고 있는 덤핑방지위원회, 국제수지 악화로 인한 수입제한 문제를 다루는 국제수지위원회, 섬유위원회, 기타 보조금, 상계관세위원회, 관세양허위원회, 수입허가절차위원회, 국제낙농품위원회, 국제식육위원회 등이 그것이다. 특히 무역협상위원회에서는 다자간 무역협상을 관장하며, 국제수지위원회는 국제수지와 관련된 수입규제 문제를 검토한다.

또한 무역개발위원회는 저개발국의 무역확대를 위한 GATT 제4부 신장의 실시에 관한 문제를 다루며 섬유위원회에서는 다자간 섬유협정의 적용 및 해석상의 문제점 해결을 위한 활동을 하고 있고, 개도국간 무역협상위원회는 1967년 9월 GATT 사무총장이 제안하여 설치된 기구로 개도국간 상호 관세 및 비관세의 장벽을 양보 · 조정하기 위한 교섭기관이다.

④ 각료회의(Ministerial Meeting)

각료회의는 가맹국의 무역담당 장관들이 국제무역에서 발생하는 제반 문제들을 토의하기 위하여 비정기적으로 개최하는 회의이다. 각료회의는 GATT의 정식기구가 아니므로 그 결정사항이 총회에 대한 법적 구속력을 가지고 있지 않으나 사실상 총회의 심의에 크게 반영되고 있다.

⑤ 특별기구

㉮ **국제무역센터**(International Trade Center : ITC)

ITC는 1964년에 설립된 기구로서 개발도상국의 수출확대 노력을 지원하기 위한 기구이나 1968년부터는 UNCTAD가 그 운영에 참여함으로써 양 기구가 공동으로 사업을 수행하는 기관으로 재 발족되었다. 이 센터는 국제무역을 촉진시키기 위하여 개도국에 국제마케팅 및 특정상품의 수출시장 개발에 관한 무역정보를 제공함과 아울러 마케팅계획의 수립, 교육, 훈련 등과 같은 무역실무연수를 시키고 있으며, 기타 다자간 무역확대 방안도 연구하고 있다.

㉯ **섬유감독기구**(Textile Surveillance Body : TSB)

1974년 1월 1일부터 발효된 MFA(다자간 섬유협정)에 의거하여 창설된 국제섬유 교역감독기구로서 MFA 서명 섬유류 수출입국 사이의 분쟁을 중재 · 조정하는 역할을 담당하며 MFA 준수 여부도 조사한다.

2. GATT의 기본원칙

GATT는 국제무역에서 관세장벽의 완화 내지 철폐를 통해 무차별적인 국제무역체제를 확립함으로써 국제경제의 건전한 발전을 추구하는 데 목적을 두고 있다. 따라서 GATT의 기본 원칙은 관세인하 및 무역제한의 철폐를 통한 무역자유화와 가맹국간의 최혜국 대우를 실현하는 것이라 볼 수 있다.

① 관세인하

관세는 무역제한 조치 가운데서 역사가 가장 오래된 것이고 또한 그 효과가 큰 것이 특징이다. 따라서 GATT는 각국간에 적용되고 있는 관세율을 인하시키는 데 노력하였고, 관세인하에 관하여 다음의 사항을 강조하고 있다.

첫째, 두 국가간 또는 가맹국 상호간에 결정된 관세율은 GATT에 통보되며, 전 가맹국에 무차별적으로 적용된다.

둘째, 관세 및 기타 무역장벽을 실질적으로 경감시킨다.

셋째, 이러한 원칙이 실현될 수 있도록 각 가맹국은 호혜주의에 입각하여 행동한다.

이에 따라 두 국가간의 관세교섭에 의해 결정된 관세율은 모든 가맹국에 확대 적용되었고 실제로 무역자유화는 상당히 진전될 수 있었다. 그러나 이러한 방식으로는 관세의 대폭적인 인하가 어려웠기 때문에 관세인하 교섭이 진전됨에 따라 그 뒤 케네디 라운드에서는 관세율의 대폭적인 인하를 위해 일괄 인하방식을 채택하였던 것이다.

또한 GATT는 관세인하의 효과가 침해당하지 않게 하기 위하여 관세 이외의 방법으로 수입을 제한하는 것을 금지하고 있다. 이외에도 GATT는 불공정한 가격으로 인한 시장교란을 막기 위하여 덤핑방지세와 상계관세를 두어 건전한 국제경제 질서를 확립하고자 하였다. 한마디로 GATT가 추구하는 이상은 관세인하에 의한 무역자유화와 공정가격에 의한 거래질서의 확립이라고 할 수 있다.

② 무역제한의 철폐

관세는 주로 가격 메커니즘을 통하여 수출입을 규제하는 역할을 하지만, 무역의 확대를 이보다 더 직접적으로 저해하는 요인은 수출입제한조치이다. 이 수출입제한조치는 직접 조치이므로 관세보다 더 즉시적이고 큰 효과를 발생하는 것이다. 따라서 GATT는 이러한 무역제한 조치를 철폐하여 무역의 확대를 추구하려고 노력하고 있다.

무역제한은 주로 수입에 집중적으로 적용되고 있지만 수출에도 가끔 적용된다. 따라서 GATT는 국내산업의 보호를 수단으로 한 관세는 어느 정도 인정하고 있지만 수출 및 수입에 대한 수량제한에 대해서는 이를 완전히 철폐할 것을 일반원칙으로 규정하였다.

③ 최혜국 대우 원칙(무차별 대우 원칙)

GATT 제1조는 일반적 최혜국 대우원칙을 규정하고 있다. 즉 *A*국이 *B*국에게 동등한 양허의 교환을 조건으로 특정 품목의 관세를 인하하게 될 경우 전 가맹국들에게 동등한 최혜국 대우를 해야 한다는 원칙이다. 이때 제3국도 역시 타국에게 비슷한 특혜를 주고 받아 전 가맹국들에게 동등한 대우를 부여해야 하기 때문에 불평등한 거래는 대부분 제거된다. 이때 특혜의 교환이 곧 호혜주의를 의미하는데, 호혜주의는 최혜국 대우와 함께 GATT의 기본정신을 이루고 있다.

GATT가 성립되기 이전까지는 일반적으로 2개국간의 항해조약을 체결할 때 상호 교역상품에 대해서는 제3국의 유사품에 부과하는 관세율 중에서 최저 세율을 적용키로 한다는 소위 최혜국조항을 포함시켰는데 이것이 바로 관세상 최혜국 대우의 기원인 것이다.[8)]

즉 최혜국 대우의 무차별적 적용에 대해 GATT는 제1조 2항에서 영연방 등 GATT 성립 당시 존속하고 있던 특혜관세는 인정하고, 또한 제24조에서 일정요건만 구비하면 각국의 자유무역지역이나 관세동맹을 형성할 수 있는 자유를 부여한다는 등 예외규정을 두고 있는 것이다.[9)]

GATT는 종래 2국간의 우호통상조약에만 의존하던 최혜국 대우를 전 가맹국에게 무차별적으로 적용토록 하고 있다. 이러한 최혜국 대우는 관세에 있어서 뿐만 아니라 특수 상황 하에서 수입제한을 해야 할

8) 이 최혜국 대우는 19세기 이후 유럽의 무역이 번창함에 따라 무역의 안정화를 기하기 위하여 통상조약 속에 포함시켰는데 1896년 영국과 프랑스간에 체결된 영불통상조약이 시초가 된다. 그런데 양국간 또는 지역간에 체결된 관세동맹 또는 지역적 통상권은 가입국 이외의 나라에 대해서는 실질적으로 차별대우를 선언한 것이기 때문에 이는 당연히 최혜국 대우에 위배되나 GATT에서는 이를 최혜국 대우의 예외로 취급하고 있으며, 실제로 법적 명확성을 부여하기 위해 최혜국 대우 조항의 단서에 이러한 예외 조항을 삽입하고 있는 것이다.

9) 또한 실질적으로 선·후진국간에 있어서도 절대적인 호혜주의를 적용하는 것은 타당하지 않기 때문에 GATT는 제36조 8항에서 개도국의 대 선진국 호혜주의 의무의 보류를 규정하고 있다.

때에도 무차별적으로 적용된다.[10)]

④ 개발도상국 조항

GATT 규정 제18조는 개발도상국을 ① 저(低) 생활수준 하에 있는 초기개발국가, ② 경제가 개발과정에 있으나 ①에 속하지 않는 국가로 구분한다. 먼저 ①에 해당하는 개발도상국은 경제개발을 위하여 필요한 경우에 한하여 관세양허[11)]의 수정 또는 철회, 국제수지 유지를 위한 수입제한, 특정 산업 육성을 위한 수입제한 조치를 취할 수 있게 한다. 또한 ②에 해당하는 개발도상국은 특정 산업을 육성하기 위한 수입제한 조치를 취할 수 있다고 규정하였다.

이와 같이 GATT는 개발도상국에 대하여 이러한 최혜국 대우의 예외를 규정하고 있으나 GATT는 개발도상국의 경제개발과 무역확대를 위하여 적극적으로 뒷받침하지 못하였다.

그러나 1965년 2월 GATT 특별총회에서 드디어 새로운 GATT 규정을 협정문에 추가하기로 결의하였으며, GATT 규정은 종래 제3부 제35조에서 제4부 제38조로 확대되었다. 추가된 무역 및 경제개발에 관한 내용은 제36조에서부터 제38조에 규정되었다.

첫째, 제36조는 원칙과 목적을 규정하고 있다. 즉 개발도상국의 수출시장 및 소득확대, 1차산품 교역조건 개선, 개발도상국 경제의 다각화, GATT, 국제원조기관 및 UN 제 기관을 포함한 기타 국제기관과의 협력 내지 상호주의 원칙 적용 등을 규정하고 있다.

둘째, 제37조는 다음과 같은 약속을 규정하고 있다. ① 선진국은 법률상 또는 불가피한 경우를 제외하고 개발도상국의 수출 관심품목에 대하여 무역장벽을 현행 수준 이상으로 강화하지 않으며, 이의 경감 또는 철폐에 노력한다. ② 개발도상국의 1차산품의 소비증대에 노력한다. ③ 개발도상국의 1차산품을 수입하여 재판매가격을 결정할 경우

10) GATT는 제13조에서 수량제한의 무차별적 적용을 의무화시키고 있는데 무차별 적용원칙은 GATT 가맹국에게 부여된 가장 무거운 의무이행 규정이다.

11) 관세양허란 체약국이 특정품목에 대해 일정수준 이상의 관세를 부과하지 않게 하는 약속으로 관세양허에는 세율을 단순히 인하하는 관세인하, 현행세율을 더 이상 인상하지 않겠다고 약속하는 현행세율의 거치(binding), 그리고 세율을 인상하는 경우에는 특정수준 이상으로는 세율을 인상하지 않겠다는 인상한계점 등의 설정방법이 있다.

그 차익의 공평수준을 유지하도록 한다. ④ 선진국은 개발도상국의 상품수입을 촉진하기 위해 국내산업개편, 소비촉진, 무역지원 등을 한다.

셋째, 제38조는 제36조의 목적을 달성하기 위하여 GATT의 가맹국은 공동으로 다음과 같은 노력을 할 것을 규정하고 있다. ① 1차산품수출확대에 협조한다. ② UNCTAD의 권고에 의하여 설치된 기관을 포함한 UN의 여러 기관과 협력한다. ③ 개발도상국의 무역성장에 유의한다. ④ 무역확대 방안을 검토한다. ⑤ 제4부 규정을 실시하는 데 필요한 기구를 설립한다.

3. GATT의 활동

1. 케네디 라운드(1950~1960년대 GATT의 활동)

GATT의 관세협상은 일반협상, 가입협상 및 재협상으로 나누어진다. 일반 협상은 GATT 본래의 목적인 가입국간의 관세인하를 위한 협상이며, 재협상은 기존 양허를 변경코자 할 경우 관계 국가간에 이루어지는 협상이다.

① 관세인하 협정

GATT 성립 이전의 관세협상은 당사국간에 필요가 있을 때마다 쌍무적으로 교섭을 가져 왔으나, GATT에 의한 일반과세협상은 첫째, 두 나라 사이의 쌍무협상과 함께 다각적으로 협상이 이루어지며 둘째, 임의의 두 나라 사이에 체결된 협상결과는 최혜국 대우 원칙에 따라 나머지 가입국에도 자동적으로 적용됨으로써 GATT 성립 이전의 당사국간의 협상에 비해 단기간에 규모의 협상효과를 거둘 수 있으며 셋째, GATT의 관세양허 방식에는 관세율의 인하 · 거치 · 인상한계 표시 등이 있고 넷째, 협상시 각국의 국내 경제사정이 충분히 고려된다는 특징을 지니고 있다.

케네디 라운드 이전의 관세협상은 품목별 협상방법에 의존했다.[12] 그러나 이와 같은 품목별, 국별 방식에 의한 관세협상은 횟수를 거듭할수록 결점을 드러내게 되었다. 즉 저관세국은 인하가능품목이 적어

고관세국과의 협상이 곤란하였으며, 개도국이나 1차산품 수출국은 일반적으로 양허가능 품목이 한정되어 있기 때문에 상대국에 대한 충분한 요구가 불가능하였던 것이다. 이에 따라 케네디 라운드에서 사용되었던 일괄 관세인하 방식에 관한 검토가 행해지기 시작했다.

② 케네디 라운드

케네디 라운드는 미국 대통령 케네디의 제청에 의한 제6차 GATT 관세인하협상을 말한다. 이 협상은 참가한 가맹국 수, 관세양허 품목 수, 관세인하율, 인하품목의 무역액에 있어서 종래의 관세인하 협상에서 찾아볼 수 없는 괄목한 만한 것이었다.

㉮ 협상의 배경

이 협상의 주요 배경을 살펴보면 다음과 같다.

첫째, 케네디 라운드의 배경은 EC의 눈부신 발전에 기인한다. 당시 미국은 EC의 차별 관세에 직면하였는데, EC가 구축한 높은 관세장벽을 깨뜨리기 위해 미국은 1962년 10월 통상확대법을 제정하였다.[13)]

둘째, 종래 GATT의 국별·상품별 관세인하 협상방식은 처음에는 상당히 효과적인 인하방식이었지만 시행을 거듭함에 따라 관세협상이 점차 소규모화되고 관세인하폭이 축소되는 경향을 나타내는 등 많은 결점이 드러나기 시작하였다.

셋째, 일본의 대미무역수지 흑자가 급속도로 확대되었고 월남전 수행을 위한 막대한 군비지출에 따른 미국의 국제수지 악화 우려로 인해 이러한 문제를 타개하고 무역을 증진시키기 위해서는 협상방식 자체를 바꾸어야 한다는 주장이 대두되었다. 이와 같이 하여 미국은 EC의 블럭경제화 방지와 자유무역의 확보를 위한 상호 관세인하를 주 내용

12) 우선 협상을 시작하려면 상대국에게 자국의 주요공급 목표에 대한 양허요구표를 제출하면, 이 요구표를 받은 상대국은 자국의 양허 가능 품목표를 작성하여 서로 교환함으로써 협상이 시작되는 것이다. 이때 협상은 상호주의와 호혜주의의 기반 위에서 양허의 균형을 유지하면서 진행된다.

13) 동법에 의하면 보통의 품목에 관해서는 관세를 5년간에 걸쳐 50%를 인하할 수 있는 권한(일반권한)과 미국과 확대 EC(영국이 가입할 것을 예상한 경우의 EC)와의 수출을 합쳐 세계수출액 전체의 80% 이상을 차지하는 품목에 대해서는 관세를 전폐할 수 있는 권한(특별권한)이 대통령에게 부여되었다. 후자의 권한은 EC에 시장의 개방을 요구하며, 미국상품의 대 EC진출을 촉진하려는 데 목적이 있었다.

표 11-1 GATT의 주요관세협상

	협상기간	양허품목수	평균인하율	참가국수	개최지	비고
제1차	1947. 4~10	45,000	불명	23	제네바	
제2차	1949. 4~10	5,000	불명	32	프랑스 엔시	
제3차	1950. 9~1951. 4	8,000	불명	34	영국 톨키	
제4차	1956. 1~5	3,000	불명	22	제네바	
제5차	1961. 5~1962. 7	4,000	7%	23	제네바	딜론 라운드
제6차	1964. 5~1967. 6	30,000	35%	54	제네바	케네디 라운드
제7차	1973. 9~1979. 4	25,000	38%	102	동경	동경 라운드

으로 하는 통상 확대 방안을 의회에 제출하기에 이르렀다.

㉯ 협상의 특징

케네디 라운드는 종래의 관세협상과는 달리 다음과 같은 특징을 지니고 있다.

첫째, 케네디 라운드의 관세협상은 종래의 국별, 품목별 방식이 아니라 일괄인하 방식을 채용했다는 점에서 획기적인 것이라 할 수 있으며, 그 인하폭도 5년간에 50%라는 대폭적인 인하를 목표로 하였다.

둘째, 케네디 라운드는 단순한 관세협상의 영역을 벗어난 무역협상이었다. 관세뿐만 아니라 그 밖의 무역장벽, 즉 이른바 비관세장벽도 협상에 포함되었다.

셋째, 저개발국의 수출에 대한 장애를 경감하기 위한 노력이 표시되었고, 아울러 저개발국에 대해서는 호혜가 아닌 특혜를 준다는 것 등이었다.

㉰ 케네디 라운드의 성과

케네디 라운드는 협상방식이나 참가국 수에 있어서 1947년 GATT가 창설된 후 1962년 제5차 딜론 라운드(Dillon Round)까지는 볼 수 없었던 다음과 같은 성과를 가져왔다.

첫째, 케네디 라운드에 참가한 국가 수는 GATT 창설 이래 최대 규모인 46개국이었다. 처음의 협상에는 54개국이 참석하였으나, 아랍 8개국이 케네디 라운드에 불만을 품고 의정서에 서명하지 않았기 때문에 정식참가국은 46개국이었던 것이다.

둘째, 37개국이 관세인하를 양해하고, 해당 품목수는 3만 3백 품목에 달했으며 이것은 액수로 400억 달러에 해당하는 것이다. 관세 인하율은 평균 35%에 달했으며, 이것은 당초 목표인 50%에는 미달하였지만 딜론 라운드의 7%에 비하면 괄목한 만한 것이었다.

셋째, 덤핑방지규약이 1968년 7월 1일부터 발효할 수 있도록 했다는 것이다. GATT 규정 제6조에서 인정하고 있는 덤핑 방지규정의 해설 및 그 적용규칙이 케네디 라운드 교섭에서 제정되었다.

그러나 케네디 라운드는 당초의 구상에 비해 그 결과는 상당히 후퇴하였으며, 당초 영국의 EC 가입을 전제로 한 '80%조항'이 사문화되는 등 문제점을 남기기도 했다.

2. 동경 라운드(1970년대 이후 GATT의 주요 활동)

전후 세계 경제의 특징은 고도성장의 지속 및 각국 경제의 상호의존도 심화로 표시될 수 있는데, 이러한 경향을 촉진시킨 가장 큰 원동력은 세계무역의 확대였다. 수출면에서 본 무역의 신장률이 생산의 신장률을 상회함으로써 경제성장의 추진력으로서 무역의 역할이 매우 중요하게 인식되었다.

① 70년대 이후 무역환경의 변화

70년대 세계 무역의 주종을 이룬 것은 금액 기준으로는 석유를 중심으로 한 광물성 연료의 수출이었으며, 수량 기준으로는 60년대와 마찬가지로 공산품이었다. 한편 70년대의 가장 현저한 변화로는 석유파동을 계기로 OPEC 제국이 급격히 부상하였다는 것과 적극적인 수출주도형 성장전략을 추구해온 소위 선발 개발도상국의 지위가 높아진 것을 들 수 있다. 또 한 가지 현저한 변화로는 세계 무역에서 선진국이 차지하는 비중이 72년을 기점으로 하여 계속 감소하는 상황에서 선진국 내부의 상대적 지위가 변화하는 것을 들 수 있는데, 특히 일본의 비중이 높아진 반면 미국의 비중이 현저히 낮아졌다.

한편 70년대의 성장율은 비록 둔화되었지만 비교적 순조롭게 확대되어 오던 세계무역은 80년대 들어오면서 축소 경향을 보이기 시작하였다. 이처럼 70년대 중반 이후 세계 무역의 축소 경향을 보인 주요 원인으로는 다음과 같이 두 가지로 지적할 수 있다.

첫째, 1973년 제1차 석유파동 이후 세계경제의 지속적인 저성장 추세, 특히 1979년의 제2차 석유파동 이후 경기침체가 장기화함으로써 전반적인 수입수요가 위축되고 있다는 점이다.

둘째, 이러한 세계 경제의 장기적인 정체를 배경으로 세계적으로 보호무역 주의가 강화되어 선진국간, 또는 선진국·선발 개발도상국간의 무역마찰을 야기하고 궁극적으로 무역을 축소시키고 있다는 점이다.

한편 80년대 중반에 접어들면서 세계경제는 1983년을 기점으로 다소 성장세를 보이고 있는데 이는 국제 원자재가격의 하락과 그 동안 침체되었던 수요의 회복에 기인한다.

70년대 이후 자유무역의 실현을 목표로 하는 GATT의 이념은 상당히 퇴색되었으며 그 기능도 약화될 수 밖에 없었다. 즉 60년대까지의 GATT 활동은 케네디 라운드를 포함한 여섯 차례의 관세인하 협상을 통하여 자유무역화의 폭을 넓힘으로써 세계 경제발전에 크게 기여하였으나 70년대 들어 세계경제 여건의 변화와 더불어 GATT의 기능이 약화됨에 따라 1973년부터 1979년까지 개최되었던 동경 라운드와 1982년의 각료회담 등에서도 각국간의 이해대립을 조정하지 못하여 실질적인 성과를 얻지 못하고 있다. GATT의 이러한 취약성은 선진국들의 점증하는 신보호무역주의 등으로 인해 획기적인 돌파구를 찾지 못하게 되었다.

② 동경 라운드

1947년 GATT가 창설된 이래 1970년대 초까지 GATT의 꾸준한 무역자유화 노력으로 관세수준은 매우 낮아졌으며, 무역장벽으로서 관세의 역할은 매우 한정적이다. 그러나 1970년도에 접어들면서 비관세장벽을 포함한 각국의 보호주의 경향이 농후해지자 무역자유화는 심각한 타격을 입게 되었다. 이에 대응하여 GATT는 비관세장벽을 포함한 새로운 무역장벽을 깨뜨리고 총체적인 세계무역 자유화의 실현을 위해 다자간 무역협상을 1973년부터 1979년까지 6년간에 걸쳐 실시했는데 이

협상을 동경 라운드라 한다.[14)]

㉮ 협상내용

과거의 다자간 무역협상의 주된 관심은 관세인하 문제였지만 동경 라운드에서는 비관세장벽을 포함한 전 무역장벽의 완화 내지 철폐를 목표로 하였다. 따라서 관세 인하뿐만 아니라 비관세장벽 분야에서도 상당한 진전을 볼 수 있었다. 동경 라운드의 주요 협상내용을 보면 다음과 같다.

■ 관세부문

동경 라운드에서의 관세인하는 케네디 라운드에서와는 달리 조화인하방식을 채택하였다. 즉, 케네디 라운드는 일괄인하방식을 채택하여 관세율의 고저에 상관없이 일정한 비율로 인하하는 것을 원칙으로 하였으나, 동경 라운드에서는 관세율이 높은 품목에 대해서는 많이 인하하고, 낮은 품목에 대해서는 적게 인하하는 방법을 채택하였던 것이다.[15)]

■ 비관세장벽 부문

동경 라운드에서는 비관세장벽에 의한 무역제한이 일반화되고 있는 실정을 감안하여 비관세장벽의 제거를 중요한 문제로 다루었다. 이에 따라 타결된 협상의 주요 내용은 다음과 같다.

- 보조금 및 상계관세협정 : 현행 GATT 및 미국의 상계관세 협정은 보조금이 지급된 수입품이 국내산업에 실질적인 피해를 주는

14) 1973년 9월 동경의 GATT 각료회담에 참석한 102개국 대표들은 소위 '동경선언'을 채택함으로써 동경 라운드의 험난한 다자간 무역협상이 시작되었다. 각국의 각료들은 이 선언에서 GATT의 기본정신인 호혜주의 원칙을 재확인하고, 이 원칙에 따라 관세 및 비관세장벽을 포함한 전 무역장벽의 철폐 내지 완화를 달성하자는 포괄적인 협상목표를 설정했다.

15) 이에 따라 18개 선진국은 2만 5천 개 품목의 관세를 인하시킴으로써 세계 총무역량의 10%에 달하는 공산품이 GATT 체제 내에서 양허되었고, 주요국별 관세인하율(기준세율 기준)을 보면 미국이 약 31%, EC가 약 25%, 일본이 약 50%(실행세율로는 약 20%)였다.

경우에 상계관세를 부과하는 것으로 되어 있으나, 실질적인 피해의 기준이 명백하지 않아 각국간의 분쟁이 있어 왔는데 동경 라운드에서는 이 기준을 명백히 하고 분쟁 해결절차를 명료하게 하며 나아가서 보조금지급 자체를 금지하도록 합의하였다.

- 정부조달협정 : 각국의 정부 및 정부관계기관이 소요물자를 조달할 때 실시하는 입찰을 국내외 기업에 똑같이 공개하자는 것이다.[16)]
- 관세평가협정 : 각국의 관세부과 대상가격이 통일되어 있지 않아 이를 통일하려는 것이다.[17)]
- 수입허가 절차협정 : 수입허가 절차가 국가에 따라 상이하여 실질적인 무역장벽이 되고 있으므로 이를 간소화하고 명료하게 하자는 것이다.
- 무역상의 기술장벽에 대한 협정 : 각국이 수입품에 대해서 상이한 기술면의 각종 규제, 표준규격, 검사방법, 인증제도를 채택하고 있을 뿐만 아니라 이를 차별적으로 적용함으로써 무역장벽화되어 온 것을 해소하려고 하였다.[18)]
- 덤핑방지 규정의 개정 : 덤핑방지 규정은 1967년 케네디 라운드 협상에서 마련된 비관세장벽의 완화를 위한 규약으로서 덤핑수입에 의해 국내산업이 실질적인 피해를 입는 경우 덤핑가격의 범위 내에서 덤핑방지세를 부과할 수 있도록 한 것이었다. 그러나 부과기준이 불명료했으므로 동경 라운드에서는 실질적인 피해의 판단기준 등 덤핑에 관한 규정의 해석을 명확히 하고 구체적인 운용에 관한 규칙을 정했다.

이와 같은 협정들 중에서 덤핑방지협정을 제외하고는 모두 처음으

16) 당시 미국과 EC의 경우에는 정부조달 입찰의 대부분이 국내외 기업에 공개되었으나 일본은 주로 국내기업에 제한하고 있었으므로 이는 미국·EC가 일본시장을 개방하려는 의도에서 취해진 것이다.

17) 특히 미국은 화학제품 등의 관세부과 대상가격을 미국시장내 판매가격을 기준으로 하는 소위 American Selling Price(ASP)제도를 택하고 있어 각국 수출품의 미국내 가격경쟁력 저하의 요인이 되었는데 이를 폐지하자는 것이었다.

18) 특히 일본은 독자적으로 정하고 있는 일본 공업표준 규격을 타국제품에 부착하는 것을 허용하지 않았는데 이를 허용하도록 하였다. 예를 들면 개도국의 제품은 JIS 마크가 없다는 이유만으로 일본시장내에서 오류제품으로 취급되었던 것이다.

1970년대 이후의 GATT

1970년대에 들어오면서 GATT는 60년대에 보여주었던 세계무역에 대한 막강한 역할을 더 이상 수행할 수 없게 되었다. 1970년대 세계 경제환경의 변화에 대응하기 위하여 개최되었던 동경 라운드가 관세인하 및 비관세장벽의 철폐에 원칙적으로 합의하는 등 부분적으로 성과를 거두게 되었고, 1965년 개도국 조항의 신설로 개도국들이 GATT에 적극 참여함으로써 GATT는 선후진국을 거의 망라하는 국제기구로서의 위치를 확보할 수 있었다. 또한 동경 라운드에서 타결된 각종 협정들에는 개도국을 위한 조항들이 부분적이기는 하나 새로 삽입되어 국제 무역질서에 대한 범세계적인 활동이 시작될 것으로 기대되었다.

그러나 80년대 초에 와서도 세계경제는 깊은 불황의 늪을 헤어나지 못하고 오히려 전세계적으로 팽배된 보호주의 경향이 확대되는 현상을 보였고 1981년에는 국제무역량이 감소하기 시작하는 등 GATT 중심의 다자간 자유무역체제는 그 존립 자체마저 위태롭게 되었다.

로 국내적 합의를 갖게 되어 동경 라운드는 국제무역규범의 재정립이란 중요한 의미를 갖는다.

■ 개도국에 대한 우대협정

동경 라운드에서는 남북간 무역협상의 중요성을 인식하여 선진국이 개도국에 무역상 특별우대조치를 취할 수 있도록 하였다. 당시까지 GATT는 개도국에 대한 우대를 일시적인 것으로서 최혜국 대우조항의 예외로 간주해 왔으나 남북협력이 반드시 남측에만 일방적으로 혜택을 주는 것이 아니며 양세계가 공동으로 번영하기 위해 필수 불가결하다는 점을 인식하여 이를 GATT 규정 내에서 정당화, 합법화시키고자 한 것이다.

■ 기타 협정

그 밖에 농산물과 관련되는 협정으로 국제 낙농품 협정, 국제 식육협정, 농산물분야 협의에 관한 권고 등에 대한 협정을 채택하였으며, 주요 선진국들의 합의사항으로 민간항공기 무역협정을 타결시켰다.

국제무역의 자유화라는 측면에서 볼 때 동경 라운드 무역협상은 1970년대에 들어와서 더욱 심각해진 각국의 보호무역주의 경향의 확산을 방지하고, 경기침체로 위축된 세계무역을 다시 활성화하려는 노력의 시작이라는 점에서 큰 의의를 갖는다.

③ 다자간 섬유협정(MFA)

다자간 섬유협정(Multi-Fiber Agreement : MFA)은 1973년 12월 31일로 종료된 장기 면직물 협정을 대체해서 국제 섬유질서를 확립키 위해 섬유류 수출입국간에 GATT 체제 내에서 1973년 12월에 조인되어 1974년 1월 1일부터 발효된 협정이다. MFA 추진을 위해 GATT 이사회는 1972년 6월 협상작업단 설치를 결의하였으며, 이에 따라 협상단이 구성되어 1973년 10월 1일부터 3차례에 걸친 협상 끝에 MFA가 탄생된 것이다.[19)]

MFA는 원칙적으로 수입규제를 강화하거나 완화하기 위한 것이 아니라 수입규제의 국제적 규칙을 정해 섬유류 국제 교역질서를 확립하자는 것이다. 즉 수입국측의 기존 수입규제에 국제적 합법성을 부여하되, 일정한 수준 이하로는 수입제한을 할 수 없도록 수출국측의 이익을 보장하자는 것이었다. 그리고 수입국측의 일방적 수입규제도 국제적으로 수락된 규정에 따라서만 가능하도록 긴급수입제한 조치 발동요건을 구체적으로 정해 놓은 것도 하나의 특색이라 할 수 있다.[20)]

4. UR의 추진과 협상내용

제2차 세계대전 후 1947년 10월 제네바에서 23개국이 조인하여 1948년 1월에 발표된 GATT(관세 및 무역에 관한 일반 협정)는 국제무역의 기본질서를 규율하는 국가간의 협정으로서 지난 45년간 내국민 대우, 최혜국 대우, 자유무역, 공정무역의 기본원칙을 추구하면서 세계무역

19) MFA는 전문, 본문(제1조~제17조) 및 부록 A, B로 구성되어 있으며 수입국이 규제대상품목을 수입 규제하려 할 때는 수출국에게 협의를 요청하도록 하고 있다.

20) MFA는 면직물에 대해서만 규제했던 종래의 LTA에 비해 전 섬유류를 대상으로 하고 있어 그 규제범위가 훨씬 넓어졌을 뿐만 아니라 우리나라를 비롯한 섬유수출국들의 선진국에 대한 섬유수출이 사실상 제한되는 결과를 낳았다.

표 11-2 GATT의 1947년 무역질서 구조

- 기본질서
  - GATT 규정 (4부 38조)
    - 최혜국 대우 원칙 : 제1조 1항 근거
    - 내국민 대우 원칙 : 제3조 근거
    - 자유무역 : 관세양허(28조의 2) 근거
    - 상호주의(공정무역) : GATT 협정문 전문 근거
  - MT협약
    - 무역확대 : 정부조달, 민간항공기 무역
    - 관리규범 : 기술장벽, 관세평가, 수입허가절차, 보조금 및 상계관세, 반덤핑, 낙농품, 우유
- 특수질서
  - 중진국 규제
    - 중진국 규제 : 졸업정책 : Framework 협약 근거
    - 선별규제 : Safeguard 규정(GATT 제19조 근거)
  - 개도국 우대
    - 특별우대조치 : GSP제도(의무면제, 권능부여조항 근거)
    - 상호주의 철회 : 제36조 8항
- 예외질서
  - MFA

의 확대에 지대한 역할을 수행하였다.

GATT 체제 하에서 국제 무역질서의 조류는 60년대까지의 자유무역기구 → 70년대의 신보호무역기 → 80년대 초의 관리무역기 → 80년대 중반 이후 현재까지의 무역질서 혼재기(신무역질서 모색기)를 거쳐왔으며, GATT는 이러한 시대상황에 대응해서 7차례의 다자간무역협상을 타결시켜 국제무역의 자유화를 촉진시켜 왔다.

이 중 제1차 협상에서부터 제6차 GATT 다자간협상인 케네디 라운드(1964~1967)까지는 선진국들간의 관세인하가 주요 내용이었고, 7차협상인 동경 라운드(1973~1979)는 관세인하 이외에 비관세장벽의 완화를 본격적으로 다루어 별도의 9개 다자간무역협상을 체결하였으며, GATT 규정 및 동경 라운드의 협정은 80년대 국제무역질서를 주도하였다.

1. UR(우루과이 라운드) 협상의 배경

UR이 출범하게 된 배경을 살펴보면 1947년 관세인하에 주안점을 두고 창설된 GATT 체제는 제2차 세계대전 이후 국제교역의 근간이 되어 왔으나 1980년대 들어오면서 주요 선진국의 국제수지 보호를 위한

표 11-3 UR의 협상구조

초기의 협상체계(15개 그룹)			1991년 4월의 협상체계(7개 그룹)
상품 협상그룹	시장접근(6)	관세, 비관세[1)], 천연자원, 열대산품	1) 시장접근
		섬유	2) 섬유
		농산물	3) 농산물
	규범제정(6)	긴급수입제한조치, 보조금·상계관세, MTN 코드[2)], GATT 조문	4) 규범 제정 및 투자
		분쟁해결절차, GATT 기능 강화	5) 제도분야(최종의정서 추가)
	신협상분야(2)	무역관련투자조치	4) 규범 제정 및 투자
		지적재산권	6) 지적재산권
서비스 협상그룹			7) 서비스

주 : 1) 비관세조치 : 원산지규정, 선적전검사 포함.
2) MTN 코드 : 반덤핑, 기술장벽, 수입허가절차, 관세평가, 정부조달 등 포함

보호무역주의적 수단의 남용으로 실효성이 약화되었다. 즉 반덤핑관세제도[21)]의 남용과 수출자유규제[22)], 시장질서협정[23)] 등 GATT 체제를 우회하는 회색지대 조치가 성행하였고, 농산물, 섬유 등은 사실상 GATT 체제 밖에서 광범위한 규제가 행해지거나 GATT 규정의 폭넓은 예외 조치를 인정받음으로써 무역질서가 혼란하였다. 더욱이 국제무역에서 차지하는 비중이 날로 커지고 있는 서비스·지적재산권 등과 같은 새로운 분야에 대해 기존의 GATT 체제로서는 포괄할 수 없어 새로운 협정이 필요하게 되었다. 결국 GATT 체제의 보완과 유지를 위하여 새로운 다자간 협상이 필요하다는 공통적인 인식을 바탕으로 GATT 체제 내에서 제8차 다자간 협상인 우루과이 라운드(UR)협상이 공식적으로 출범하게 되었다.[24)]

21) 외국의 생산자가 정상가격(주로 동종 상품의 국내가격)보다 부당하게 저렴한 가격으로 수출(덤핑수출)함으로써 국내 산업의 피해를 야기할 경우, 수입국이 해당 물품에 부과하는 특별관세임.

22) 수출자유규제(VER : Voluntary Export Restraint) : 규제의 무차별 적용의 난점을 회피하여 GATT 테두리 밖에서 수입국이 특정상품의 시장교란 원인이 되는 수출국에만 자율규제를 강요하여 맺는 양자간 협정을 말함.

23) 시장질서협정(OMA : Orderly Market Agreement) : 수출자율규제(VER)와 유사한 것이지만 협정형태를 취하고 있으며 GATT의 무차별 대우 원칙에 위배되는 불법적인 것으로 VER과 함께 회색지대 조치의 전형임.

24) 이와 같은 새로운 다자간협상 추진 논의는 1982년 11월 제네바에서 열린 각료회의를 계기로 본격화되기 시작하였으며, 그후 다수의 공식·비공식 회의를 거쳐 1986년 9월 남미 우루과이에서의 각료 선언에 의해 제8차 GATT 다자간 무역협상인 우루과이라운드가 공식 출범하게 되었다.

25) 대우 경제연구소, 「우루과이라운드와 한국경제」, p. 22.

표 11-4 UR 협상추진방식

4원(元) 협상추진방식	시장접근(농산물협상 포함) 양허협상
	서비스 양허협상
	최종협정문의 법제화 작업
	최정협정안에 대한 마무리작업(fine turing)

2. UR(우루과이 라운드) 협상의 추진과정

UR은 1990년대 및 2000년대의 새로운 세계무역질서를 확립 한다는 기본 목표 아래 국제무역에 있어서 시장개방 확대, GATT 체계 및 규율의 강화, 신분야에 대한 국제규범의 마련을 구체적 목표로 설정하였으며, 출범 당시에는 15개 협상그룹이었으나 7개 협상그룹, 4개 협상그룹으로 통합 조정되면서 진행되었다.[25)]

UR 출범 당시의 협상그룹을 보면 협상을 총괄하는 무역협상위원회 산하에 상품 협상그룹, 서비스 협상그룹 및 보호주의조치의 동결/철폐의 감시기구를 두었으며, 상품협상그룹 산하에는 다시 14개의 협상그룹을 두었다. 이들 15개 협상그룹은 그 성격에 따라 ① 신협상분야, ② 시장접근에 관한 분야, ③ 다자간 규칙에 관한 분야, ④ GATT제도 강화에 관한 분야의 네 가지로 나눌 수 있다.

UR 출범 당시 설정되었던 협상타결 1차 시한인 1990년 12월을 넘긴 이후 1991년 4월 협상을 재개하면서 협상의 효율성을 높이기 위해 15개 협상그룹은 7개 그룹으로 통합되는데, ① 시장접근, ② 섬유, ③ 농산물, ④ 규범제정 및 투자, ⑤ 제도, ⑥ 지적재산권, ⑦ 서비스협상그룹 등으로 재편성되었다.

1991년 12월 던켈 사무총장의 최종 협정 초안이 제출된 직후 개최된 무역협상위원회에서는 그 동안의 7개 협상그룹이 4원협상방식으로 추진되도록 개편되었으며, 또한 개별 분야별 논의가 아닌 전체 차원에서

---

24) 이와 같은 새로운 다자간협상 추진 논의는 1982년 11월 제네바에서 열린 각료회의를 계기로 본격화되기 시작하였으며, 그후 다수의 공식·비공식 회의를 거쳐 1986년 9월 남미 우루과이에서의 각료 선언에 의해 제8차 GATT 다자간 무역협상인 우루과이 라운드가 공식 출범하게 되었다.

25) 대우경제연구소, 「우루과이라운드와 한국경제」, p. 22.

표 11-5 GATT와 WTO의 비교

구 분	GATT	WTO
지위	잠정인 계약관계	국제적인 법인격을 갖는 국제적인 공식무역기구
법적 구속력	약함	강함
적용분야	상품	서비스 · 지적재산권도 포함
개정방식	일부사항(최혜국 대우, 양허표 등)은 만장일치, 기타는 다수결(2/3)	3분의 2 다수결
사무국	규정없이 경험적으로 발전	공식적으로 명시
분쟁해결기구	다원화 (GATT이사회, 반덤핑위원회 등)	일원화 (WTO 내 분쟁해결기구)

진행되도록 바뀌었다.

이에 따라서 특히 1993년 하반기부터 최종 타결에 이르기까지 UR협상은 농산물을 포함한 시장접근 및 서비스의 양허협상에 집중되었으며, 한편으로는 최종 협정문의 법제화 및 최종 마무리작업과 함께 세계무역기구(World Trade Organization : WTO)의 창설 논의가 결실을 보게 되었다.

3. UR 협정의 특징

기존의 GATT 체제와 달리 UR 협정[26]의 타결은 다음과 같은 특징을 지니고 있다.

첫째, 선진국과 개발도상국의 관심 사항을 모두 포괄하는 광범위한 의제가 채택되었다. 즉 미국 등 선진국들은 서비스 · 지적재산권 등 그들이 경쟁력을 가지고 있는 새로운 분야를 협상의제에 포함시켰으며, 개도국은 선진국의 섬유쿼터제도, 각종 회색지대 조치 등 보호무역장벽의 완화 또는 폐지를 추구하였다. 한편 농산물 수출국의 경우에는

26) UR 협정의 경위 : UR협정의 경위를 살펴보면 우르과이의 푼다 델 에스테에서(각료 선언, 1986. 9) UR 협상의 개시를 선언하고, 무역자유화와 무역확대, GATT 기능의 강화 등 협상의 기본목표와 함께 공개주의, 일괄타결방식 등 협상의 원칙을 정하였다. 이후 협상시한을 3년 넘기면서 7년을 끌어 온 UR 협상이 서비스 등 몇 가지 분야의 미결사항을 남겨둔 채 타결되었다.(UR 협상 타결선언, 1993. 12. 15) 1994년 2월까지 각국의 이행계획서 및 서비스 양해계획서를 제출하고 기술적 검토를 마치며, 법제화 작업도 병행하여 1994년 4월 15일에는 각료장관들이 UR협정에 서명하였다.(UR협정 서명, 1994. 4. 15) 1995년 7월 1일 상당수 국가들이 국내비준절차를 마치면서 발효되었다.

GATT 체제에서 예외로 인정되어 온 농산물 교역의 자유화를 의제에 포함시켰다.

둘째, GATT 체제의 실효성 확보를 위한 GATT 규율을 정비, 강화하였다. 즉, 반덤핑, 긴급수입 제한, 분쟁해결 절차, 보조금 및 상계관세 제도 등이 모두 의제에 포함되었다.

셋째, 전체 협상의 타결 가능성을 높이기 위하여 일괄 타결방식을 채택하였다. 즉 어느 한 부문에서의 협상결과에 만족하지 않을 경우 전체를 받아들이지 않아야 하며, 특정 부문만을 선택적으로 거부할 수 없도록 하였다.

과거의 GATT와 UR협정에 의한 WTO와의 차이는 **[표 11-5]**와 같다.

4. UR의 주요 부문별 협상 결과

우루과이라운드(UR) 협정은 크게 시장접근 분야와 규범제정 분야 및 제도 분야로 나누어 볼 수 있다.

시장접근 분야는 공산품 및 농산물의 고관세로 인한 국제교역상의 장애를 제거하기 위한 관세인하 및 양허 범위의 확대를 목적으로 하는 관세 분야와, 비관세 조치로 인한 장애를 제거하기 위한 비관세장벽의 완화 내지 철폐를 위한 비관세 분야로 나누어 볼 수 있다.[27)]

규범제정 분야는 국제교역의 무역왜곡효과 및 장애를 완화하여 공정하고 자유로운 국제무역을 보장하는 규범을 설정·보완하기 위한 것으로서, MFA의 섬유쿼터 철폐, 반덤핑규제 강화, 보조금 및 상계관세의 규율 강화, 긴급 수입제한 국제표준의 조화 및 명료화, 무역관련 투자 조치, 원산지 규정, 지적 재산권 보호 등이 있다.

제도 분야는 다자간 무역체제 전반에 관한 규범의 개선 강화를 위한 분쟁 해결절차, 세계무역기구(WTO), GATT 기능 강화분야가 해당된다.

① 관세

각 회원국의 관세율을 1986년 대비 33% 인하하고 관세양허(Conces-

27) 아울러 뉴 이슈로서 새롭게 중요성이 증대되고 있는 서비스분야의 개방이 포함되었다.

표 11-6 분야별 세부협정

구 분	분 야
시장접근분야	관세, 비관세, 농산물, 서비스교역
규범제정분야	섬유, 반덤핑, 보조금 및 상계관세 세이프가드, 기술장벽 무역관련투자조치, 원산지 규정, 지적재산권
제도분야	분쟁해결절차, 세계무역기구(WTO), GATT 관련 조문

sion of Tariff)[28]품목도 확대하였으며, 일부 공산품에 대한 무관세화 또는 관세조화[29] 합의에 참여하도록 하여 관세의 하향 평준화를 달성하고자 하였다.

우리 나라는 무관세화 대상 8개 분야 중 맥주와 증류주를 제외한 6개 분야(철강, 건설장비, 의약품, 의료기구, 가구, 농업장비)에 대부분 참여하고, 관세조화 대상인 196개 화학제품에 대해서는 192개 품목에 참여하였다.(HS 4단위 참여)

선진국들의 양허 범위는 거의 100%에 이르고 있으며, 평균 관세율도 1~4% 수준이다.

② 반덤핑(Anti-dumping)

반덤핑협정은 불공정하게 행해지는 수입국의 자의적인 반덤핑 제소를 억제하고 수출국의 우회 덤핑에 대한 대처방안을 마련하기 위한 것이다.

구체적 내용으로는 첫째, 정상가격[30] 산정시 원가 이하 판매를 부분적으로 인정하고 구성가격[31] 산정시 실제 자료에 근거하여 이윤을 산정하도록 한다.

둘째, 정상가격과 수출가격의 비교시 각각 가중평균별 혹은 거래별

28) 관세양허 : GATT의 목적인 각국의 호양적 교섭에 의하여 이루어지는 무역품에 대한 관세율의 양보 내지 양허를 의미함.

29) 무세화란 8개의 고관세품목에대해 관세를 철폐하고자 하는 것이며, 관세조화는 이러한 품목에 대하여 5~6.5%의 저율의 관세를 일괄적으로 적용하려는 것임.

30) 한 국가의 국내에서 정상적으로 유통하는 물품의 정상적인 가격을 말함.

31) 국내 유통량의 극소 또는 지역적 편차로 인해 정상가격을 산정할 수 없을 때 제조원가, 비용, 판매관리비, 이윤 등을 포함하여 만든 가격을 말함.

가격을 비교하는 네가티브 덤핑마진[32]을 인정한다.

셋째, 덤핑조사에서 제외되는 최소기준을 인정하여 덤핑마진은 2% 미만, 시장점유율은 국가별 3% 미만, 합계 7% 미만으로 정한다.

넷째, 제소자격 기준을 계량화하고 국내 동종 물품의 생산자에 의해 고용된 근로자나 근로자의 대표 역시 제소를 하거나 제소를 지지할 수 있는 것으로 인정한다.

다섯째, 반덤핑 조치의 자동소멸 시효(5년)를 설정한다.

③ 보조금 및 상계관세(Subsidies & Countervailing Duties)

보조금[33]과 상계관세[34]에 관한 협상은 보조금지급 기준을 강화하고 상계관세의 부과절차를 명확히 하려는 것이다.

구체적으로 보조금의 종류를 금지보조금, 허용보조금, 상계가능보조금으로 세분하였고, 특히 허용보조금은 특정 사항이 없거나 연구개발 및 지역개발의 경우에만 국한시켰으며, 협정 발효 후 3년 이내(개발도상국은 8년 이내)에 금지보조금을 철폐하였다.

④ 긴급 수입 제한(Safeguards)

수입을 일시적으로 제한하여 피해를 입은 국내 경쟁산업에 적절한 조정 기회를 부여함으로써 경쟁력 향상과 자원의 효율적 이동을 촉진시키고자 하는 것으로서, 반덤핑이나 상계관세 등과는 달리 수출국의 공정한 무역관행에 대한 수입 제한조치이므로 그 발동요건이 매우 까다로운 특징이 있다.

그 구체적인 내용으로는,

첫째, 최혜국 대우(Most Favour Nation)원칙[35]의 일반적 준수

둘째, 예외적 선별 적용 조치의 허용

---

32) 덤핑마진의 반대개념으로 국내의 정상가격보다 고가로 수출함으로써 생기는 마진을 의미함.

33) 수출증대 또는 수출감소 효과를 갖는 모든 지원금, 즉 장려금 금융지원(저리융자), 세제지원(조세감면 내지 면제) 및 사회복지지원금 등을 의미함.

34) 정부의 특정 산업에 대한 보조금 또는 일반적인 보조금이 국제무역의 흐름을 왜곡시켜 수입국의 국내 산업이 피해를 입는 경우 이러한 보조금 지급을 방지하고 공정한 거래를 확보하기 위해 보조금이 지급된 수입품에 대해 부과하는 특별관세를 말함.

35) 관세협정에 따라 협정국 상호간 적용될 특별한 관세율을 여타의 모든 체약국에 균등시키는 원칙을 말함.

셋째, 회색지대 조치의 4년 내 철폐 및 금지

넷째, 긴급 수입 제한 조치 발동 후 최초 3년간은 보복금지

다섯째, 수입비중 3% 이하인 개발도상국에 대한 발동 금지 등으로 요약할 수 있다.

⑤ 분쟁 해결절차(Dispute Settlement)

WTO 회원국간의 무역분쟁에 대해 다자간 규정의 적용을 보장함으로써 WTO 하의 각종 협정의 권위를 강화하고 효율성을 확보하는 수단이라고 할 수 있다. 구체적인 내용으로는,

첫째, 국가간의 모든 분쟁은 WTO 산하의 분쟁해결기구가 관장하도록 하고,

둘째, GATT에 위배되는 일반조치 억제의 근거를 마련하였으며,

셋째, GATT에 위배되지 않는 조치에 대한 일반 분쟁해결절차 적용기준을 마련하였고,

넷째, 상소제도의 신설과,

다섯째, 패널 및 상소보고서의 자동채택인정,

여섯째, 자동보복권 인정과,

일곱째, 패널절차의 단계적 시한 인정 등이 여기에 해당된다.

⑥ 기술장벽(Technical Barriers to Trade)

국가마다 서로 다르게 되어 있는 기술규정 · 표준 · 적합 판정절차 등을 하나로 통일시켜(이를 '표준화'라 함) 국가간의 무역을 활성화하고자 하는 것이다.

구체적인 내용으로는 첫째, 일반규정에서 기술규정 · 표준 · 적합 판정절차 등에 대한 용어는 기존의 정의에 따르나 '공정 및 생산방법' (PPMs : Process and Production Methods)을 새로이 포함시켰으며,

둘째, 국제무역에 불필요한 장애를 일으키는 기술규정 및 표준을 준비 · 채택 · 적용하지 않을 것을 보장하도록 하였고,

셋째, 적합판정절차는 국제무역에 장애가 되지 않도록 비례성의 원칙을 준수하도록 하였다.

넷째, 기술장벽[36]의 해소를 위한 정보 및 지원체제를 마련하였으며

다섯째, 각 회원국 대표들로 구성된 '무역에 대한 기술장벽위원회'를 설치하는 등 기술장벽의 해소를 위한 기구·협의절차 및 분쟁해결기구에 관한 근거를 마련한다.

⑦ 원산지 규정(Rules of Origin)

원산지 규정이란 특정제품의 원산지를 결정하기 위한 제반 기준에 관한 규정·판례 및 행정적 절차 등으로, 그 자체가 무역의 흐름에 영향을 끼칠 목적을 가진 조치는 아니나, 경제의 세계화와 지역화가 동시에 진행되고 있는 최근의 국제 경제조류에 따라 무역관련조치 및 국제 경제질서와 연계되어 향후 그 중대성이 증대할 것으로 보인다.

구체적인 내용으로는 첫째, 원산지 규정의 적용에 있어서 지켜야 할 주요 원칙을 규정하고,

둘째, 적용범위에 대하여 관련 원칙은 비특혜부문에 한정되고 EC, NAFTA 등 특혜부문은 제외시키며,

셋째, 관련 기구(원산지규정위원회, 기술위원회) 및 주요 작업 등 원산지 규정과 관련한 세부사항을 통일시키고,

넷째, 부속서에 특혜무역과 관련된 공동성명을 덧붙인다.

⑧ 무역관련 투자조치(Trade Related Investment Measure)

외국인 투자와 관련하여 무역흐름을 제한·왜곡시키는 제도적 장치, 즉 투자유치국의 규제나 인센티브 등을 규제하기 위한 법적 구속력을 지닌 다자간 규범을 최초로 제정하고 GATT 체제를 공고히 한다.

구체적 내용으로는 첫째, 내국세 및 규제에 관한 내국민대우 규정[37](GATT 3조)과 수량제한의 일반적 금지규정(GATT 11조)에 저촉되는 투자조치를 금지하고,

둘째, 개도국에 대해 내국민대우 및 수량제한 금지의무를 일시적으로 면제하였으며,

36) 어떤 상품의 기술 명세에 대한 기준의 차이에 따라 발생할 수 있는 국가간의 상품 이동에 대한 장애를 일컫는 속칭으로 정확하게는 '무역에 대한 기술장벽' 등으로 번역되고 있음.

37) 수입품에 대하여 적용되는 내국세나 국내 법규에 의하여 동종의 국내 상품에 대하여 주는 대우보다 불리하지 않은 대우를 해주어야 한다는 원칙을 말함.

셋째, 협정 발효후 90일 내에 협정에 위반되는 관련조치를 상품교역이사회에 통지하도록 하고, 일정기간(선진국 : 2년, 개도국 : 5년, 극빈개도국 : 7년) 이내에 철폐하도록 한다.

⑨ GATT 관련 조문(GATT Articles)

과거 애매했던 GATT 관련 조문에 보다 명료한 규정과 해설 또는 보충 설명을 달아 변화된 무역 여건에 맞도록 하였다.

주요 조문의 내용으로는 기타 과세 및 부과금, 국제수지조항, 국영무역기업, 지역협정, 의무면제 (Waiver)[38], 양허표[39]의 수정, 특정 체약국간의 협정 부적용 등이다.

⑩ 농산물(Agriculture)

1980년대 이후 극도로 왜곡된 농산물의 세계 교역질서를 개선하고 수출입에 영향을 미치는 모든 조치들을 강화된 GATT 규정하에서 규율하여 농산물 무역의 자유화 폭을 확대하고자 하였다. 구체적 내용으로는,

첫째, 농산물시장 개방과 관련하여 예외 없는 관세화를 통한 포괄적인 시장 개방과 국내 농업 보조금 및 수출보조금을 감축하도록 하고, 국내외에 가격차이인 관세 상당치인 이행기간(7년, 단 개발도상국은 10년) 동안 산술평균 36%, 품목별로 15%(단 개발도상국은 각각 24%, 10%)를 감축한다.

둘째, 우리나라는 쌀의 경우 10년의 관세화 유예기간을 받았으며, 이 기간동안의 최소 시장접근비율은 1~4%이다.

셋째, 국내 농업보조에 관하여 가격지지 및 생산과 관계된 직접보조 등 감축대상 국내 보조는 7년간 20%를 감축하되, 감축대상 보조가 총생산량의 5% 미만일 경우 감축을 면제하였다. 또한 허용대상 보조는 정부재정에 의한 것이어야 하며, 가격지지 효과가 없을 것을 명시하였다.

넷째, 수출보조와 관련하여 농산물 수출을 인위적으로 촉진시키는

38) GATT 제25조 제5항에 규정되어 있는 의무면제조항으로서, GATT에 규정되어 있지 않은 예외적 상황하에서 체약국에 부과된 특정 GATT 규정의 준수의무를 면제하는것을 말함.

39) 시장접근 및 내국민대우에 관한 양허교환 협상 결과를 국가별로 정리한 무역자유화계획 일정표를 말함.

정부의 직접보조, 저가수출, 유통비용 및 수출비 지원 등 수출보조금은 7년간 물량기준 21%, 금액기준 36%를 감축하도록 한다.

다섯째, 우리 나라는 시장개방, 국내 산업 보조, 수출보조의 각 분야에서 개발도상국의 지위를 인정받아 감축 기간은 10년, 감축폭은 선진국의 3분의 2수준을 인정받았다.

⑪ 섬유(Trade in Textiles & Clothing)

현재 GATT 체제 하에서 합법적으로 인정되고 있는 MFA(Multi-Fiber Arrangement : 다자간 섬유협정)[40]의 GATT 복귀와 함께, 여타 관련 보호 무역주의적 조치를 해제하여 섬유류 교역의 자유화를 이루고자 하였다. 구체적 내용으로는,

첫째, 2005년 1월 1일을 기하여 MFA의 GATT에로의 완전 복귀를 목표로 하였으며,

둘째, 현행 MFA상의 규제품목을 중심으로 점차적인 복귀를 시행하고 이 기간중 쿼터 증가율을 단계별로 인상한다.

셋째, 한편 복귀율은 제1단계 16%, 제2단계 17%, 제3단계 18%로 한다.

넷째, 복귀기간 중의 잠정 세이프가드 발동기준을 엄격히 규정하고 자유화된 품목은 GATT 제19조(긴급수입제한조치)의 적용을 받도록 하였으며,

다섯째, MFA의 철폐와 함께 전반적인 섬유류 교역의 자유화를 위한 GATT 규율을 강화한다.

⑫ 서비스교역(Trade in Service)

서비스산업 및 교역의 중대성 증대, 서비스교역관련 다자간 규범의 부재로 인한 국제분쟁의 가능성 증대, 미국 등 선진국의 관심고조 등으로 UR 개시 이전에는 반대하던 개도국들도 참여하게 된다. 구체적 내용으로는,

40) 섬유류의 국제무역을 규제하는 국제협정으로 섬유류 교역의 확대 및 점진적 자유화, 개도국 섬유수출의 질서 있고 공평한 증대보장, 세계섬유시장 교란방지, 선진국의 산업구조조정 촉진 등을 그 목적으로 하고 있다.

첫째, 서비스교역의 규범인 일반협정과 노동력이동, 금융, 통신, 항공, 해운 등 분야별 부속서를 제정하였다.

둘째, 모든 서비스분야를 자유화 대상으로 하며 시장접근과 내국민 대우에 관해서 국가간의 양허협상을 추진하였으나 항공과 시청각분야가 제외된다.

셋째, 자유화대상 분야는 각국의 양허표에 기재하는 방식(포지티브 방식)이 채택되었으며, 시장접근과 내국민 대우 관련 규제는 양허표에 모두 기재해야 하는 방식(네가티브 방식)이 채택된다.

넷째, 서비스산업 관련 인가기준, 등록요건, 서비스 공급자의 자격요건, 국내규제 등이 국가마다 현저히 상이하여 국가간 상호자격 인정을 위한 협상을 권장함으로써 국내 규제조치에 대한 작업반의 설치 등이 합의되었다.

다섯째, 아울러 최혜국 대우 의무면제에 대한 부속서가 채택되었다.

⑬ 지적재산권(Intellectual Property Right)

지적 생산물에 대한 소유권을 총칭하는 지적재산권은 생산적 발명, 저작 및 문예적 창작에 대한 배타적 소유권을 의미하는 것으로, 기존의 UN 전문 기구인 세계지적재산권기구(WIPO : World Intellectual Property Organization)를 중심으로 한 국제협약들의 보완·개정을 통한 해결이 가능하지만 미국 등 선진국의 강력한 보호의지로 GATT 체제내로 끌어들이게 된다. 여기에서는 ㉠ 도서·문예·창작물에 대한 저작권, ㉡ 음반·방송 사업자·연출가 등의 권리에 관한 저작 인접권, ㉢ 상표, ㉣ 주류의 지리적 표시, ㉤ 의장권, ㉥ 기술적 발명에 관한 특허, ㉦ 반도체 소자 등 집적회로의 설계, ㉧ 영업비밀 등 8개 분야의 지적재산권 보호에 관한 것 등을 대상으로 한다. 협정의 구체적 내용으로는 국제협약 Plus 방식[41]으로 기존의 관련 국제협약을 바탕으로 보호수준을 강화시키도록 하였다.

보호기준(범위·기간·수준)과 함께 실행절차, 권리의 분쟁발생에 대비한 분쟁예방 및 해결절차를 확대·강화하고, 대여권을 인정하였으

41) 기존의 관련 국제협약을 최저보호수준으로 하여 보호의 강도를 강화시키는 협상의 접근방식을 말함.

며, 컴퓨터 프로그램을 저작물로 보호하며, 그 보호기간을 연장하였다.

또한 음반의 소급적 보호를 보장하고, IC 자체 이외에 이를 내장한 반도체 칩과 최종 제품까지 확대하여 보호하였으며, 정부 제출자료의 공개를 금지하고, 저작권, 상표권 이외에도 특허 등 모든 지적재산권 피해물품에 대하여 통관 유예조치[42]를 적용을 확대한다.

42) 수입품이 원산지 표시가 불명확하다든지 지적재산권을 침해한 물품인 경우 통관을 보류시키거나 범칙금을 가하는 제제조치를 말함.

✥ 연습문제

1. GATT 체제에 대하여 설명하시오.

제12장

WTO의 출범과 신 국제경제 환경

1994년 4월 15일 마라케시에서 WTO(세계무역기구) 협정이 조인됨으로써 제2차 세계대전 이후 세계 경제질서를 지배해 오던 GATT 체제가 종식을 고하고 새로운 WTO 체제가 출범하였다. 그 동안 WTO는 새로운 국제무역질서를 주도하는 기구로서 보다 자유롭고 공정한 무역질서를 구축하려는 노력을 다각도로 진행해 왔다. 1995년 1월 1일 출범 이후 WTO는 세계 자유무역의 신장에 기여하였고, 가맹국을 대폭 확대시켰으며, 다자간 무역체제를 비교적 빠른 시간 안에 강화하는 데 성공하였다는 긍정적인 평가를 받고 있다. WTO는 공산품은 물론 농산물, 섬유, 서비스 등의 분야의 무역자유화에 커다란 기여를 하고 있으며, 지적재산권의 보호와 보조금 및 덤핑 등 불공정 무역의 규율에도 중대한 역할을 수행하고 있다. 더욱이 WTO는 모든 무역장벽이나 거래관행을 투명화하도록 노력하고 있으며, 계속 추가적인 무역장벽의 완화 및 철폐에 나서고 있다.[1)]

1. WTO의 설립

세계무역기구(WTO)는 제2차 세계대전 이후 국제교역의 근간이 되어 온 무역 및 관세에 관한 일반 협정(GATT) 체제의 한계를 극복하고 1990년대 이후 새로운 국제교역질서의 형성을 위하여 추진되었다. 1947년에 창설된 GATT 체제는 제2차 세계대전 이후 국제 교역질서의 근간이 되어 왔으나 각국이 국제수지 보호를 위한 보호무역주의적 수단을 남용함으로써 실효성이 약화되었고, 결국 GATT 체제의 보완과 유지를 위하여 새로운 다자간 협상의 결과 WTO가 탄생하게 되었다.

1. GATT 체제의 출범

1947년 10월 30일 스위스 제네바 회의에서 22개국 정부 대표가 잠정의정서(Protocol of Provisional Application : PPA)에 서명함으로써 관세 및 무역에 관한 일반협정(GATT)이 체결되었으며 1948년 1월 1일에 발효

1) 여택동 · 전정기, 『WTO와 국제통상』, 율곡출판사, 1998, p. 3.

표 12-1 다자간 무역협정 약사

명 칭	기 간	참가국	주 요 내 용
1차(제네바)	1947. 4~10	23	GATT 설립, 관세율 인하
2차(앙시)	1949. 4	32	관세율 인하
3차(토케이)	1950. 9	34	
4차(제네바)	1956. 1	22	
5차(딜론)	1960. 9~1961. 5	23	
6차(케네디)	1963. 11~1967. 5	46	관세율 인하, 반덤핑 조치
7차(동경)	1973. 9~1979. 11	99	관세율 인하, 비관세장벽 제거
8차(우루과이)	1986. 9~1994. 4	125	WTO설립(서비스 무역 및 지적재산권 포함), 관세율 인하, 비관세장벽 완화
9차(도하개발어젠다)	2001. 11	138	다자간 협정(관세 및 비관세 완전 철폐)

되었다.[2] 그러나 잠정의정서는 동 의정서의 조항이 각국 국내법과 충돌할 경우 국내법을 우선 적용토록 하는 내용을 포함하고 있어 국제협정으로서의 법적 구속력이 제한되어 있었다. 또한 GATT 체제는 강대국의 불공정 행위 및 자의적 행위를 효율적으로 규제하는 데 부적절하였으며, 사무국 직원이나 각국 대표의 면책특권 등에 관한 규정도 갖추지 못하는 등 국제기구의 성격을 갖지 못하였다.

2. WTO 체제의 출범

WTO는 1995년 1월 1일에 탄생되었지만, 이미 1948년에 출범한 GATT가 몇 차례의 다자간 통상협상을 거치면서 발전하여 왔다. 특히 제8차 다자간 무역협상인 UR협상의 개시와 더불어 완전한 국제기구로서 설립이 추진되었으며,[3] 1994년 4월 모로코의 마라케시에서 111개

2) 1944년 브레튼우즈 국제통화금융회의는 국제무역의 장벽을 낮추고 상호 유리한 국제교역관계를 증진시키기 위하여 ITO의 설립 필요성을 제기하였다. 1946년부터 미국의 주도로 ITO 헌장이 기초되고 이의 확정을 위한 3차례의 회의(런던, 뉴욕, 제네바)가 개최되었으나 합의가 지연되다가 1947년 10월 ITO 헌장 중 각국이 합의한 부분을 기초로 '관세 및 무역에 관한 일반협정(General Agreement on Tariffs and Trade : GATT)체제를 출범하였다. 한편 UN과 미국은 GATT 체제 출범 이후에도 ITO 헌장을 확정하기 위하여 회의를 개최하였으며, 1948년 3월 아바나 회의에서 ITO 헌장에 대한 합의에 도달하였으나 미 의회의 반대로 ITO 설립은 무산되었다. 제2차 세계대전의 종전에 임박하여 미국은 환율안정, 개발자금 제공 및 자유무역체제 확립 등을 위해 IMF, IBRD 및 ITO 등 3개 국제기구의 설립을 주도적으로 추진하였다.

3) 1986년 9월, 105개국이 참여한 가운데 우루과이의 푼타 델 에스테에서 UR(우루과이 라운드) 협상을 개시하였다.

WTO 관련 주요 협정

설립협정문 : Marrakesh Agreement Establishing the World Trade Organization

〈설립협정문 부속서〉
- 부속서 1A : 상품교역에 관한 다자간무역협정(Multilateral Agrement on Trade in Goods) (MATT 1994와 농업협정, 위생 및 식물협정, 섬유 및 의류협정, 기술장벽협정, 무역관련투자협정, 반덤핑협정, 관세평가협정, 선적전 검사협정, 원산지규정협정, 수입허가절차협정, 보조금 상계조치 협정, 긴급수입제한 조치 협정 등 12개 협정)
- 부속서 1B : 서비스무역에 관한 일반협정(General Agreements on Trade in Services : GATS)
- 부속서 1C : 무역관련 지적재산권에 관한 협정(Agreement on Trade-related Aspects of intellectual Property Rights : TRIPS)
- 부속서 2 : 분쟁해결 규칙 및 절차에 관한 양해(Understanding on Rules and Procedures Governing the Settlement of Disputes)
- 부속서 3 : 무역정책검토제도(Trade Policy Review Mechanism)
- 부속서 4 : 복수국간무역협정(Plurilateral Trade Agreements)
  a. 민간항공기 교역에 관한 협정
  b. 정부조달에 관한 협정
  c. 국제낙농협정(97년 말 폐지)
  d. 쇠고기관련 협정(97년 말 폐지)

※부속서 1~3은 모든 회원국에 적용되는 다자간 무역협정으로 1995년 1월 1일 발효된 반면 부속서 4는 이를 수용한 회원국에만 적용되는 복수국간무역협정으로 각국의 개별 일정표에 따라 발효되었다.

국이 서명한 WTO 설립 협정문이 1995년 1월 1일에 발효됨으로써 WTO 체제가 공식 출범하였다.

WTO는 새로운 무역기구 설립 및 제도적, 절차적 구조를 명시한 핵심적 내용으로 UR협상 결과를 반영하였고, 과거의 GATT가 상품부문에만 치중한 것과는 대조적으로 상품, 서비스, 지적재산권 등 광범위한 분야를 포괄적으로 다루고 있다.

2. WTO 협정의 기본원칙

WTO의 협정의 기본 원칙은 WTO의 기본 목적인 상호 경쟁증진과 무차별 원칙에 입각하여 다음과 같이 구체화되었다.

1. 최혜국 대우 원칙(Most-Favour-Nation : MFN)

최혜국 대우 원칙은 WTO 회원국들은 상대 무역국에 대해 차별적인 대우를 해서는 안 된다는 것을 말하는데 특히 상품무역을 통제하는 GATT 제1조의 원칙이 무역의 3대 핵심영역(상품무역, 서비스무역, 무역관련 지적재산권)으로 확대된 포괄적인 중요한 원칙이다.

일반적으로 최혜국 대우(MFN)라는 것은 한 국가가 무역장벽을 낮추거나 철폐할 때 상대국의 부의 정도나 또는 힘의 강약에 상관없이 모든 교역상대국으로부터 공급되는 동일상품과 서비스에 대해 똑같이 무역장벽을 낮추거나 철폐하여야 한다는 것을 의미한다.[4) 5)]

2. 내국민 대우 원칙(National Treatment)

'내국민 대우' 원칙은 '다른 국가의 자연인이나 법인을 자신의 국민과 똑같이 대우' 하는 것을 의미하는데, 일단 국내시장에 진입한 상품 · 서비스 · 지적재산권에 적용된다. 그리고 현지 생산된 국산품에 동등한 세금부과를 하지 않더라도 수입품에 대한 관세부과는 내국민 대우 원칙에 위배되는 것은 아니다.

3. 수량제한의 폐지원칙

보다 자유로운 무역을 추진하자는 취지에서 실행된 원칙인데 현재 대부분의 국가가 사용하는 무역장벽은 수입관세나 수량을 선택적으로 사용하여 무역을 제한하는 조치로 이용되어 왔다. 따라서 수입수량 할

---

4) 여택동 · 전정기, 『WTO와 국제통상』, 율곡출판사, 1998, p. 21.

5) 예외가 인정되는 경우는 첫째, 특정지역내의 국가들이 그 지역 밖으로부터 수입된 상품에는 최혜국 대우를 부여하지 않는 자유무역협정을 발효시킬 수 있다. 둘째, 불공정무역을 한다고 간주되는 특정국가로부터 수입되는 제품에 대해서 무역장벽을 강화함으로써 최혜국 대우의 원칙을 차별적으로 적용할 수 있다. 셋째, 서비스분야에 있어서 제한된 환경이나 조건하에서 차별대우하는 것이 허용되기도 한다.

당이나 수입금지 등을 점진적으로 철폐하여 종전보다 더 자유로운 무역을 추진하여 서로에게 도움을 주자는 것인데, 최근 들어 비관세장벽과 서비스·지적재산권 같은 새로운 분야로까지 그 범위가 확대되고 있다.

또한 무역을 확대하기 위하여 불공정무역관행(수출보조금이나 덤핑)의 제거원칙과 최빈 개도국에게 대한 특별원칙 등이 있다.

3. WTO 의 조직과 기능

WTO는 WTO의 설립협정 및 다자간 무역협정의 이행, 관리 및 운영을 촉진하고 그 목적을 증진하며 또한 복수국가간 무역협정의 이행, 관리 및 운영을 위한 틀을 제공한다. 그리고 WTO는 다자간 무역협정에서 다루어지는 사안과 관련된 회원국들의 다자간 무역관계에 대하여 그들간의 협상을 위한 장을 제공하며, 각료회의에 의하여 결정되는 바에 따라 회원국간의 다자간 무역관계에 관한 추가적인 협상을 위한 토론의 장 및 이러한 협상결과의 이행을 위한 틀을 제공한다.[6] 또한 WTO는 분쟁해결규칙 및 절차에 관한 양해를 시행하며, 무역정책검토제도를 시행한다. 그리고 국제통화기금(IMF)과 세계은행(World Bank) 및 UN 산하기구들과 협력하고 있다.

1. 조직

① 법적 지위

WTO는 GATT와는 달리 법인격을 가지며 각 회원국은 WTO가 제기능을 수행하는 데 필요한 법적 능력을 부여한다. 따라서 각 회원국은 WTO와 WTO의 관리 및 WTO 회원국의 대표에게 자신의 기능을 수행하는 데 필요한 특권과 면제를 부여한다. 이러한 특권과 면제는 1947년 11월 21일 국제연합 총회에서 승인된 전문기구의 특권과 면제에 관한 협약에 규정된 특권과 면제에 유사하여야 한다.[7] WTO는 본

6) WTO 설립협정 제3조 1항 및 2항

부협정을 체결할 수 있다. 따라서 WTO는 그 본부 소재지국인 스위스와 본부협정을 체결하고 있다.[8]

WTO 설립협정과 다자간 무역협정의 규정이 상충하는 경우에는 상충하는 범위 내에서 WTO의 설립협정의 규정이 우선한다. 그리고 WTO 설립협정에 관해서는 그 어느 규정에 대해서도 유보할 수 없으며, 다자간 무역협정의 규정에 대한 유보의 경우에는 동 협정에 명시된 범위 내에서만 할 수 있다.[9]

② 조직

WTO는 회원국 정부에 의해 운영된다. 모든 중요한 결정들은 2년마다 열리는 각료회의에서, 그리고 각료회의 비회기 중에는 각료회의의 기능을 대신하여 제네바에서 정기적으로 개최되는 일반이사회에서 전체 회원국에 의해 이루어진다.[10] 결정은 통상 전체 회원국의 의견일치에 의해 채택된다. WTO는 세계은행과 **국제통화기금**과 같은 국제기구들과 달리 WTO에서는 그 의사 결정 권한이 이사회에 위임되어 있지 않다. 그래서 WTO 내의 행정조직은 정기적인 무역정책 검토시에 정책분석 측면의 의견을 덧붙이는 것을 제외하고는 개별국가의 정책에 대해 어떠한 영향도 미치지 못한다. 복수 국가간 협정에 의해 규정된 기구는 WTO의 제도적인 틀 안에서 운용되며, **일반이사회**에서 동 기구들의 활동상황을 정기적으로 통보해야 한다.

㉮ **각료회의**(Ministerial Conference)

각료회의는 WTO 내의 최고 집행기구로서 모든 회원국의 각료급 대표로 구성되며 최소 2년에 1회 각료회의를 개최한다.

각료회의는 WTO의 기능을 수행하며, 이를 위해 필요한 조치를 취한다. 회원국이 요청하는 경우 WTO의 구체적인 의사결정 요건에 따라 다자간 무역협정의 모든 사항에 대하여 결정을 내릴 권한을 가지고

7) WTO 설립협정 제8조 1항 내지 4항.
8) WTO 설립협정 제8조 5항.
9) WTO 설립협정 제16조 3항 및 5항.
10) WTO 설립협정 제4조 1항 및 2항.

있다.[11)]

각료회의는 산하에 무역 및 개발위원회(Committee on Trade and Development), 국제수지 제한위원회(Committee on Balance-of-Payments Restrictions) 및 예산·재정관리위원회(Committee on Budget, Finance and Administration) 등을 두고 있으며, 필요한 경우 별도 위원회를 설치할 수 있다. 이 중 무역개발위원회는 최빈개도국 회원국을 위한 다자간 무역협정의 특별조항을 정기적으로 검토하고 적절한 조치를 취하기 위하여 일반이사회에 보고하고 있다.[12)] 각 위원회는 WTO 설립 협정문 및 다자간 무역협정에서 규정한 기능과 일반이사회가 부여한 기능을 수행한다.

㉯ 일반이사회(General Council)

모든 회원국 대표로 구성되며 필요에 따라 회의를 개최하고 각료회의 비회기 중에는 각료회의의 기능을 수행한다. 필요한 경우 분쟁해결기구(DSB: Dispute Settlement Body)와 무역정책검토기구(TPRB: Trade Policy Review Body)로서의 역할을 수행한다. WTO의 책무와 관련된 여타 정부간 기구 및 비정부기구(NGO)와의 협의 및 협력을 위하여 적절한 협정을 체결할 수 있다.

㉰ 전문이사회(Council)

전문이사회는 일반이사회의 지휘·감독 하에 운영되며 현재 상품무역이사회(Council for Trade in Goods), 서비스무역이사회(Coundil for Trade in Services) 및 무역관련 지적재산권이사회(Council for Trade-related Aspects of Intellectual Property Rights)가 설치되어 있다. 각 이사회는 각각의 개별협정과 일반이사회가 부여한 기능을 수행한다. 또한 각 전문이사회는 보조기구를 설치할 수 있다. 모든 회원국은 각 전문이사회와 위원회에 가입할 수 있다.

---

11) WTO 설립협정 제4조 1항.

12) WTO 설립협정 제4조 7항.

③ 사무국

WTO의 사무처는 제네바에 있으며, 최고책임자인 사무총장과 4명의 사무차장, 그리고 약 500명의 직원에 의해 운영된다. 각료회의는 사무총장을 임명하고, 사무총장은 각료회의가 채택하는 규정에 따라 사무처 직원을 임명하고 이들의 의무와 근로조건을 결정한다.[13] 사무처의 책임은 다음과 같다.

첫째, 협정의 이행과 협상을 위한 WTO 내의 기구(이사회, 위원회, 실무작업단, 협상그룹)들에 대한 행정적 · 기술적인 지원

둘째, 개도국과 특히 최빈개도국에 대한 기술지원 지원

셋째, WTO의 경제학자들과 통계학자들에 의한 무역정책과 무역성과에 대한 분석

넷째, WTO규범과 선례들의 해석과 관련 무역분쟁의 해결을 위한 법률담당 직원의 지원

다섯째, 새로운 회원국에 대한 가입 협상의 처리와 가입을 고려하여 있는 정부에 대한 조언

WTO의 예산은 개별 회원국의 무역이 전체 무역에서 차지하는 점유율을 기준으로 계산된 개별분담금으로 충당하며, 예산의 일부는 국제무역센터의 운영에도 쓰인다. 이러한 WTO의 연간 예산은 사무총장에 의하여 예산 · 재정 및 관리위원회에 재정보고서와 함께 제출되며, 동 위원회는 사무총장이 제출한 연간예산안 및 재정보고서를 검토하여 일반이사회에 보고한다. 연간예산안은 일반이사회의 승인을 받아야 한다. 이러한 예산안에 일반이사회의 의사정족수는 과반수이며 의결정족수는 2/3의 다수결에 의한다.[14]

사무총장 및 사무처 직원의 임무는 전적으로 국제적인 성격을 갖는다. 사무총장과 사무처의 직원은 자신의 의무를 수행하는 데 있어서 어떠한 정부나 WTO 외부의 당국으로부터 지시를 구하거나 받아서는

13) WTO 설립협정 제6조 1항 내지 3항.

14) WTO 설립협정 제7조 1항 및 3항.

표 12-2 WTO의 기구조직

상소기구, 분쟁해결 패널, 섬유감시 기구, 그리고 복수국가간 위원회를 제외한 모든 이사회, 위원회 등에 WTO의 모든 회원국들이 참여할 수 있다.

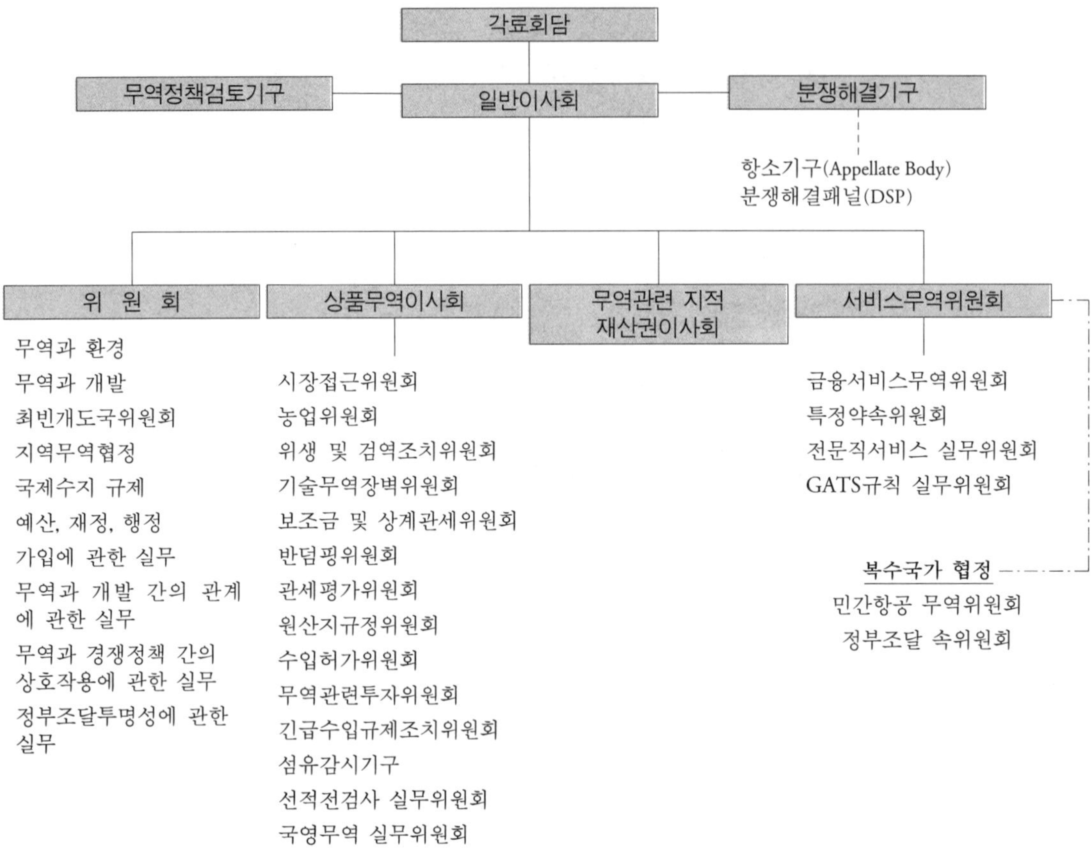

주 :

——— 일반이사회	일반이사회(또는 부속기구에 보고)에 보고, 일반이사회는 무역정책 검토기구 그리고 분쟁해결기구로서도 모임을 가진다.
- - - - - 분쟁해결기구	분쟁해결기구에 보고
—·—·— WTO 전체	WTO 전체 회원국들은 가입하지 않은 복수국간위원회는 동 협정의 활동을 일반이사회에 보고함. 복수국가간협정을 다루는 두 개의 부속기구는 그들의 활동을 정기적으로 일반이사회에 통보

안 된다. 이들을 국제 관리로서 자신의 지위를 손상시킬 어떠한 행위도 삼가해야 한다. WTO의 회원국은 사무총장 및 사무처 직원의 임무의 국제적인 성격을 존중하며, 이들이 의무를 수행하는 데 있어서 영향력을 행사해서는 안 된다.

④ 의사결정

WTO의 의사결정은 GATT와 마찬가지로 통상 합의에 의하여 이루어지나 합의되지 않은 사안은 표결로 결정한다. 각료회의와 일반이사회에서 각 회원국은 하나의 투표권을 가지며 의사결정은 WTO 설립협정문과 다자간 무역협정에서 달리 정하지 않는 한 행사된 투표권의 과반수 찬성으로 결정한다. 협정의 개정, 면제 및 유권해석은 별도의 규정에 의한 다수결로 한다.

㉮ 협정의 개정(Amendment)

WTO 협정과 다자간 무역협정의 개정은 만장일치에 의하고 여타 규정은 2/3 이상의 다수결로 개정한다. 다만 회원국의 권리와 의무를 변경하는 결정에 대해서는 이를 수락한 회원국에 대해서만 유효하다.

㉯ 면제(Waivers)

의무를 면제받고자 하는 회원국은 면제를 인정할 수 있는 "예외적 상황"을 주장하여야 하며, 각료회의는 회원국 3/4 이상의 다수결로 면제를 승인한다. 또한 각료회의는 면제 부여 후 1년 이내 및 그 이후 면제 종료시까지 매년 "예외적 상황"이 존재하는지 여부를 조사함으로써 면제에 대한 규정을 GATT 1947보다 더욱 엄격히 운용한다.[15)]

㉰ 유권해석(Interpretations)

각료회의와 일반이사회는 WTO 설립협정문과 다자간 무역 협정 규정 해석에 있어 배타적 권한을 가지며 회원국 3/4 이상의 다수결로 해석이 채택된다.

⑤ 예산 및 분담금

WTO는 회원국의 출연금으로 운영된다. 일반이사회는 총 회원국 1/2 초과 및 행사된 투표권 2/3 이상의 찬성으로 재정규정[16)] 및 연간예

15) 동 규정은 GATT 1947하에서 면제절차를 통해 개정요구가 우회적으로 이루어졌던 것과 유사한 사례가 나타나는 것을 방지하기 위한 것이다.

16) 예산재정관리위원회는 회원국의 비용분담에 관한 재정규정을 일반이사회에 제안

표 12-3 WTO 회원국 가입 추이

1995		1996	1997	1998	1999. 6	계
1995. 1. 1 이전	95. 1. 1 이후					
76	36	16	4	1	1	134

* 1996. 5. 21 에스토니아의 가입이 WTO 일반이사회에서 결정됨에 따라 에스토니아의 국내비준 절차 이후 WTO 회원국의 수는 135개국으로 증가할 것으로 예상된다. 중국과 대만이 2001년에 가입하였음.

산권을 채택하며 사무총장은 연간예산안과 재정보고서를 예산재정관리위원회에 제출하며 동 위원회는 이를 검토하여 일반이사회에 권고한다. 회원국은 일반이사회가 정한 재정규정에 따라 WTO의 지출경비 중 자국 분담금을 신속하게 납부하여야 한다. 예산재정관리위원회는 분담금 체납회원국에 대한 제재조치 관련 사항을 재정규정으로 정하며 동 제안을 토대로 일반이사회가 제재의 성격과 범위를 결정한다.

⑥ 회원국

1995년 출범 당시 76개국에 불과했던 회원국은 매년 증가하여 1999년 6월말 현재 134개국에 이르고 있으며 중국[17), 대만[18), 러시아를 비롯한 33개국이 가입하였다.

원회원국은 WTO 협정 발효당시 체약국(締約國)으로서 GATT에 양허 및 약속표를 제출하였고 서비스무역에 관한 일반협정(GATS)에 개방계획표를 제출한 국가이다.[19)

신규가입국은 일국 또는 자신의 대외무역관계를 수행함에 있어 완전한 자치권을 보유하는 독자적 관세영역을 WTO와의 합의된 조건에 따라 WTO 협정에 가입할 수 있다. 각료회의는 회원국 2/3 다수결로 가입조건을 승인한다.

17) 1999년 11월 15일 미국과의 합의에 의하여 WTO 가입이 확정되었다.

18) 중국과 대만은 2001년 11월에 WTO에 가입하였다.

19) 최빈개도국(Least Development Countries)은 자국의 독자적인 개발, 금융 및 무역의 필요성이나 행정 및 제도적인 능력에 합치되는 범위 내에서 약속 및 양허를 제공받을 수 있다.

2. WTO의 특별정책

WTO는 WTO 협정 및 다자간 무역 이행, 관리 및 운영을 용이하게 함과 동시에 복수국간 무역협정의 이행, 관리 및 운영에 관한 기준을 제공하며 WTO 협정의 부속서에서 명기한 사항과 관련하여 회원국간의 다자간 무역관계에 관한 협상의 장을 제공하며 분쟁해결제도 및 무역정책검토제도 운영하여 세계경제에 관한 정책결정의 조화를 유지하기 위하여 IMF, IBRD 및 그 산하기관과 협조한다. 이 중에서도 WTO의 핵심기능은 무역협상과 분쟁해결 절차를 포함하는 다자간 무역규범의 이행과 관계가 있다. 이러한 기능을 지원하는 특별 정책은 다음과 같다.

첫째, WTO 회원국 내 경제정책 결정에서의 협력
둘째, 투명성[20)]
셋째, 무역증진을 위한 다양화된 지원
넷째, 개도국과 제3세계 국가 경제에 대한 원조

① WTO 회원국 내 경제정책 결정에서의 협력

WTO의 역할 중의 하나가 일관성 있는 경제정책을 수행하기 위하여 국제통화기금, 세계은행과 다른 국제기구와 협력하는 것이다. 개별적인 각료선언이 이런 WTO의 역할을 강조하기 위해 1994년 4월에 있었던 마라케시 각료 회의에서 채택되었다. 이 선언은 상이한 경제정책들이 서로 연계되어 있다는 것을 인식하여 WTO와 화폐·금융문제들에 대해 책임을 맡고 있는 국제 기구(국제통화기금, 세계은행)들과의 협력증진을 요구하고 있다.

WTO가 투명성 확보를 위한 조치로는 첫째, 회원국의 정책변화에 대한 지속적인 WTO에 통보의무가 있고, 둘째, 일반대중에 대한 지속적인 정보제공 등을 들 수 있다.[21)]

20) 회원국들이 새로운 무역정책을 도입하거나 과거의 무역정책을 수정하는 경우에 WTO에 통보하게 함으로써 모든 회원국들이 다른 회원국의 정책변화를 알 수 있도록 한다.

② 국제무역센터

국제무역센터(International Trade Center)는 수출을 촉진시키려는 개도국을 돕기 위해 개도국들의 요구로 1964년 GATT에 의해 설립되었다. 이 국제무역센터는 WTO와 UNCTAD(The UN Conference on Trade and Development : 무역과 개발에 관한 유엔회의)를 통해 UN에 의해 공동으로 운영된다.[22)]

국제무역센터는 수입활동과 기술뿐만 아니라 수출촉진 계획의 수립과 실행에 관한 도움을 요청하는 개도국에 대해 자문한다. 또한, 국제무역센터는 수출시장과 마케팅기술에 대한 정보와 자문을 제공하고, 수출촉진 및 마케팅 서비스기관을 설립하거나 이러한 서비스기관에 필요한 인력을 훈련하는 데 도움을 준다. 최빈개도국들에게는 이러한 국제무역센터의 지원이 무상으로 제공된다.

③ 개도국과 제3세계 국가에 대한 원조

개발도상국들은 전체 WTO 회원국의 3/4을 차지하고 있다. 현재 시장경제로의 전환 과정에 있는 국가들과 함께 그들 회원국 수가 확대됨에 따라 WTO에서 한층 더 중요한 역할을 하게 될 것으로 기대된다. 한편 개도국 관리들에 대한 특별 지원 훈련과정이 있는데 1년에 두 번 제네바에서 실시된다. 1955년에 GATT 아래서 이 훈련과정들이 시작된 이후로 1997년 7월까지, 이 과정에는 130개 국가와 11개 지역기구들에서 온 약 1,515명의 무역 관련부서의 관리들이 참석하였다. 1991년 이후 시작된 특별과정은 중앙계획경제에서 시장경제로 체제전환중인 국가로부터 온 관리들을 위해 제네바에서 매년 개최되고 있다.

---

21) 1996년 7월 18일, WTO 일반이사회는 WTO의 활동에 관한 더 많은 정보를 일반인들이 이용가능하도록 하는 데 동의하였고, 비제한적인 WTO 문서를 포함하는 공공정보가 온라인으로 접속 가능하도록 할 것을 결정하였다. 또한 일반이사회는 새로운 문서가 더 신속하게 공개되도록 노력할 것에 동의하였다. 그 목적은 WTO의 활동에 관심이 있는 비정부 기관을 포함하는 일반인들이 더 많은 정보를 이용할 수 있도록 하자는 것이다.

22) 여택동 · 전정기, 『WTO와 국제통상』, 율곡출판사, 1998, p. 64

4. 분쟁해결 제도

분쟁해결규칙 및 절차에 관한 양해에서는 분쟁의 신속한 해결이 WTO의 효과적인 기능 수행과 회원국의 권리와 의무 간의 적절한 균형의 유지에 필수적이며, 분쟁해결 제도의 목적은 분쟁에 대한 긍정적인 해결책을 확보하는 것이라고 규정하고 있다.[23] 그러나 분쟁의 당사국간에 상호 합의된 해결책이 없다면, 분쟁해결제도의 첫 번째 목표는 통상에 대한 조치가 '대상협정'에 대한 위반으로 판정이 내려진 경우 당해 조치의 철회를 확보하자는 것이다. 분쟁해결절차에 제소한 회원국이 최후로 의지할 수 있는 구제수단은 다른 회원국에 대한 차별적인 대상협정상의 양허 또는 그 밖의 의무적용을 정지시킬 수 있다는 것이다. 이러한 경우에는 분쟁해결기구의 승인이 있어야 한다.[24]

1. 분쟁해결기구(Dispute Settlement Body)

분쟁해결기구는 일반이사회의 다른 형태로서 분쟁제소사건을 심의하기 위한 전문가로 구성된 패널의 설치, 패널 및 상소기구의 보고서 채택, 판정 및 권고의 이행을 감독하고 판정을 준수하지 않을 경우 보복을 가하는 독점적 권한을 가진다.

WTO 협정은 WTO가 효과적으로 작용하려면 즉각적인 분쟁해결이 필수적이라고 강조하여[25], 분쟁해결시에 따라야 하는 상세한 절차와 일정표를 명확히 규정해 두고 있다.[26]

분쟁해결 일정표에 따라 일반적인 분쟁해결에 걸리는 시간을 계산해보면, 분쟁이 모든 절차를 걸쳐 최초의 패널판정에 이르기까지의 소요시간은 일반적으로 1년 이상이 걸리지 않도록 되어 있다.

지금의 WTO에서는 일방 분쟁 당사자가 정식으로 분쟁 해결기구에 자국의 상소결정을 통지하지 아니하거나 또는 분쟁 해결기구가 총회에서 패널보고서를 채택하지 아니하기로 결정하지 아니하는 한, 패널

23) 분쟁해결규칙 및 절차에 관한 양해 제3조 3항 및 7항
24) 분쟁해결기구 및 절차에 관한 양해 제3조 7항.
25) 분쟁해결규칙 및 절차에 관한 양해 제3조 3항.
26) 분쟁해결규칙 및 절차에 관한 양해 제12조.

보고서의 판정은 자동적으로 채택된다.

2. 분쟁 해결 절차

WTO의 분쟁 해결 절차는 세계경제의 안정에 가장 큰 기여를 한 제도 중 하나로 세계무역시스템을 안전하고 예측 가능한 시스템으로 만들었다. 분쟁해결 규칙 및 절차에 관한 협정과 대상협정의 협의 및 분쟁해결 규정을 실시하기 위하여 분쟁해결 기구가 설치되며, 분쟁해결은 분쟁해결 기구(일반이사회의 분쟁해결 관련 명칭)의 주요 임무이다. 분쟁해결기구는 분쟁을 심의하기 위한 전문가로 구성된 '패널'을 설치할 수 있으며, 그리고 패널의 판정 또는 상소기구의 보고서를 채택 또는 거부할 수 있고, 대상협정에 따른 양허 및 그 밖에 의무 정지를 허가하는 독점적인 권한을 가진다.[27] 분쟁해결기구는 채택된 WTO의 '권고와 판정'의 이행을 지속적으로 감시하며, 또한 회원국이 판정을 이행하지 않을 경우 보복조치를 허가할 수 있는 권한을 가지고 있다.

1999년 6월 말까지 국제무역분쟁 71건 중 19건이 페널구성 이전에 해결되는 등 무역 당사국의 일방적인 조치를 줄임으로써 상대적으로 약한 국가에게 공정무역 관행을 제공하였다. 회원국은 타회원국의 WTO 협정 위반시 일방적인 조치 대신 국제적으로 합의된 다자간 분쟁 해결 절차를 이용한다.[28]

① 협의(Consultations, 60일 이내)

구체적인 법적 조치를 취하기 전에 분쟁 당사국은 제소에 앞서 상호 만족스러운 해결책을 모색하기 위해 협의하여야 한다.[29] '분쟁해결 규칙 및 절차에 관한 양해'에 의해 회원국은 협의절차의 효율성 강화 및 개선을 위해 노력하여야 한다. 사무총장은 분쟁 당사국간의 분쟁해결을 위하여 직권으로 주선, 조정 및 중재가 가능하다.

협의요청은 분쟁해결이사회 및 관련 이사회와 위원회에 통보되고,

---

27) 분쟁해결규칙 및 절차에 관한 양해 제2조.

28) GATT 1947하에서의 분쟁해결은 일정표가 없어서 많은 시간이 소요되었을 뿐만 아니라 결정 자체가 거부되는 사례도 있었다.

29) 분쟁해결규칙 및 절차에 관한 양해 제4조.

모든 협의요청은 서면으로 제출되며, 협의요청 시에는 문제가 된 조치의 명시 및 제소에 대한 법적 근거를 포함한 협의요청 사유를 제시하여야 한다.[30]

협의요청을 받은 회원국은 협의요청 접수일로부터 10일 이내에 회신하여야 하며 30일 이내에 협의를 개시하여야 한다. 그렇지 않을 경우 협의요청을 한 회원국은 패널의 설치를 요청할 수 있다. 협의요청 접수일로부터 60일 이내에 협의가 타결되지 않을 경우 패널설치를 요청할 수 있다.[31]

② 패널설치(Establishment of Panel's 45일 이내에 패널 임명, 패널이 판정을 내리기까지 6개월)

분쟁이 상호협의를 통해 소정 기한 내에 해결되지 않는 경우 및 분쟁 당사국들이 소정 기한 경과 전에 상호 합의할 경우 제소국은 패널설치를 요청할 수 있다. 패널설치 요청이 의제로 상정되는 첫 번째, 분쟁해결기구 회의에서 총회로 패널의 설치를 한 번은 막을 수 있지만, 분쟁해결기구의 두 번째의 모임이 개최되면 패널의 설치를 더 이상 막을 수 없다.[32] 그리고 선진회원과 개발도상회원국이 요청하는 경우, 패널위원 중 적어도 1인은 개발도상회원국의 인사를 포함하여야 한다.[33]

공식적으로, 패널은 분쟁당사자가 분쟁해결기구에 제기한 문제를 조사하고, 분쟁의 사실부문에 대한 객관적인 평가, 관련 대상협정의 적용 가능성 및 그 협정과의 적합성을 포함하여 패널에게 회부된 사안에 대하여 객관적인 평가를 내려야 하며, 분쟁해결기구가 판정이나 권고를 내리는 데 도움이 되는 조사결과를 작성한다.[34] 패널은 분쟁당사국이 합의한 3명(가끔 5명)의 전문가로 구성되나 분쟁 당사국이 합의하지 못

30) 비공개로 진행되는 협의과정에서 분쟁해결제도에 따르는 다음 단계의 조치를 취하기 전에 회원국은 만족할 만한 조정을 시도해야 하며, 다음 단계에서의 당사국의 권리를 저해해서는 안 된다.

31) 분쟁해결규칙 및 절차에 관한 양해 제4조 8항.

32) 분쟁해결규칙 및 절차에 관한 양해 제6조.

33) 분쟁해결규칙 및 절차에 관한 양해 제8조 10항.

34) 분쟁해결규칙 및 절차에 관한 양해 제7조 및 11조.

패널 진행과정

① **1차 청문회 전** : 양측은 문서로 패널에 이유서를 제출한다.

② **1차 청문회** : 제소국들 및 피소국은 분쟁에의 관심사항 및 주장을 개진한다.

③ **2차 청문회** : 양측은 서면 반박문(rebuttals) 제출과 함께 회의에 참석하여 구두 진술한다. 어느 일방이 과학적 또는 기술적 문제를 제기할 경우에 자문보고서 작성을 위하여 패널은 관계전문가와 협의하거나 전문가그룹을 지명할 수 있다.

④ **1차 시안** : 패널은 사실관계 및 양측의 주장을 담은 보고서를 양측에 제출하고 2주 이내에 답변 제출을 요구하고 동 보고서에는 조사결과 및 결론이 포함되어 있지 않다.

⑤ **중간보고서** : 패널은 조사결과 및 결론이 포함된 중간보고서를 양측에 제출하고 1주 이내에 답변제출을 요구한다.

⑥ **재검토** : 재검토(review) 기간은 2주 이내이며 동 기간중 패널은 양측과 추가적인 회합을 가진다.

⑦ **최종보고서** : 양측에 최종보고서(final report)를 제출하고 3주 후 WTO 전 회원국에 배포하고 패널이 문제가 된 무역관련 법률이 WTO 협정 또는 회원국으로서의 의무를 위반한다고 판단하는 경우 동 법률이 WTO 규칙을 따르도록 권고하고 최종보고서는 분쟁해결기구에서 60일 이내에 전원합의로 거부되지 않는 한 분쟁해결기구의 판정 또는 권고사항이 되며 각 당사자는 최종보고서에 동의하지 않을 경우 상소(appeal)할 수 있다.

할 경우 사무총장이 전문가를 지명한다(전문가는 어느 정부로부터도 지시를 받지 않음). 패널은 분쟁해결기구가 판정 또는 권고를 할 수 있도록 도와주며 패널의 보고서는 분쟁해결기구가 만장일치로 거부하지 않는 한 채택한다.

WTO 협정에서의 분쟁해결절차상 각 단계의 대략적 기간은 목표수치이므로 분쟁해결 기간은 탄력적이라 할 수 있다. 또한 분쟁 당사국들은 그들 스스로의 합의에 의하여 어느 단계에서든 그들의 분쟁을 해결할 수 있다.

③ 상소심의(Appellate Review)

상소는 현재의 증거를 재조사하거나 새로운 증거를 조사하는 것이 아니며 다만 법률해석과 같이 법률적 관점에서 이루어진다. 상소심의는 GATT 1947의 분쟁해결에는 없었던 새로운 제도이다.

분쟁 당사국들 중 어느 국가도 패널의 판정에 대해 상소할 수 있다.

표 12-4 WTO 분쟁해결 절차의 소요시간

기간	절차
60일	협의, 중개 등
45일	패널 설치 및 패널리스트 임명
6개월	당사국에 패널최종보고서를 보냄
3주	WTO 회원국에 최종보고서를 보냄
60일	DSB에서 패널 최종보고서 채택(상소가 없다면)
종합 : 1년	상소가 없는 경우
60~90일	상소보고서
30일	DSB의 상소보고서 채택
종합 : 1년 6~8개월	상소가 있는 경우

때로는 제소국과 피소국 양국이 모두 상소하는 경우도 있다. 하지만 분쟁 당사국만이 패널보고서에 대하여 상소할 수 있으며, 제3자는 상소할 수 없다. 그러나 이해관계가 있는 회원국인 제3자는 상소기구에서 자신의 입장을 개진할 기회를 가질 수 있다.[35]

분쟁해결기구인 7인의 위원으로 구성되는 상소기구(Appellate Body)를 설치하며 상소된 각각의 분쟁에 대해 3명의 위원이 심의를 담당한다. 동 위원은 법률·국제무역 전문가로서, 임기는 4년이며 어느 정부에도 소속되지 않는다. 상소는 패널의 판정을 지지, 수정, 번복할 수 있으며 대체로 60일 이내에 이루어지나 90일을 초과할 수 없다. 분쟁해결기구는 30일 이내에 상소보고서를 처리하여야 하며 위원 전원이 합의한 경우에 한하여 거부가 가능하다.

④ 시정조치

협정을 지속적으로 위반하고 있는 회원국은 적절한 벌칙을 감수해야 한다. 즉 한 회원국이 다른 회원국에 발생하는 이익을 직접적으로 또는 간접적으로 침해하고 있다면 이러한 침해는 신속하게 바로 잡아야 한다. 그리고 계속해서 협정을 어긴다면 보상을 해야 하거나 고통이 수반되는 적절한 처벌을 감내해야만 하는 것이다.

일단 그 사건에 대한 판정이 내려진다 하더라도, 무역제제조치(전통

35) 분쟁해결규칙 및 절차에 관한 양해 제17조 4항.

적인 방식의 처벌)가 취해지기 전에 해야 할 일이 더 남아 있다. 이 단계에서 패널 또는 상소기구는 특정 회원국의 조치가 대상협정에 일치하지 않는다고 결론짓는 경우, 관련 회원국에게 동 조치를 동 협상대상에 일치시키도록 권고할 수 있으며,[36] 패소한 피소국이 우선적으로 해야 할 일은 그들의 정책을 패널 또는 상소기구의 판정이나 권고에 맞추는 것이다. 그러므로 분쟁해결협정은 '모든 회원국에 이익이 되도록 효과적인 분쟁해결을 하도록 하기 위해, 분쟁 해결기구의 권고와 판정에 즉각적으로 따르는 것이 필수적이다'[37]라고 강조하고 있다.

전통적 형태의 벌칙인 무역제제가 부과되기 전에 패소한 회원국은 최우선 과제로서 판정 또는 권고에 맞게 정책기조를 변화시키는 것이다. 분쟁해결기구의 판정 또는 권고를 신속히 이행하는 것이 모든 회원국에 이익이 되며 분쟁의 효과적인 해결을 확보하는 데 필수적이다.

제소국이 패소하는 경우 패널보고서 또는 상소보고서의 권고사항을 준수해야 하며 보고서 채택 후 30일 이내에 분쟁해결 기구 회의에 참석하여 준수의사를 표명해야 한다. 권고사항을 즉시 준수하는 것이 비현실적인 경우에는 '적절한 기간'이 주어지며, 동 기간내에 준수하지 못할 경우 관세인하 등 상호 합의할 수 있는 보상을 결정하기 위하여 제소국과 협상을 개시해야 한다. 협상 개시 20일 이내에도 만족스러운 보상에 합의하지 못할 경우 제소국은 피소국에 대해 제한적인 무역제제를 부과할 수 있도록 분쟁해결기구에 요청한다. 동 요청에 대하여 분쟁해결기구가 전원합의로 결정하지 않는 한 분쟁해결기구는 '적절한 기간' 경과 후 30일 이내에 동 요청을 승인해야 한다. 원칙적으로 제재는 분쟁관련 분야에 국한된다. 동일 분야의 제재가 비현실적이거나 비효과적이라고 판단될 경우 동일 협정상의 여타 분야에서 제재가 가능하다.

3. 개도국에 대한 배려

개도국에 대한 배려는 분쟁해결 양해의 전 규정을 통하여 잘 나타

36) 분쟁해결규칙 및 절차에 관한 양해 제19조.

37) 분쟁해결규칙 및 절차에 관한 양해 제21조.

나 있다. 개도국이 선진국을 상대로 제소하는 경우, 제소국은 이 양해의 협의(제4조), 주선 조정 및 중개(제5조), 패널설치(제6조) 및 패널절차(제12조)에 포함된 규정 대신 1966년도의 절차의 적용을 선택할 수 있으며, 회원국은 협의과정에서 개발도상 회원국의 특별한 문제점과 이익에 관하여 특별한 배려를 하여야 한다.

패널과정과 관련하여 선진국과 개도국 사이의 분쟁시 개도국이 요청하는 경우 패널리스트 중 적어도 1인은 개도국의 인사를 포함하여야 하며, 또한 개도국이 취한 조치와 관련된 협의에 있어서 분쟁 당사국들은 협의기간을 연장하도록 합의할 수 있다. 개도국을 상대로 하는 제소에 있어서 패널은 개도국이 자국의 주장을 정리하고 제시하는 데 필요한 충분한 기간을 부여하여야 하지만, 전체적인 분쟁해결 기한을 초과하여서는 안 된다. 그리고 개도국이 분쟁 당사자인 경우 패널은 대상협정에 명시되어 있는 개도국 우대에 관한 관련 규정이 분쟁해결 절차에 어떠한 형태로 고려되었는지를 패널보고서에 명시하여야 한다.

보복조치와 관련하여서는 당해 사안이 개도국에 의하여 제소된 사안인 경우 분쟁해결기구는 상황에 비추어 어떠한 적절한 추가적인 조치를 위한 것인지를 검토하여야 하고, 어떠한 적절한 조치를 취할 것인지를 고려함에 있어서 제소대상조치의 무역대상 범위뿐만 아니라 그러한 조치가 당해 개도국의 경제에 미치는 영향도 고려해야 한다.[38)]

① 개도국에 대한 배려

WTO의 130여 회원국들 중 약 100여개 국은 개도국이다. 세계경제에서 차지하는 개도국의 위치가 점점 중요해지고 있고, 그 수로 보아도 개도국들은 앞으로 WTO에서 보다 더 중요한 역할을 하게 될 것으로 기대된다. WTO에서는 개도국의 특별한 요구를 다음 세 가지 방향에서 접근하고 있다.

첫째, WTO 협정은 개도국에 대한 특별규정을 포함하고 있다.

둘째, WTO의 무역개발위원회가 개도국의 문제를 관장하고 있다.

38) 여택동 · 전정기, 『WTO와 국제통상』, 율곡출판사, 1998, p. 161.

셋째, WTO 사무처는 개도국을 위해 기술적인 지원(주로 다양한 종류의 훈련)을 제공한다.

② WTO 협정상의 특별대우

WTO 협정문에는 개도국과 최빈 개도국에 관계되는 많은 우대조항이 포함되어 있다. 주로 상품무역에 대해 규정한 관세와 무역에 관한 일반협정의 무역과 개발에 대한 특별조항에는 선진국과 개도국 사이의 무역협상에서 비상호주의 개념이 적용되는 내용들을 포함하고 있다.[39] 이러한 비상호주의는 선진국이 개도국에게 무역양허를 제공하는 경우라 할지라도 선진국은 이러한 무역양허에 상응하는 조치를 개도국으로부터 기대하여서는 안 됨을 의미하고 있는 것이다.

GATT는 회원국들이 회원국 전체에서 동일한 대우를 하지 않고도, '특별하며 차별적인 대우(special and different treatment)' 라고 알려진, 개도국에 대한 특별 양허의 공여를 가능하도록 하고 있다. 또한, 서비스무역에 관한 일반협정에서도 '경제통합' 이라는 제목의 GATT의 2부에 따라서 개도국에 대한 특별대우를 허용하고 있다.[40]

WTO 협정에 포함된 개도국에 관한 그 외의 다른 조치들은 다음과 같다.

첫째, WTO 협정을 구성하는 대부분의 협정에서는 개도국이 약속을 이행하는 데 필요한 유예기간을 추가적으로 주고 있다.

둘째, 섬유 및 서비스 분야의 시장접근 확대와 기술적인 무역장벽의 제거를 통하여 개도국이 교역기회를 확대할 수 있도록 규정을 만들어 놓고 있다.

셋째, WTO 회원국들이 어떤 국내 또는 국제적인 조치, 즉 반덤핑, 세이프 가드, 기술적인 무역장벽과 같은 조치를 채택할 때 개도국의 이익을 보호하도록 하는 규정을 만들어 놓고 있다.

넷째, 개도국을 지원하기 위한 다양한 방법들을 담은 규정을 만들었

39) 1994 관세 및 무역에 관한 일반협정(GATT) 제36조.

40) 서비스무역에 관한 일반협정 제5조, 제3항.

다. 예를 들어 개도국이 동식물 건강기준, 기술표준에 관한 약속을 마련하는 것을 도와주며, 개도국의 국내 통신부문을 강화하는 것을 지원하는 규정을 만들어 놓고 있다.

③ 무역개발위원회

WTO 내의 개도국에 대한 업무는 다음과 같이 크게 두 가지로 나눌 수 있다. 첫째, WTO 무역개발위원회의 업무와 최빈개도국을 관할하는 소위원회의 업무 및 위원회의 관할 아래 WTO 사무처가 실시하는 정부관료들의 훈련 등이다. 한편, WTO 무역개발위원회는 광범위한 권한을 가지고 있다. 이 위원회가 우선적으로 다루는 것은 광범위한 주제들 중에서 다음과 같은 내용을 다루고 있다.

첫째, 개도국에 유리한 규정이 채택되도록 하는 방법
둘째, 기술협력에 관한 지침
셋째, 개도국회원국의 무역체제 참여기회를 증가시키는 방법
넷째, 최빈국의 지위 등

또한 회원국은 개도국의 제품에 대한 무역양허를 포함한 특별프로그램과 개도국간의 지역협정에 관해서는 반드시 WTO에 통고해야 한다. 무역개발위원회는 다음과 같은 통고사항을 다루어 왔다.[41)]

첫째, 선진국이 개도국의 제품에 대해 특혜적으로 무역장벽을 낮추어 주는 일반 특혜관세제도(Generalized System of Preferences : GSP)

둘째, MERCOSUR(남미 공동시장 : The Southern Common Market in Latin America), COMESA(동남아프리카 공동시장 : The Common Market for Eastern and Southern Africa), AFTA(아세안 자유무역지대 : The ASEAN Free Trade Area)와 같은 개도국들간의 특혜적인 협정 등이다.

41) 여택동 · 전정기, 『WTO와 국제통상』, 율곡출판사, 1998, p. 171.

④ 최빈개도국에 관한 소위원회

최빈개도국에 관한 소위원회는 그 업무를 무역개발위원회에 보고하고 있지만, 그 자체 권한만으로도 중요한 기구이다. 소위원회의 업무는 두 개의 서로 관련된 문제에 초점이 맞춰져 있다. 첫째, 최빈개도국들을 다자간 무역체제로 통합시키는 방법과 둘째, 기술협력 등이다.

또한 소위원회는 주기적으로 WTO 협정상의 최빈개도국을 우대하는 특별규정들이 어떻게 채택 이행되고 있는지를 조사한다. 소위원회는 최빈개도국이 다자간 무역체제로 더 잘 통합될 수 있도록 WTO 가 할 수 있는 다음과 같은 두 가지 임무를 인정하고 있다. 첫째, WTO가 제공하는 기술협력에 대하여 최빈개도국에게 우선권이 있으며, 이러한 기술협력은 최빈개도국이 필요한 기구를 설립할 수 있는 능력을 창출하도록 도와주는 것과 필요한 지식과 기술을 가진 사람을 훈련시키는 것에 초점이 있다는 것을 확신시키는 것, 그리고 최빈개도국을 위한 WTO의 실행계획을 준비하는 것 등이다. 1997년 소위원회의 임무는 대개 최빈개도국에 대한 고위급 회담에 초점이 맞추어졌다.[42]

5. 무역정책 검토제도(Trade Policy Review Mechanism)

무역정책 검토제도는 우루과이라운드 협상 초기인 1988년 12월 몬트리올 중간평가회의에서 잠정적으로 도입되었다가 1994년 4월 WTO설립협정문에 따라 상설기구인 무역정책 검토기구를 설치하였다.

이 제도의 목적은 첫째, 회원국의 다자간 무역협정상의 규칙, 규율 및 약속 준수 도모하고 둘째, 회원국의 무역정책 및 관행의 투명성 및 이해 제고를 통하여 다자간무역체제를 원활히 운영하며 셋째, 회원국의 무역정책 및 관행이 다자간무역체재에 미치는 영향을 조사하기 위한 것이다.[43]

무역정책 검토제도의 관장업무는 첫째, 상품뿐만 아니라 서비스 및

42) 여택동 · 전정기, 『WTO와 국제통상』, 율곡출판사, 1998, p. 172.

43) 동 조사결과는 WTO 협정상의 특정의무의 집행 또는 분쟁해결 절차를 위한 기초로 사용되거나 회원국들에게 새로운 정책의무를 부과하는 데 이용되지 않음.

무역관련 지적재산권까지 포함한다. 둘째, 각 회원국의 무역정책에 대한 검토 주기는 회원국의 세계교역 비중에 따라 상이하며, 4대 무역국가(미국, EU, 일본, 캐나다)는 매 2년마다, 그 다음 16대 무역구가는 매 4년마다, 기타 회원국은 매 6년마다 검토하는 것이다.[44)]

무역정책 검토계획 수립을 살펴보면, 무역정책 검토 수행에 대한 기본계획을 수립하고, 매년 검토대상 회원국과 직접 협의하여 연도별 검토계획을 수립하는 것이다.[45)]

무역정책 검토기구의 업무수행은 첫째, 각 회원국이 제출한 정식보고서 및 사무국이 작성한 보고서를 기초로 업무를 수행하고 둘째, 각 회원국이 제출한 정식보고서와 사무국이 작성한 보고서는 무역정책 검토기구의 회의록과 함께 검토된 후 즉시 공표되며 각료회의에 제출된다. 셋째, 정식보고서는 회원국 또는 검토대상 회원국의 무역정책 및 관행에 대한 것이며, 동 보고서 양식은 검토기구가 결정하고 넷째, 회원국은 무역정책에 중대한 변경이 있을 경우 관련 약식보고서를 검토기구에 제출하며 통계정보는 합의된 양식으로 제출한다. 다섯째, 검토기구는 세계무역기구 설립협정 발표 후 5년(1999년 말) 이내에 무역정책검토제도의 운영에 대한 평가를 실사하여 각료회의에 동 평가보고서를 제출하며 그 이후에도 동 기구의 결정 또는 각료회의 요청에 따라 평가를 실시하는 것이다. 여섯째, 또한 다자간 무역체제에 대한 영향을 미치는 세계무역환경의 변화에 대해서도 매년 평가를 실시하는 것이다.

한편, 모든 회원국들은 무역정책검토기구에 참여할 수 있으며, 각 연도 첫 회의시 회원국 대표 중에서 의장을 선출하고 각 연도 중반에 내년도 검토일정을 채택하며, 무역정책검토기구의 활동지원을 위하여 무역정책검토국(Trade Policy Review Division : TPRD)을 설치하고, 무역정책검토국은 국장, 16명의 전문가 및 11명의 직원으로 구성되며, 무역정책검토국은 각 회원국 앞 질의서를 작성, 배포하고 회수된 질의서를 토

44) 최빈개도국에 대해서는 보다 장기간이 설정되며 무역상대국에 큰 영향을 미칠 수 있는 무역정책 또는 관행상의 변화가 있는 회원국에는 보다 단기간이 설정된다.

45) 무역정책검토의 정상적 주기는 국제수지 협의를 위한 일정과 조화되어야 하며 12개월 이상 연기될 수 없다.

대로 사무국 보고서를 작성(약 10개월 소요)한다. 또한 국제수지 제한 위원회의 회의준비를 지원하고 WTO 연차보고서 중 '무역정책 동향'을 작성한다. 한편 무역정책 검토기구는 1992년 및 1996년 우리나라에 대한 제1차 및 제2차 무역정책 검토회의를 개최한 데 이어 2000년 9월 20일 및 22일 양일간에 걸쳐 제3차 회의를 스위스 제네바에서 가질 예정으로 있다.[46)]

6. WTO의 새로운 협상의제

8차에 걸친 다자간 자유무역협상의 타결로 각국의 관세인하 및 비관세장벽의 철폐 등 국경상의 제약을 완화하는 데 있어서는 상당한 성과가 있었다. 그러나 WTO의 출범과 함께 상품과 서비스의 생산과정, 판매과정 또는 이와 관련된 직접투자 등 모든 경제활동에 있어서 GATT 1947하의 내국민대우 원칙을 넘어서는 '공정한 경쟁조건'의 형성 또는 시장 경합성의 보장이 요구되고 있다. 다시 말해서 지금까지의 통상현안이 단순히 자유롭고 공정한 시장 접근에 머물러 있었다면, 새로운 현안들은 여기에서 나아가 시장 내에 주재하는 기업에 공정한 활동기회를 부여하고, 시장에 자유롭게 진입하는 기회를 보장하는 방향으로 발전해 가고 있음을 뜻한다.[47)]

WTO는 향후 2개의 주요한 활동분야를 가지고 있다. 그 중 한 분야는 UR협정에서의 '협상과제들'이다. 이것은 여러 협정과 약속에 적용할 프로그램과 특히 여러 분야에서의 새롭게 재개된 협상에 대한 일정을 다룬다. 또 다른 한 분야는 현재 논의되고 있는 광범위한 의제들이다.[48)]

관세는 WTO 체제에서 중요한 위치를 차지하고 있으므로 어떤 시기만 되면 관세협상이 다시 재개될 것으로 보인다. 최근에 논의되기

46) 한국은행, 『WTO의 조직 및 기능과 뉴라운드 논의동향』, p. 19.

47) 김완순 · 한복연, 『국제경제기구론』, 박영사, 1998, p. 230.

48) GATT/WTO 체제에서 어떤 의제는 다소 논의가 진행되었고, 어떤 의제는 완전히 새로운 것이다.

시작하였으나 WTO 협정에서는 깊이 다루어지지 않았던 의제들이 현재 논의중에 있거나 또는 향후에 논의되어질 것이다. 향후에 다루어질 신의제들은 다음과 같다.

첫째, 지역경제공동체의 형성 (Regional Economic Groupings)
둘째, 무역과 환경 (Trade and the Environment)
셋째, 무역과 투자 (Trade and Investment)
넷째, 경쟁 정책 (Competition Policy)
다섯째, 정부조달의 투명성 (Transparency in Government Procurement)
여섯째, 무역과 노동권 (Trade and Labour Rights)
일곱째, 절차의 간소화를 통한 무역의 촉진 등이다.

1. WTO 협정상의 기설의제(Built-in Agenda)

우루과이라운드 협정은 장래 활동에 대해 일정표를 마련하여 놓고 있다. 그 후 이 일정표에는 약간의 추가와 변경이 가해졌다.

이러한 '기설의제들'에는 새로운 협상을 진행해야 할 분야가 있고 또는 정해진 일정에 따라 추진상황의 평가를 받아야 하는 분야도 있다. 기설의제 중의 일부는 이미 협상이 완료되었다. 예를 들면, 기본통신 분야에서의 시장접근에 관한 협상은 1997년 2월에 타결되었다. **[표 12-5]**는 1995년 WTO가 출범되었을 때부터 시작된 일정표의 주요 내용이다.

기타 2004년까지 섬유와 의류가 상품무역이사회에서 협정의 이행을 검토되었고, 일정이 정해지지는 않았지만, 장래에 언젠가는 논의가 이루어질 의제로는 지적재산권과 서비스보조금 협상 등이 있다.[49]

2. WTO와 지역주의

지역무역협정이란 지역적으로 차별적인 무역정책을 말하며 자유무역지대는, 관세동맹, 공동시장, 경제동맹, 완전경제통합 등의 다양한 형태로 존재한다. 또한 자유무역협정은 적용되는 제품의 범위, 정부조달

49) 2001년 11월 카타르 도하에서 뉴라운드(도하 개발 어젠다)협상이 타결되었다.

표 12-5 WTO 협정상의 기설의제

연 도	제 목	내 용
1995년	WTO 창설	동협정완료(1995년 1월 1일) 협상완료(1995년 7월 28일까지)
1996년	정부조달협정	발효(1996년 1월 1일)
	보조금	연구개발보조금에 관한 규정사용의 검토(1996년 7월 1일까지)
	해양서비스	시장접근협상종료(1996년 6월 30일, 2000년까지 연기되었다)
	식량순수 수입국들	싱가포르 각료회의에서 농산물교역에 있어서의 개혁이 저개발국과 순농산물 수입국들에게 미칠 가능성이 있는 부정적인 효과를 검토하였다.(1996년 12월)
	서비스와 환경	GATT 14조의 변경에 관한 작업단의 보고서에 대한 최소기한
	지적재산권	지리적 표시에 관한 규정적용에 대한 첫 검토
	선적전검사	관련협정의 운영과 이행에 관하여(각료회의에 의해) 매 3년마다 행해지는 검토 중 첫 번째(1996년 말까지)
	서비스분야의 정부조달	협상시작(1996년 말까지)
1997년	기본통신	협상완료(1997년 2월 15일, 1996년부터 연기되었다)
	금융서비스	협상완료(1997년 12월 30일, 1996년부터 연기되었다)
	무역에 대한 기술적 장벽	협정의 운영과 이행에 관하여 매 3년마다 행해지는 검토 중 첫 번째(1997년 말까지)
	지적재산권	포도주에 대한 지리적 표시의 통보와 등록에 관한 다자간 체제를 창출하기 위한 협상(1997년 시작)
	섬유와 의류	상품무역이사회에서 본 협정의 이행 검토(1997년 말까지, 새로운 국면이1998년 1월 1일에 시작, 섬유감시기구는 1997년 말까지 상품무역이사회에 보고)
1998년	서비스 (긴급수입제한)	긴급수입제한에 관한 협상의 결과를 발효시킬 것(1998년 1월 1일까지)
	반덤핑	검토기준의 조사, 상계하는 경우에 적용을 고려(1998년 1월 1일 또는 그 후)
	원산지규정	원산지규정의 조화에 관한 작업 프로그램의 완성(1998년 7월 20일)
	위생과 검역조치	협정의 운영과 이행의 첫 검토(1998년에)
	정부조달	규범과 절차를 개선하기 위한 추가 협상 시작(1998년 말까지)
	분쟁해결	규범과 절차에 대한 전면적인 검토(1998년 말까지)
1999년	지적재산권	특허자격과 식물의 다양성 보호에 대한 예외에 대한 검토(1999년 1월 1일 또는 그 후)
	지적재산권	협정을 위반하지는 않았지만 불만을 호소하는 국가의 권리를 여전히 침해하는 그런 행위가 발생할 경우에 제소를 위한 범위와 방법의 조사(1999년 말까지)
	농업	협상 시작되어야 한다.(1999년 말까지)
2000년	서비스	새로운 라운드의 협상 시작(2000년 1월 1일까지)
	서비스 최혜국 대우 면제	첫 검토(2000년 1월 1일까지)
	무역정책검토기구	검토 메커니즘의 운영에 대한 평가(2000년 1월 1일)
	무역 관련 투자 조치	당협정의 운영의 검토와 투자정책과 경제정책에 관한 규정이 이 협정에 포함되어야 하는가에 대한 논의(2000년 1월 1일까지)
	관세양허	양허의 변경에 관하여 GATT 29조 하에서 협상권리를 가지는 '기본 공급자'의 정의에 대한 검토(2000년 1월 1일)

	지적재산권	협정의 이행에 관하여 매 2년마다 행해지는 검토 중 첫 번째(2000년 1월 1일 또는 그 후)
2001년	섬유와 의류	상품무역이사회가 협정의 이행을 검토(2001년 말까지, 새로운 국면은 2002년 1월 1일에 시작, 섬유감시기구는 2001년 7월 말까지 상품무역이사회에 보고)

이나 국가별 제품 기준 등 비관세장벽을 접근하는 방법, 반덤핑 등과 같은 보호를 다루는 정도에 따라 광범위한 종류의 지역무역협정이 존재한다.

1990년대 이후 지역무역협정의 수자 적용범위에 있어 괄목할 만큼 확산 또는 심화되었고, 각국 경제에서 무역이 차지하는 비중이 높아짐에 따라 지역무역협정이 세계경제에서 차지하는 의미가 점점 더 커질 것으로 예상된다. 현재 지역주의 경향은 유럽연합(The European Union), 북미자유무역협정(The North-American Free Trade Agreement), 동남아시아 국가연합(The Association of Southeast Asian Nations), 지역협정을 위한 남아시아 협정(The South Asian Association for Regional Cooperation), 남미공동시장(The Common Market of the South America : MERCOSUR), 호주 · 뉴질랜드 경제협력협정(The Australia-New Zealand Closer Economic Relations Agreement) 등 여러 지역무역협정으로 잘 나타나고 있다.

3. 무역과 환경

WTO에는 무역과 환경을 다루는 특별한 협정은 없다. 그러나 UR 최종협정문에 환경관련 내용이 명시적으로 포함됨으로써 국제무역규범이 환경보전 측면을 고려해야 한다는 요구가 반영되어 있다. 환경정책에 대한 관심이 증가한 것은 비교적 최근의 일이다. 우루과이라운드의 막바지에, UR 참가국들의 통상장관들은 WTO에서 무역과 환경에 대한 폭넓은 프로그램을 시작하는 데 공감대를 형성하였고, 1994년 4월 15일 UR 최종협정문에 대한 서명을 위해 개최된 마라케시 각료회의에서는 '무역과 환경에 관한 결정'이 채택되었다. 이 결정문에 따라 1995년 1월 1일 WTO의 정식 출범과 함께 동시에 각료회의 산하에 '무역환경위원회(WTO Committee on Trade and Environment)'[50]를 창설하였다. 이 위원회는 환경 보전과 지속 가능한 개발이라는 의제를 WTO 업무의 중심으로 가져오는 작업을 하고 있다.

무역환경위원회는 상품, 서비스와 지적재산권 같은 다자간 무역체계의 모든 분야를 포괄하는 광범위한 책임을 가진다. 위원회의 업무는 무역과 환경일을 연구하고 무역협정에서 필요한 환경관련 문제들에 대해 권고하는 것이다. 위원회의 업무는 2가지 중요한 원칙에 기초를 두고 있다.

첫째, WTO의 역할 또는 기능은 무역관련 문제로 제한된다. 달리 말하면, 환경관련 문제에서의 WTO의 유일한 업무는 환경정책이 무역에 현저한 영향을 가질 때 일어나는 문제를 연구하는 것이다. WTO는 환경관련기구가 아니며, WTO 회원국은 국내 또는 국제적 환경정책에 WTO가 간섭하거나 환경기준을 마련하는 것을 원하지 않는다. 환경문제를 전문적으로 다루는 다른 기구들이 이러한 작업을 수행하는 것이 더욱 적격이다.

둘째, 만일 무역환경위원회가 실제로 문제를 인지한다면, 해결책은 WTO 무역체제의 원칙을 계속해서 고수하는 것이어야만 한다.

일반적으로 이러한 원칙은 1992년 리우데자네이루에서 개최된 환경과 개발에 관한 UN회담(The UN Conference on Environment and Development), 즉 지구 정상회담(Earth Summit)의 결과에서 인식되어졌다.

---

50) WTO 무역환경위원회의 의제

1. 국제환경협약상의 무역조치를 포함하여 환경목적의 무역조치
2. 현저한 무역효과를 동반하는 환경정책 및 조치
3. 환경목적의 부과금, 조세표준, 기술규정, 환경마크, 포장여건, 재활용여건 등의 환경관련 제품요건
4. 환경목적의 무역조치와 환경조치의 투명성에 관한 국제무역규범
5. 국제무역규범과 국제환경협약의 분쟁해결절차
6. 환경조치의 시장접근, 특히 개도국과 후진국의 시장접근에 대한 영향, 무역에 대한 제한과 왜곡을 제거함에 따른 환경효과
7. 국내 판매금지물품의 수출문제
8. 지적재산권(TRIPs) 협정의 환경관련조항
9. 서비스에 관한 일반협정의 환경관련조항
10. 민간단체와의 관계와 문서배포관련 투명성 증진방안

표 12-6 WTO 밖에서의 토론

법적인 문제	핵심노동권을 심각하게 위반하고 있는 것으로 간주되는 국가들에게 압력을 가하는 수단으로서 무역조치가 허락되어져야 하는가?
분석적인 문제	만일 한 국가가 노동권에 대해 상대적으로 낮은 기준으 가지고 있다면, 이러한 국가의 수출품은 불공정한 우위를 가지는가?
제도적인 문제	WTO는 노동을 논의할 적절한 기구인가?

4. 무역과 노동기준

국제적으로 공정한 노동기준의 필요성이 제기되기 시작한 것은 제2차 세계대전 직후인 1948년에 국제무역기구(International Trade Organization : ITO) 설립을 위한 아바나헌장이 채택되면서부터이다.

노동기준이란 근로자의 근로조건과 노사관계를 결정짓는 중요한 척도로서, 넓은 의미로는 최저임금, 근로시간, 작업환경, 미성년노동과 강제노역의 사용, 노동조합을 결성하고 파업을 할 권리 등 노동시장의 모든 여건을 포함하고 있다. 이러한 노동기준은 시대와 국가와 경제발전단계를 반영하여 만들어짐으로써 각국은 상이한 노동기준을 가질 수 밖에 없다. 따라서, 국제적인 노동기준을 설정하기 위해서는 노동권 보호에 있어서 핵심적이라 할 수 있는 것을 선별적으로 선택하여야 한다. 국제노동기구(International Labor Organization : ILO)에서는 결사의 자유, 단체권 및 단체교섭권, 강제노동금지, 아동노동금지를 인권 보호차원에서 중요시하고 있다. 이 네 가지 노동기준이 1995년 3월 덴마크 코펜하겐에서 열린 세계사회개방 정상회의에서 '핵심노동기준(Core Labor Standards)' 으로 인정되었다.

무역과 노동기준은 매우 논쟁적인 문제이다. 1996년 싱가포르 각료회의에서 WTO회원국들은 국제노동기구(ILO)를 노동기준을 다루는 적합한 단체로서 확인하면서 ILO의 역할을 더욱 명확하게 정의하였다. 현재 WTO에서는 무역과 노동권에 관한 아무런 연구활동도 이루어지지 않고 있다. WTO 밖에서의 토론은 **[표 12-6]**의 광범위한 문제를 제시하였다.

WTO 협정은 어떠한 핵심노동기준도 다루지 않는다. 그러나 일부 선진국들은 WTO 내로 핵심노동기준의 문제를 불러들이기 위한 첫

번째 단계로서, WTO에 의해 이 문제가 연구되어져야 한다고 믿고 있다. 또한, 선진국들은 WTO규범과 원칙이 회원국들로 하여금 작업장 환경을 개선하도록 강력한 유인을 제공해야 한다고 주장하고 있다.

7. WTO가 한국경제에 주는 의미

우리 나라의 경제성장은 지난 60년대부터 수출주도형의 대외 지향적 성장전략에 힘입은 바 크다. 이것은 전후 GATT를 중심으로 한 다자주의 무역환경하에서 가능했다고 볼 수 있다. 즉 대외 지향적 성장전략은 부존자원의 부족과 국내 시장규모의 협소 등의 제약을 극복하고 빠른 시일 내에 경제성장을 이룩하는데 최선의 선택이었으며, 이러한 성장전략은 60~70년대 세계경제에서 차지하는 후진개도국으로서 우리 경제의 세계 속에서 차지하는 비중이 상대적으로 작기 때문에 GATT 다자규범의 직접적인 규율대상에서 벗어날 수 있어 가능하였다.

그러나, 우리 나라 경제 및 무역규모가 그 동안 괄목한 정도로 커진 오늘의 현실에서는 우리는 새로운 WTO 체제를 수동적이 아닌 보다 능동적인 자세로 적극 대체로 나가야 할 것이다. 즉, 대외무역의존도가 높고 대외지향적 성장을 추구해 나가야 할 우리로서는 자유무역이 우리 경제의 체질을 강화시키고 경쟁력을 높이기 위한 최선의 선택이므로 교역 상대국의 시장개방 여부에 관계없이 우리 스스로가 추진해 나가야 할 정책방향이다. 왜냐하면, 세계시장의 개방과 함께 우리 시장도 개방되므로 결과적으로 모든 국가에 대하여 전 세계적으로 더 많은 시장진출 기회가 주어지게 되며, 우리가 노력하기에 따라서는 이러한 시장개방의 기회를 우리무역 및 경제성장 증대의 기회로 이용할 수 있기 때문이다.

✤ 연습문제

1. GATT 체제와 WTO 체제의 특징을 비교 논하시오.

제13장

유엔무역개발회의 (UNCTAD)

1. UNCTAD의 성립 배경
2. UNCTAD의 발전
3. 일반 특혜관세 제도(GSP)

1. UNCTAD의 성립 배경

유엔무역개발회의(United Nations Conference on Trade and Development : UNCTAD)의 설립을 가져오게 한 근본적인 배경은 GATT를 중심으로 한 기존 국제무역질서가 개발도상국의 경제발전을 보장하기에는 미흡하다는 데서 출발하고 있다.

UNCTAD의 탄생에 있어서 이론적인 근거를 제시한 것은 유엔의 위촉을 받아 제출된 '프레비쉬 보고서(Prebishch, R. : 1962)'였다. 이 보고서는 개발도상국의 농산물 등 1차산품의 수출에 의한 소득증대 방안을 촉구하는 한편, 개발도상국의 공산품수출에 대해서 선진국의 특혜관세 조치를 촉구하는 것을 주요 내용으로 하고 있다. 즉 이 보고서는 남북(빈국과 빈국)간 경제적 격차의 원인이 단순히 개발도상국 내의 사회·경제적 여건 이외에 기존 국제무역질서에서도 연유한다는 점을 강조하고 이러한 기존 질서 아래에서는 개발도상국의 획기적인 수출증대를 기대할 수 없으므로 GATT 체제에 대한 개혁을 시도해야 한다는 것이었다.

특히, 이 보고서는 무역에 있어서 공산품 대 1차산품의 상대가격, 즉 교역조건이 1차산품을 수출하는 개발도상국에게 상대적으로 불리하게 작용하므로 이들 국가들이 새로이 비교우위산업을 발전시킬 수 있도록 특혜관세제도를 잠정적으로 도입해야 하며, 또 이러한 개발도상국의 성공적인 공업화는 선진국으로부터의 수입수요를 유발하기 때문에 세계무역을 증진시키는 데 기여한다고 지적하고 있다.

이와 같은 제안 하에서 UNCTAD는 GATT 범위 밖에서 개발도상국들의 특수한 무역문제를 해결하기 위한 UN총회 산하의 상설기관으로 1964년 12월 정식으로 발족하게 되었다.

2. UNCTAD의 발전

이렇게 해서 탄생된 UNCTAD는 1968년 뉴델리에서 개최된 제2차 회의에서부터 본격적인 활동을 시작하였다. 이 회의에서는 소위 '개발도상국 77그룹'이 작성한 '알지에 헌장'과 선진국을 중심으로 작성된 OECD 보고서를 토대로 토론을 한 결과 상당한 업적을 남겼는데, 무엇보다도 선진국은 GNP의 1%를 개발도상국에 원조로 공여한다는 기준을 설립하고, 또 개발도상국의 수출에 적용할 일반특혜관세제도를 협의하기 위해 특별위원회를 구성하기로 결의한 것은 이 회의의 주요 성과를 볼 수 있다.

그 후 UNCTAD는 매 4년마다 정기회의를 개최하여 오고 있는데, 현재 개발도상국들은 UNCTAD를 통해서 선진국들에게 대하여 소위 '신국제경제질서' (New International Economic Order : NIEO)를 요구하고 있다. 이 신국제경제질서에서 요구하는 바는 무역특혜문제뿐만 아니라 선진국에서 개발도상국으로의 제조업 및 기술의 이전 등을 포함하고 있다.

이러한 여러 가지 개발도상국들의 요구에 대한 선진국의 반응이 비록 만족스러운 것은 아니지만, UNCTAD를 통한 개발도상국의 의견집약은 개발도상국이 안고 있는 문제점을 부각시키고 무역의 중요성을 인식시키는 데 기여하였다고 하겠다. 또한 UNCTAD는 GATT가 국제무역질서를 관장하여 세계후생의 증진에 기여하고 있는 데 비해서 선·후진국간의 여러 가지 문제들 중 소득 재분배 문제를 주로 다루고 있는 것이 특징이라 하겠다.

3. 일반 특혜관세 제도(GSP)

일반 특혜관세 제도는(GSP)는 1968년 제2차 뉴델리회의에서 이의 설립을 위한 특별위원회를 구성하기로 결의한 후 그 내용에 대해서 토의를 거듭한 결과, 1970년에 이르러 GSP 공여를 위한 입법조치를 취하자는 데 합의를 보았다. 이에 따라 EC가 최초로 1971년 7월부터 GSP를 공여하기 시작했으며, 뒤이어 일본이 그해 8월부터, 그리고 미국을 제외한 선진국은 1972년 1월부터 각각 실시하여 오고 있다. 미국은 의회와의 관계 등 국내 사정 때문에 1976년 1월부터 실시하여 오고 있다.

일반 특혜관세 제도는 개발도상국의 수출을 보호해 준다는 점에서 간혹 유치산업보호론과 비교되기도 한다. 그러나 유치산업 보호를 위해 부과하는 관세는 무역의 감소와 아울러 그 나라 소비자가 부담하는 일종의 사회적 비용을 초래하지만 GSP의 경우는 무역의 확대와 아울러 수입국의 소비자 후생에도 기여하게 된다는 이점이 있다.

따라서 일반 특혜관세 제도는 개발도상국의 수출을 보호해 준다는 점에서 간혹 유치산업 보호론과 비교되기도 한다. 그러나 유치산업 보호를 위해 부과하는 관세는 무역의 감소와 아울러 그 나라 소비자가 부담하는 일종의 사회적 비용을 초래하지만 GSP의 경우는 무역의 확대와 아울러 수입국의 소비자 후생에도 기여하게 된다는 이점이 있다.

따라서 일반 특혜관세 제도는 GATT의 무차별 원칙과 호혜성의 원칙에 대한 예외 조항임에도 불구하고 이의 도입은 개발도상국은 물론 세계 후생증진에도 도움이 되는 것으로 인식되고 있다. 하지만 이 제도의 실시가 개발도상국의 수출증대에 어느 정도 기여했는가에 대해서는 잘 알려진 바 없다. 그러나 1965년도에는 개발도상국들의 공산품 수출이 세계 전체 공산품 수출 가운데 차지하는 비중이 7.3%에 불과하였고, 1973년까지만 해도 10% 미만이었던 데 비해 1985년에는 17.4%를 차지하게 된 점으로 미루어 볼 때 일반 특혜관세 제도가 개발도상국의 수출 증대에 어느 정도 기여한 것으로 보인다. 특히 수출진흥무역전략을 수행해왔던 한국, 싱가포르, 대만, 홍콩 등 신흥공업국의 경우 이 제도로부터 상당한 혜택을 받은 것이 사실이다.

그러나 GSP가 관세만을 대상으로 하고 있으며, 또 그간 수차례에 걸친 무역 협상으로 인하여 관세가 크게 인하되었을 뿐 아니라, 최근 다수의 선진국들이 비관세장벽을 강화하여 신흥공업국의 수출을 제한하고 있어 이 제도의 의의가 크게 약화되고 있는 실정이다. 특히 미국, EU를 비롯한 선진국들은 한국을 비롯한 신흥공업국은 이미 수혜대상에서 제외된 바 있다.

제14장

경제협력개발기구 (OECD)

1. OECD 출범의 배경
2. OECD의 조직기구
3. OECD 위원회의 활동
4. OECD의 주요 경제정책
5. 한국과의 관계

OECD는 회원국의 경제성장도모 및 세계 경제 발전에의 공헌, 개도국에 대한 원조, 세계 자유무역의 확대를 설립목적으로 서유럽 18개국과 미국, 캐나다가 1961년 9월에 창설한 정부차원의 정책연구 및 정책협력기구이다.

1. OECD 출범의 배경

OECD는 WTO와 같이 시장개방이나 국가간 무역분쟁 해결을 위한 협상기구가 아니고 회원국간의 정책협의와 정책검토를 통하여 경제협력을 증진시키려는 국제기구이다.

회원국간의 정책조율은 OECD의 가장 중요한 역할 중의 하나이며, 또한 가장 활발한 활동을 하고 있는 분야이다. OECD는 세계경제질서를 주도하는 미국, EU, 일본 등 선진국을 포함하고 있으며, 최근 주요한 국제경제 현안이나 새로운 규범창출이 먼저 OECD에서 회원국간 합의를 이룬 뒤 범세계적으로 공론화 되어 왔다는 점에서 OECD 회원국은 논의의 초기단계부터 참여할 수 있게 됨으로써 자국의 입장과 이익을 반영할 수 있다.

예컨대 UR협상의 농산물, 서비스, 지적재산권 등의 통상현안도 OECD 회원국간 협의를 거쳐 합의를 이룬 뒤 범세계적으로 공론화되는 과정을 거쳤다. 현재 환경, 노동, 기술, 경쟁정책, 투자, 반부패 문제 등 향후 세계경제질서에 중대한 영향을 미치게 될 통상현안에 대한 국제규범의 정립논의가 OECD 차원에서 진행 중에 있다.

우리나라는 1996년 10월 11일 OECD 이사회로부터 만장일치로 가입초청을 받은 뒤, 동년 11월 26일에 국회의 비준·동의를 거쳐 12월 12일에 OECD에 관한 협약가입서를 프랑스정부에 기탁함으로써 OECD의 29번째 정식회원국이 되었다. 중진국을 벗어나 선진국으로 도약하려는 한국경제의 노력이 국제적으로 평가되기 시작한 것이다. 그러나 OECD 가입은 단순히 경제적 의미에 국한되지 않는다. OECD 회원국이 선진국에만 국한되지 않고 자유시장경제, 다원적 민주주의, 그리고 인권존중의 가치와 이념을 존중하는 같은 생각을 가진 국가들의 모임

표 14-1 OECD 회원국의 경제지표(1998년 기준)

명 칭	GDP (억 달러)	인구 (백만명)	수출액 (억 달러)	수입액 (억 달러)	1인당 GDP (달러)
캐나다	5,983	30.2	2,446	2,415	19,779
미국	87,288	270.6	9,228	11,102	32,262
일본	38,081	126.5	4,497	3,912	30,107
호주	3,727	18.7	727	814	19,900
뉴질랜드	529	3.8	166	170	13,962
오스트리아	2,112	8.1	946	983	26,146
벨기에	2,502	10.2	2,139	2,005	24,521
룩셈부르크	183	0.4	-	-	42,732
덴마크	1,737	5.3	626	612	32,752
핀란드	1,293	5.2	497	403	25,039
프랑스	14,470	60.0	3,895	3,517	24,103
독일	21,506	82.0	6,186	5,917	26,218
그리스	1,214	10.5	202	300	11,542
아이슬랜드	81	0.3	28	34	29,720
아일랜드	863	3.7	706	643	23,284
이탈리아	11,909	57.6	3,090	2,785	20,680
네덜란드	3,913	15.7	2,503	2,307	24,921
노르웨이	1,470	4.4	536	518	33,174
포르투갈	1,109	10.0	318	432	11,136
스페인	5,860	39.4	1,578	1,603	14,884
스웨덴	2,378	8.9	1,026	900	27,078
스위스	2,628	7.1	1,060	962	36,955
터키	2,003	64.8	491	548	3,092
영국	14,104	59.2	3,734	3,940	23,810
멕시코	4,209	95.5	1,294	1,416	4,406
체코	557	10.3	336	341	5,411
헝가리	470	10.1	279	299	4,638
폴란드	1,593	39.7	371	541	4,119
한국	3,171	46.4	1,562	1,170	6,829
합계	236,943	1,103.6	50,464	50,589	20,800

이라는 사실에서 OECD 가입의 포괄적 의미는 잘 드러난다.

2. OECD의 조직기구

OECD는 부유한 선진공업국들의 경제협력에 대한 논의를 위해서 결성된 협의체이다. OECD의 주요 조직은 각료이사회 (Council), 집행위원회 (Executive Committee), 사무국 (Secretary)으로 구성된 상부조직과 각종위원회, 작업부회 등으로 구성되는 하부적 조직으로 나눌 수 있다. 이외에도 OECD의 기능을 강화시키기 위한 조직으로 민간자문기관과 반독립적 부속기관들이 설치 운영되고 있다.

1. 각료이사회

각료이사회는 OECD의 주요 기구로서 파리에 본부를 두고 있어서 모든 회원국들의 상주대표부가 주재하고 있으며, 그 책임자를 통해 결정을 내리는 최고의사결정기구이다. 이사회는 1년에 1회씩 정기적으로 각 정부의 각료급 회의를 개최한다. 여기에 EC위원회가 공식적으로 참여한다. 이 이사회는 각 가맹국에 의해 의장직을 갖는 각료급 수준으로 구성되며, 이에는 각국의 외무・재무 및 무역장관들이 참석한다. 이사회의 주체는 각 회원국들이 당면하고 있는 주요 경제 및 사회문제들을 다루고 있다. 이러한 것들은 이 조직의 장래 사업을 위한 지침으로 이용되고 성공적으로 운영할 수 있는 정치적인 추진력을 제공하고 있다. 이사회의 모든 결정과 권고는 만장일치를 요하고 있으며, 또한 회원국들은 투표유보로써 결정 및 권고에 대한 적용을 무리 없이 스스로 거부할 수 있다.

2. 집행위원회

집행위원회는 일반적으로 이사회의 회의를 보좌하는 기구로서 이사회에서 결정된 사항 또는 위임된 사항을 집행・운영하는 곳이다. 이 집행위원회는 14개 의석으로 구성되어 있는데 캐나다, 프랑스, 독일, 이탈리아, 일본, 미국 등의 7개 상주 대표부와 나머지 이동식 대표부인 7개국으로 구성・운영되고있다. 이 조직은 OECD의 과제를 실제적으로 보좌하고 있으며 특정한 문제 토의를 위해 이사회를 소집한다. 또한 이 위원회는 각 회원국가들의 경제문제를 분석하여 「Economic

그림 14-1 OECD 의사결정 흐름도

Outlook」이라는 백서와 개별국가에 대한 보고서를 작성한다.

1972년 이후 집행위원회는 이사회 아래 새로운 국제경제 문제를 유기적으로 조정하기 위한 특별집행위원회(Executive Committee in Special Session)를 설립하였다. 이 조직은 여러 가지 문제의 상호 의제적인 논의를 검토하기 위한 것이다. 회원국들의 전문인력들이 참가하여 국제투자 · 다국적기업, 남북문제, 긴급수입규제 등의 국제무역문제에 대한 논의를 하고 있으며 이를 이사회에 보고한다.

OECD의 실제적인 업무의 대부분은 전문위원회에 의해 수행되고 있는 것이다. 이 전문위원회는 OECD 가맹국에서 파견되는 상주대표들로 구성되어 있다. 일반적으로 각 위원회의 작업사항을 준비하는 사무국 직원은 이 각 위원회의 활동에 참여하고 있다.

3. 사무국

OECD의 사무국은 24개 회원 국가와 전문가들로 구성되는 전문 수행기구로서 각 기구와 위원회의 업무를 지원해준다. 사무국은 이를 대표하는 사무총장과 4명의 차장으로 구성되어 있고, 530명의 전문직 종사자들을 포함한 1,700여 명의 직원이 있다. 이들 전문직원들은 대학, 기업, 금융기관 및 정부관리들로 구성되어 있다.

이 조직은 전형적인 정부의 행정부서와 유사하게 구성되어 있고, 이를 보충하기 위해 많은 전문인력들을 금융 · 재정과 기업문제, 인력 및 사회개발과 교육, 농업 및 수산업, 과학 · 기술 및 산업문제 등에 투입하고 있다.

사무국을 대표하는 사무총장은 이사회에서 5년마다 선출되는데 그는 OECD의 제반활동을 기획 · 관리 · 조정하며 또한 이 기구의 대변인이기도 하다. 이러한 역할을 수행하는 사무총장은 OECD에 결정적인 영향력을 가진다.

사무국은 OECD 가맹국의 국제경제협력과 그 해결책 마련에 필요한 기반을 제공하고 있다. 이 기관의 사업을 구체적으로 살펴보면 첫째, 양적 및 질적 분석을 통해 회원국이 당면하고 있는 경제적 · 사회적 문제를 검토한다. 둘째, 각 개별국가들이 당면한 문제를 어떻게 접근하여 해결할 수 있는가에 대한 논의와 그 경험을 토대로 여타 다른 나라들에게까지 적용하여 정보를 교환하는 사업을 한다. 셋째, 경제 및 사회정책의 효율성을 분석한다. 넷째, 토론을 통해 이 기관에서 수행하는 정책이 다른 나라에 어떠한 영향을 미치는가를 검토한다. 다섯째, 공동적인 해결 또는 전략을 모색한다.

OECD 내의 합의는 대부분 비공식적이거나 또는 비공개적이다. 그러나 만약 회원국들이 그 합의가 적절하다고 생각하면 이러한 협정은 OECD의 규정이 허락하는 범위 내에서 보다 공식적인 협정으로 규정될 수 있고, 그 후에 개발 · 발전시킬 수 있는 것이다. 일반적으로 말해 이러한 행동조치는 회원국간 합의가 필수적으로 뒤따라야 한다. 이러한 행동조치는 이사회 결의에 의해 구속력을 가지게 된다.

4. 민간자문기관

OECD는 가맹회원국의 기업계와 노동조합과의 밀접한 관계를 유지하고 있다. OECD는 독립적인 민간자문기구로서 기업 및 산업자문위원회 및 노동조합자문위원회와 긴밀한 협조관계를 취하고 있다. 이 양 조직기구들은 그들 회원국 및 자신들의 입장을 OECD정책 과정에 반영하려 하고 있다.

기업 및 산업자문위원회는 가맹회원국의 경영자 연합회와의 협의를 통해 운영하고 있다. 회원국의 민간기업 대표들이 이 조직기구들을 통해 공동적인 이해관계가 있는 문제를 상호 협의한다. 이 기구의 창설은 과거 OEEC하에 있었던 유럽회원국의 경영단체 연합체와 구주 산업협의체를 통합하여 만들어진 것이다.

노동조합자문위원회는 가맹국들의 노동자를 대표하여 그 권리와 요구를 주장하며 이 문제를 각 가맹회원국들이 상호 협의하여 해결하는 기구이다. 또한 이 기구는 과거 OEEC하의 공동 노동조합 자문위원회를 보강해서 창설한 것이다.

5. 반독립적인 부속기관

OECD에는 설립목적이나 회원국의 가입절차 면에서 특수성을 갖춘 여러 개의 반독립적인 기구들을 설치 운영하고 있다. 이는 기존의 위원회에 비해 조직 목적이나 회원제도 면에서 신축성을 가지고 있으며, 그 운영에 필요한 재원도 특별한 프로그램에 의해서 이루어지고 있다. 이러한 부속기관에는 다음과 같은 기구들이 있다.

① 핵에너지기구(Nuclear Energy Association)

이 기구는 현재 23개국으로 구성되어 있다. 1958년에 설립된 이 기구는 국제원자력기구와 협력체제를 유지하면서 핵에너지 이용에 대한 정책결정에 참여하고 있다. 원자력의 평화적 이용을 위해 원자력에너지에 의한 전력공급, 안전사고에 대한 예방, 사고대책에 대한 협력체제를 유지하고 있다.

② OECD 개발센터(Development Centre)

1962년에 창설된 이 기구는 가맹국 및 비가맹국들에게 의해 운영되며 공업개발을 위한 프로젝트를 연구하고 기술정보의 파급과 이에 따른 훈련과정을 수립하여 후진국의 경제개발 협력에 기여하고 있다. 특히 이 기구의 효과적인 운영을 위해 기술협력위원회와 공동으로 개도국에 대한 기술협력을 제공하고 있다.

③ 교육 연구 · 개발센터

이는 1968년에 창설되어 사회 및 교육분야에 대한 국제적 협력으로 인력개발과 기술이전을 촉진시키기 위한 역할을 수행한다. 인력 및 산업기술은 자본과 함께 경제성장의 요소로서 작용하며 기술 또한 비가시적인 것으로 자본의 효율성을 증대시키는 것이므로 개도국에 대한 기술지원을 증가시키고 있다. 이를 위해서는 유엔 산하의 UNCTAD·UNIDO·ILO 등과 같은 국제 협력기구와 공동협력체제를 유지하여 그 운영에 효율성을 기하고 있다.

④ 도로 연구 조정 위원회(Road Research Programme Committee)

1968년에 유럽국가간의 도로망을 연결하기 위해 각국간의 협력체제를 유지하면서 인적·물적 수송을 최대화시키도록 유럽내의 도로망 건설, 고속도로 등의 장기적 계획을 추진하는 기구이다. EU내의 도로에 대한 전반적인 건설, 운영계획에 대한 내용을 주로 다루고 있다.

⑤ 국제에너지기구(International Energy Agency)

이 기구는 1973년에 제1차 오일쇼크 이후 산유국의 석유공급 삭감에 대처하기 위한 석유소비국회의 조정그룹이다. 미국, 일본, 캐나다 등을 비롯한 국가들이 1974년 11월에 발족시켰다.

3. OECD위원회의 활동

OECD의 목표와 과제를 달성하기 위하여 각종 위원회가 그 과제를 분담하여 전문인력의 지원을 받아서 현안 문제들을 검토·해결하고 있으며, 그 외에도 이사회의 필요에 따라 전문분야별 특별위원회가 설치 운영되고 있다. 이 중에서 OECD의 대표적인 위원회로는 경제정책위원회와 무역위원회·개발원조위원회 등이 있으며, 최근 자본시장위원회는 그 중요성이 점차 부각되고 있다.

1. 경제정책 위원회

OECD의 위원회 중 가장 중요한 역할을 담당하는 경제정책위원회는 가맹국의 경제정책의 여러 문제를 논의·조정하는 기구이다. 가맹국의 경제정책 및 경제정세에 대한 정기적 분석·검토를 통해 국제협력의 강화와 가맹국들의 정책을 조정한다. 이 위원회는 매년 분석·검토를 통해 해당국가에 대해 권고와 제의를 하며 또한 경제백서인 「OECD Economic Outlook」를 발행하고 있다.

2. 무역 및 지불위원회

OECD가 가장 큰 관심을 갖고 있는 부분은 무역 및 지불금유에 관한 내용이다. 무역위원회는 전체 가맹국의 통상정책을 다루며, 그 상황에 따르는 대책마련 등 가맹국의 관련문제를 검토한다.

3. 개발원조위원회

이 위원회는 가맹국간의 정보교환과 정책조정을 통해 개도국에 대한 경제 개발원조 문제를 분석·검토하고 원조의 가부를 결정한다. 이 기구는 개도국에 대한 선진국 원조의 촉진이나 대상국에 대한 연차 심사를 행하고 있으며 회원국들의 원조 정책을 개선하고 조정하는 일을 수행한다.

4. 자본시장 위원회

세계적 금융자본시장이 효율적으로 이루어질 수 있도록 하기 위해 자본시장위원회는 1969년 설립되었다. 이 위원회는 회원국의 국내 통화 및 자본시장뿐만 아니라 국제자본시장의 발전과 영향을 관찰하고 이에 대한 대책을 마련한다. 자본시장 위원회의 사업은 다음의 4가지로 요약될 수 있다.

첫째, 국내 및 국제금융시장의 발전에 대한 분석과 그것이 미치는 영향을 관찰한다.

둘째, 제도 및 법률적 조건을 분석하고 국내외적 자본시장의 기능을 검토하여 연구한다. 또한 이 위원회는 회원국정부에 대해 권고를 준비하고 있다.

셋째, 자본시장을 진입을 용이하게 하고 국제자본이동의 장벽을 완화할 수 있도록 국내자본시장과 국제자본시장 이동의 연계를 조사 분석한다.

넷째, 국내 및 국제자본시장간의 자본흐름을 파악하기 위한 통계자료를 수집한다.

5. OECD의 가입조건과 절차

오늘날 선진국으로 지칭되는 OECD는 유럽공동체와 같은 초국가적인 조직은 아니지만 이에 참여하는 국가들이 경제정책에 관한 문제들을 토의·협의하여 그들의 견해와 경험들을 상호 교환하고 이에 대한 구체적인 해결방법들을 논의하는데 그 의의가 매우 크다고 보겠다.

따라서 가입국이 새로이 이에 참여하기 위해서는 OECD의 목적과 법류를 숙지하고 이들과의 협력체적인 노력을 기해야 하며, 이에 따르는 책임과 의무를 준수해야 한다. OECD 가입을 위해서는 여러 가지 조건이 부여된다. OECD 가입의 구체적인 가입조건과 절차를 위한 기준을 명확하게 규정되어 있지 않다. OECD 협정문 제16조에 따르면 OECD의 가입은 각료이사회의 조정에 의하여 가맹국 전체회의의 동의를 얻어 만장일치로 가결되어야만 OECD 가입이 결정된다. OECD 가입을 위한 절차상의 특별한 기준은 없지만 먼저 가입을 희망하는 국가들이 그 동안 자국의 무역·외환·자본자유화의 추진방향과 개도국 원조의 업적들을 기초로 하여 OECD에 가입의사를 타진하게 된다.

4. OECD의 주요 경제정책

1. 거시경제정책

선진국들로 구성된 OECD 회원국의 거시경제정책은 크게 두 가지가 있다. 즉 국내적으로는 인플레이션이 없는 경제성장을 이룩하는 일이고 국제적으로는 안정적인 환율체계를 유지하여 국가간의 국제수지 균형을 달성하는 일이다.

전자는 금융 및 재정정책의 역할을 확대하여 이러한 정책에 수요효·과를 부과함으로써 주요한 관심을 정책과정의 유지와 중장기적인 의미에 둔다. 특히 이들 정책과 공급측 부문과의 상호작용이 이루어져야만 하는데 예를 들면 저축과 투자촉진을 위한 조세 및 정부지출정책의 효과와 인플레이션의 기대심리, 이자율의 금융정책 효과를 함께 달성한다는 것이다.

후자는 각국간의 이해관계에 중점을 두면서 국내정책이 국제적으로 상호 작용을 할 수 있는 방법들을 고안해 내야 한다. 이는 어디에서나 성과가 개선되는 긍정적인 면도 있으나 한편으로 국내적인 목표가 국제적 반응에 의해 좌절되는 부정적인 경우도 있다. 이러한 문제의 토의는 주로 OECD의 경제 정책위원회에서 다루고 있는데, 그 내용은 회원국들의 주요 경제정책가들이 전반적인 정책과제를 평가하고 각 다른 정책들을 조사하거나 비판하고 일정한 범위 내에서 그들이 의도하는 것을 논의하는 것이다.

2. 산업구조 전환의 촉진

산업구조 전환의 기본적인 틀은 OECD가 긍정적 조정정책(Positive Adjustment Policy)이라고 불리는 것에 의해 제공된다. 이것은 각 국가 내에 사양산업이나 사양작업, 쇠퇴해 가는 분야로부터 산업을 경쟁적이고 생산적으로 유도하기 위해 경제적 자원을 새로운 분야로 이동하는 변화에 각국이 적응하기 위한 촉진정책이라 할 수 있다. 이것은 무역상대국에게 손해를 끼치거나 저소득그룹에 부당하게 불이익을 주는 정책을 의미하는 것은 아니다. 또한 노사간 이해와 사회전반의 높은 의식수준을 전제로 한다.

산업구조 전환의 기본적 전제는 OECD 조직의 모든 업무가 골고루 연관성을 가지고 있다는 것이다. 예를 들면 공업구조전환을 평가하기 위한 공업위원회의 업무는 농산물 잉여의 문제를 취급하는 농업위원회의 업무와 관련성이 있다는 것을 의미한다. 경제정책위원회는 이러한 문제를 다루고 있는 특별작업부회를 운영하고 있으며, 인력 및 사회개발위원회(Manpower and Social Affairs Committee)는 노동시장의 차원에서 초점을 맞추고 있다. 이러한 문제들은 1984년 2월에 있었던 OECD 경제 및 재무장관의 특별회의의 주제가 되었다.

3. 보호무역주의의 퇴치

OECD 협약에 구체화되어 있는 자유무역에 대한 회원국들의 전통적인 협약은 1970년대에 계속된 국제통화질서 및 무역질서에 대한 지속적인 마찰요인에 의해 퇴색되고 있다. 이러한 보호무역주의 경향을 제거하기 위해 OECD 회원국들은 1974년에 무역선언이라는 것을 만들었는데 이는 수입통제나 보조금 지급을 통해 국제수지를 조정하지 않는다는 내용이다. 이러한 무역선언은 1980년 각료 이사회에서 채택되었는데 그 내용은 각 회원국 정부들이 개방적이고 다자적인 무역제도를 유지하고 개선하여 GATT의 역할을 더욱 강화시킬 것을 전제로 하는 「무역정책의 선언」으로 몇 차례 개정된 후 채택되었다.

OECD는 새로운 무역대책을 각 국가에 제공해주고 첨단산업기술제품의 무역문제를 조사한다. 동서무역과 남북무역의 발전이 개괄 조사되고 분석되며, 이 부분에 대한 특정한 문제들이 논의되고 있는 것이다.

4. 에너지 정책

석유자원으로 대표되고 있는 에너지문제에 있어서는 1945년 이후에는 선진국들이 아무런 제한 없이 석유공급을 받아왔으며 경제성장을 위한 중요한 자원으로 상용되어 왔다. 그러나 1970년대 석유파동 이후에는 석유뿐만 아니라 다른 천연자원의 부존국가들이 자원의 공급이 줄이거나 국제가격 시세를 올림으로써 국제경제에 충격을 주기 시작했다. 1974년 10월 이스라엘과 아랍간의 소위 중동전쟁은 석유수출국기구가 석유가격을 4배 이상 대폭적으로 인상하여 석유를 무기화함으로써 전 세계에 석유파동을 일으키는 계기가 되었다.

이에 따라 선진국 대표기관인 OECD는 세계적 자원으로서의 석유수급안정을 위해 에너지정책 조정에 관심을 기울이게 되었다. 1970년대 초에 석유 위기가 최고 정점에 이르렀을 때 주요 선진국들은 에너지문제에 집단적 행동으로 대처하기 위해 OECD 내에 국제에너지 기구를 1974년에 설립하였는데 이것은 소위 에너지 소비국가들이 카르텔적 방식의 기구이다. 이 기구에는 현재 핀란드·프랑스·아일랜드를 제외한 21개 정부가 가입하고 있으며, 이는 중요한 에너지 협의기구가 되고 있다. 이 주요 에너지 협의체는 장기적인 자체에너지 개발투자·대체에너지 개발에 공동 노력을 집중하고 있으며, 에너지 위기에 어떻게 대처해 나갈 것인가를 논의한다.

5. 환경보호문제

OECD는 경제성장과 직·간접적인 관련을 가지고 있는 공해문제와 환경문제에 대해서도 활발한 활동을 벌이고 있다. 지금까지 경제개발·성장우선주의 정책으로 뒷전에 밀려났던 환경공해 문제는 앞으로 정책의 우선 순위에 두고 있다.

OECD의 환경위원회가 1970년에 창설된 이후 환경정책의 경제적 의의가 강조되었고 그 정책들은 경제성장의 질적 목표에 연결되어서 국제환경문제에 대한 해결방안을 모색하게 되었다. 환경오염방지 대책들이 국가·국제적 차원에서 강력히 추진되어 왔다. 각국 정부들은 새로운 환경보호에 대한 입법과 규정들을 개별적으로 마련했으며, OECD를 통해 일련의 주요 문제로서 대두되기 시작하였다.

환경오염에 관한 국제회의는 1972년 6월 스톡홀름에서 인간과 환경이라는 인류공통의 주제를 놓고 하나뿐인 지구, 도시인구, 거주문제, 천연자원의 합리적 이용 등 여러 문제를 토의하고 세계인권선언에 부응하는 UN 인간환경선언을 발표했다. 또한 환경오염방지 대책이 효과적으로 전개되기 위해서는 보호관련법을 강력히 실시하고 감시체제를 강화해야 한다고 하였다.

OECD 각료이사회는 환경관리의 경제적·법률적·과학적 관점에 관한 특정한 권고를 내린 바 있다. OECD에 의해 권고된 '공해발생자 지불원칙'은 예방하는 것이 치유하는 것보다 우선한다는 개념으로서 OECD 각 회원국들에 의해 채택되었다. 또한 OECD의 권고를 효율적으로 실천하기 위한 정책수단은 공해발생자를 사전에 파악하여 공해발생을 방지하는 것과 공해발생에 대한 공해세의 부과, 공해대책을 갖춘 기업에 보조금지불, 그리고 공해방지를 위한 연구개발사업의 지원 등이 있다.

5. 한국과의 관계

1. OECD 가입추진 배경

① 세계 정치 · 경제질서의 변화에 대응한 외교능력의 강화

80년대 말 냉전체제 붕괴 이후 국가관계가 경제적 이해 관계 중심으로 변화함에 따라 냉전체제를 전제로 한 우리의 안보, 경제외교의 질적 변화가 불가피하다. OECD 가입은 유엔안보리 이사국 진출, APEC 활동 및 ASEM 2000년 정상회의 유치 등 보다 광범위하고 중추적인 국제협력체제 참가의 일환으로 추진하였다. 또한 우리 외교의 연결고리를 확충함과 아울러 안보여건을 강화하는 데 초점을 두었다. 아울러 국민경제의 세계화와 개발경제체제확산에 능동적으로 대응하기 위해서였다. 즉 OECD, WTO, APEC, EU, NAFTA(북미자유지역), FTAA(범미주자유무역지대) 등 국제협력 확산추세에 부응하기 위해서였다.

② 국제사회에서의 발언권 강화

OECD 가입을 통해 세계 경제질서 형성과정에 적극 참여함으로써 우리의 외교적 · 경제적 위상을 강화하는 계기가 됐다. GNP 세계 11위, 무역규모 세계 12위, 자동차 생산 5위, 반도체 생산 3위 등 경제역량에 상응한 국제적 지위를 확보하였고, OECD 회원국들과의 유대 및 정책협조를 강화하는 계기가 되었다.

③ 우리 경제의 구조개선 및 선진경제 체제의 달성

우리가 OECD에 가입함으로써 OECD 회원국들의 경제 · 사회정책 경험을 습득 활용할 수 있는 계기가 되었고, 새로운 국제경제, 무역정책 논의에 조기대응이 가능하며, 궁극적으로는 각 분야 공공정책의 선진화를 통한 국민의 '삶의 질' 향상에 기여하였다.

2. 가입관련 부담 요인 및 대응방안

① 자본이동, 금융시장 개방에 따른 부작용 여부

금융의 국제화는 세계경제의 주요 흐름으로 자본이동 자유화와 금융시장 개방은 불가피하다. 만약에 OECD에 가입하지 않았더라도 금

융시장은 결국 개방되었을 것이다.

또한 우리의 경제여건을 감안한 점진적, 단계적 자유화 조치를 취하였으며 국익차원에서 특정 분야의 개방은 제한하거나 유보하였다.

② 대 개도국 원조 확대 부담

OECD는 회원국에게 개도국 원조의 양적 확대를 강요하지 않으며, 다만 원조의 효율성 등 정책협조를 권고하고 있다. 최근 가입국인 멕시코, 체코, 헝가리, 폴란드 등은 대외원조를 실시하지 않고 있다.

향후 우리의 대 개도국 원조는 OECD 가입에 종속된다기보다는 우리의 경제적 능력향상에 따라 전향적으로 나가야 할 정책과제이다.[1)]

③ OECD 가입에 따른 제반 재정부담

OECD 가입에 따른 분담금은 회원국의 GDP 비율에 따라 부담하며, 우리나라는 OECD 사무국 예산의 2%인, 2000년 기준으로 약 174.8만 달러를 부담하였다. 이것은 OECD 참여로 얻는 유・무형 이익과 비교해보면 우리로서 충분히 부담 가능한 금액이다.

④ 일반특혜관세(GSP) 혜택 축소 문제

선진국의 우리나라에 대한 GSP 공여는 OECD 가입과 관련 없이 이미 축소되는 추세이다. 이미 미국은 1989년부터 폐지하였고, EU는 1998년부터 폐지하였다. 또한 우리나라의 총 수출액 중 GSP 혜택을 받는 수출 비중은 이미 1% 미만으로서 GSP 혜택 효과는 이미 거의 소멸되었다.

관세인하 추세에 따라 GSP에 의한 실질적인 관세 감면 혜택(maginal benefit)이 미미한 수준으로 하락하였고, 따라서 GSP 혜택에 대한 기대보다는 제반 경쟁력 향상을 통해 대응하는 것이 바람직하다.

1) 1999년 대외무상원조는 GNP의 0.24% 규모로, 선진국의 목표치는 GNP의 0.7%, 평균치는 0.3% 수준이다.

✣ 연습문제

1. 일반특혜관세제도(GSP)에 대하여 설명하시오.

제5부

국제금융론

제15장 국제수지와 환율

제16장 환율제도와 국제수지 조정

제15장

국제수지와 환율

1. 국제수지와 국제수지표
2. 환율과 환율제도
3. 환율제도의 운용효과
4. 우리나라의 환율제도

1. 국제수지와 국제수지표

1 국제수지표란?

국제수지표란 일정 기간 동안 자기 나라와 다른 나라 사이에 일어난 모든 경제적 거래를 종합적으로 기록한 통계표이다. 외국과의 경제적 거래, 즉 대외거래는 상품과 서비스를 사고파는 경상거래와 돈을 빌리거나 빌려주는 자본거래로 나눌 수 있으며 이에 맞추어 국제수지표에서도 두 거래의 결과가 각각 경상수지와 자본수지로 기록된다. 또한 경상수지는 상품의 수출입차를 나타내는 상품수지, 외국과 이루어진 서비스거래를 기록한 서비스수지, 근로자가 외국에 나가 일해서 벌어들인 돈과 해외투자결과 발생한 배당 및 이자를 기록하는 소득수지, 아무 대가없이 이루어지는 무상거래인 경상이전수지 등으로 나뉜다.

이와 같이 외국과의 거래가 모두 기록되는 국제수지에서 가장 중요한 것은 상품 등을 수출하고 수입하는 경상거래인데 이는 산업생산, 고용, 국민소득 등 국민경제 각 분야에 크게 영향을 미치기 때문이다.

경상거래에서 외국으로 상품 등을 수출하여 벌어들인 금액이 상품 등을 수입한 대가로 지급한 금액보다 많아져 경상수지 흑자가 되면 국민소득이 증대되고 고용이 확대될 뿐 아니라 벌어들인 돈으로 그동안 외국에 진 빚을 갚을 수 있게 된다. 또한 벌어들인 외화는 원화를 대가로 금융기관에 매각하게 되므로 해외부문을 통한 통화공급의 요인이 되어 물가를 상승시키는 부작용을 낳을 수 있다. 반대로 경상수자 적자가 되면 소득이 감소할 뿐 아니라 상품수입대금을 지급하기 위하여 외국으로부터 돈을 차입하게 됨으로써 그만큼 외채가 증가하게 되고 소비생활의 위축을 가져오게 될 것이다.

우리나라와 같이 수출입이 국가경제에서 큰 비중을 차지하고 있는 나라에서는 국민소득의 증가와 고용의 안정 등을 위해서 적정 수준의 경상수지 흑자를 유지하는 것이 바람직하여 국제수지의 흑자기조 유지를 위한 정책을 수입, 집행하고 있는 것이다.

2. 국제수지표의 작성

① 국제수지표의 기록방법

국제수지는 대외거래의 내용에 따라 경상거래, 자본거래, 준비자산 증감으로 나누어진다.

◈ 경상거래 : 나라와 나라간에 각종 재화와 서비스 등을 사고 파는 거래이다.

◈ 자본거래 : 외국으로부터 빚을 얻어 오거나 외국에 돈을 빌려주는 등 나라와 나라간에 자금이 들어오고 나가는 것을 말한다.

◈ 준비자산증감 : 중앙은행이 국제수지 불균형을 바로 잡기 위해 사용할 수 있는 대외자산의 증감을 계상한다.

국제수지표에는 수입란과 지급란이 있는데 외화가 우리나라로 들어오는 거래 항목은 수입란에 기록하고 외화가 외국으로 빠져 나가는 거

표 15-1 국제수지의 기록

	세부거래	수 입	지 급
경상거래	재화거래	① 재화의 수출	① 재화의 수입
	서비스거래	② 운수, 여행, 통신, 보험, 특허권 등 각종 서비스의 수출	② 운수, 여행, 통신, 보험, 특허권 등 각종 서비스의 수입
	소득거래	③ 우리나라의 거주자가 해외에서 얻은 임금, 이자, 배당금의 수입	③ 우리나라의 거주자가 해외에서 얻은 임금, 이자, 배당금의 수입
	경상이전거래	④ 외국으로부터 받은 무상증여	④ 외국에 대한 무상증여
자본거래	투자거래	⑤ 외국의 거주자가 우리나라에 직접투자, 증권투자, 기타 투자한 금액	⑤ 우리나라 거주자가 해외에 직접투자, 증권투자, 기타 투자한 금액
	기타자본거래	⑥ 외국의 거주자가 우리나라에 자본이전과 특허권, 상표권 등에 투자한 금액	⑥ 우리나라 거주자가 해외에 자본이전과 특허권, 상표권 등에 투자한 금액
	준비자산증감	⑦ 한국은행의 준비자산 감소	⑦ 한국은행의 준비자산 증가

표 15-2 국제수지표의 내용

대분류	중분류	소분류
국제수지	경상수지	① 상품수지 ② 서비스수지 ③ 소득수지 ④ 경상이전수지
	자본수지	⑤ 투자수지 ⑥ 기타자본수지
	⑦ 준비자산 증감	
	오차 및 누락	

래항목은 지급란에 기록한다.

② 국제수지표의 내용

국제수지란 각종 대외거래의 결과로 나타나는 외화의 수입에서 외화의 지급을 공제한 것이다. 위 표에서 살펴본 ①~⑦의 대외거래를 재정리하면 다음과 같은 각종의 국제수지 개념을 얻을 수 있다.

3. 국민경제의 발전과 국제수지

국제수지는 경상수지, 자본수지, 준비자산증감으로 구성된다고 하였는데, 이중에서도 경상수지가 가장 중요한 내용을 담고 있기 때문에 일반적으로 국제수지라 할 때는 경상수지를 의미한다.

경상수지는 앞에서 설명한대로 상품수지, 서비스수지, 소득수지 및 경상이전수지로 구분되는데 이중 상품 및 서비스수지가 우리경제에 미치는 영향이 가장 크다고 할 수 있다. 우리가 상품과 서비스를 생산해서 외국에 수출하면 수출하지 않을 경우보다 더 많이 생산하여 팔게 되므로 일자리가 늘어나고 소득도 증대되는데 반해 상품이나 서비스를 외국에서 사서 쓰게 되면 국내의 기업은 그만큼 생산을 줄여야 하고 일거리도 줄어들어 월급을 내리든지 일자리를 줄여야 하기 때문에 상품 및 서비스수지는 소득 및 고용과 직접 관련이 있다.

상품 및 서비스수지를 포함한 경상수지가 전체적으로 흑자를 나타내면 외국에 판 재화와 서비스가 사들인 것보다 많으므로 수출을 통해 늘어나는 소득과 일자리가 수입을 통해 줄어드는 소득과 일자리보다 크게 되고 따라서 전체적으로는 그만큼 국민소득이 늘어나고 고용이 확대된다. 국제수지 적자국이 국제수지흑자국에 대하여 자기나라로 실업을 수출한다고 비난하는 이유도 바로 여기에 있다.

또 경상수지가 흑자를 보이면 벌어들인 외화로 외국으로부터 들여온 빚을 갚아 나갈 수 있게 되어 외채가 줄어들 뿐 아니라 나아가서는 주요 원자재의 안정적 공급을 확보하거나 무역마찰을 피하기 위하여 해외에 직접투자를 늘려 나갈 수 있는 것이다.

아울러 국내공급 부족 등으로 물가상승압력이 있을 경우에는 수입을 큰 부담없이 늘려갈 수 있게 되어 물가를 보다 쉽게 안정시킬 수 있을 뿐 아니라 국내경기가 좋지 않아 경기부양책을 쓰고자 할 경우에도 수입증가를 크게 염려하지 않아도 되므로 부양책을 쓰기가 용이해지는 등 경제정책수단의 선택폭이 넓어져 경제를 보다 건실하게 운영할 수 있게 된다.

이와는 반대로 경상수지가 적자를 나타내면 소득은 줄어들고 실업이 늘어남과 동시에 외국빚이 자꾸 늘어나 원금상환과 이자부담이 커져 나중에는 빚을 얻기조차 힘들게 된다.

그러나 경상수지 흑자가 반드시 좋다고만 할 수도 없는데, 이는 경상수지 흑자가 국내 통화량을 증가시켜 통화관리를 어렵게 하고 통상면에서는 우리가 흑자를 내고 있는 교역상대국으로 하여금 우리나라의 수출품에 대해서 수입규제를 유발시키는 등 무역마찰을 초래하기 때문이다. 그렇지만 우리나라와 같이 경제가 해외에 크게 의존하고 있는 형편에서는 국민소득을 증대시키고 국내고용을 늘리기 위해서는 적정한 수준의 경상수지 흑자가 유지되는 것이 필요하다.

2. 환율과 환율제도

1. 환율

환율(foreign exchange rate)이란 두 나라 화폐 사이의 교환 비율이다. 많은 경우에 환율은 자국의 화폐 단위로 표시한 외국 화폐의 가격을 뜻한다. 예를 들어 1달러가 1,000원인 경우 원화의 달러화에 대한 환율이 1,000이다. 이 경우 환율의 상승은 외국 화폐의 가격이 오르는 것, 즉 자국 화폐의 상대적 가치가 떨어지는 것을 뜻한다. 이를 자국 화폐의 절하(depreciation) 또는 평가절하(devaluation)라고 한다. 거꾸로 환율의 하락은 외국 화폐의 가격이 떨어지는 것, 즉 자국 화폐의 상대적 가치가 오르는 것을 뜻한다. 그리고 이것을 자국 화폐의 절상(appreciation) 또는 평가절상(revaluation)이라고 한다.

2. 환율의 결정

미달러화에 대한 수요는 우리나라 사람이 미국 등 해외의 재화·서비스·금융자산을 사고자 할 때 생긴다. 예를 들어 우리나라 사람이 미국산 자동차를 사거나 해외여행을 하거나 미국 기업의 주식을 사려면 미달러화가 필요하다. 왜냐하면 이를 위해서 미달러화가 지급수단으로 필요하기 때문이다.

한편 미달러화의 공급은 미국 등 해외 사람이 우리나라의 재화·서비스·금융자산을 사고자 할 때 생긴다. 예를 들어 미국 사람이 우리나라의 가전제품을 사거나 우리나라를 여행하거나 우리나라 주식 시장에서 우리나라 기업의 주식을 사려면 원화가 필요하다. 원화를 미달러화를 주고 사야 하므로 미달러화의 공급이 생기는 것이다.

① 외환의 수요곡선

미달러화의 수요는 외환의 가격, 즉 환율, 그리고 우리의 소득, 기호 등 여러 요인들에 영향을 받는다. 그 중 가장 중요한 것은 미달러화의 가격, 즉 환율이라고 할 수 있다. 환율이 700에서 1,000으로 올랐다고 하자. 환율이 상승하면 우리나라 사람이 원화로 치러야 하는 해외 상품의 가격이 더 비싸진다. 예를 들어 1만달러짜리 미국산 자동차를 사려면 700의 환율에서는 700만원을 치르지만 1,000의 환율에서는 1,000만원을 치러야 한다. 해외 상품의 가격이 오르면 수요의 법칙에 따라서 해외 상품에 대한 수요량이 감소하므로 미달러화에 대한 수요량이 감소한다. 즉, 다른 여건이 일정하면 환율 상승으로 외환에 대한 수요량이 감소한다.

[그림 15-1]에서 환율을 세로축에, 외환 수요량을 가로축에 나타내면 외환 수요곡선 F^D가 우하향 한다.

② 외환의 수요곡선

미달러화의 공급은 외환의 가격, 즉 환율, 그리고 해외의 소득, 해외의 기호 등 여러 요인들에 영향을 받는다. 그 중 가장 중요한 것은 미달러화의 가격, 즉 환율이라고 할 수 있다. 환율이 700에서 1,000으로 올랐다고 하자. 환율이 상승하면 해외 사람이 미달러화로 치러야 하는 우리나라 상품의 가격이 더 싸진다. 예를 들어 1,000만원짜리 우리나라 자동차는 700의 환율에서는 14,200달러이지만 1,000의 환율에서는 10,000달러가 된다. 우리나라 자동차의 가격이 떨어지면 수요의 법칙에 따라서 우리나라 자동차에 대한 수요량이 증가한다.

여기서 주의할 점은, 자동차의 수출량은 증가하지만 자동차의 달러 가격이 하락하므로 자동차의 달러 표시 수출액은 증가할 수도 있고 감

그림 15-1 외환의 수요 · 공급 곡선

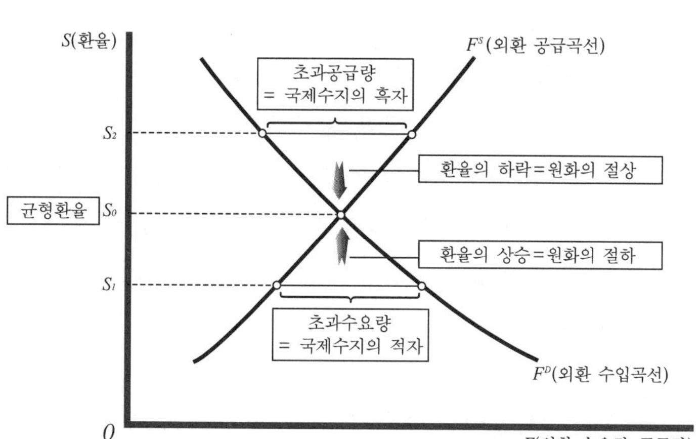

소할 수도 있다는 것이다. 따라서 환율이 상승할 때 미달러화의 공급량이 증가하려면 자동차 등 우리나라 수출 상품에 대한 해외의 수요가 탄력적이어야 한다. 즉, 수입수요의 가격 탄력성이 높아야 한다.

이러한 탄력성 조건이 충족된다고 가정하고 환율을 세로축에, 외환 공급량을 가로축에 나타내면 **[그림 15-1]**에서처럼 외환 공급곡선 F^S가 우상향한다.

③ 외환의 수요 · 공급

이제 환율 이외의 다른 조건이 일정불변이라고 하면 **[그림 15-1]**과 같은 수요 · 공급 곡선을 그릴 수 있다. 외환 시장에서 외환의 수요곡선과 공급곡선은 이처럼 여러 환율 수준에 대응한 수요량과 공급량을 각각 나타낸다. 그리고 수요 · 공급 이론에서처럼 두 곡선이 만나는데서 외환 시장이 균형을 이루고 균형 환율이 결정된다. 만약 환율이 균형 환율보다 낮은 S_1이라면 외환에 대한 초과수요량이 존재한다. 외환에 대한 초과수요량은 재화 · 서비스 · 금융자산 등에 대한 순수입, 달리 말하면 국제수지의 적자를 뜻한다고 할 수 있다. 그러므로 환율이 상승하여 균형 환율에 이른다.

반대로 환율이 균형 환율보다 더 높은 S_2라면 외환에 대한 초과공급량이 존재한다. 이것은 재화 · 서비스 · 금융자산 등에 대한 순수출, 달리 말하면 국제수지의 흑자를 뜻한다. 그러므로 환율이 하락하여 균형 환율에 도달한다.

④ 환율의 변동

지금까지 우리는 외환의 수요 · 공급에 영향을 미치는 환율 이외의 다른 요인들은 일정불변하다고 가정하였다. 그러나 다른 요인들이 변하면 수요나 공급이 변하고 수요곡선이나 공급곡선이 이동한다. 그리고 다른 요인들은 크게 국내외 소득, 국내외 물가, 국내외 이자율 등으로 나누어 볼 수 있다.

◈ 수출 증가 : 해외로부터 우리나라 수출 상품에 대한 수입이 늘어나면 외환 공급이 늘어난다. 이에 다음의 **[그림 15-2]** (a)와 같이 환율이

그림 15-2 가격효과 = 대체효과 + 소득효과

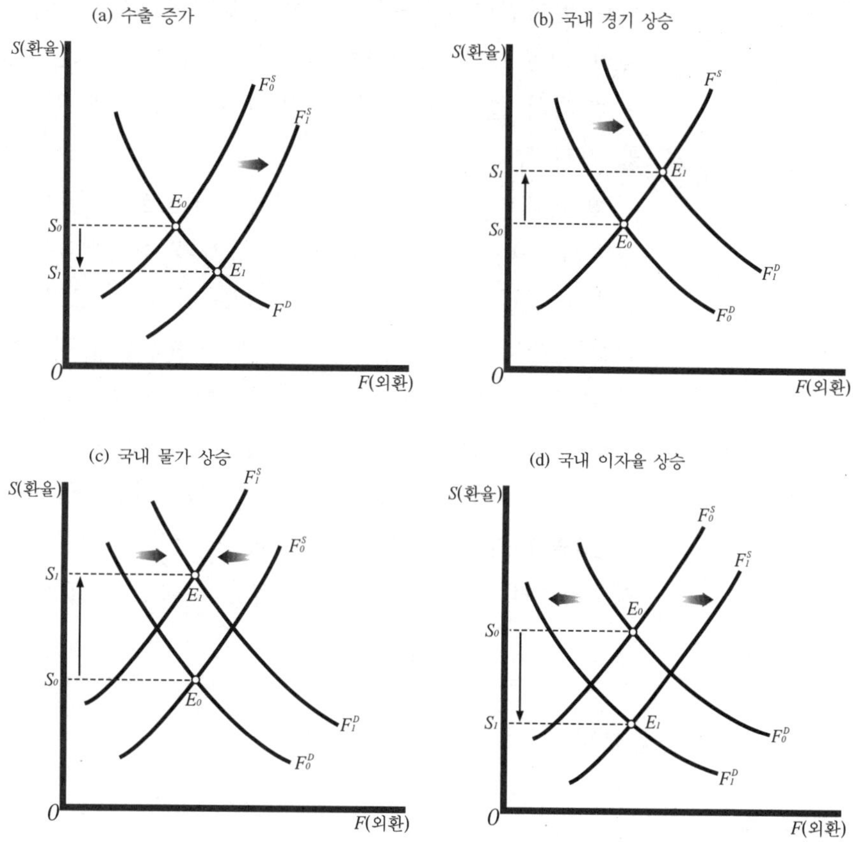

하락한다.

◈ 국내외 소득 : 투자수요 · 정부지출 증가 등에 따라 국내 경기가 좋아지고 우리나라의 소득이 높아지면 지출이 늘어나서 국산품에 대한 지출과 수입품에 대한 지출이 늘어나 주어진 환율 아래서 수입이 증가하고 외환 수요가 증가한다. 이에 다음의 **[그림 15-2]** (b)에서처럼 외환 수요곡선이 오른쪽으로 이동한다. 그러므로 환율이 상승한다. 해외 경기가 좋아지면 해외의 소득이 높아져서 주어진 환율 아래서 우리나라 상품에 대한 수입이 증가한다. 이에 외환 공급이 늘고 외환 공급곡선이 오른쪽으로 이동한다. 따라서 환율이 하락한다.

◈ 국내의 물가 : 국내 물가가 오르면 수출 상품의 국제 경쟁력이

떨어진다. 따라서 주어진 환율 아래서 수출이 감소한다. 이에 외환 공급이 감소한다. 또한 국내 물가가 오르면 수입 상품의 가격이 상대적으로 떨어진다. 따라서 주어진 환율 아래서 수입이 증가한다. 결국 다음의 **[그림 15-2]** (c)에서처럼 국내 물가가 오르면 환율도 상승한다. 거꾸로 해외 물가가 내리는 것은 국내 물가가 오르는 것과 똑같은 효과를 가진다.

◈ 국내외 이자율 : 국내 이자율이 오르면 투자수요가 줄고 저축이 늘면서 소비수요가 줄 수 있다. 투자와 소비수요는 국산품에 대한 수요뿐 아니라 수입품에 대한 수요로 이루어지므로 투자와 소비수요의 감소로 수입수요가 감소한다. 이에 외환수요가 감소한다. 한편 국내 이자율이 오르면 원화 표시 금융자산의 수익률이 높아지므로 외국 투자가들이 원화 표시 금융자산을 더 수요하게 된다. 그러므로 이 금융자산을 사려고 원화수요가 증가하며 이는 외환공급 증가를 가져온다. 결국 **[그림 15-2]** (d)처럼 국내 이자율이 오르면 환율이 하락한다. 해외 이자율의 하락은 국내 이자율의 상승과 똑같은 효과를 가진다.

3. 환율제도의 운용효과

1. 고정환율제도

고정환율제도(fixed exchange rate system, pegged exchange rate system)란 정부가 환율을 일정한 수준에 묶어 두는 제도를 말한다. 예를 들어 **[그림 15-3]** (a)에서처럼 처음에 우리나라 외환의 수요·공급이 균형을 이루는 S_0에 환율을 고정시켰다고 하자. 다음에 외환의 수요·공급이 변하여 외환의 수요·공급곡선이 이동하게 되더라도 한국은행이 환율을 S_0에 묶어 두는 것이다. **[그림 15-3]** (b) ①에서는 외환의 수요만 증가한 경우를 나타내고 있는데 이 경우에 고정환율제도 S_0 아래서는 외환의 초과수요량이 생긴다. 달리 말하면 고정환율제도 S_0 아래서 국제수지의 적자가 생긴다. 자유변동환율제도 아래서라면 환율이 더 이상 S_0를 유지할 수 없고 S_0보다 높은 수준으로 상승할 것이다. 그러나 고정환율제도 아래서는 국제수지의 적자가 생기고 이 때문에 자국이 보유하

그림 15-3 **고정환율제도의 운영**

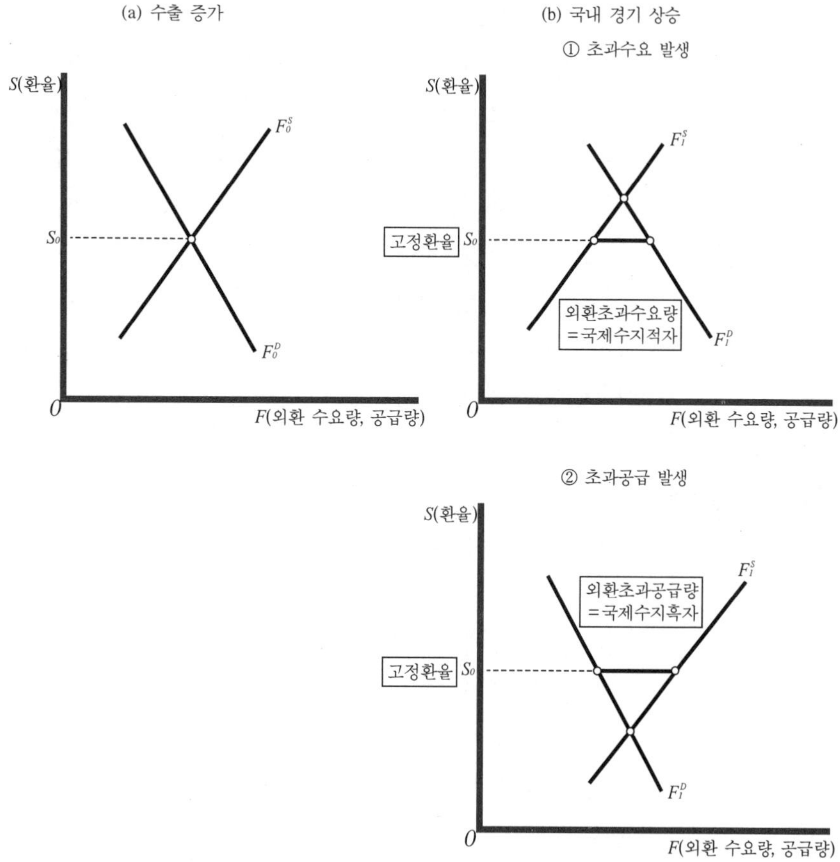

는 외환이 외국으로 유출된다.

반대로 고정환율제도 아래서 이를테면 외환 공급의 증가로 **[그림 15-3]** (b) ②에서처럼 국제수지의 흑자가 생길 수 있다. 자유변동환율제도 아래서라면 환율이 더 이상 S_0를 유지할 수 있고 S_0보다 낮은 수준으로 하락할 것이다. 그러나 고정환율제도 아래서는 국제수지 흑자로 자국이 보유하는 외환이 더 증가하게 된다.

만약 원래의 고정환율제도 아래서 국제수지의 적자가 계속 발생하면 외환보유액이 계속 감소하게 된다. 이 경우에는 국제수지의 적자를 해소하기 위해서 한국은행은 부득이 환율을 인상하기도 한다. 이것이

평가절하(devaluation)이다. 만약 원래의 고정환율제도 아래서 국제수지의 흑자가 계속 발생하면 정부는 부득이 환율을 인하하기도 한다. 이것이 평가절상(revaluation)이다.

고정환율제도 아래서는 환율을 일정한 수준에 고정시킴으로써 환율에 의한 외환의 수요·공급 조정이 불가능하게 되고, 이에 국제수지의 흑자 또는 적자가 나타날 수밖에 없다. 국제수지의 흑자 또는 적자는 외환보유액의 증가 또는 감소를 유발하면서 또한 국내 화폐 공급의 증가 또는 감소를 가져온다.

고정환율제도 아래서는 환율이 고정되어 환율의 안정성이 보장되는 반면에 국제수지의 불균형에 따른 '해외 요인'에 의한 국내 화폐 공급의 변동이 불가피하다.

2. 관리변동환율제도

관리변동환율제도(managed float exchange rate system)는 자유변동환율제도를 기본으로 하지만 금융 당국이 외환시장 개입(exchange market intervention)을 통해서 환율을 인위적으로 관리하는 환율제도를 말한다.

자유변동환율제도 아래서처럼 관리변동환율제도 아래서도 환율은 외환 시장의 수요·공급에 의하여 수시로 변동한다. 그러나 바람직하다고 여겨지는 환율 수준을 벗어나서 너무 높거나 너무 낮다고 판단할 때는 정부가 외환 시장에서 외환의 수요자 또는 공급자로서 개입한다는 점에서 자유변동환율제도와 다르다.

예를 들어 우리나라의 대미달러 환율이 700이 되었는데 한국은행은 1,000이 적정 환율이라고 판단한다고 하자. 이 경우 한국은행은 외환 시장에 개입하여 원화로써 달러화를 매입함으로써 환율을 1,000으로 올라가게 할 수 있다. **[그림 15-4]** (a)에서 한국은행을 제외한 외환 경제주체들의 외환 수요곡선이 로 주어져 있는데, 한국은행의 개입으로 외환 수요가 생김으로써 외환 수요곡선이 오른쪽으로 이동한다.

반대로 우리나라의 대미달러 환율이 700이 되었는데 한국은행은 600이 적정 환율이라고 판단할 수 있다. 이 경우 한국은행은 외환 시장에 개입하여 보유하고 있는 달러화로써 원화를 매입함으로써 환율을 600으로 내려가게 할 수 있다. **[그림 15-4]** (b)에서 한국은행을 제외

그림 15-4 관리변동환율제도와 외환시장 개입

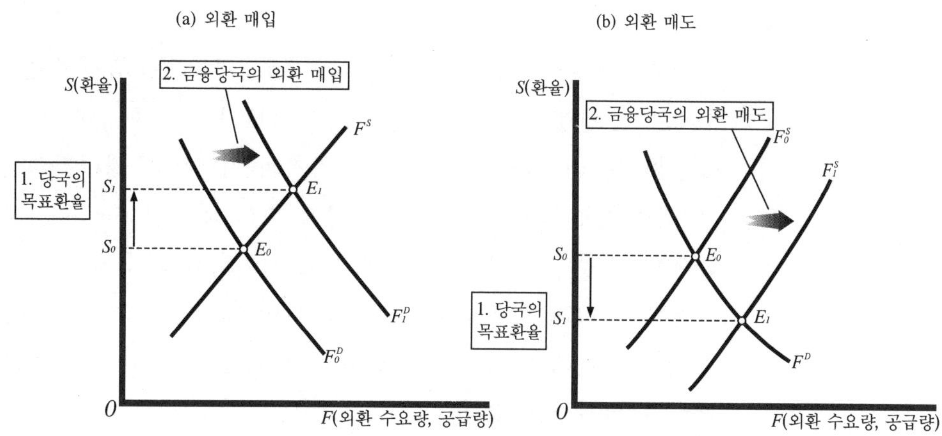

한 외환 수요·공급곡선이 주어져 있는데, 한국은행의 개입으로 외환 공급이 더 생김으로써 외환 공급곡선이 오른쪽으로 이동한다.

관리변동환율제도 아래서는 외환시장 개입으로 외환보유액이 변동하고 국내화폐 공급이 변동하게 된다. 원화로써 외환을 매입하는 외환시장 개입의 경우에는 외환보유액이 증가하며 국내 화폐 공급이 증가한다. 한편 외환을 매도하고 원화를 매입하는 외환 시장 개입의 경우에는 외환보유액이 감소하며 국내 화폐 공급이 감소한다.

관리변동환율제도는 말하자면 자유변동환율제도와 고정환율제도 사이의 중간적인 환율제도라고 할 수 있다.

4. 우리나라의 환율제도

1. 우리나라 환율제도의 변천

우리나라는 정부 수립 이후 ① 고정환율제도(1948. 8~1964. 5), ② 단일 변동환율제도(1964. 5~1980. 2), ③ 복수 통화 바스켓에 기초한 관리변동환율제도(1980. 2~1990. 2), ④ 새로운 관리변동 환율제도인 시장평균환율제도(1990. 3~1997), ⑤ 자유변동환율제도(1997~현재)를 차례로 채택하여 왔다.

2. 자유변동환율제도

우리나라는 1997년 12월 종전의 시장평균환율제도에서 자유변동환율제도로 이행하였다. 그 배경을 살펴보면 다음과 같다.

첫째, 동남아시아 각국의 외환위기의 여파로 우리나라의 금융시스템에 대한 불안감이 증폭되었다. 이에 따라 외국인 주식투자자금이 대거 해외로 유출되고 외국금융기관들도 외화자금 회수에 나섰다.

둘째, 1997년 12월 8일~11일 사이에는 환율의 일일변동허용폭이 상한선까지 대폭 상승하였고 급기야 12월 10일과 11일에는 외환거래가 중단되기도 하였다.

이에 우리나라 정부는 IMF의 권고를 받아들여 시장평균환율제도하에서의 환율변동제한폭을 철폐하고 자유변동환율제도로 이행하였다. 이에 따라 환율의 가격기능이 제고되고 외환시장에서의 거래는 활성화 되었지만 환율의 변동방향과 변동폭이 수시로 변하여 대외거래의 불확실성이 높아졌다.

✤ 연습문제

1. 자유변동환율제도와 관리변동환율제도를 비교 논하시오.

2. 우리 나라는 어떤 환율제도를 택하고 있는가?

3. 자국 화폐 표시 환율이 상승(원화가 절하)하면 수출, 수입, 물가, 외채 상환 부담에 각각 어떤 영향이 미치는가를 설명하라.

제16장

환율제도와 국제수지 조정

1. 고정환율제도 아래서 IS-LM-BP 이론
2. 변동환율제도 아래서 IS-LM-BP 이론

1. 고정환율제도에서 IS-LM-BP 이론

먼델-플레밍 모형을 *IS-LM-BP* 이론으로써 살펴보자.

1. BP 곡선

① BP 곡선의 도출

[그림 16-1]은 *IS* 곡선과 *LM* 곡선을 나타내는 평면으로서 가로축은 소득(Y)을, 세로축은 이자율(r)을 나타낸다. 국제수지는, 소득에 좌우되는 경상수지와 이자율에 좌우되는 자본수지의 합이다.

예를 들어 소득 Y_1 아래서 음(-) 또는 0 또는 양(+)의 어떤 일정한 경상수지가 나타날 것이다. 이 경상수지를 꼭 그만큼 상쇄하는 양(+) 또는 0 또는 음(-)의 자본수지가 생기면 국제수지가 균형이 될 것이다. 그러한 자본수지를 낳는 이자율을 찾아보니 r_1이라고 하자. 그림의 점 A는 이처럼 국제수지 균형을 낳는, 하나의 점이다.

이제 소득이 Y_1보다 높은 Y_2로 주어지면 경상수지가 악화될 것이다. 이러한 경상수지 악화를 상쇄하려면 자본수지 개선이 필요하다. 그만큼의 자본수지 개선을 위하여 이자율이 높아져야 한다. 그러한 이자율이 r_2라고 하자. 그림의 점 B는 국제수지 균형을 낳는 또 하나의 점으로서 점 A에 비하여 더 높은 소득과 더 높은 이자율을 가리킨다.

이와 같이 국제수지 균형을 낳는 수많은 점들을 이어보면 그림에서처럼 A와 B를 잇는 곡선이 될 것이다. *BP* 곡선(BP curve)이란 국제수지의 균형을 가져오는 소득과 이자율의 조합을 나타내는 수많은 점을 이은 곡선이다. *BP* 곡선은 일반적으로 우상향한다.

② BP 곡선의 기울기

곡선의 기울기는 얼마나 되는가 살펴보자. 방금 *BP* 곡선을 찾아내면서 살펴본 **[그림 16-1]** (a)의 두 점 A와 B를 두고 생각해 보자. A와 B를 잇는 직선의 기울기가 곡선의 기울기라고 할 수 있다. 사실 A에서 B로 이동하여야 하는 것은, A에서 C로 수평 이동한 다음에 다시 C에서 B로 수직 이동한 것이나 마찬가지이다. 곡선의 기울기는 CB/AC라고 할 수 있다. A에서 C로의 이동은 소득의 증가로서 경상수지의 악화를 가져온다. C에서 B로의 이동은 이자율의 상승으로서

그림 16-1 BP곡선

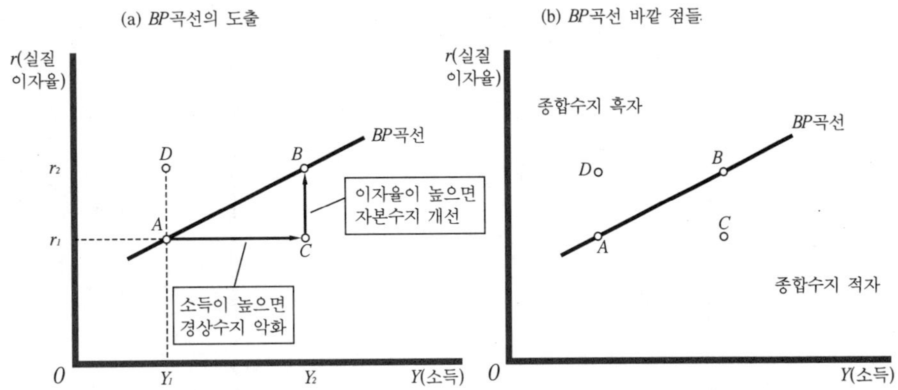

자본수지의 개선을 가져온다. 그런데 이 둘은 서로 부호만 다르고 절대값이 같다.

그런데 경상수지 악화의 절대값과 똑같기 위해서 필요한 자본수지 개선을 위해서는 자본 이동성의 정도가 클수록 이자율 상승(*CB*)의 크기가 작아야 한다. 그러므로 자본 이동성의 정도가 클수록 곡선의 기울기(*CB*/*AC*)가 작아지고 더 완만하게 된다. 특히 자본 이동성의 정도가 무한대에 가까우면 *BP* 곡선은 수평선에 가까워진다. 현실 경제에서 찾아보기 어렵지만 이 경우에는 국내 이자율이 해외 이자율 r^*과 똑같은 수준으로 된다.

③ BP 곡선에 놓인 점들과 바깥의 점들

곡선에 놓인 어느 점이든 국제 수지의 균형을 뜻한다. 그렇다면 곡선의 바깥의 점들은 어떤 상태를 뜻하는가?

[그림 16-1] (b)의 점 *A*의 수평으로 오른쪽에 있는 점 *C*에서는 점 *A*에 비하여 이자율은 똑같고 소득이 높기 때문에 자본수지는 똑같고 경상수지가 악화된 점이다. 그런데 점 *A*에서 국제수지가 균형이므로 점 *C*에서는 국제수지가 적자이다. 점 *A*의 수직 위에 있는 점 *D*에서는 점 *A*에 비하여 소득은 똑같지만 이자율이 높기 때문에 경상수지는 똑같고 자본수지가 개선된 점이다. 그런데 점 *A*에서 국제수지가 균형이

그림 16-2 **BP 곡선의 이동**

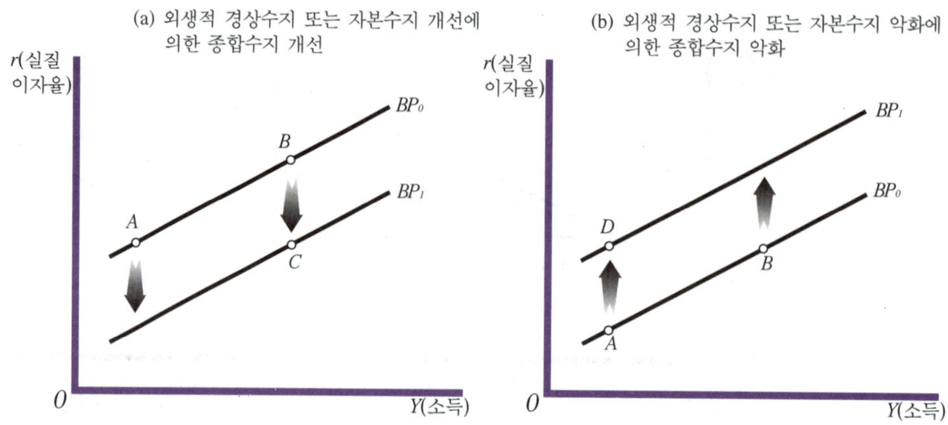

므로 점 *D*에서는 국제수지가 흑자이다.

④ BP 곡선의 이동

처음에 **[그림 16-2]**에서 곡선에 있는 점 *B*에서 국제수지가 균형을 이루고 있다고 하자. 이제 경상거래 · 자본거래에서 경상수지 · 자본수지 개선을 낳는 요인(수출수요, 해외자본유입 증가 등)이 생겨서 국제수지가 흑자가 되었다고 하자. 만약 소득이 그대로 유지된다면 경상수지는 변동이 없으므로 국제수지가 균형을 되찾으려면 자본수지가 악화될 필요가 있다. 그러므로 이자율이 떨어져야 한다. 즉, 이를테면 점 *C*에 놓여야 할 것이다. 똑같은 이치로 곡선의 다른 어떤 점에 놓여 있더라도 외생적인 국제수지개선에 대응하여 이자율이 떨어짐으로써 국제수지가 균형을 되찾을 수 있다. 이와 같이 *BP* 곡선은 외생적인 국제수지 개선(악화)에 의하여 우하향(좌상향)이동한다.

2. 균형의 변동

처음에 *IS-LM-BP* 세 곡선이 모두 한 점 E_0에서 만나며 균형을 이루고 있다. 이제 외생적 변화에 따른 균형의 변동을 살펴보자.

그림16-3 IS-LM-BP이론 : 고정환율제도

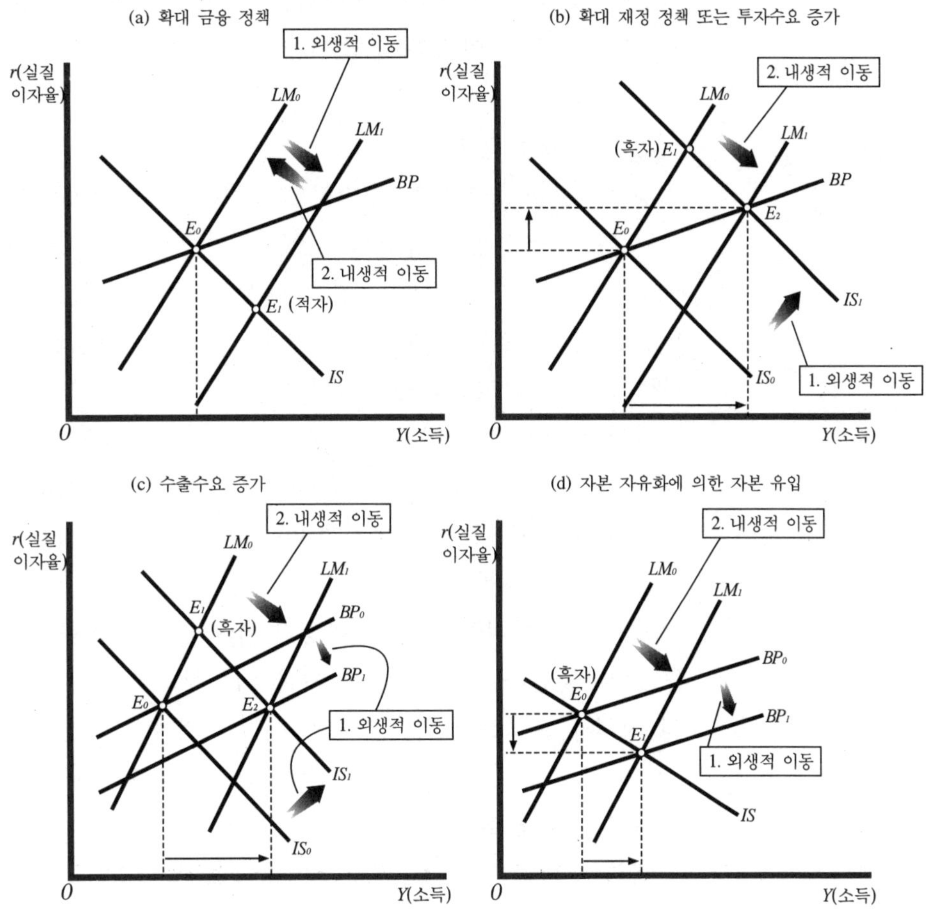

① 확대 금융 정책

화폐공급을 증가시키면 **[그림 16-3]** (a)에서 보듯이 LM 곡선이 LM_0에서 LM_1으로 우하향 이동한다. 이에 IS와 LM_1이 서로 만나는 점 E_1에서 (일시적) 균형을 이룬다. 점 E_1에서 소득이 더 높고 이자율이 더 낮으므로 경상수지가 악화되고 자본수지도 악화되어 국제수지가 악화되어 국제수지 적자가 나타난다. 이러한 국제수지 적자 때문에 해외요인에 의한 화폐 공급 감소가 생기게 된다. 그러므로 LM 곡선이 LM_1으로부터 거꾸로 좌상향으로 차차 되돌아간다. 점 E_0에 이르기 전까지는 여전히 국제수지가 적자이므로 결국 E_0까지 되돌아간다.

이처럼 외생적 화폐 공급 증가가, 국제수지 적자에 따른 내생적 화폐 공급 감소로써 완전히 상쇄되는 것이다. 요컨대 고정환율제도 아래서 금융 정책이 안정화 정책으로서 무력하다는 것이다.

② 확대 재정 정책

정부지출을 증가시키면 **[그림 16-3]** (b)에서 보듯이 IS 곡선이 IS_0에서 IS_1으로 우상향 이동한다. 이에 IS_1과 LM_0가 서로 만나는 점 E_1에서 (일시적) 균형을 이룬다. 점 E_1에서 소득이 더 높고 이자율이 더 높으므로 경상수지가 악화되고 자본수지는 크게 개선되므로 국제수지가 개선되어 국제수지 흑자가 나타난다.

이러한 국제수지 흑자 때문에 해외 요인에 의한 화폐 공급의 증가가 생기게 된다. 그러므로 LM 곡선이 LM_0로부터 LM_1으로 차차 우하향 이동한다. 점 E_2에 이르기까지는 여전히 국제수지가 흑자이므로 결국 E_2까지 이동한다.

이처럼 정부지출 증가는, 내생적 화폐 공급 증가를 수반하면서 소득을 크게 늘린다. 따라서 높은 자본 이동성과 고정환율제도 아래서 재정 정책이 안정화 정책으로서 매우 효과적이라는 것이다.

③ 수출 수요 증가

해외 소득의 증가(해외 경기 상승) 때문에 우리나라 수출이 증가하였다고 하자. 외생적 요인에 의하여 순수출수요가 증가하고, 경상수지가 개선되어 국제수지 흑자가 생긴 것이다. 이로써 **[그림 16-3]** (c)에서처럼 IS 곡선이 IS_0로부터 IS_1으로 우상향 이동하며 BP 곡선이 BP_0로부터 BP_1으로 우하향 이동한다. 즉, 일시적으로는 경제 IS_1과 LM_0가 만나는 점 E_1에 놓이며, 국제수지가 흑자이다.

국제수지 흑자에 따른 화폐 공급의 증가로 LM 곡선이 차차 우하향 이동하여 결국 점 E_2에 이르게 된다. 이처럼 고정환율제도 아래서 수출 증가는 내생적 화폐 공급을 수반하면서 소득을 높인다.

④ 자본 자유화에 따른 자본 유입

자본 자유화 때문에 국내 주식 시장에 대한 외국인 주식 투자가 늘어났다고 하자. 즉, 외생적 요인에 의하여 자본수지가 개선되고 국제수지 흑자가 생긴 것이다. 이로써 **[그림 16-3]** (d)에서 보듯이 *BP* 곡선이 BP_0로부터 BP_1으로 우하향 이동한다. 즉, 경제는 당분간 처음의 균형점 E_0에 머물고 국제수지가 흑자이다.

이러한 국제수지 흑자 때문에 해외 요인에 의한 화폐 공급 증가가 생기게 된다. 그러므로 *LM* 곡선이 LM_0로부터 LM_1으로 우하향 이동한다. 점 E_1에 이르기까지는 여전히 국제수지가 흑자이므로 결국 E_1까지 이동한다.

이처럼 고정환율제도 아래서 자본 자유화에 따른 자본 유입은, 내생적 화폐 공급을 수반하면서 소득을 높이고 이자율을 낮춘다.

2. 변동환율제도에서 IS-LM-BP 이론

변동환율제도 아래서의 먼델-플레밍 모형을 이론으로써 살펴보자.

1. IS 곡선의 이동

변동환율제도 아래서 환율이 움직이면 우리나라의 재화 및 서비스의 수출과 수입이 영향을 받는다. 즉, 환율이 상승(하락)하면 일반적으로 순수출수요가 증가(감소)하게 된다. 이것은 투자수요나 정부지출이 증가(감소)하는 것과 비슷한 효과를 가진다. 그러므로 환율의 상승(하락)으로 일반적으로 *IS* 곡선이 우상향(좌하향) 이동한다.

2. BP 곡선의 이동

앞에서 보았듯이 환율의 상승(하락)은 일반적으로 경상수지의 개선(악화)을 낳는다. 그런데 *BP* 곡선이 경상수지의 개선(악화)으로 곡선이 우하향(좌상향)이동한다. 그러므로 환율의 상승(하락)으로 일반적으로 *BP* 곡선이 우하향(좌상향) 이동한다.

3. IS−LM−BP 세 곡선

변동환율제도 아래서는 환율의 변동에 의해 국제수지가 늘 균형을 이루므로 **[그림 16-4]**에서처럼 세 곡선이 서로 한 점에서 만나게 된다.

4. 균형의 변동

① 확대 금융 정책

화폐 공급을 증가시키면 **[그림 16-4]** (a)에서 보듯이 LM 곡선이 LM_0에서 LM_1으로 이동한다. 이에 IS_0와 LM_1이 서로 만나는 점 E_1에서 (일시적) 균형을 이룬다. 점 E_1에서 소득이 더 높고 이자율이 더 낮으므로 경상수지가 악화되고 자본수지도 악화되어 국제수지 적자 압력이 생긴다.

이러한 국제수지 적자 압력 때문에 환율이 상승하게 된다. 환율 상승으로 국제 경쟁력이 강화되어 IS 곡선이 IS_0에서 IS_1으로 우상향 이동하며 BP 곡선이 BP_0에서 BP_1으로 우하향 이동한다. 이러한 이동은 더 이상 국제수지 적자 압력이 없을 때까지 계속되어 점 E_2에 이르러 균형을 이룬다.

이처럼 외생적 화폐 공급 증가는, 내생적 환율 상승을 수반하면서 소득을 크게 늘린다. 요컨대 변동환율제도 아래서 금융 정책이 안정화 정책으로서 매우 효과적이라는 것이다.

② 확대 재정 정책

정부지출을 증가시키면 **[그림 16-4]** (b)에서 보듯이 IS 곡선이 IS_0에서 IS_1으로 우상향 이동한다. 이에 IS_0과 LM이 서로 만나는 점 E_1에서 (일시적) 균형을 이룬다. 점 E_1에서 소득이 더 높고 이자율이 더 높으므로 경상수지가 악화되고 자본수지는 크게 개선되므로 국제수지가 개선되어 국제수지 흑자 압력이 생긴다.

이러한 국제수지 흑자 압력 때문에 환율이 하락하게 된다. 환율 하락으로 국제 경쟁력이 약화되어 IS 곡선이 거꾸로 IS_1에서 IS_2로 좌하향 이동하며 BP 곡선이 BP_0에서 BP_1으로 좌상향 이동한다. 이러한 이동은 더 이상 국제수지 흑자 압력이 없을 때까지 계속되어 점 E_2에 이르러 균형을 이룬다. 이처럼 정부지출 증가는, 내생적 환율 하락을 수

그림 16-4 **IS-LM-BP 이론 : 변동환율제도**

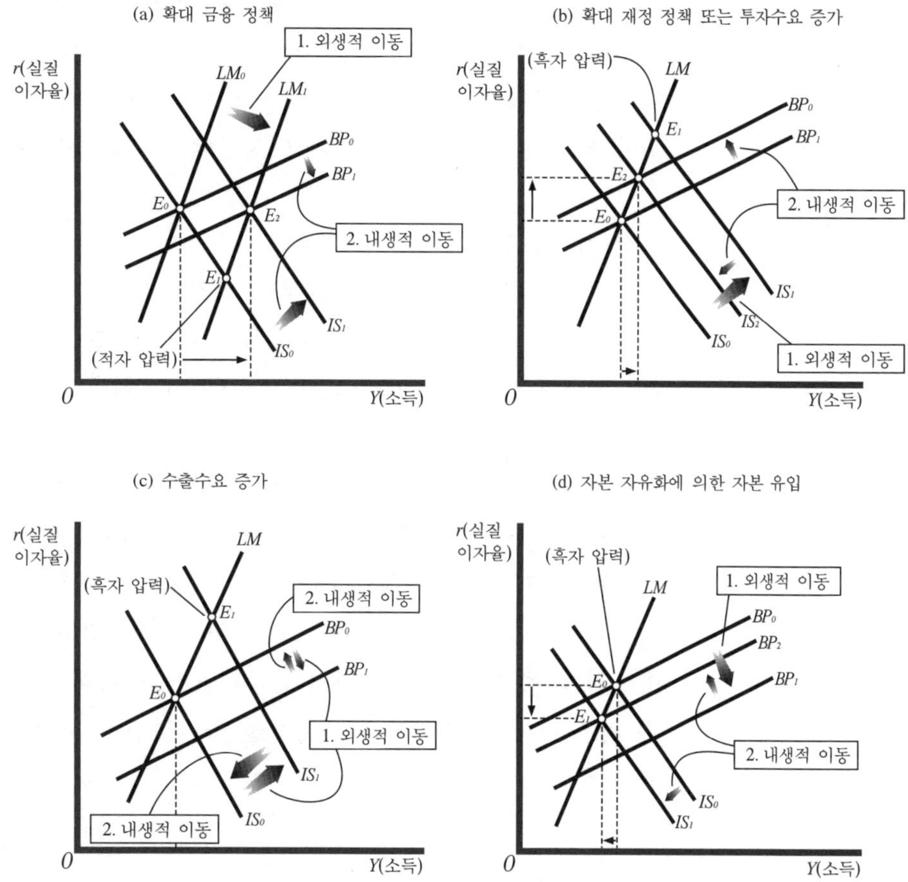

반하면서 소득을 조금밖에 늘리지 못한다. 이와 같은 높은 자본 이동성과 변동환율제도 아래서 재정 정책이 안정화 정책으로서 효과적이지 못하다는 것이다.

③ 수출수요 증가

해외 소득의 증가(해외 경기 상승) 때문에 우리나라 수출이 증가하였다고 하자. 외생적 요인에 의하여 순수출수요가 증가하고, 경상수지가 개선되어 국제수지가 흑자가 된 것이다. 이로써 **[그림 16-4]** (c)에서처럼 *IS* 곡선이 IS_0로부터 IS_1으로 우상향 이동하며 *BP* 곡선이 BP_0로부터

BP_1으로 우하향 이동한다. 일시적으로는 경제는 IS_1과 LM이 만나는 점 E_1에 놓이고 국제수지흑자 압력이 생긴다.

국제수지 흑자 압력 때문에 환율이 하락하게 된다. 환율 하락으로 IS 곡선이 거꾸로 좌하향 이동하며 BP 곡선이 거꾸로 좌상향 이동한다. 결국 대체로 원래의 점 E_0에 이르게 된다. 이처럼 수출수요 증가는 환율 하락을 유발하며, 소득과 이자율에는 거의 변함이 없다.

④ 자본 자유화에 따른 자본 유입

자본 자유화 때문에 해외로부터 자본유입이 크게 늘어나서 외생적으로 자본수지가 개선되었다고 하자. 이에 **[그림 16-4]** (d)에서 보듯이 BP 곡선이 BP_0로부터 BP_1으로 우하향 이동한다. 그러므로 처음의 균형점 E_0에서 국제수지 흑자 압력이 생긴다.

이러한 국제수지 흑자 압력 때문에 환율이 하락하게 된다. 환율 하락으로 국제 경쟁력이 약화되어 IS 곡선이 IS_0로부터 IS_1으로 좌하향 이동하며 BP 곡선이 BP_1에서 BP_0로 거꾸로 좌상향 이동한다. 이러한 이동은 더 이상 국제수지 흑자 압력이 없을 때까지 계속되어 점 E_1에 이르러 균형을 이룬다. 이처럼 변동환율제도 아래서 자본 자유화에 따른 자본 유입은, 내생적 환율하락을 수반하면서 소득은 줄이고 이자율은 낮춘다.

✤ 연습문제

1. 고정환율제도 아래서 재정정책과 금융정책의 효과에 대하여 비교 논하시오.

2. 변동환율제도 아래서 재정정책과 금융정책의 효과에 대하여 비교 논하시오.

찾아보기

- ㅇ -

- 기타 -